普通高等学校旅游管理教材

酒店管理

（第四版）

郑向敏◎编著

Hotel
Management

清华大学出版社
北京

内 容 简 介

《酒店管理（第四版）》是根据旅游院校旅游管理本科专业教学需要而编写的一本专业教科书。

为满足酒店经营管理实践的需要和学生专业学习与知识拓展的需要，本书在内容编排上既按酒店管理专业教科书传统编写方法，对酒店管理概况、基础理论与方法、质量管理等酒店管理的基本内容采用专章形式进行全面、详尽的分析与论述，又根据管理系统学派的思想，把现代酒店管理中的组织管理、计划管理等内容按系统管理的方法进行分析、评价与控制。同时，结合现代酒店发展现状，在本书中增加了酒店资源管理、服务管理、安全管理和酒店投资筹划与筹备管理等内容。

本书知识性、适用性较强，内容系统、全面、新颖，可作为旅游院校教科书，也可作为酒店经营管理人员和从业人员的参考书。

图书在版编目（CIP）数据

酒店管理/郑向敏编著. —4 版. —北京：清华大学出版社，2019（2024.2重印）
（普通高等学校旅游管理教材）
ISBN 978-7-302-52337-6

Ⅰ. ①酒⋯ Ⅱ. ①郑⋯ Ⅲ. ①饭店-商业企业管理-高等学校-教材 Ⅳ. ①F719.2

中国版本图书馆 CIP 数据核字（2019）第 029077 号

责任编辑：邓　婷
封面设计：刘　超
版式设计：楠竹文化
责任校对：马军令
责任印制：宋　林

出版发行：清华大学出版社
　　　　网　　　址：https://www.tup.com.cn，https://www.wqxuetang.com
　　　　地　　　址：北京清华大学学研大厦 A 座　　　　邮　　编：100084
　　　　社 总 机：010-83470000　　　　邮　　购：010-62786544
　　　　投稿与读者服务：010-62776969，c-service@tup.tsinghua.edu.cn
　　　　质量反馈：010-62772015，zhiliang@tup.tsinghua.edu.cn
印 装 者：三河市铭诚印务有限公司
经　　销：全国新华书店
开　　本：185mm×260mm　　　印　　张：21.75　　　字　　数：530 千字
版　　次：2005 年 10 月第 1 版　　2019 年 6 月第 4 版　　印　　次：2024 年 2 月第 9 次印刷
定　　价：59.80 元

产品编号：077300-02

现代酒店是一个集食、宿、行、娱、购、游于一体的综合性服务企业，是一个集现代科技文明、物质文明、精神文明于一体的经济实体。"酒店管理"课程的教材既要强调学科的理论性和科学性，又要注重酒店实践应用中的实用性和可操作性；既要注重管理理论与方法，又要重视酒店功能性和实务性的管理与操作；使学生既能学到本门课程系统的理论知识，又能在技术和方法上适应现代酒店管理实践运作的需要。

作者自 1989 年开始为旅游管理专业本科生讲授"酒店管理"课程以来，在二十几年的课程教学、教材编写和选用上，总感到现行的《酒店管理》教材在有限的课程学时（一般为 36～54 学时）内，既难为学生提供全面、系统的酒店管理知识，又疏于对某些基本问题做深入细致的阐述；在介绍酒店管理传统内容的同时，又能结合酒店实际运作中的需要，给学生一些新的知识拓展。带着这种想法，作者结合专业理论教学的研究和酒店实际运作的具体情况，参考与借鉴了诸多业界专家的研究成果和经验，编写出这本《酒店管理》教材。

本书共分八章，在逻辑框架、内容编排上，作者做了以下尝试：

（1）采用传统教科书的编写方法，对现代酒店管理中的酒店管理概况和酒店管理理论与方法等基本内容用专章形式（第一、二章）进行系统全面地分析与阐述，力求让学生由表及里地对这些内容有较深刻和全面的了解与认识。

（2）根据管理系统学派的思想，采用系统管理的方法，把酒店管理中的组织管理、计划管理等内容构建成相应的管理系统，并对其进行系统地分析、评价与控制。

（3）根据酒店资源的类型和酒店实际运作中对资源开发、利用和管理的需要，以资源管理专章的形式对现代酒店管理中所涉及的人力资源、财务资源、物力资源、信息资源、时间资源、形象口碑资源进行了系统、全面的阐述与分析，力求既能以新的研究视角对酒店的资源管理进行讨论与研究，又能利用酒店各种资源管理间的逻辑关系，把酒店管理中涉及的方方面面内容有机地结合起来进行阐述，使学生"既见树木，又见森林"。

（4）针对酒店经营管理的实际需要，对酒店管理中日益重要的服务管理以专章的形式进行了分析和讨论（第五章）。该章主要阐述了酒店服务管理的含义与特征、酒店服务管理组织与与管理内容、酒店服务营销管理等内容。

（5）采用定性与定量相结合的方法，对现代酒店管理中日趋重要的质量管理的理性问题和实际运作方法进行了讨论和阐述（第六章）。论述的内容既包括质量管理的概念、衡量标准、质量管理方法、全面质量管理和交互服务质量管理，同时也涉及到顾客满意与顾客价值、质量评价体系与保证体系等内容。

（6）对现代酒店管理中日益凸显的酒店安全管理问题和酒店管理人员普遍关注的酒店

投资筹划与筹备管理等内容进行了详尽的讨论与阐述（第七、八章），以满足酒店管理实践的需要和学生专业学习与知识拓展的需要。

在本书的编写过程中，华侨大学旅游学院的陈秋萍讲师提供了第五章初稿，林美珍硕士、谢朝武硕士提供了部分章节的相关材料。对他们所给予的帮助，在此表示感谢。

由于编者水平有限，疏漏之处在所难免，恳请广大读者不吝赐教。

郑向敏

2004 年 12 月 28 日于华侨大学

第四版再版说明

作为旅游院校酒店管理专业主干课程"酒店管理"的教材，《酒店管理》第一版自 2005 年 10 月出版以来，得到了众多同行和广大读者的认可，成为诸多旅游院校酒店管理专业的主要教材。在第一版发行的五年中共印刷五次，总印数超过一万册。2010 年 4 月，我们对《酒店管理》一书进行了再版修改，迄今为止第二版教材共印刷八次，总印数超过两万册。2014 年 12 月，在前两版的基础上，对《酒店管理》一书进行了第三版修改，第三版教材共印刷八次，迄今为止总印数接近两万册。《酒店管理》一书前三版累计印刷近五万册，自第三版正式出版以来，酒店业发展所处的政策、经济和社会环境发生了较大的变化，为使《酒店管理》教材更贴近现代酒店发展的现实和符合酒店管理专业教学的需求，我们对《酒店管理》一书进行了第四版的再版修改。

《酒店管理（第四版）》在保持前三版原有的章节框架的基础上做了以下的更新、修改和补充：

（1）对全书各章节的相关数据和案例全部做了修正和更新；

（2）对全书各章节中的酒店行业发展现状的内容进行了完善；

（3）对一些比较陈旧的、不符合时代发展需求的内容进行了删减；

（4）完善了一些章节的内容，重点增补了适应新时代的新营销管理理念、网络口碑、酒店信息化发展的相关内容；

（5）更新和增补了与酒店相关的新政策、标准、等级认定、安全法规条例和证照信息。

旅游教育的日趋成熟、酒店业的迅猛发展，以及企业管理理念、方式方法的时代性变化要求《酒店管理》教材的内容必须吐故纳新和富有前瞻性，才能满足现代酒店业人才培养的需要。随着酒店管理专业在旅游高等院校的普及和应用型本科院校建设工作的开展，越来越多的旅游院校都把酒店管理专业定位为"应用型本科专业"。因此，"酒店管理"课程的教材不仅要强调学科的理论性和科学性，更要注重酒店实践应用中的实用性和可操作性；既要注重管理理论与方法，又要重视酒店功能性和实务性的管理与操作；既要总结现代酒店发展的基本规律，又要紧扣行业发展的最新特点和时代需求；既要保证学生在本门课程的系统学习中获得酒店管理的理论知识，又要让学生通过学习能够在技术和方法上适应现代酒店管理实践运作的需要。我们希望通过《酒店管理（第四版）》教材的出版，让本教材在满足上述需要的同时，还能符合酒店管理专业课堂教学的需要，让使用本教材的教师和学生在教与学中均能受益。

郑向敏

2019 年于华侨大学校园

目　录

第一章　酒店管理概述

引言

　　酒店作为旅游业的主要组成部分，正在发挥越来越重要的作用。酒店的内涵也随着客人需求的发展而不断变革，消费者对现代酒店的功能、经营管理提出了新的衡量标准。以此为基础，酒店的等级标准也在逐渐提高。现代酒店竞争格局的变化带来现代酒店集团的产生与发展，它对酒店功能的设置与资源管理也提出了更为严格的要求。本章主要介绍了酒店的概念，酒店的种类、等级与功能，现代酒店资源的类型、特点与管理研究的内容，现代酒店集团概况和酒店管理的特点与内容。

学习目标

　　通过本章的学习，要求学生：①掌握现代酒店、酒店资源的定义和概念；②了解酒店的种类、等级、功能与星级酒店的审批与管理；③掌握现代酒店管理的特点与管理的内容；④了解现代酒店集团的优势、联合形式、结构关系等概况。

第一节　酒　店　概　述

一、现代酒店的概念

　　现代酒店，是指向各类旅游者提供食、宿、行、娱、购等综合性服务，具有涉外性质的商业性的公共场所。

　　在现代酒店的概念中，特别强调综合性服务、涉外性质、商业性和公共场所四个子概念。

（一）综合性服务的概念

　　酒店综合性服务的概念表明现代酒店与一般企业不同，酒店所提供的产品是多种产品的组合，这些产品中既有有形产品，又有无形产品；既有一次性消费产品，又有多次性、连续性消费产品。综合性服务的概念不仅表明了酒店产品形式的综合性，而且表明了酒店产品在产、供、销方面的综合性；不仅表明了酒店在对客人服务中的综合性，而且表明了酒店经营管理中的综合性。在酒店的服务管理中经常提到的"100-1=0 和 100-1<0"，就是现代酒店综合性服务概念的一种反映。现代酒店中的综合性服务概念使酒店管理呈现出复

杂化的趋势。

（二）涉外性质的概念

涉外性质的概念表明了现代酒店不仅要接待各类国内旅游者，而且要接待各类国际旅游者。酒店的服务管理人员不仅要懂得酒店所在地政府的方针、政策，而且要熟悉国际惯例、风俗习惯以及国与国之间交流往来的政策；不仅要提供符合本国、本地区旅游者需求的酒店产品，而且要提供能够满足各类国际旅游者需求的服务与管理。现代酒店中的涉外性质概念使酒店的经营管理趋于复杂化。

（三）商业性的概念

商业性的概念表明了现代酒店是一个经济实体，是一个必须产生经济效益才能生存的企业，它要求酒店的经营管理必须符合市场的规律，必须迎合市场的需求和满足市场的需要；要以顾客、市场为导向，要"宾至如归"；要考虑酒店产品的产、供、销，不断改进产品的质量，提高市场竞争力；要遵循经济规律，搞好经济核算，控制成本，提供利润；要面对市场，敢于竞争，善于竞争。现代酒店的商业性概念使酒店的经营管理具有风险性。

（四）公共场所的概念

公共场所的概念反映了现代酒店是一个文化交流、科学技术交流、社交活动的中心，是一个除了"衣冠不整者不准入内"以外任何人都可以进入的公共区域。这个概念要求酒店的管理人员要具有安全保卫意识，既要保护酒店财产的安全，又要保护客人的生命、财产安全；既要保护客人的各种利益，又要维护酒店的利益。这个概念要求酒店的经营管理者要充分认识和理解客人的内涵，既要满足住店客人的需求，又要满足各种进入酒店的非住店客人的需求；既要让住店客人感到酒店的安全、隐私和温馨，又要保证酒店作为公共场所的形象和作为文化交流、科学技术交流、社交活动中心的作用。现代酒店中的公共场所概念使酒店的经营管理更加复杂。

二、现代酒店应具备的条件

现代酒店是在古代"亭驿""客舍""客栈"的基础上，随着人类的进步，社会经济、科学文化技术、交通通信的发达而发展起来的。现代社会经济的发展，带来世界旅游业的兴旺，酒店业也随之迅速发展起来，而且是越来越豪华，越来越现代化。用现代眼光看，旅游酒店都应该是现代酒店。现代化的酒店应具备下列条件：

（1）是一座现代化的，设备完善的高级建筑物。

（2）除提供舒适的住宿条件外，还必须有各式餐厅，提供高级餐饮。

（3）具有完善的娱乐设施、健身设施和其他服务设施。

（4）在住宿、餐饮、娱乐等方面具有多样化、高水准的服务。

三、酒店的地位和作用

随着社会的发展、交通的便利和经贸合作的深入，人们经常有机会外出旅游、探亲、度假，或外出进行文化交流、经商等活动，酒店就为这些旅行者提供了住宿、餐饮、娱乐的方便。随着世界旅游业的发展和国际交往的增多，酒店业在国民经济中的地位日趋重要，它对促进国民经济发展有着重要的作用。

（一）酒店是旅游业的重要支柱之一

酒店是旅游业发展的物质基础，为旅游者提供在旅游活动中的食、住、娱乐场所。除此之外，现代酒店还为人们提供了保健、社交、会议、消遣与购物的场所。它以一种特殊的商品形式，吸引人们用较多的货币去享受在家庭和其他地方享受不到的东西，以提供各种优质服务来获得盈利，这就促进了旅游业的发展，并直接推动了国家经济的发展。

（二）酒店是国家外汇收入的重要来源之一

现代酒店是一种不出口的商品外贸经营方式，它的创汇率在某种程度上比商品出口的创汇率高。在我国，高级酒店主要接待对象在酒店内的消费所支付的费用不少是以外汇结算。因此，酒店是创造外汇收入的重要场所。同时，酒店也是国家对外政策的直接执行者，是体现国家形象的一个窗口。

（三）酒店是一个综合性的服务行业，它的发展势必促进社会上其他行业的发展

酒店能够促进一些行业，如建筑业、装修业、轻工业、电气行业和食品加工业等行业的发展，对活跃国民经济起到了极大的促进作用。

（四）酒店为社会创造直接和间接的就业机会

酒店需要管理人员和服务人员，按我国目前酒店的人员配备状况，平均每间客房需配备 1.5～2 人，若新建一座 300 间客房的酒店，将创造 450～600 个直接就业机会。同时，其他行业为酒店提供设备、家具、食品等商品需要大量的人力，这就提供了间接的就业机会。

（五）酒店是文化交流、科学技术交流、社交活动的中心

酒店的客人来自世界各地，有各界人士，通过他们的来访促进了文化艺术、科学技术的交流。同时，现代酒店中设施设备的引进，现代管理技术的运用，也促进了科学技术的交流。除此之外，酒店提供的娱乐场所也促进了社交活动的发展。

第二节　酒店的种类与等级

一、酒店的种类

世界上酒店的种类繁多，酒店的模式也越来越多样化、奇特化。为了满足各类旅客的需要和酒店盈利的需要，出现了各种各样的奇特新颖的酒店。酒店的分类一般是根据酒店的用途、规模大小、特点、经营方式等不同情况来分类。划分在同一类别的酒店虽有其共

性，但也有许多不同的个性。

（一）按用途分类

1. 商业酒店

商业酒店以接待暂住客人（经商客人）为主，一般建立在商业中心（市区内），除了提供给客人舒适的住宿、饮食起居和娱乐活动外，还必须有经商所必需的长途直拨电话、电报、电传等现代化通信设施以及打字、速记、文秘及录像、投影等特殊服务项目。高级酒店还应有 24 小时送餐服务、24 小时洗衣服务。

2. 旅游酒店

旅游酒店以接待暂住的旅游者为主。一般建在旅游点附近，为了使旅游者在精神上和物质上获得满足，酒店除了要有高级的吃、住设施外，还要为客人提供娱乐、保健、购物等服务设施。

3. 住宅（公寓、别墅）式酒店

住宅式酒店是为长住客人而建。除提供商业酒店的一般设施外，这类酒店的客房一般采用家庭式结构，并提供厨房设备、办公设备及小孩游戏的设施，使住客能充分享受家庭之乐。长住客人与酒店之间一般都签订租约。同时，住宅式酒店也有相当一部分房间接待暂住客人（旅游酒店和商业酒店同样也有一部分房间接待长住客人）。

4. 度假酒店

度假酒店主要接待旅游度假者，通常坐落在风景名胜区（如海滨、著名山庄、温泉附近）。地理环境是建立度假酒店的一个重要因素。度假酒店是一个度假中心，专供客人娱乐和享受，它一般要有良好的沙滩、游泳池、滑雪场、溜冰场、高尔夫球场和运动场，甚至跑马场。度假酒店的客源受季节影响较大。

（二）按酒店市场分类

1. 精品酒店

精品酒店于 20 世纪 80 年代出现在美国等西方国家，最初是指起源于北美洲的具有私密、豪华或离奇等特色的酒店。精品酒店鼻祖 Ian Schrager 认为，"如果将各色的集团酒店比作百货商场的话，那么精品酒店就是专门出售某类精品的小型专业商店了"。世界精品酒店组织对精品酒店做出了这样的描述："精品酒店通常形容亲密、奢华或者特别的酒店环境。精品酒店与其他大型连锁或者品牌酒店及汽车旅馆的区别在于，它能够提供特殊、贴心而个性化的住宿服务和设施。它通常是一种小规模的酒店类型，提供更加优质的服务，市场对象是追求时尚生活方式的富裕一族。"精品酒店强调通过精致的设施和优雅的环境塑造出尊贵品位和文化氛围以及提供高品质、个性化服务，以为客人营造一种家的感觉和精致的生活家园为经营理念。大多数专家和学者对精品酒店较为一致的看法是：独特的外观建筑，精巧的室内装饰，浓厚的文化氛围，高雅的品位格调，较小的经营规模，贴身的个性服务，昂贵的服务价格，特定的顾客群体。目前，精品酒店在世界各地发展迅速，涌现出了一大批世界著名的精品酒店，如万豪酒店集团的 W 酒店系列、万豪酒店集团的 BVLGARI 酒店、洲际酒店集团的 Indigo 品牌酒店、精选国际酒店集团法国巴黎的 Hotel Le Lavoisier 酒店、日本东京的柏悦酒店、韩国首尔的华克山庄、美国的 Shade 酒店、新加坡的 Klapsons 酒店、悦榕庄品牌酒店等。近年来，中国的精品酒店发展速度非常快，多个酒店集团陆续在我国布局精品酒店，但是总量仍然较少、区域分布不均衡，地区分布主要集中在北京、上海、广州、深圳、杭州等大城市。我国比较知名的精品酒店有北京长城脚下的公社、上海璞邸精品酒店、上海马勒别墅酒店、云南丽江悦榕庄、广州 W 酒店、北京颐和安缦、杭州法云安缦和丽江大研安缦等。

精品酒店一般是指规模比较小、提供有吸引力服务、以较高的价格服务于特定的宾客群体的酒店。精品酒店的主要特征有以下几点。

（1）规模较小。精品酒店的规模一般较小，建筑面积总体在 1 万～2.5 万平方米，客房数量大多为 50～80 间。部分精品酒店的客房数量控制在 20 间以下。例如北京颐和安缦有51 间客房；日本东京 CLASKA 精品酒店仅有 20 间客房；新加坡的 Klapsons 精品酒店秉持"贵精不贵多"的理念，只有 17 间客房，但每间客房的设计均别具一格。

（2）品质高。精品酒店的经营理念就是通过精致的设施和幽雅的环境塑造出尊贵品位和文化氛围；提供高品质、个性化的服务，为客人营造一种家庭般温馨氛围的私密场所。独特的外观建筑、精巧的室内装饰、浓厚的文化氛围、高雅的品位格调、个性化的服务是精品酒店的典型特征。精品酒店从整体布局到装饰细节都力求做到尽善尽美，通过特色化的酒店服务、高品位的装修设计来赢得消费者的青睐。在服务方面，精品酒店采用的是管家式服务，服务人员与客房的比例是 3∶1，甚至 4∶1，而在星级酒店，这个数字通常是 1∶1，最多是 2∶1。

（3）服务高端顾客市场。精品酒店的目标市场是具有较高消费水平、追求时尚生活方式的顾客群体。精品酒店提供奢华精致的酒店产品以满足消费者的物质需求，提供个性时尚的优质服务以满足消费者的精神需求。

精品酒店在装饰环境上，强调"小而精致"。它的客房数量不多，但其内部装修极其豪华，别具特色。表 1-1 为世界酒店集团投资的精品酒店列表，我国现有的部分精品酒店如表 1-2 所示。根据现有精品酒店的特色，可对其进行分类，如表 1-3 所示。

表 1-1 世界酒店集团投资的精品酒店一览

投 资 方	精品酒店项目	备 注
喜达屋酒店集团	W 酒店	喜达屋已在全世界建立 40 多家 W 酒店。喜达屋酒店集团希望 W 酒店也能被打造成世界级品牌。我国大陆首家 W 酒店于 2013 年 1 月在广州开业
万豪酒店集团	BVLGARI 酒店	全球共有 9 家宝格丽酒店。由万豪集团与意大利珠宝商和奢侈品制造商 BVLGARI 共同创立的酒店品牌。我国两家 BVLGARI 酒店分别于 2017 年 9 月和 2018 年 6 月，在北京和上海开业
洲际酒店集团	Indigo 品牌酒店	洲际酒店集团的目标是在 7～10 年的时间里建立 150～200 家设计师酒店。于 2010 年 12 月开业的上海外滩 Indigo 酒店是亚太区的首家 Indigo 酒店
希尔顿集团	Trafalgar Hilton 酒店	目前在伦敦开设了第一家
精选国际酒店集团	Clarion Collection 酒店	2005 年推出第一家精品酒店
In-tercontinental 房地产	Nine Zero 精品酒店	开发商性质，非酒店集团

资料来源：邹毅. 精品酒店：中国酒店业的潜力股. Office Building，2007（8）：58-60.

表 1-2　中国部分精品酒店一览

地　　点	精品酒店名称	备　　注
上海	璞邸精品酒店	雅高集团投资，以城市历史与设计为卖点
上海	老时光酒店	上海英式住宅，以历史取胜
上海	JIA 酒店	在香港也有一家 JIA 酒店，以设计见长
上海	首席公馆（黄金荣老公馆）	华典精品酒店投资公司投资，以城市和历史取胜
上海	璞丽酒店	以设计取胜
上海	M Suites	位于上海啤酒厂旧址，主体建筑由 20 世纪 30 年代著名匈牙利建筑大师乌达克设计
上海	衡山马勒别墅饭店	上海衡山旅游公司投资，以历史取胜
上海	外滩 Indigo 酒店	洲际集团投资，以融合上海新旧文化取胜
广州	W 酒店	喜达屋集团投资，以设计取胜
北京	长城脚下的公社	SOHO 中国投资，以设计取胜
云南	丽江悦榕庄	悦榕集团投资，以融合纳西文化取胜
云南	香格里拉悦榕庄	悦榕集团投资，以融合当地文化风俗取胜
北京	颐和安缦	选址考究，毗邻颐和园东宫门，以中华传统风格的四合院取胜

资料来源：邹毅. 精品酒店：中国酒店业的潜力股. Office Building，2007（8）：58-60.

表 1-3　精品酒店的类型

类　　型	内　　容	举　　例
主题型精品酒店	通过突出特定的主题来彰显酒店个性，以主题作为定位标志来吸引目标顾客	新加坡的 The Scarlet 酒店
时尚型精品酒店	时尚型精品酒店的重要卖点是时尚的设计，这类酒店的设计师通常都是世界顶级设计大师，能够引领建筑设计的时尚潮流	BVLGARI 酒店
地域型精品酒店	地域型精品酒店大多位于风景名胜区内，它将酒店的建设与周围环境相融合，获得独有的环境资源，从而形成其他酒店无法复制和模仿的特质	悦榕集团和安缦集团在各风景名胜区的酒店
家庭旅馆式精品酒店	运用高科技和时尚元素，营造出时尚新新人类所崇尚的"家"的概念	香港的 JIA 酒店

2. 豪华酒店

豪华酒店一般指四星及以上的星级酒店。此类酒店设备豪华，各种服务齐全，设施完善，服务质量优秀，室内环境高雅；设有多种风味的餐厅和宴会厅，有较齐全的健身娱乐设施和服务项目。国家旅游局在《旅游饭店星级的划分与评定》（GB/T 14308—2010）中，把四、五星酒店定义为"完全服务"酒店。顾客可以在此获得物质、精神的高级享受。

3. 经济型酒店

经济型酒店，又被称为有限服务酒店，是力图在提供的核心服务——"住宿和早餐"上精益求精的酒店，是相对于传统的全服务酒店而存在的一种酒店业态，它的最大特点是经济、简约。经济型酒店最早出现在 20 世纪 50 年代的美国，目前在欧美国家已是相当成熟的酒店形式。许多著名酒店集团都拥有经济型酒店品牌，如精选国际酒店集团拥有 Econolodge、Rodway Inn 等经济型酒店品牌；雅高集团拥有宜必思、伊塔普、红屋顶客栈等经济型酒店品牌；希尔顿集团旗下拥有欢朋酒店；万豪集团旗下拥有 Fairfield Inns 等经济型酒店品牌。在我国，自 1997 年国内第一家真正意义上的经济型酒店品牌——锦江之星诞生至今，已经形成一批著名的本土经济型酒店品牌，如锦江之星、如家酒店、汉庭酒店、莫泰连锁、速 8、布丁酒店、7 天连锁、格林豪泰、尚客优等。

归纳而言，经济型酒店是指以中低收入消费者为对象，以经济的价格、中档的设施、优质的服务和整洁卫生的环境呈现给消费者的非奢华酒店。我国经济型酒店一般能够满足消费者基本的住宿要求，并有一定规模的停车场。经济型酒店的分类如表 1-4 所示。

表 1-4 经济型酒店的分类

划分标准	名 称	定 义
形式	单体经济型酒店	只有一家酒店按照经济型的定位进行经营管理的经济型酒店
	连锁经济型酒店	具有两家以上的酒店按照统一品牌、统一宣传、统一经营管理的经济型酒店的联合体
设施	标准型经济型酒店	按照标准间的方式来布置酒店客房
	满足型经济型酒店	主要提供简单的住宿设施来布置客房，满足客人的最基本需求
	享受型经济型酒店	提供舒适豪华的设施，如宽大的床和高档的棉织品、洁具
	家庭型经济型酒店	主要面向家庭，如配备大小床或一张隐蔽床
客源对象	商务型经济型酒店	主要面向商务客人，注重互联网络、传真等商务设施
	旅游型经济型酒店	主要面向旅游者，注重大客车停车场和团进团出的活动规律
	商旅型经济型酒店	对商务客人和旅游团队客人进行兼顾

经济型酒店的主要特征有以下几点。

（1）提供有限服务。经济型酒店只提供标准化的住宿服务（有些提供早餐），减少或取消了餐饮、会议、娱乐等服务，只是将住宿作为经营的重点，没有宴会设施、健身房和其他娱乐设施。

（2）经营规模小、投资少、价格低廉。我国经济型酒店房间数量一般在 120～150 间，且很多经济型酒店均是租赁房屋进行装修改建，投资相对较小，房间价格在 150～250 元。但也存在有的中小型经济型酒店的房间数量在 60 间左右，如尚美生活集团的尚客优酒店。

（3）目标市场以低消费水平顾客为主。经济型酒店主要服务于低消费水平的商务人士、休闲及背包游旅游者，为其提供价格较低、清洁、安全舒适、便捷的住宿服务。经济型酒店虽然收费较低、利润小，但其市场基数大，能够以薄利多销的形式实现规模经济。

4. 公寓式酒店和酒店式公寓

公寓式酒店是指按公寓式（单元式）分隔出租的酒店，其软硬件配套设施都是按照酒店标准来配置，且纳入酒店行业管理的非住宅性酒店类物业。酒店式公寓是指既可短期或者长期租赁，又兼有酒店式房间服务的居所。它是向住客提供家庭式的居住布局、家居式的服务和硬件配套设施，真正使顾客有宾至如归的感觉，既能提供酒店的专业服务，又拥有私人公寓的私密性和生活风格的住宅。《上海市城市规划管理技术规定》对公寓式酒店和酒店式公寓分别做出了定义，并明确其区分与界定。《上海市城市规划管理技术规定》中的名词解释第 13 条明确写明："公寓式酒店指按公寓式（单元式）分隔出租的酒店，按旅馆建筑处理。"第 14 条："酒店式公寓指按酒店式管理的公寓，按居住建筑处理。"二者根本的区别是按土地使用权的性质进行划分：凡商业用地，土地使用年限为 40 年；凡住宅用地，其土地使用年限为 70 年。因此，土地使用年限为 40 年的属公寓式酒店，按旅馆建筑处理，属于商业性质；土地使用年限为 70 年的属酒店式公寓，按居住建筑处理，属于住宅性质。

酒店式公寓属于住宅类物业，公寓式酒店则是非住宅的酒店类物业。两类物业性质不同，前者可拥有个人产权，可以居住、出租或转售。酒店式公寓往往集中在一个或几个单体建筑内，便于某家机构或公司采用酒店服务的方式进行统一管理，所以这种管理方式被冠名为"酒店式"；而公寓式酒店本质上是酒店类物业，整个物业只能由机构或公司进行投资再交由一家专业酒店公司进行管理，由于其产权属于机构或公司，因此公寓式酒店不能将客房分割出售给个人。

5. 主题酒店

主题酒店是舶来品，在国外，主题酒店仅仅是独特概念酒店（Unique Concept Hotels）中的一种。独特概念酒店主要包括主题酒店（Themed Hotel）、设计酒店（Design Hotel）、生活方式酒店（Lifestyle Hotel）、精品酒店（Boutique Hotel）、联合品牌酒店（Co-Branded Hotel）、优质服务酒店（Service Quality Hotel）。

主题酒店是以某一文化为主题或者说是以某一主题文化为主题。主题意味着必须有明确的、带有鲜明市场形象和品牌的东西，通过不同主题的营建、塑造，确定酒店经营的主要方向，生产有针对性的产品，从而吸引目标消费群体。由于主题酒店的主题内容广泛，选择的主题不同，对主题酒店的认识也会有所不同。目前对主题酒店的定义尚未统一，但其内涵可以用三句话进行概括：以文化为主体，以酒店为载体，以客人的体验为本质（魏小安，2005），即主题酒店以提供特色的服务、具有特定的功能和营造特定的文化氛围来吸引顾客，酒店从有形的建筑设施到无形的服务再到更高层次的文化品位，能使顾客获得满意的服务和快乐的体验，并在享受酒店营造的文化氛围中得到精神上的升华，提高自己的意境。2017 年国家旅游局发布的《文化主题旅游饭店基本要求与评价》（LB/T 064—2017），以国标的方式对文化主题旅游饭店进行了界定，即以某一文化主题为中心思想，在设计、建造、经营管理与服务环节中能够提供独特消费体验的旅游饭店。并指出文化主题是依托某种地域、历史、民族文化的基本要素，通过创意加工所形成的能够展示某种文化独特魅力的思想内核。主题酒店的本质可归结为差异性、文化性、体验性。主题酒店一定是特色酒店，但特色酒店不一定是主题酒店（李原，2005）。比如，迪拜的阿拉伯塔酒店就是一个特色酒店，独特的建筑、奢华的设施、高水准的服务构成了该酒店的特色，但它并不是一个主题酒店。

最早的主题酒店出现在美国。1958 年，美国加利福尼亚州的 Madonna Inn 率先推出 12 间主题房间，后来发展到 109 间，每个房间都有不同的主题。其中，最著名的就是山顶洞人套房。这间套房完全利用天然的岩石做成地板、墙壁和天花板，房间内还挂有瀑布，连浴缸、淋浴喷头也由岩石制成，彰显原始气息。在其他国家和地区也有一些主题酒店，如雅典的卫城酒店，以雅典卫城为主题；维也纳的公园酒店，以历史音乐为主题；印度尼西亚巴厘岛还建造了亚洲第一家摇滚音乐主题酒店。中国最早的主题酒店是威尼斯皇冠假日酒店。2001年年底，以意大利水文化为主题的威尼斯皇冠假日酒店在深圳开业，该酒店融合了文艺复兴和欧洲后现代主义的建筑风格，成为我国第一家真正意义上的主题酒店。目前，国内外主题酒店类型呈多样化发展态势，主要有自然风光型、历史文化型、城市特色型、名人文化型、艺术特色型、科技信息型等类型，如表1-5所示。

表1-5　主题酒店的一般类型

主 题 类 型	酒 店 特 色	代 表 酒 店
自然风光酒店	将富有特色的自然景观"搬"进酒店，营造一个身临其境的场景	西双版纳热带原始雨林深处的野象谷树上旅馆、广州的长隆酒店
历史文化酒店	顾客一走进酒店，就能切身感受到一股时光倒流般的、浓郁的历史文化氛围	成都的京川宾馆
城市特色酒店	以历史悠久、具有浓厚的文化特点的城市为蓝本，以局部模拟的形式和微缩仿造的方法再现城市的风采	深圳的威尼斯皇冠假日酒店
名人文化酒店	以人们熟悉的政治或文艺界名人的经历为主题建造	杭州的西子宾馆
艺术特色酒店	以音乐、电影、美术、建筑特色、文艺作品等为素材	香港的迪士尼好莱坞酒店、北京长城脚下的公社
科技信息酒店	以高科技手段为支撑	香港的珀丽酒店

主题酒店的主要特征有以下几点。

（1）主题性。主题酒店的最大特征是围绕着某一个或多个主题设计产品，使主题产品成为吸引旅游者的刺激物，以满足其旅游体验的需求。主题酒店在确定某一主题后，在酒店的外观建筑、内部布局、设施设备、产品选择等方面均应贯穿同一主题。

（2）文化性。文化是主题酒店核心竞争力的重要组成部分，它是一种利益认识、感情属性、文化传统和个性形象等价值观念的长期积累，能够让顾客感知主题酒店在建筑式样、装潢装饰、餐厅特色与背景、服务礼仪、休闲娱乐等方面的文化内涵。

（3）体验化。随着现代社会工作压力加大，人们生活水平的不断提高，旅游者消费经历的增多以及消费观念的提升，消费者更加追求在酒店产品消费中的情感体验，更加注重通过酒店消费经历促进个人知识、见识、能力的发展与提高。为了适应市场需求体验化趋势，主题酒店逐渐兴起。

（三）按酒店特点分类

1. 机场酒店

机场酒店通常设立在机场附近，便于接待乘机客人。多数住客是由于某种原因，如飞机故障、气候变化、飞机不能按时起飞，或客人只是转机并不想进城等原因造成必须在机场滞留而住店。机场酒店的设施与商业酒店大致相同。

2. 公路酒店或汽车酒店

公路酒店或汽车酒店多数坐落于主要公路旁或岔路口，向住店客人提供食宿和停车场，其设施与商业酒店大致相同，所接待的客人多数是自驾汽车旅行的游客。这类酒店在公路发达的西方国家较为常见。

3. 选择性酒店

选择性酒店有特别的意义，酒店对住客有特别的选择和规定，有的只接待男客，有的只接待女客，有的因宗教或种族不同而选择住客。例如，日本的儿童旅馆，美国马丁·诺尔顿开办的老人旅馆，德国柏林库夫斯特专为残疾人开设的"世界旅馆"等。

4. 火车酒店、摩托车酒店

这类酒店是以交通工具或其位置来命名的。

（四）按经营方式或拥有权分类

1. 全民所有制酒店

全民所有制酒店的生产资料归国家所有。

2. 集体所有制酒店

集体所有制酒店属于公有制企业，但生产资料和它的产品归有关劳动集体所有。

3. 合资酒店

合资酒店指由两个或两个以上的投资者合作兴建并联合经营的酒店。投资双方可以是全民所有制之间、全民与集体、全民与外资或集体与外资等。

4. 外资酒店

外资酒店多指境外投资者在我国境内投资建设的酒店。

5. 民营酒店

民营酒店指由民间个体资金投资建设的酒店。目前在我国的一些地区（如广东东莞、福建泉州、浙江温州）此类酒店甚多，且规模越来越大、档次越来越高。

（五）按规模大小分类

国际上对酒店的大小没有明确的划分标准，一般是以酒店的房间数、占地面积、酒店的销售数额和纯利润的多少为标准来衡量酒店的规模，其中主要的指标是房间数。目前，国际上通行的划分标准有以下三种。

（1）小型酒店。客房数小于300间（有的划分为200间以下）。

（2）中型酒店。客房数为300～600间（有的划分为200～700间）。

（3）大型酒店。客房数大于600间（有的划分为700间以上）。

以规模大小分类是比较客观的分类法，因为它有利于酒店之间进行比较。

二、现代酒店的等级

世界上酒店种类繁多，为便于酒店经营者推销和方便旅客选择酒店，各国政府或旅游业的团体机构都要根据酒店的软硬件条件，将酒店划分为不同的等级。

酒店等级的确定主要是依据酒店的位置、设施的配备情况、服务水准的高低来划分。虽然目前国际上在划分酒店等级上还没有正式的规定，但有些标准已被公众认定，因此在划分等级上比较统一，如清洁程度、设施水平、家具品质、酒店规模、豪华程度、服务质量、管理水平等。

（一）国际上通用的酒店等级划分标准

目前，国际上按照酒店的建筑设备、酒店规模、服务质量、管理水平的差别，逐渐形成了比较统一的等级标准。虽然划分运用的标识存在差异，有用星级划分的，也有用钻石、皇冠、A/B/C 等划分的，但划分的等级标准相对统一，这里将这些标识都归结为星级标准，即分为一星至五星，星级越高，设施和服务越好。

一星级酒店：设备简单，具备食、宿两个基本功能，能满足客人最简单的旅行需要，提供基本的服务。属于经济等级，适合经济能力较差的旅游者。

二星级酒店：设施一般，除具备客房、餐厅外，还设有购物、美容等综合服务设施，服务质量好。属于一般旅行等级，适合经济能力中下等的旅游者。

三星级酒店：设备齐全，除提供优良的食宿外，还有会议室、游艺厅、酒吧、咖啡厅、美容室等综合服务设施。适合中等经济水平的旅游者，目前此类酒店的数量较多。

四星级酒店：设备豪华，各种服务齐全，设施完善，服务质量优秀，室内环境高雅；设有中西餐厅和多个小宴会厅、咖啡厅、酒吧及内部餐厅等，有较齐全的健身娱乐设施和服务项目。顾客可以在此得到物质、精神的双重享受，适合上层旅游者和公务旅行者。

五星级酒店：设备十分豪华，服务设施十分齐全，服务质量高级；设有各种各样的餐厅和会议厅，有游泳池、网球场、桑拿室、日光浴室等大型健身娱乐场地；是社交，举办会议，娱乐，购物，消遣，保健等活动的中心。五星级酒店的整个标准可以用"突出"两个字来概括。五星级酒店的客源主要是社会名流、上层管理人员、高级技术人员、著名学者等。

（二）国际上酒店等级划分的差异

酒店等级的划分因国家不同而有所不同，瑞士酒店协会采用五星等级制；英国旅游局选用皇冠将酒店分为五皇冠、四皇冠、三皇冠、二皇冠、一皇冠五个等级；法国酒店的最高标准是四星级；罗马尼亚酒店也分为特级、一级、二级、三级四个等级；美国汽车协会采用五颗钻石等级制度，将酒店划分为一般、好、佳、优及突出五个等级；菲律宾酒店分为豪华、一级、标准级、经济级四个等级；日本酒店等级分类至今未采用世界通行的星级制，除国际著名酒店集团经营的酒店外，一般是按酒店的投资规模、设施齐全程度、服务内容、知名度以及运营公司的名气来划分，并以行业及住宿客人的默认和口碑为基准分为高级酒店和一般酒店。不同国家的酒店评级的机构也不完全一样，比较多的是政府部门，特别是政府中主管酒店业的职能部门，如国家旅游局或其他相应的机构。另外，还有民间机构，如酒店业协会、汽车协会等，或者政府部门与酒店业协会联合评定。在一些地方还有几个国家的酒店业协会联合制定统一的标准共同评定酒店等级，如荷兰、比利时、卢森堡三个国家共同制定了《荷比卢酒店星级评定的标准与办法》，颁发统一的标志。

目前，我国酒店星级的划分与评定主要以 2011 年 1 月 1 日开始实施的《旅游饭店星级的划分与评定》（GB/T 14308—2010）为标准。新标准的主要变化是：①进一步强调必备条件的严肃性。各星级酒店的必备项目必须达到硬件设施和服务项目的基础要求。相应星级酒店的各个必备项目必须逐项达标，以打"√"的方式逐项检查达标情况，缺一不可，只要有一项不达标，就停止检查。这项规定突出了检查方式的刚性、严肃性和不可或缺性。同时取消了如饼屋、鲜花店、桌球室、图书室等作用不大的选择项目。②突出节能环保的要求。星级标准要求饭店在设计、管理、服务等方面体现绿色环保的理念，应用节能、环保的新技术、新材料，切实承担可持续发展的社会责任，为消费者提供高质量、高品质的绿色、健康产品。对一至五星级饭店均要求制定与本星级相适应的节能减排方案并付诸实施，三星级（含）以上饭店还应同时达到《绿色旅游饭店》（LB/T 007—2006）的要求。③强化突发事件的应急管理。在必备项目中对一至五星级饭店均要求制定突发事件处置的应急预案，三星级（含）以上饭店还要求定期举行演练。在饭店运营中一旦发生死亡 1 人以上，或重伤 3 人以上，或直接经济损失 5 万元以上，或造成重大政治影响的重大安全责任事故，立即取消星级。④明确区分"有限服务"和"完全服务"。一、二、三星级酒店属于有限服务饭店，强调"必要硬件配置"的核心功能，适当减少配套设施要求，重视简单、实用与低成本运行。例如，对卫生间、餐厅没有特别要求；讲究高效的机构设置，注重一人多能的岗位职责；客房是重点，注重卫生、安全、方便；以对价格敏感的旅游者为主要消费群体。将四、五星级饭店明确定义为完全服务饭店，继续坚持四、五星级饭店产品的完整性；注重饭店"硬件"与"软件"的全面评价，强调饭店环境、氛围与服务的整体协调性，关注宾客的全面感受与价值体验，保证高星级饭店产品的高质量。所有星级都要注重配备残障服务设施和项目。⑤加强软件评价的可操作性。在规范服务程序的基础上，将饭店服务质量的评价流程化、定量化，引导制度建设，增强客观性、提高操作性。⑥强化核心产品，引导特色经营。强调饭店的核心产品，提高客房、公用系统、餐饮、安全设施等方面的要求，而弱化对前厅、康体娱乐等方面的要求。2010 版标准与老版标准相比更强调饭店的舒适度，标准中有关舒适度要求的条款的比重大幅增加，由38.5%增加到71.4%。对于主营住宿业务，建筑与装修风格独特，有独特的客户群体，管理和服务特色鲜明，知名度高，但配套设施未达到星级标准要求的小型豪华精品饭店，设置"例外条款"。

三、我国星级酒店的审批和管理

（一）星级的申请与审批

文化和旅游部设置中华人民共和国旅游涉外饭店星级评定机构，负责全国旅游涉外饭店的星级评定工作，并具体负责评定全国的五星级饭店。省、自治区、直辖市旅游局设置的饭店星级评定机构，在国家文化和旅游部的领导下负责本地区旅游涉外饭店星级评定工作，并具体负责评定本地区的一星级、二星级、三星级、四星级饭店。

在中华人民共和国境内，正式开业一年以上的旅游涉外饭店均可申请参加星级评定，其审批程序如下：

（1）饭店经营者向国家或地方旅游主管部门提交饭店评定等级申请书。

（2）国家和地方饭店星级评定机构人员到申请定级的饭店进行调查和检查，按饭店星级必备条件与检查评分相结合的综合评定法确定饭店的星级。评级使用的文件有：《评定旅游涉外饭店星级的规定》《设施设备评定标准》《设施设备的维修保养及清洁卫生评定标准及检查表》《服务质量评定标准及检查表》《宾客意见评定标准及评定表》《旅游涉外饭店星级评定检查员制度》。

（3）国家旅游主管部门饭店星级评定机构征求地方饭店星级评定机构的意见，做出最后的定级决定。定级决定应指出饭店的名称、地址、所定等级、饭店的客房和床位数量及接待能力。

（4）饭店接到定级通知后，凭营业执照向当地旅游主管部门领取国家旅游主管部门统一颁发的旅游涉外营业许可证。饭店星级标志由文化和旅游部饭店星级评定机构统一制作。

（二）星级的管理

1. 降级

已评定星级的饭店，其经营管理和服务水平如达不到与星级相符的标准，国家旅游主管部门酒店星级评定机构和地方饭店星级评定机构可根据其权限做出如下处理：口头提醒；书面警告；罚款；通报批评；暂降低星级，限期整顿；降低星级；取消星级；吊销旅游涉外营业许可证。

2. 升级

在现代饭店经营管理中，经营者可以提出升级的书面申请。凡申请升级的饭店应具备升级的各项条件。国家或地方旅游主管部门饭店星级评定机构根据饭店的申请，按照评定文件的要求，考虑可否准予升级。

3. 饭店申诉

饭店对定级、降级、除名等决定有异议，可向国家或地方旅游主管部门提出申诉。对四星级以上饭店的申诉，最终裁决由国家旅游主管部门做出；一星级、二星级、三星级、四星级饭店申诉的裁决权由地方旅游主管部门掌握。裁决时，按国家有关规定处理，并将裁决结果书面通知饭店。地方旅游主管部门对星级饭店的处理决定应报文化和旅游部饭店星级评定机构备案。

4. 费用规定

所有参加饭店星级评定的饭店，每年需向文化和旅游部主管的饭店星级评定机构交纳星级评定费用。

第三节　现代酒店的功能、要求与布局

酒店是一个包含多种设施、具有综合服务功能的现代化建筑，它的功能、要求和设施设备标准随游客需求的变化而不断发生变化。酒店的功能、要求和酒店的建筑及其布局相辅相成，共同构成现代酒店经营管理的基础，随着时代的发展，它逐渐朝自动化、智能化和特色化方向发展。

一、酒店的基本功能与要求

酒店的功能与要求是一个逐步发展的过程，它的产生和发展均以客人的需求为基础，按照出现时间的先后，我们将酒店的基本功能分为酒店的传统功能和酒店的现代功能。

（一）酒店的传统功能

酒店的传统功能是指酒店出现之初就已具有的功能，主要包括住宿功能、饮食功能和集会功能。

1. 住宿功能

住宿功能是指酒店向客人提供舒适方便、安全卫生的居住和休息空间的功能。现代酒店按照其星级的不同，向客人提供不同标准和等级的设施与服务。酒店的星级越高，其提供的设施越豪华、服务越完善。

2. 饮食功能

饮食功能是指酒店向客人提供饮食及相关服务的功能。星级酒店通常具有多种不同风味和消费层次的餐厅和酒吧，以满足来自不同国家、地区，具有不同消费习惯的客人的需求，通过向客人提供多样性的美食和饮品使客人流连忘返。

3. 集会功能

集会功能也是酒店传统功能中的一种，现代酒店通过这种功能向社会开放，为集会、文化交流和信息传播等其他活动提供场所和相关服务。现代酒店的会议设施和会议服务功能也在不断地完善和发展，满足着不同层次客人的需要。例如，现代酒店的远程会议服务系统，能将远隔天涯的两个会议场所连接起来，进行近在咫尺的交流，极大地方便了外出的商务客人。

（二）酒店的现代功能

酒店的现代功能是随着社会的变化和客人的需要，逐渐建立和完善起来的。现代酒店都力图通过完善的设施和尽善尽美的服务来满足客人的需求，以期招徕更多的客人。酒店的现代功能可以归结为以下四种，即文化娱乐功能、商业服务功能、购物服务功能和交通服务功能。

1. 文化娱乐功能

文化娱乐功能是现代酒店通过对文化活动的举办、康体设施的提供，以满足客人的休闲和康体需求的酒店功能。随着生活水平的发展，人们对文化、娱乐、康体、休闲的要求越来越高，而现代酒店作为人们进行文化交流、社交活动的高级场所，通过提供多样的高级服务项目，既可以满足客人的需要，又可以拓宽酒店的发展渠道。同时，这也是高星级酒店的评定标准之一。

2. 商业服务功能

商务服务功能主要是指酒店为客人的商务活动提供各种设施和服务的功能，它包括为客人的商业活动提供展览厅、写字间等操作场所，为客人提供程控电话、传真、上网工具等现代化的通信设施设备，让客人能够随时与外界进行沟通，及时收发信息，这对于商务客人来说是至关重要的。当今的时代是个信息时代，酒店是否配置这些设备是衡量其现代化程度的一个重要指标。

3. 购物服务功能

购物服务功能也是现代酒店的一个常见功能，酒店可以根据自身的特点和客源结构，销售一些符合顾客需求的旅游纪念品、高级消耗品，甚至是普通生活用品。

4. 交通服务功能

现代酒店通常被要求能够为客人提供市内交通工具，能够为旅客提供火车票、飞机票等交通客票的预订服务，解决客人的后顾之忧。在现实生活中，许多高星级的酒店通常都拥有自己的专用车队。

客人的需求在变，现代酒店的功能与要求也在逐渐延伸。一家成功的酒店应该想客人之所想，尽量为客人提供一些个性化的服务。当然，现代酒店在设置这些功能与服务的时候，应该与所在社区进行功能的对接，互相补充，以降低酒店的经营成本。

二、酒店的布局

酒店布局又称酒店建筑布局，是指酒店的建筑、广场、道路、室内通道、停车场、庭院绿化和后勤工作内院的平面布局。酒店布局的好坏可以影响到酒店经营管理活动和服务活动的操作流程与效率，因此，酒店布局对酒店的经营管理有着非常重要的作用。

（一）酒店布局的基本要求

1. 景观质量高，环境条件好

酒店的整体建筑有一个朝向的选择问题，在城市中，通常各个区的发展现状、规划建设、工业企业的设置、各个季节的风向都不相同，从酒店的不同角度所观察到的景观质量就有区别，所受到的噪声、废气和烟尘的影响也有所不同。因此，在进行建筑布局时，应该争取客房和公共部分朝向好的景观，尽量避免客人看到杂乱无章的场所，从而将酒店所受到的外界的不利影响降至最低。

2. 科学安排酒店动线，合理进行功能分区

所谓动线，是指客人、物品、服务和信息的流动路线。酒店的动线主要有客人流线（包括住店客人、餐饮康乐客人和外来客人三种流线）、物品流线、服务流线和情报信息流线四种类型。动线设计的基本原则是各种流线的运作要持续畅通，客人流线与物品流线和服务流线不交叉碰撞；客人流线要直接明了，便于管理；服务流线要短捷高效；情报信息流线要迅速、准确。在充分考虑这几个基本原则的基础上，科学地安排这几条流线，然后再进行酒店的功能分区，确保酒店的管理快速高效。

3. 交通流畅，人车分流

这要求酒店的内外交通线与外部城市道路的交通线结合成一个有机联系的整体，尽可能减少人流与车流、不同性质车流之间的交叉或干扰，让人流和车流有足够的集散和停留空间。

4. 出入口设置合理

酒店的出入口有客用出入口、职工出入口、物资出入口和垃圾出入口等几个类别。这几种出入口由于用途不同，在设置时应严格加以区分，合理建置。客用出入口与其他几种出入口要分开设立，以体现尊重客人的现代酒店精神，同时也有利于酒店的管理。客用出

入口是酒店的形象标志，酒店必须重视其主要出入口的形象设计，让出入口既美观又实用。客用出入口又分散客出入口和团体出入口两个类别，两者可以设在一起，也可以分别设置，取决于酒店的实际需要。

（二）酒店建筑布局形式

酒店的建筑布局形式分为分散式布局、集中式布局、分散与集中相结合的布局三种形式。

1. 分散式布局

分散式布局的特点是酒店各功能部门分别建造，单幢独立，多为低层建筑。由于各功能区分别独立、互不干扰，整个酒店环境显得幽雅宁静，但是客人和服务的流线较长，能源耗费大，管理不便。这种布局形式主要应用于郊区酒店。

2. 集中式布局

集中式布局又分为水平集中式、竖向集中式和水平与竖向相结合的集中式布局。水平集中式是指客房、公共区域、后勤和餐饮部分分别各自相对集中建设，并且在水平方向互相连接的布局方式。它适用于郊区和风景区酒店。竖向集中式布局适用于位于城市中心、基地较少的酒店，这种布局方式是酒店各功能区集中在一座建筑物中竖向排布。水平与竖向相结合的集中式布局呈凸形，是高层建筑带裙房的布局形式，这种布局形式被国际上的许多城市酒店所采用。

3. 分散与集中相结合布局

分散与集中相结合的布局也是较常见的酒店布局方式。在这种布局形式中，常采用客房楼层分散、公共部分集中的方式。现代酒店中的高层酒店，大量标准客房在竖向叠合，为了合理组织和充分利用竖向空间条件，要进行竖向功能分区。通常情况下，地下室用于安排车库、库房、员工更衣室、浴室、员工活动室。一般地下一层可用作公共活动部分，如快餐厅、游泳池等。地下二层作为设备（如机房）和后勤工作用房。低层公共活动部分（包括裙房）常安排各类餐厅及康乐设施等，大堂多设在一层。在低层与客房层之间常设有设备层，以安排各种管道系统中的水平管道。客房层多安排在四层以上的竖向高层部分。高层酒店常常在顶层公共活动部分设空中餐厅、旋转餐厅、观光层、豪华套间等，而楼房顶部通常为设备用房，设置电梯机房、给水水箱等设备。

随着城市高层建筑的增多，很多新开业的酒店开始与写字楼共用一栋建筑，如在一楼设置礼宾部或者前台，在某些楼层段设置酒店其他功能区（如客房、餐饮、康乐等），类似的酒店有上海金茂君悦酒店、青岛威斯汀酒店等。

第四节　酒店管理的特点与内容

酒店的经营管理是以管理学为基础，综合运用多种学科知识研究酒店业务特点和经营管理特点的一门独特的学科，有其特点与研究内容。

一、酒店经营管理的特点

酒店经营管理是指酒店的管理人员为了达到酒店的目标而有意识、有计划地进行各种经济活动的总称。这些活动包括对酒店的经营目标、方针、策略的决策和正确地执行既定的方针、策略，以保证酒店经营目标的实现。现代酒店的经营管理有着不同于其他企业经营管理的独有特点。

（一）现代酒店经营的特点

酒店业是以服务业为中心的接待业。酒店产品与一般物质产品不同，有其特殊性和特殊市场，这些特殊性就促使酒店经营具有它自己的特点。

1. 酒店产品的特点

酒店产品有以下五个特点。

（1）酒店产品是组合产品。对顾客而言，酒店产品仅是一段住宿经历，这段住宿经历是个组合产品，由以下两个部分构成：①物质产品，指顾客所消耗的食品、饮料及所接触到的设施、设备；②无形形态产品，指顾客感觉上的享受和心理上的感受。前者是由酒店设施的硬件传递出来，顾客通过视、听、触、嗅觉感受到；后者通过酒店的软件传递出来，即顾客在心理上感受到的地位感、舒适度、享受程度等。

（2）酒店产品没有储存性。酒店的客房和餐厅的座位一天或一餐租不出去，它的价值就永远失去，它不像其他产品可以储存。酒店的需求波动比较大，每年有淡季和旺季，每周有高峰和清闲日，餐饮部每天有繁忙的时间段和空闲的时间段。这就要求管理人员采取一系列经营手段，如举行特殊的接待活动，采取灵活的价格策略，以招徕淡季市场，从而使酒店产品的供应与市场需求量趋于平衡，提高酒店设施的利用率，使酒店的产品得以最大限度的销售。

（3）酒店产品的无转移性。酒店产品的非实体（无形）的现场消费决定了酒店产品的不可转移性，它不能从一个地方转移到另一个地方，必须就地出售，顾客只能到酒店消费。因此，管理者在经营中应努力提升酒店形象，吸引顾客前来消费并保持有较多回头客。

（4）产品所有权的相对稳定性。酒店产品中的许多产品，如客房产品、康乐产品、服务产品等，不像其他商品那样，一旦商品交换实现，所有权就发生转移。酒店并不出卖商品的所有权，客人买到的仅是一段时间、某一阶段的住宿权利、享受权利和被服务的权利。酒店产品的使用价值就是为顾客提供一定期限的住宿环境，提供一段时间的物质享受和精神享受，房租和客人所付出的费用则是酒店出售产品的使用价值而回收的交换价值。因此，客人在购买酒店产品时只能在限定的时间内进行消费，不可能重复消费。

（5）酒店产品无法进行售前质量检查，其生产过程大多和顾客直接见面。酒店服务员在提供服务的同时，客人就在进行消费，服务员在提供服务时的举止、行为都将影响到所提供产品的质量。因此，强调酒店服务操作的规范与标准，保证每个产品（每次服务、每次操作）都是合格的产品，对酒店而言，显得极其重要。

2. 酒店需求的特点

酒店需求具有以下两个特点。

（1）酒店需求是派生的需求。一般来说，人们不是为住酒店而来某地，而是要到某地游览、办理公事或开会等原因才附带产生对酒店的需求，因而酒店的选址是十分重要的，要选择能产生合适客源的地点。另外，酒店建造后的营销工作要和所在地的营销结合起来，酒店的宣传推销要结合推销所在地的吸引之处，这个吸引之处正是把客人带到酒店来的诱因。在很大程度上，酒店经营成功与否取决于目的地营销是否成功。

（2）酒店需求是非基本需求。人们只有在衣、食、住、行等基本需求得到满足后才会去旅游度假。公务旅游也是非基本需求，企业经费紧张就会减少出差费用，用通信来代替出差。因而酒店的需求容易受各种因素的影响，如社会政治因素、人们对旅游爱好的思潮、气候、经济收入、价格等。

3. 酒店经营的特点

酒店经营有五个与其他企业不同的特点。

（1）不稳定的销售量。酒店每年的销售量会随季节的变化而变化，季节的变化对各个酒店来说，其变化程度是不相同的。旅游酒店在旅游旺季的销售量可能是淡季的好几倍。从酒店每周的销量来看，有的酒店早茶销量较大，有的酒店则是午餐、晚宴销量大。

（2）高比例的固定成本。酒店的固定成本一般比较高，而且各部门之间的成本比例也不同。客房部的固定成本最高，但在销售中变动成本却比较低，餐饮部门所占固定成本与其他企业比较，也显得较高。

（3）酒店产品是家外之家。现代酒店的经营就是为顾客提供一个家外之家。这个家外之家，每年365天、每周7天、每天24小时都要为顾客负责。管理人员每天都要做一些突然决定，处理一些意想不到的事情。酒店每接待一个顾客，意味着接受一项重大任务。顾客在店中发生任何事情，都有可能影响他们的住宿经历。这就要求酒店工作人员具有处理各种突发事件的应变能力，要求酒店工作人员搞好安全保卫工作，承担起保护、帮助和引导顾客的责任。

（4）现代酒店是资本密集型企业。建造一座酒店所需资本较大，因此，酒店资本摊到每年经营中的固定成本很高。固定成本是不管客房出租多少都要支付的，而每出租一间客房涉及的变动成本很小，多出租客房所需要增加的额外边际成本也很小。另外，客房产品的不可储存性决定了客房一天租不出去，其一天的价值就永远失去。因此，酒店管理人员要积极搞好酒店产品的销售工作，科学地组织好客房的预订，这是酒店经营成败的重要因素。

（5）生产与消费的同一性。现代酒店是以提供服务作为主要的生产产品，而在酒店的服务过程中，特别是客房与餐厅的服务，其生产与消费只能是在酒店空间内的装饰、设备、灯光及各种配套条件下进行的，酒店产品生产的同时，客人也开始了消费。在整个生产、服务过程中，产品基本上没有库存，生产了就立即被消费掉，有的甚至是边生产边消费。对于整个酒店产品也是这样，客人一入住，生产与消费随即开始，从登记，入住，到客人就餐、娱乐、购物、健身等直到客人离店，整个过程连续发生，生产和消费是一个过程的两个侧面，它们之间没有中间环节，也没有间歇。由于酒店经营具有生产与消费同一性的特点，因此，酒店的管理服务人员要注意生产服务时的质量、标准与效益，注意信息的传递和客源市场的预测，注意统筹安排，保证所生产的产品能满足不同消费者的消费需求，提高酒店的经济效益。

（二）现代酒店的管理特点

现代酒店的管理特点主要体现于酒店所具有的整体性、层次性、系统性、涉外性和多样性。

1. 整体性

现代酒店本身就是一个有机的整体，酒店所进行的经营管理活动要研究酒店的整体目标、整体功能和整体效用，要使组成酒店的各要素、各要素之间的关系及层次结构都适应整体的需要。现代酒店的整体目标是由各要素综合组成的，现代酒店的整体功能就是这些要素协调作用的结果。现代酒店的整体效用是各要素在其内部相互联系中产生的。酒店管理者要考虑酒店的整体利益，充分发挥酒店的人力、物力、财力以及信息的作用。

2. 层次性

现代酒店管理的层次性，是指酒店管理的阶梯结构。现代酒店管理层次按照管理机构在管理工作中所处的地位，分为最高管理层机构、中级管理层机构和基层管理层机构。最高管理层机构是负责统一领导和管理酒店全部业务经营活动的决策机构。中级管理层机构是处于最高管理层机构和基层管理层机构之间的管理执行机构，它的主要职责是组织实现最高管理层机构在某一方面的决定和指示，把最高管理层机构的指示与本部门的职责结合起来，传达给基层管理层，以协调组织各部门的经济活动，并就某一方面的管理工作向最高管理层机构提出建议，以达到和实现酒店的经营目标。中级管理层起着承上启下的作用。基层管理层机构是现代酒店最低一级的管理层次，又是最低一级的管理环节。酒店根据业务经营的性质、接待服务的任务和管理的需要划分若干班组，班组要分工负责，完成所承担的任务。这种阶梯结构反映了现代酒店内各要素在整体中的地位、作用和隶属关系。

3. 系统性

现代酒店要建立和健全以总经理为首的统一的、有权威的业务经营管理系统，向顾客提供"一条龙"的系统服务。在顾客从进店到出店的全过程中，酒店各部门应相互配合，为顾客提供系统服务，满足客人住店期间的需求。

4. 涉外性

现代酒店经营管理的业务活动，除接待国内客人外，还大量接待国外客人。因此，现代酒店具有涉外的特性。酒店在经营管理活动中，应根据不同国家、不同民族的生活习惯，安排好各种服务项目，满足国外客人的需求。同时，酒店管理人员和服务人员要贯彻执行本国有关对外的方针政策，做好各项服务工作，加强各国人民之间的相互了解并增进友谊。

5. 多样性

现代酒店所接待的客源多样，客人需求也各不相同，不仅要满足客人吃、住的需要，而且还要有多种多样的服务设施和服务项目，以满足客人的各种其他需要，使他们得到精神上和物质上的满足与享受。

此外，酒店的多样性还体现在创造经济效益的同时也要创造社会效益，在提供日常生活必需之外还应提供业务活动场所，在提供物质需求之外还应提供精神享受等。

二、现代酒店管理的内容

现代酒店是由多种业务、多个部门综合而成的一个整体组织。各部门的接待业务各不相同，这就形成了酒店庞杂的业务和繁琐的事务。在经营管理中，管理者必须抓住酒店管理的基本内容管理好酒店。现代酒店管理的基本内容主要包括以下几个方面。

1. 现代酒店系统管理

现代酒店是一个独立的经济实体，是一个具有综合性和整体性的系统。从系统工程角度来看，现代酒店系统管理包括酒店系统分析与评价、酒店组织管理系统、酒店计划管理系统和酒店管理控制系统等管理内容。酒店系统分析主要分析现代酒店系统的功能、结构、状态和系统的环境；酒店系统评价主要研究系统绩效的评价方法和酒店系统的优化。酒店组织管理系统主要研究组织管理系统理论、组织效能与组织气氛、酒店组织管理系统的运作与整合、组织制度等方面的内容。酒店计划管理系统主要研究计划指标与计划体系、现代酒店计划编制和现代酒店计划管理。酒店管理控制系统主要研究酒店管理控制系统结构、控制系统的运转和控制系统中的可控与不可控因素。

2. 现代酒店资源管理

现代酒店资源管理涵盖面广，涉及内容丰富，它包括现代酒店人力资源管理、财力资源管理、物力资源管理、信息资源管理、时间资源管理和现代酒店形象与口碑管理等六大方面。现代酒店的这六大资源既有对内的管理资源，又有对外的经营资源，六者相辅相成，共同构成现代酒店经营管理的资源基础。资源的管理既包括对现有资源的利用，又包括对新资源的开发，它是一个动态的循环过程，管理者应处理好利用与开发的关系。

3. 现代酒店服务质量管理

酒店服务质量是酒店的生命线，是酒店的中心工作。酒店服务质量管理的主要内容有以下四个方面。

（1）服务质量的认知。所谓认知就是对服务质量有一个全面完整的认识。服务质量是指酒店向客人提供的服务在使用价值、精神上和物质上适合与满足宾客需求的程度。服务质量的含义应该包括设备设施、服务水平、饮食产品、安全保卫四大方面。服务质量是综合性的概念，其中每个元素都会对酒店服务质量产生影响。这就需要从总体上认识酒店服务质量的标准、特性，分析其运动规律，分析每个元素的性质及其对服务质量的影响，研究控制每个元素对服务质量的影响的方法，研究控制服务质量的方法。

（2）制定衡量服务质量的标准。酒店管理者要根据酒店及部门的服务质量要求，分门别类地制定出各种衡量服务质量的标准。这种标准一般可以分成两大类：一类是静态标准，如饮食质量标准，卫生标准，水、电、冷、暖设备标准等；另一类是动态标准，如客人投诉率、客房出租率、餐厅上座率等。各种标准要详细、具体、明确。

（3）制定服务规程。为了确保服务过程达到标准，需要对服务过程制定服务规程。服务规程是以描述性的语言规定服务过程的内容、顺序、规格和标准，它是规范服务的根本保证，是服务工作的准则和法规。管理人员要重点管理的是：服务规程的形式、制定服务规程、执行服务规程、调整和改进服务规程。

（4）控制服务质量。要落实服务质量标准，必须对服务质量进行控制。对服务质量的控制主要通过建立服务质量评价体系，建立服务质量承诺与保证体系，推行全面质量管理的方法来实现。

4. 现代酒店业务管理

业务管理的目的是保证酒店业务的正常开展。酒店业务是由每个部门所承担的业务组成的。因此，酒店每一个部门、每一个管理人员都有所属的业务管理范围。管理人员的业务管理就是对所辖的业务进行事前、事中和事后的管理。管理人员要明确酒店的业务范围，对管理范围内的业务性质、业务内容要有深刻全面的认识。合理地设计业务过程，有效地组织业务活动，设计与设置业务信息系统和财务控制系统，科学地配备人员、安排班次，是有效地进行酒店业务管理的重要内容。

5. 现代酒店安全管理

酒店的安全包括酒店自身的安全和客人的安全两部分。酒店自身的安全主要指酒店的财产安全和酒店员工的人身安全两个方面；客人的安全包括客人的人身安全、财产安全和隐私安全三个方面。现代酒店安全管理的主要内容包括以下三个方面。

（1）建立有效的安全组织与安全网络。现代酒店的安全组织和安全网络由现代酒店的各级管理人员和一线服务员组成，他们与现代酒店的保安部一起共同完成安全管理。安全管理工作的内容包括现代酒店的消防管理、治安管理以及日常的楼面安全管理。

（2）制定科学的安全管理计划、制度与安全管理措施。现代酒店安全管理计划、制度与安全管理措施包括犯罪与防盗控制计划与规律措施、防火安全计划与消防管理措施、常见安全事故的防范计划与管理措施。安全制度包括治安管理制度、消防管理制度等内容。

（3）紧急情况的应对与管理。一般指酒店出现停电事故，客人违法事件，客人伤、病、亡事故，涉外案件以及楼层防爆等紧急情况的应对与管理。

第五节　现代酒店集团

现代酒店集团产生于第二次世界大战以后，当时国际旅游业迅速发展，其他行业广泛的联营对酒店业产生了极大的影响。在国际酒店业的激烈竞争中，许多酒店相互吞并和转让产权，酒店的企业主认识到单一酒店独立经营的形势难以应付竞争的局势，而扩大经济规模、联合经营则容易在竞争中获胜。此外，其他行业特别是航空公司以购买酒店股份的方式参与酒店业，并逐步扩大股权，形成对酒店企业的控制。20 世纪 40 年代，美国泛美航空公司率先购买了洲际旅馆的产权，通过控制洲际旅馆而打入酒店业，把酒店业的发展推向一个新的高潮。此后许多酒店以及参与酒店股份的企业为了自身的发展，为了开辟新的市场，纷纷在各地建造酒店、购买酒店产权或以其他形式控制酒店。

一、酒店集团的优势

Hotel-Chain，在我国称作联号酒店、连锁酒店，或统称酒店集团。严格地说，酒店集团是指以经营酒店为主的联合经营的经济实体，它可以由一个或几个 Hotel-Chain 组成。Hotel-Chain 是指在本国或世界各地以直接或间接形式控制两个以上酒店的经济体，以相同的店名和店标、统一的经营程序、同样的服务标准和管理风格与水准进行联合经营。本书将它们统称为酒店集团。目前，国际酒店集团数量日益增多，规模日益扩大，实力逐渐增强，在国际旅游市场中占有越来越重要的地位。酒店集团的优势主要表现在以下四个方面。

1. 经营管理优势

酒店集团具有较成功的管理系统。它为所属酒店制定统一的经营管理方法和程序，为酒店的硬件设施和服务制定严格的标准，为服务和管理订立统一的操作规程。这些标准和规范被编写成经营手册。集团所属的成员酒店采用酒店集团统一的管理程序和服务规程，以控制酒店的服务质量，帮助所属酒店的经营达到标准，使酒店形象名副其实。由于经营环境不断变化，酒店集团对这些标准和程序经常进行更新改进，以确保经营的先进性，以便应付新的竞争形势。

酒店集团为所属酒店生产和服务的专业化、部门化提供条件。在食品公司生产和加工，设备维修和改造，布革的洗涤等方面进行集中的管理，以达到降低酒店经营成本的目的。

酒店集团定期派遣管理人员到所属酒店去检查。他们的主要责任是确保所属酒店达到各项经营标准，对检查过程中发现的酒店经营上的问题、不合格的服务提出建议并进行指导。

酒店集团为所属酒店进行员工培训。大的酒店集团一般都有自己的培训基地和培训系统。例如，原假日集团在其总部美国的孟菲斯有一所假日大学，希尔顿集团在美国休斯顿大学设立了自己的酒店管理专业。酒店集团内部还设有培训部门，负责拟订培训计划，并聘请各类酒店经营专家，如工程技术、装潢、会计、营销、电脑等方面的专门人才，为所属酒店提供在职员工的培训。酒店集团还接受所属酒店派遣的员工到集团的酒店或培训基地实习。同时，酒店集团拥有丰富的人力资源储备，能够对成员酒店提供管理输出、人员输出等人力资源支持。

2. 技术优势

酒店集团向所属酒店提供技术上的帮助，但这些帮助是根据所属酒店的需要并且支付额外费用才提供的。

酒店集团为所属酒店提供集中采购服务。由于酒店集团要求所属酒店实现设备、设施和经营用品标准化、规格化，因而一些大酒店集团下设专门负责酒店物资供应的分公司。部分酒店集团总部也设有采购部门，由其向所属各酒店提供统一规格和标准的设备与经营用品，如家具、地毯、餐厅和厨房用具、布草、灯具、餐巾、文具、食具等，从而形成比较完善的集团物资供应系统。酒店集团集中采购有利于增强其与供应商讨价还价的能力，获得较大的价格折扣，使得成员酒店的分摊经营成本大大降低，并能够保证采购物资的质量和供货的稳定性。

酒店集团对所属酒店技术上的帮助还包括酒店开发阶段和更新改造所需的可行性研究、建筑设计、装潢等服务。例如，假日集团有一个建筑公司，有自己的建筑师和设计方面的专家，可为所属酒店提供建筑技术方面的服务。

3. 资金优势

酒店集团规模庞大、实力雄厚，具有资金优势。首先，酒店集团总部能够统一调配资金，能够使用储备资金帮助资金周转困难的成员酒店。其次，在集团外部，酒店集团自身的规模和信誉为所属酒店筹措资金提供了可信度。一家单一的小酒店不易得到金融机构的信任，加入酒店集团能使金融机构对它经营成功的信任度增加而愿意提供贷款。此外，酒店集团还为所属酒店提供金融机构的信息，有的还帮助介绍贷款机构。

4. 市场营销优势

酒店集团一般规模大，经营较成功，因而在国际上享有较高的声誉，给公众留下深刻的印象。一家酒店加入酒店集团后就能使用该酒店集团的名称，集团的店名和店标出现在所属酒店的大门外、广告、布革、经营用品上，大大宣传了酒店的产品。特别是在拓展国际市场时，一个熟悉的国际酒店集团的名称往往要比不知名的酒店更易使顾客对酒店产品具有信心，更能吸引顾客。知名酒店集团的品牌具有很高的市场知名度、美誉度，酒店集团可以在各种营销活动中运用品牌名称、品牌标识、品牌标语等来传播酒店产品与企业形象信息。顾客对知名酒店集团往往更加信任和偏好，从而促使顾客对其优先选择购买。

一个单一的酒店通常没有资金大力开展广告宣传，而酒店集团能集合各酒店的资金在世界范围内进行大规模的广告宣传，它有能力每年派代表到各地参加旅游交易会、展览会，推销各所属酒店的产品并与旅游经营商直接进行交易。这种联合广告能提高集团所属每一家酒店的知名度。

此外，酒店集团一般都有一个订房系统，有高效率的电脑中心和直拨订房电话，为集团中的成员酒店处理客房预订事宜，并从事集团中各酒店间推荐客源的业务。酒店集团在各地区的销售办公室有一支精明的销售人员队伍，可在各大市场区为各酒店拓展销售团队和会议业务，并及时为各酒店提供市场信息，这大大有利于酒店增加客源和开发国际市场。假日酒店集团从 1965 年开始建立自己独立的电脑预订系统 Holidex I；到 20 世纪 70 年代又开发了第二代预订系统 Holidex II；1973 年，为完善这一通信系统，该集团铺设了 30 万英里电缆并使用卫星传导信息。现在假日集团拥有的 Holidex III 是世界上规模较大的民用电子计算机网络，它同时拥有美国最大的私用卫星图像接收网络。目前各个酒店集团都采用各自的中央预定系统，如万豪的 MARSHA、喜达屋的 Vahalla。先进的电脑预订系统与信息传输技术给假日饭店集团带来的回报体现在：高效、快捷的预订业务方便顾客购买，赢得了全球范围内的忠诚顾客群体；集团内部成员信息、资源共享，不仅降低了信息成本，而且扩大了集团整体客户网络，提高了整体盈利水平。

二、酒店集团的联合形式

国际上酒店集团联合的形式有横向联合、纵向联合和多种经营联合。

横向联合就是酒店与酒店之间互相联合。一切酒店集团都是靠横向联合发展起来的。

纵向联合有两种：一是后向联合，即酒店与供应商联合。从酒店角度出发，这种联合形成可以保障物资供应。例如，有些酒店与酒厂联营，我国天津的凯悦酒店与家具厂、装潢厂合资并开设农场，保障经营所需的物资供应。二是前向联合，即酒店与销售商联合。例如，酒店与航空公司联营，航空公司可以保障游客到某地有住处，而酒店靠航空公司带来客源。酒店还常与旅行社联合，许多酒店集团开设旅行社，将游客送到自己在各地的酒店中去。

酒店开发多种经营，与多行业企业联营，可以提高经营效果，减少风险。许多酒店集团不仅开设酒店并且开设商场、旅行社、汽车公司、快餐集团等。法国有名的酒店集团——雅高集团，规模位居世界第五位（酒店业权威杂志 HOTELS 2012 年全球酒店集团排名）。该集团拥有四大产业，即酒店、旅行社、汽车租赁和餐饮服务，设有三大部门，即酒店部门、餐饮部门、服务部门，并成立酒店最高行政委员会，分管三大酒店市场，即高价档与中价档商务和度假酒店、低价档酒店以及美国低价档酒店。雅高旗下主要有五大酒店品牌，分别为索菲特、诺富特、美居酒店、宜必思酒店、一级方程式。索菲特品牌是雅高集团定位于高端旅游者的五星级豪华型酒店品牌，目前在全球拥有两百多家酒店，多分布在经济、文化较发达的休闲城市。诺富特品牌是雅高集团定位于休闲和商务旅游者的四星级中档酒店品牌，已在 56 个国家和地区拥有四百余家成员酒店。诺富特酒店通常位于首都或重点城市的商务文化中心或繁华的中心地带。美居定位中档市场，目前在全世界 47 个国家和地区拥有 750 家酒店。宜必思是雅高集团的经济型酒店品牌，其品牌文化理念是"物超所值的舒适体验"。宜必思在全球拥有 750 多家酒店，其主要位于地理位置优越的市中心地带。一级方程式也是雅高集团的经济型酒店品牌，旨在以最优惠的价格为顾客提供优质的住宿服务。雅高集团饮食部门下设许多独立的餐馆，其中有几个为法国著名的连锁餐馆。饮食部门除了自己经营餐馆外，还为其他单位，如学校、工厂、机关、医院经营管理餐厅。此外，雅高集团饮食部门还经营就餐券的销售业务。雅高集团与各地 168 600 家餐馆签订合同关系，向 51 250 家客户公司销售就餐券，这些公司合计有近两百万名职工可持就餐券去上述餐馆就餐。雅高集团所销售就餐券的数量居世界首位。雅高集团的服务部门下设两大批发部：一个是设备公司，为各酒店、餐厅供应家具、设备、炊具等；另一个是饮食公司，供应食品和饮料。这两大批发部在世界各地设有许多商业网点。此外，服务部还下设一个预订中心和两个旅行社，为各地的酒店输送客源。

三、酒店集团的结构关系

1. 拥有关系

拥有关系是指一家公司同时拥有好几家酒店，各酒店所有权属于同一个公司，属于同一个法人，这是最简单的公司形式。这种结构能节省许多费用，如在立法上节约注册费用；在经营上能节省一些人工费用，如几个酒店可合用采购员、财会人员、维修人员等。该结构的缺点首先是风险较大，若公司中有一家酒店经营失败而酒店的资产不足以清偿债务，各家酒店的资产都不能得到保护，有可能会被动用来偿付债务；其次由于各家酒店属于同一家公司，在计算所得税时必须将各家酒店的利润加在一起计算，如按递进法计算所得税，需缴纳的税额往往要高些。

2. 控股关系

控股关系是母公司为控股公司，它在子公司酒店中拥有的股份超过半数，即 51% 以上，这样它就控制了子公司。子公司酒店属于母公司酒店集团的成员，但它本身是一个独立的企业，具有独立的法人地位。母公司在子公司的全部财产是在子公司中的股份，母公司可按股份分享子公司的盈利。这种结构的优越性是风险小，一旦某一个子公司酒店经营失败，母公司的最大损失是投资于子公司的股份。另外，每一个酒店是一个独立的企业，所得税是以每一个酒店单独的利润来计算的。

3. 租赁关系

有些酒店集团在本国或其他国家租赁一家酒店进行管理。该酒店的所有权不属于酒店集团，但酒店集团对酒店具有经营的权利，该酒店便成为酒店集团的一员。上述两种情况中酒店的所有权和经营权分开，可进一步减少风险。一个酒店的所有者和经营者分属于两个独立的公司，经营的公司承担经营的风险，一旦经营失败，由于酒店大多数固定资产属于所有者公司，因此资产可以受到保护。租赁的形式主要表现为以下几种。

（1）直接租赁形式。即承租的公司使用酒店的建筑物、土地、设备等，每月交纳一定的租金。在租借时，有的公司只租借大楼和土地，有的所有者同时拥有酒店的全套设备、家具、用具。在租赁合同中必须规定家具和设备的更新改造、大修理费用应由哪方负责。由于酒店主要的固定资产属于所有者公司，因而在租赁合同中还需规定财产税、火灾保险等固定费用应由哪方负责。一家酒店要经营成功需要较长的时间，因此在租赁合同中，要规定租赁的年限，以保护经营公司免于所有者在其经营成功之际将财产收回。

（2）分享盈利的租赁形式。在酒店行业中，有许多公司采用分享经营成果的租赁方法。所有者企业愿意根据收入或利润分成作为租金。因为各国都存在通货膨胀的现象，土地和建筑物的价值也会随之有所增加，根据收入或利润分成可以消除通货膨胀的影响，在合同中不需要规定租金和通货膨胀率之间的条款。以这种形式计算租金并不是每月交纳一定的数额，而是根据收入或利润来计算租金，其计算方法有以下三种：①按总收入的百分比计算，如向所有者交纳总收入的 20%作为租金；②按经营利润的百分比计算，如向出租者交纳经营利润的 80%作为租金；③按总收入和经营利润混合百分比计算，如向出租者交纳经营利润的 60%和总收入的 5%作为经营租金。

一般来说，经营者企业不愿意承担风险，较喜欢根据总收入百分比来计算租金。根据经营利润计算租金对于所有者来说会增加不必要的风险，例如有些酒店地理位置优越，设施高级，但由于经营者公司管理不得力，利润达不到应有的水平而使出租企业蒙受损失。因而在协商租金时，出租者公司往往要求加上一条最低租金的限额作为保障条款。

（3）出售—回租形式。即企业在将酒店产权转让给他方的同时要求将酒店租回再继续经营。企业出售酒店的产权具有不同的动机，有些企业拥有酒店产权但需要使用现金，因此需将酒店资产转变成现金；有些企业想减少风险而不愿在经营某酒店的同时拥有这家酒店的产权；还有些企业依赖贷款建造酒店后负债太大，故不想拥有产权。这些公司将产权出售给另一公司时要求仍然经营该酒店，这就必须签订出售—回租协议。承租经营的公司必须定期向买方交纳租金。对产权的卖方来说，这也是一种筹措资金的方法。这种租赁形式在国际上相当流行。

4. 管理合同关系

有些公司拥有酒店的产权但缺乏管理酒店的经验或者不愿意经营酒店，它可以聘用酒店集团的管理公司，使用酒店集团的名字，并成为酒店集团的一员。这个公司必须与管理公司签订管理合同。管理合同与租赁关系有某些相同之处，如酒店的所有权和经营权都分开，收取租金和收取管理费采取相似的分成方法，但这两种关系性质不同。在租赁关系中，经营酒店的公司在立法上完全独立于所有者企业，它属于经营公司，必须对职工负责。经营公司还必须承担经营酒店的风险，如果经营亏损（如租金大于经营利润），则亏损由经营公司承担。在管理合同关系中，管理公司是酒店产权所有者的代理人，它代理所有者经营酒店，不承担经营风险。酒店的职工是所有者公司的职工，所有者公司应该向职工负责。管理公司是代所有者公司管理酒店和职工的。

管理合同是一种互惠合同。对于管理公司来说，这是一种以较少的投资扩展酒店集团的方法，它可不直接投资建设酒店或购买股份，而在世界各地扩展酒店网点。这样，酒店集团的预订系统和销售势力得以发展，职工能有更多晋升的机会，酒店集团的知名度也得以扩大。对于聘用管理公司的企业来说，由于管理公司具有管理酒店的成功经验，由他们来管理酒店成功的希望较大。我国有不少合资旅游酒店就是聘用酒店集团的管理公司来进行管理的。聘用国外管理公司，可学习国外先进的管理经验，利用酒店集团发达的预订系统和强大的销售力量来扩大自己的客源，拓展国际市场。但是，它也有一些不利之处，表现在：①需要大量的外汇资金和管理费。②如果处理不当，过分依赖外方，不利于培养和锻炼我方自己的管理干部，同时易留下后遗症。例如，有家酒店，外国管理公司撤走时，管理技术程序没有很好地移交，客户关系也被其带走，给酒店以后的销售带来困难。③忽视设备维修。由于管理公司不是酒店财产的所有者，他们在管理中会产生偏重追求短期经营利润而拖延设备维修的倾向，因而造成设备磨损较大，影响设备的使用寿命。④由于国情不同，造成经营管理上的一些问题。例如，由于外方管理人员不熟悉我国的国情，因而在经营管理决策上缺乏灵活性和敏捷性，他们往往偏重于严格的制度而忽视对职工做细微的思想教育工作等。

5. 特许经营关系

特许经营指的是酒店通过签订合同，特许人将有权授予他人使用的商标、商号、经营模式等经营资源，授予被特许人使用；被特许人按照合同约定在统一经营体系下从事经营活动，并向特许人支付特许经营费。特许经营是以特许经营权的转让为核心的一种经营方式，利用管理集团自己的专有技术、品牌与酒店业主的资本相结合来扩张经营规模的一种商业发展模式。酒店经营者需一次性向特许权拥有者支付特许经营权转让费或初始费，以及每月根据营业收入而浮动的特许经营服务费（包括名称使用费、员工培训费、顾问咨询费等）。近几年来，酒店名称使用权转让不仅在美国而且在世界上发展很快。在转让酒店名称使用权的同时，出让者为酒店名称使用方制定经营酒店的标准程序和方法，提供技术、市场营销方面的帮助，使经营方成为酒店集团的一员，并能保证其经营质量。经营方则向转让方支付一定的特许经营费。对跨国酒店集团而言，特许经营的优势在于以较小的资本投入，实现迅速的增长和扩张，而且在获得额外的收益以及市场份额和市场潜力的基础上可以避免直接投资的风险。目前，世界著名酒店集团所拥有的很大一部分酒店都是以特许经营或与其结合的经营模式进入并拥有或收到旗下的，代表集团有精选国际、圣达特等。

四、国际酒店集团

现代酒店集团诞生于20世纪40年代末的欧美国家，在七十多年的发展历程中，国际酒店集团已经逐步完成了从小到大、从单一到多元、从国内到国际的发展。国际酒店集团在预订、推销和管理方面的优势，对单体的酒店是个威胁，因而众多酒店纷纷联合，朝着集团化、系列化、垄断化和规范化方向发展。

国际酒店集团的发展可以分为以下三个重要历史发展阶段。

（1）区域发展阶段（20世纪四五十年代）。最具代表性的事件有：1946年，泛美航空公司成立了第一家由航空公司所有的酒店集团——洲际酒店集团，并开始向美洲扩张；1949年，康拉德·希尔顿成立希尔顿国际集团，开始步入区域性跨国经营道路，并在20世纪50年代末发展成为美国最大的以委托管理形式为主的酒店集团；凯蒙斯·威尔逊于1950年通过特许假日酒店名称使用权并建立全国性预订网络系统的方式，充分利用酒店联号这个概念，在20世纪50年代末发展成为美国最大的特许经营酒店集团。在区域发展阶段，各国酒店集团的扩张方向是由其本国或本地游客的批量流向来决定的。由于受交通工具的制约，当时各国的商务与休闲游客的活动范围局限于本国或周边邻国，因此市场需求决定了当时欧美国家酒店集团的扩张大多处于国内或周边区域。

（2）洲际发展阶段（20世纪六七十年代）。典型的事件有美国的希尔顿国际与环球航空公司（TWA）的"联姻"（1967年），美国的西方国际（WI）与联合航空公司（UA）的"联姻"（1970年），法国的子午线（Meridien）与法航（AF）的"联姻"（1972年）等。与此同时，一些实力雄厚的跨国公司在经济利益的驱动下也纷纷投资进入酒店业。例如，以经营餐饮连锁店而著称的万豪集团于1957年投资第一家酒店后，在短短30年的时间里迅速发展成为世界规模最大的酒店集团之一。在这一时期，一大批跨国、跨洲、跨地区经营的国际酒店集团迅速成长起来。

（3）全球发展阶段（20世纪80年代至今）。随着新技术革命的发展，国际分工进一步深化，各国之间的经济联系日益紧密，经济全球化成为世界经济发展的重要趋势，欧美酒店集团在完成洲际扩张之后，又开始了新一轮的全球扩张。扩张方式从兼并、接管单一酒店向酒店集团之间的兼并、收购与联盟转型。特别是20世纪90年代以来，世界范围内的产业重组又掀起了酒店集团新一轮的兼并和收购浪潮，催生了一大批跨国界的超级酒店集团，典型的兼并案例有：万豪国际酒店集团（Marriott International）先后收购了"旅居"连锁酒店（Residence Inn，1987年）、万丽连锁酒店公司（Renaissance，1997年）及其下属的新世界连锁酒店（New World，1997年）、以及华美达国际连锁酒店（Ramada International，1997年）、丽思卡尔顿酒店（Ritz-Carlton，1998年）、喜达屋酒店与度假村（Starwood Hotels & Resorts，2016年），成为全球较大的酒店连锁集团；此外，还有温德姆酒店集团（Wyndham Hotel group）的前身酒店特许连锁系统股份有限公司（Hospitality Franchise System，HFS）先后收购了华美达集团（Ramada）、豪生（Howard Johnson）、戴斯（Days Inns）、速8（Super8）、霍华德·约翰逊（Howard Johnson）、天天客栈（Days Inns）、超级汽车酒店8、Red Carpet/Master Host Inns、Passport and Scottish Inns、Travelodge、Knight's Inn及Park Inn等一系列酒店公司，并于1997年10月和CUC（美国国际旅游服务公司）合并成为圣达特公司（Cendant Corporation），成为世界上知名的酒店集团，后更名为温德姆酒店集团，2016年拥有8 000多家酒店，世界排名第4位；香港新世界集团（New World）对华美达集团（Ramada）的收购兼并（1989年）；英国巴斯有限公司（Bass）对假日集团（1989年）和洲际集团（1998年）的收购兼并。同时期，雅高集团也进行了几次较大的收购活动，1990年，雅高收购了美国的经济型连锁酒店品牌Motel 6；1991年，公开成功收购Compagnie International des Wagons-lits Et du Tourisme；1999年，收购了美国拥有的639家酒店的Red Roof Inn品牌，实现了酒店网络22%的增长；2002年，收购德国酒店公司Porint AG 30%的股份，同年，收购澳大利亚最大的人力资源顾问公司Davidson Trahaire；2017年收购了法国"东方快车"（Orient Express，高端）品牌50%的股权、土耳其Rixos酒店和巴西第三大酒店集团巴西酒店管理集团（BHG）；2017年收购拥有多个酒店预订网站Gekko集团。随着雅高集团的不断收购、兼并和发展，雅高集团两大业务（酒店和企业咨询及服务业）相互弥补、相互促进，使得集团日益强大，几乎触及整个市场的所有层面。并开始向产业链的下游延伸，收购分销渠道。

随着我国综合实力的增强和旅游事业的发展，国际知名酒店集团纷纷涉足中国市场，从1982年半岛集团正式管理北京建国酒店开始，国际酒店集团进入中国市场已三十多年，并迅速发展成为中国酒店市场，尤其是高端酒店市场的主力军之一。目前世界排名前十位的国际酒店集团均已进入中国市场。国际酒店集团在中国的发展大致分为三个阶段，分别为 20 世纪 80 年代的引进初期、20 世纪 90 年代的全面铺开阶段和 21 世纪初的纵深发展阶段。国际酒店集团在中国的发展策略主要采取多品牌策略、两极化策略、网络化策略和本土化策略。品牌策略主要采用品牌组合模式，涵盖有公司品牌、亚品牌、受托品牌、独立品牌四种类型的品牌结构。两极化策略主要体现在酒店市场的两极化，即侧重在超豪华品牌酒店与经济型酒店两大极端市场。网络化策略主要体现在地域分布的网络化和销售的网络化。本土化策略主要体现在人才的本土化和酒店文化的本土化。

五、国内酒店集团

我国第一家酒店集团（公司）——上海锦江酒店集团，成立于 1984 年 3 月，现在已经发展成为从事多种业务的第三产业企业集团公司。目前，我国本土酒店集团正处于产业高速成长期，呈现出成长性、转型期市场的特征。酒店集团已经形成一定规模，占全国星级酒店总数约 8%的酒店被规模较大的几十家酒店集团拥有或管理，酒店产业集中度正在形成。2007—2008 年，各个集团规模虽然有增有减，变化速度不同，但整体规模实现了增长。其中不乏规模较大的集团，例如上海锦江酒店集团、首旅如家酒店集团、华住酒店集团。这些酒店集团大都分布在中国东部沿海地区的大中城市，较早与国际标准接轨，不仅建立了一套适合中国国情的酒店管理系统，培养出一批现代化酒店的高级管理人才，而且获得了良好的经济与社会效益，在国内外赢得了广泛赞誉。例如，广州白天鹅宾馆由于经营管理有方，服务质量高，1985 年被接纳为世界第一流旅馆组织的成员；2006 年 9 月 15 日，被《福布斯》（中文版）出版商 M Media Group 评选为 2006 年"中国最优商务酒店"；2007 年 7 月 26 日，被"Hotel Club"评选为亚洲最佳酒店，于 2008 年 8 月成立白天鹅酒店集团有限公司。

三十多年来，中国酒店集团经历了初创阶段、吸收模仿阶段，开始进入整合突破阶段，经历了一个从无到有、从小到大，艰苦的创始、模仿、探索、整合过程，在数量与质量上均产生了质的飞跃。国内酒店集团的并购步伐明显加快，通过并购实现品牌多元化，拓展市场，实现规模化效益的例子也非常多。一部分酒店集团在酒店业集团化发展的并购大潮中取得先机，最为突出的是锦江集团于 2015 年 9 月 18 日并购铂涛酒店集团和 2016 年 4 月 28 日收购维也纳酒店有限公司；首旅酒店集团于 2014 年 6 月 26 日收购宁波南苑集团的多家高星级酒店，2015 年 12 月 7 日收购如家快捷酒店的 3 000 多家酒店。收购完成后的的锦江酒店集团和首旅酒店集团均实现了高、中、经济型多层次，多品牌的覆盖。在 2016 年全球酒店集团 300 强中，入围的中国地区酒店集团有 35 家，其中有 16 家进入全球 100 强，有 3 家进入全球 10 强，上海锦江国际酒店集团位居全球第 5 位、首旅如家酒店集团位居全球第 8 位、华住酒店集团位居全球第 9 位，海航酒店集团、格林酒店集团、尚美生活集团、东呈国际酒店集团、开元酒店集团、金陵饭店股份有限公司等国产酒店集团开始榜上有名，而且排名不断靠前。

中国酒店集团基本可以分为三种类型：投资管理的酒店集团、委托管理的酒店管理公司、酒店联合体。投资管理的酒店集团大多通过直接投资、收购兼并、参股控股等资本联结方式对下属酒店进行集团化管理，如富力集团酒店管理公司、凯莱国际酒店管理有限公司、香港中旅维景国际酒店管理有限公司、中远酒店物业管理有限公司等；委托管理的酒店管理公司则是通过管理合同的方式接管国内的单体酒店并组成管理权与所有权分离的酒店集团，如上海锦江、南京金陵、广州白天鹅、君澜等，这种类型在中国酒店集团中占的比重最大，其特征是以输出管理经验为主，成本较低；酒店联合体在不改变酒店的所有权、管理权、品牌名称的基础上，相互介绍客源，交流经验，促销品牌，是一种松散的集团形式，如星程酒店联盟，其特征是集团内部联系最少，扩展最便捷。

除酒店管理公司（集团）以外，我国许多知名酒店也在国内组成一些跨省市的协作集团式松散型联合体，以适应市场竞争的需要。例如，由特色文化主题酒店会员联盟、中国精品酒店联盟等就是松散型跨省市的酒店联盟。又如，由北京饭店、长沙华天大酒店、福州西湖大酒店、厦门悦华酒店等近 100 家酒店组成的"中国名酒店组织"（原名为"中国名酒店 VIP 俱乐部"）也是松散型跨省市的酒店联合体。

我国的酒店集团（公司）的发展虽然已经取得了长足的进步，但是与国际酒店集团比较，在管理实践与经验、管理模式上还处在摸索、总结的阶段，还需要大力培育、扶植和引导。

案例分析与习题

一、案例分析

案例 1-1 记住客人的姓名

在某五星级酒店，一位常住的外国客人从酒店外面回来，当他走到服务台时，还没有等他开口，服务人员就主动微笑着把钥匙递上，并轻声称呼他的名字，这位客人大为吃惊，并产生了一种强烈的亲切感，如同回家一样。一位 VIP（贵宾）随陪同人员来到前台登记，服务人员通过接机人员的暗示，得悉其身份，马上称呼客人的名字，并递上打印好的登记卡请他签字，客人因受到超凡的尊重而感到格外的开心。

分析：马斯洛的需求层次理论认为，人们最高的需求是得到社会的尊重并体现自我价值。自己的名字为他人所知晓就是对这种需求的一种很好的满足。在酒店及其他服务性行业的工作中，主动热情地称呼客人的名字是一种服务的艺术，也是一种艺术的服务。酒店服务台人员凭借敏锐的观察力和良好的记忆力记住客人的房号、姓名和特征，并提供细心周到的服务，能给客人留下深刻的印象，并让客人今后提起该酒店时给出正面的评价，为酒店形象进行宣传。

案例 1-2 部门间的协作

常江是秀雅饭店人事培训部经理，他经常把招聘中发现的最佳人选提供给客房部，两个部门与两位经理之间的关系都很融洽。相比之下，前厅部经理却抱怨道："人事培训部提供的候选人总是不尽如人意。"问题反映出来后，常江矢口否认他在其中有偏心，他解释道："客房部经理知道部门间如何配合，而前厅部经理却办不到，他似乎总想凌驾于人，只想别人给他方便。当然他们都是为了工作，可处理问题的方式却不同。"

思考：请分析客房部经理如何认识部门之间的合作问题，他有可能通过哪些亲善睦邻的行为来达到案例中的效果？

分析：在任何一个组织中，同级管理人员之间的矛盾与竞争都是存在的。每个部门要完成自己的目标，以实现组织的总目标，而在实现各自目标的过程中又须得到其他部门的支持与配合。各部门之间的合作是双向的，不仅需要企业目标、权责关系等组织结构的协调，而且需要人际关系的协调，需要相互提供方便。

精明的客房部经理在考虑到哪些部门会影响到他的工作成绩时，便煞费苦心地盘算自己能为对方做点什么。他通过角色转换认识到：第一，应该给他们的工作提供方便；第二，应该尽量维护他们的形象。

举例来说，人事培训部在酒店组织了一个干部培训班，有些部门经理总强调工作忙而不予合作，但客房部经理不仅自己参加，还要求手下员工参加培训。一次，客房部录用了人事部推荐来的一名新员工，发现他的工作很糟糕，客房部经理没有公开指责人事部，而是私下与常江交换意见，想办法避免以后发生类似的问题。在很多场合中，客房部经理不仅避免使其他部门经理在上、下级面前难堪，而且他会公开感谢其他部门经理，甚至一名员工为客房部所提供的帮助。

二、习题

1. 如何正确理解现代酒店的概念？

2. 现代酒店应具备哪些基本功能？酒店功能的设置应以什么为标准？

3. 现代酒店集团具有哪些优势？有哪几种联合形式和结构关系？

4. 现代酒店资源有哪些类型和特点？

5. 现代酒店经营管理有哪些特点？

6. 根据美国 *HOTELS* 于 2017 年 7 月公布的 2016 年全球酒店集团 300 强排行榜中，按饭店集团总部所在的国别排名为：①美国：114 家总部；②西班牙：26 家总部；③中国（含香港地区）：35 家总部；④日本：12 家总部；⑤英国：10 家总部；⑥德国：9 家总部；⑦新加坡和巴西：6 家总部；⑧法国、加拿大、泰国和印度：分别均为 5 家总部；⑨古巴、墨西哥、澳大利亚和南非：分别均为 4 家总部；⑩奥地利、挪威、印度尼西亚和阿联酋：分别均为 3 家总部。此外，瑞典、瑞士、葡萄牙、芬兰、荷兰、爱尔兰、希腊、意大利、韩国等 9 个国家：分别均为 2 家总部，波兰、以色列、埃及、俄罗斯等 16 个国家分别均为 1 家总部。根据上述事实，你认为全球酒店集团发展的趋势是什么？

第二章　酒店管理理论与方法

引言

　　现代酒店管理是一门综合性科学，只有认识并运用它的客观规律，才能对它的经营管理活动实行科学、有效的控制与管理。为适应现代酒店管理的需要，这门学科已逐步形成了一套管理理论与方法，它包括酒店管理的基本原理、基础理论和管理方法等内容。

学习目标

　　通过本章的学习，要求学生：①熟悉现代酒店管理的七个基本原理；②熟悉科学管理理论、行为科学理论、现代管理理论、微观服务管理理论和服务战略管理理论等现代酒店管理的基础理论及其在酒店管理中的应用；③掌握现代酒店的管理方法。

第一节　酒店管理的基本原理

　　现代酒店管理是以管理学作为基础，综合运用多门学科知识来研究现代酒店管理的特点及其规律的一门科学，有其特定的理念与原理。

一、人本原理

（一）人本原理的核心内涵

　　人本原理的核心是人，在人本原理的系统范畴中，人是企业最重要的资源，是管理的主要对象，根据人的思想、行为规律，运用各种手段，充分调动和发挥人的主动性、积极性、创造性来实现企业的目标是人本原理思想的基本内容。要理解人本原理的核心思想，必须把握以下几个观念，即人是生产要素中最活跃的因素；人类社会的一切运作都是为了人；人是有思想的；人的思想、行为是有规律的；人本原理的本质是激励、引导人们去实现预定目标。

（二）现代酒店管理中的人本原理

　　现代酒店管理中的人本原理主要体现在以下六个方面。

（1）酒店为人的需要而存在，也为人的需要而生产。酒店是以人为主体组成的（of the people），是依靠人进行生产经营活动的（by the people），同时也是为人的需要而进行生产的（for the people）。这是酒店进行经营管理的必然指导思想。

（2）酒店的首要任务是对人的科学管理。在酒店中，人是唯一能同资本和一切生产工具结合起来的生产要素，在管理过程中实施对人的科学管理是酒店的第一任务。因此，酒店应该把对人的管理放在酒店管理的首要位置。对人进行科学的管理，要尊重人的生理、心理发生、发展的规律，尽最大可能满足员工正当的物质、文化需求，调动和激发员工的积极性。

（3）人力资本是酒店最重要的资源和财富。人力资本的知识化包括教育、培训、技术推广，这是形成人力资本的关键，人力资本的高低以受教育的程度来衡量。现代社会经济增长的主要动力和决定性因素就是人力资本。酒店重视人才，包括对人才的发现、选拔、培养、招徕、保留以及对人才作用的充分发挥。

（4）酒店管理目标的实现必须依靠全体员工的努力。传统管理强调组织分工，等级森严，依靠少数管理人员和技术专家发号施令，普通员工没有发言权，对本职工作没有处置权，只能被动地接受命令。全员思想则强调充分发挥全体员工的积极性、创造性，通过员工的工作热情来促进工作效率的提高。全员思想是人本管理思想的具体化，因为酒店的根本任务是通过全体员工的努力来实现酒店的生产经营目标。

（5）关心员工思想状况是调动员工积极性的有效方法。人的思想不断受客观存在及周围环境的影响，因而酒店必须关心员工的思想状况，了解他们的思想动向，调节员工的思想情绪，使员工保持良好的精神状态。这有助于创造出一种和谐的关系，激发员工的积极性、主动性和创造性。

（6）人本管理的基本手段是培育酒店文化。酒店文化强调酒店员工共同的信念、共同的价值观、共同的目标理想、共同的酒店作风和酒店形象等。酒店文化把人作为第一因素来加以考虑，力图通过不同的方法来改变人的观念，调动人的积极性。酒店管理者必须实现从经济人向社会人再到文化人的观念转变。

二、专业化原理

随着科学技术在酒店服务中的应用和发展，现代酒店管理需要处理和传递的信息越来越多，酒店服务及管理需要的硬件也越来越现代化，能源与安全系统、计算机管理系统越来越受重视，这就需要各种各样的专业人员、技术人员。因此，酒店服务及管理的顺利运作需要酒店人员树立专业化观念，把专业技术工作让技术人员去做，充分发挥专业人员的作用和专业特长。

三、效益原理

酒店在策划设计、拓展新的服务运作模式、开发新项目时应该具有效益思想，通过效益来衡量新产品和新项目的可行与否，争取酒店的服务能做到效益与影响并举。现代酒店管理的效益包括经济效益、社会效益和环境效益三个不同的层面。

首先，酒店的服务管理人员在制定和实施酒店的服务管理目标时，必须立足于酒店的经济效益目标，并把整个酒店的经济效益与经营成本进行比较，只有低耗高效的经营目标和方法才是可取的。

其次，酒店的服务与管理必须始终关注其社会效益。符合社会利益的酒店服务必须是健康积极的，符合社会主流的审美意识，能够为人们提供更多积极的精神财富，并有助于推动和形成健康积极的生活方式。

最后，环境效益也是衡量现代酒店管理的重要指标。在酒店服务的管理中，降低酒店服务的能耗、物耗既是酒店节约经营管理成本的需要，又能使酒店降低服务对环境资源的占用与消耗，在功能相同的情况下减轻酒店服务对环境的压力，从而有利于资源的可持续发展，实现酒店服务的环境效益。

四、优化原理

优化原理是管理科学的核心，它认为酒店在充分利用酒店内外各种有利条件来进行服务管理活动的过程中总是有潜力可挖掘。因此，它提倡为达到最佳的经济效益，酒店管理人员在决策时应综合考虑、运用技术经济的分析方法进行定性、定量的分析，从比较可能实施的各种方案中，确定最佳的方案并付诸实施。

优化原理认为，酒店服务系统的优化应该是一种动态的优化。因而酒店服务系统应设置在灵敏度高的信息系统以及对外部环境具有自适应能力的反馈控制系统的基础上，以便在决策实施过程中能捕捉各种反馈信息，进行监控并做出及时、相应的调整。

五、环境作用原理

环境作用原理认为，良好的工作环境是提高员工服务生产率的重要前提。它从生理学、心理学和社会学的角度出发，全面地分析了工作环境（包括物理环境、化学环境、生态环境和社会环境）对员工生产服务的影响，并据此提出如何改善和创造良好的服务环境的建议，减少员工在服务中由于不良环境而引起的烦躁情绪和疲劳等情况。

六、人员素质理念

酒店经营管理水平的提高，其关键在于各级管理人员素质的提高。提高酒店管理人员和全体职工的素质是酒店长远建设的一项重要内容，各级管理人员必须树立起这个观念，并在经营管理过程中给予充分的重视。

酒店管理人员的素质主要体现在两个方面：政治素质与业务素质。根据酒店经营管理的要求，酒店的管理人员应该具有德才兼备的素质，具有强烈的事业心和责任感。业务素质是通过管理人员的能力体现出来的，这就要求管理人员了解酒店整体与各个部门之间的关系，了解酒店外部环境的情况，如市场状况，国家对酒店的发展计划、税收、预算等政策，通过不断地学习和培训，扩大自己的知识领域并提高管理水平。

七、动态的组织理念

酒店系统的正常运转，需要有一个良好的组织结构，酒店系统的组织结构必须与经营管理机制相协调，才能有效地发挥酒店系统的效益。随着酒店系统外部经营环境的不断变化，已经设计构成的组织管理体系就会产生与外部环境不相协调的问题。因此，酒店的管理人员必须树立动态的组织管理思想，当酒店的外部环境或内部管理发生变化时，酒店的组织观念必须动态地做出相应的调整，以保证酒店能达到经营目标。

第二节　酒店管理的基础理论

现代酒店管理理论是在管理学的基础上发展起来的，它是以管理学作为理论渊源，并结合现代酒店管理本身的特点而产生的新的管理系统分支。作为对管理学的继承，现代酒店管理理论延续了管理科学理论体系中的三个主要学派的思想，即科学管理理论、行为科学理论和管理科学理论。科学管理理论主要研究管理组织的问题；行为科学理论主要研究管理中的领导协调问题；管理科学理论主要研究管理计划决策问题，并对领导控制问题有所发展和创新。

科学的现代酒店管理应建立在对管理科学理论体系的这三大分支学派的灵活运用上，从系统的角度对这三大管理思想进行整合，并由此形成新的以现代酒店管理为实践基础的系统管理体系，以期指导具体的现代酒店管理工作。

一、科学管理理论

科学管理理论形成于 19 世纪末 20 世纪初。科学管理理论的主旨在于解决原来家庭式的经验性管理所带来的弊端，它倡导并推行管理的制度化和标准化，从而与原来的经营管理模式形成一个对立的体系。

科学管理理论的主体框架应该包括科学管理的目的、科学管理的方法和科学管理的制度基础等三个基本方面。①科学管理的目的。科学管理的目的就是谋求工作的高效率。服务管理的最高目的在于获取服务项目的理想利润，而利润的获得来源于现代酒店管理的质量和运转速度，两者决定了现代酒店管理工作效率的高低。②科学管理的方法。酒店服务部门在经营管理过程中会碰到各种各样的问题，既有部门内部和酒店内部的，也有酒店外部的。这些问题共同构成了酒店服务系统管理框架的若干节点，因此必须用科学的思想和科学的方法来解决这些问题，应该强调用精确的科学调查研究和科学知识来代替个人的主观判断和意见，并据此形成科学的解决方法。③科学管理的制度基础。科学管理就是制度管理，也就是用各种以服务管理本身的特点为基础的制度、规范、规定和条例等来取代管理者个人的主观想象和主观经验，消除管理中的随意性和非规范性。

科学管理理论对现代酒店管理的基础理论体系有很大的理论影响，主要反映在以下四个方面。

1. 标准化原理

（1）工具、设备、材料、作业环境的标准化。为了使酒店的员工完成较高的服务工作定额，不仅要使员工掌握标准的操作方法，还应适应标准操作方法的要求，把员工使用的工具、设备、材料及工作环境加以标准化。

（2）工时定额化、操作标准化。通行的做法是，选择合适的员工，对其每一操作和动作、完成每一工序所需的时间都精确地记录下来，在观察和分析的基础上，消除其中多余的和不合理的部分，把各种最经济、效率最高的动作、操作集中起来，在规律化的基础上，制定出各个岗位的标准操作方法和工时定额，并且通过培训让员工掌握这种标准的操作方法，要求员工执行工时定额。此方法可以确定每个员工在一定时间内的工作量，摒弃了凭管理者的主观印象来评判员工工作量的做法，有利于生产效率的提高。

标准化原理在现代酒店管理中有较高的应用价值。标准化原理的主要内容为：①统一原理，即在一定时期、一定条件下，使标准化对象的形式、功能或其他技术特征具有一致性。②简化原理。具有同等功能的标准化对象，当其多样化的发展规模超出必要的范围时，要消除多余的、可替换的和低功能的环节，保持其构成精练、合理，使总体功能最佳。③协调原理，即在一定的时间和空间范围内，使标准化对象内外相关因素达到平衡和相对稳定的原理。在标准系统中，只有当各个局部（子系统）的功能彼此协调时，才能实现系统整体功能的最优化。④选优原理。为达到标准化目标，从对象的统一、简化、协调的各种可行方案中，选择并确定最佳方案或求解最优解答。上述原理都不是孤立起作用的，它们之间互相制约、互相依存、互相渗透，综合反映标准化活动的规律性。其中，统一化是标准化的实质，优化是标准化的目的，而简化和协调是实现优化的重要手段。

标准化原理在现代酒店管理中得到了广泛的应用。从服务程序到工作量的制定，从通用设备的统一、标准化到酒店的服装、建筑风格直至色彩的和谐和统一，无不体现了标准化原理。它已不仅仅用于简单劳动和重复劳动，在酒店的服务形象塑造等其他领域里也被广泛使用。

2. 职能制与例外原则

职能制是根据分工原理，实行职能分工，把管理职能和执行职能分开，以有效的监督体制来保证工作的顺利实施。管理工作实行"职能制"，即要使每个管理者只承担一两种管理职能，同时每个管理者对员工都有指挥监督权。实践表明，虽然这种多头领导的职能制不太科学，但是这种职能管理思想对于职能部门的建立和促使管理人员专业化有着非常重要的意义。

例外原则是酒店领导人员把管理工作中经常发生的一些事情拟就处理意见，使之规范化，然后授权给下级管理人员处理，而自己主要处理那些没有规范的工作，并保留监督下属的权力。这样做，既有利于调动下级管理人员的积极性，提高工作效率，又不使自己陷入繁琐的具体事务，能集中精力研究和解决重大问题。这种例外原则，对实行分权制有重要意义，也是每一个管理者应遵循的一条重要原则。

3. 岗位制度与团队协作

酒店服务员素质的提高主要依赖于有计划的培训措施，酒店领导者通过岗位分析制定相关岗位的工作标准，并以此为基础对员工进行相应的培训，这是提高员工工作能力的重要途径之一，也是酒店提高竞争力的一个重要法宝。同时，酒店还应按照团队精神要求来组合工作人员，使员工能协调一致地完成既定任务，这是酒店提高服务管理效率的必然要求。

4. 按劳取酬与定量工资制

按劳取酬是管理科学理论的另一个思想，酒店为了鼓励员工完成工资定额，应该提倡实行有差别的、有刺激的定量工资制。对于完成工资定额的员工，按较高的工资率计发工资；对完不成工资定额的员工，则按较低的工资率计发工资。

科学管理理论对现代酒店管理的基本理论和方法，人力资源调配，服务质量控制，服务组织、服务设备物资管理等有着直接的重大意义。我国的现代酒店管理也正是从作业研究和标准化、健全规章制度、合理组织酒店的各项服务活动起步而走上科学管理道路的。

二、行为科学理论

行为科学理论是现代酒店管理中得到重要运用的管理思想之一，它强调从员工的行为出发对其进行激励、控制和组织。

1. 动机激励原理

动机激励原理是行为科学的核心。动机激励原理认为：工作实绩=能力×动机激励。员工在服务活动中的主动性、积极性和创造性的充分发挥是酒店提高经济效益的主要方面。它提倡管理人员应经常地、有意识地探讨如何从"人之常情""角色心理""个性心理"中寻找最佳的突破口，采取相应的措施和方法，使员工能在新的环境条件的刺激下产生新的内驱力，从而实现有导向的动机激励。因此，关心和改善员工的生活待遇与工作条件，按劳计酬，把酒店发展的成败与员工的个人利益紧密联系在一起，让员工参加全面服务质量管理，并鼓励员工对酒店的服务管理提出建议和意见，这些都是产生动机激励的行之有效的方法。

2. 行为控制原理

行为控制原理认为，人的行为在发展初期是可控的，人是懂得如何约束自己行为的。行为控制原理认为，实际行为控制有两种形式：①从认同与依从角度出发的他控。认同是出于对领导或上级的好感或信赖感而去执行某个决定或按一定的规则来约束自己的行为。感情因素作用是认同的决定性因素。依从则是出于行为结果所可能导致赏罚的预料而被动地去实施某种行为或约束自己的行为。它是一种被动的行为，可靠性不高。②从内在角度出发的自控。自控是在思想完全相同的基础上实现把"上级对我的要求"变成"我对我自己的要求"这个心理活动的转化，在"我觉得我应该这样做，必须这样做"的前提下有意识地进行自我指导与自我约束。这是一种较高级的、可靠性高的行为控制。

行为控制原理强调：①思想工作必须做在前头，惩罚是一种不得已的消极措施；②既要注意从主观上对行为动机进行分析，又不能忽视客观上工作环境对人们行为的影响；③行为控制是一个动态的发展过程，要跟踪受控后的发展并根据反馈信息继续施加影响。

3. 组织与指挥原理

组织与指挥原理从社会心理学的角度出发，对服务管理活动中人与人之间的关系进行分析，并通过大量事例的阐述来论证以下几个观点。

（1）酒店服务组织建设的重要性应有一个工作效率高、适应能力强、信息系统完整、反馈控制系统健全、有各种委员会会议监督顾问的组织领导机构。酒店行政机构应是一种"树型"的层次结构，各层结构有明确的分工、明确的管理体制和岗位责任制。

（2）人才开发与培养的重要性。该原理认为智力投资与人才培养是事关酒店生存与发展的一件大事，酒店除提供经常性的员工文化技术培训外，也应该注意管理干部、技术人员的知识更新。知识更新应坚持从工作需要角度出发，综合考虑员工的能力、性格、思想表现，用其长避其短，不断挖掘酒店员工的各种潜力。该原理提倡（建议）注意从事业心强、富有开拓精神，注意调查研究、实事求是，善于取长补短、联系群众，工作效率高、业务内行的人中选拔各层领导和管理人员。

（3）指挥、协调的艺术。该原理认为指挥人员需要有较高的眼光与较强的战术观念，在酒店的服务目标、方针政策与具体措施的实施过程中善于分析问题、抓主要矛盾，并能进行相应的指挥与协调工作。这就要求指挥协调人员严于律己，以身作则，以便于指挥和协调的实现。该原理要求酒店领导者善于用人，关心员工，注重下级乃至员工的建议和意见，调动一切积极因素，以保证服务目标的实现。

三、现代管理理论

科学管理和行为科学是企业理论中对生产过程、物和人的管理的革命。二战以后，社会的发展使企业的状况和社会环境都发生了极大的变化，管理理论也随之不断发展，并由此产生了现代管理理论。现代管理理论建立在两个基本前提之上：一是认为企业管理是建立在三个因素之上的，即人的因素、物的因素和环境的因素，从而把企业从封闭的系统转到了开放的系统，管理的重点从内部管理转到了经营；二是认为企业和环境都是不断变化的，管理也要适应这种变化而不断地做出相应的调整。

现代管理理论主要包括系统论、信息论、控制论和运筹学法。

1. 系统论

按系统论的观点，现代酒店管理就是要把酒店的内部条件与外部条件相结合，当前利益与长期利益相结合，定量分析与定性分析相结合。在系统与要素、要素与要素、系统与外界环境之间的相互联系、相互制约中，考察问题，处理问题。对于酒店而言，酒店与各部门、各部门与各部门之间以及各部门与各要素之间都是分工与协作、共同适应外界环境、一起完成任务的一个有机整体。

在现代酒店管理活动中应用系统论，可使现代酒店管理中的复杂形象条理化，使酒店的服务管理活动成为有秩序的系统，从而理清现代酒店管理中的各种联系，使之能正确地认识和掌握整个现代酒店管理活动的运行规律，搞好服务运作。

系统论运用"系统"的观念从全局和整体上来研究酒店的服务与管理问题，认为酒店的服务与管理是一个极其复杂的管理系统。现代酒店管理系统的特征是：①相关性。相关性主要揭示系统内部要素与要素的关系。服务管理作为一个系统是由各要素组成的，各要素的相互作用决定了系统内部的联系、结构和功能，从而也就决定了系统的本质。由于系统中各要素是相互关联的，任何一个要素在系统中的存在和有效运行都与其他要素有关。一旦某一要素发生了变化，势必会引起其他要素的变化，以使系统中各要素功能相互匹配，不能适应这种匹配的要素功能会被系统所淘汰。管理中不能就事论事，要全面考察各要素的变化情况，使系统中的各要素在新的状态中达到匹配。②整体性。整体性主要揭示要素与系统的关系、局部与全局的关系。整体性包含两层含义：要素不可分和功能膨胀。酒店作为一个系统，至少由两个要素（或称子系统）组成，要素和系统不可分，由要素合成的系统在功能上有新的拓展。因此，酒店服务系统发挥的作用和功效要以整体来衡量，不能脱离系统去孤立地认识、评价事物。③有序性。有序性主要揭示系统结构与功能的关系，即系统的功能是由系统的结构所决定，有什么样的结构就会产生什么样的功能。有序性可分为空间排列的有序性、时间排列的有序性和逻辑关系的有序性。酒店作为人工系统，其有序性表现在：第一，目的性。人造系统都有明确的目的，如现代酒店管理系统的目的就是合理地利用酒店的服务资源，争取服务效益和酒店整体效益的最优化。而这个目的又有序地表现为确定最终目标，达到总目标中每个特定阶段的中间性目标和任务。第二，秩序性。任何事物的发生、发展都有必然的秩序和因果联系，管理就要根据事物的内在联系及其规律有序地进行。在现代酒店管理中，即使有足够的服务资源，如果对它们使用不当，造成系统有序程度降低，结构紊乱颠倒，就不能发挥应有的功能。第三，规则性。酒店的服务管理在实践中一般表现为各种制度、程序、流程、要领，这些规则是对有序性的理论概括，必须坚持。④动态性。动态性揭示系统状态同时间的关系。动态性告诉我们，系统是可变的，这种发展变化的内在动力在于系统要不断地提高功能，调整结构；外在动力在于酒店服务系统外部环境变化对于系统的影响。从整个环境大系统来说，服务管理系统是酒店管理系统中的一个子系统。社会环境是不断变化发展的，酒店服务系统作为子系统，必须适应环境变化才能生存，而每一次新的适应都是结构功能新的调整和飞跃。

2. 信息论

在酒店服务系统的运行中，除物质和客人的流动外，还有信息的传递。从某种意义上讲，现代酒店管理既是对信息资源的利用，又是对酒店信息系统的管理。因此，对酒店服务实行现代化管理，就应了解和掌握信息论。根据信息论观点，现代酒店管理系统是一个信息流通系统。这个流通系统是由信源、信宿、信道、信息所构成。现代酒店管理人员通过服务信息流通系统获取信息后，要进行认真的判断、分析和处理，并根据这些信息的处理情况采取相应的措施，确定方案，做出决策，发出指令，有效地组织和指挥酒店服务系统的各种活动。

现代酒店管理人员所做出的各种决策是酒店信息和知识综合运用的结果。没有信息，就不可能形成正确的决策。对于现代酒店管理而言，每一个决策又是一种新的信息，它表现为指令、指标、计划、方案和措施。酒店服务决策的实施，实质上就是信息在酒店信息流通系统中的流通过程。

酒店服务信息是所有服务管理机构和服务管理人员之间进行联系和开展工作的基础。例如，酒店与旅行社组织接待团队时，事先将信息告诉酒店，酒店按时准备客房和饮食。旅行社输出信息（信源），酒店服务输入信息（信宿），而信道则是通信设施。又如，总台把住宿登记情况输送给餐厅，餐厅则根据这些信息准备膳食、酒水。

3. 控制论

现代酒店管理中的控制就是采取某种措施，对复杂的现代酒店服务系统及其经营活动进行控制，使其按照预定的目标进行工作，达到预期的结果。因此，现代酒店管理中的控制实质上就是对酒店服务系统的控制。

酒店服务系统控制的实质是以决策目标和具体计划为标准，考察过去的行为，使酒店服务系统的行为按照最佳路线和进程向预定目标的方向发展。

构成酒店服务控制的基本要素有：①有预定的目标、计划、标准、政策、规范等，现代酒店服务的目标和计划是酒店服务系统控制的依据；②对酒店服务计划的执行情况，要有定性分析和定量分析的科学方法；③准确、及时地校正偏离酒店服务计划的行为。

根据酒店服务系统控制的三个基本要素，现代酒店管理中的控制有预先控制、现场控制和反馈控制三种控制方法。

（1）预先控制，是指防止将要投入的人力、物力、财力资源在质与量上发生偏差所采取的措施。人力资源要适应酒店组织结构中发展酒店服务计划的需要；物力资源要符合酒店服务发展的质量标准，及时供应；财力资源要有能自行动用的足额资金。

（2）现场控制，是指服务管理者按事先制定的标准，指挥和监督被管理者进行工作。管理者下达的指标是否合理、明确，与整体目标是否一致等决定了现场控制能否见效。因此，管理者的水平、能力对现场控制起决定性的作用。

（3）反馈控制，是指管理者通过信息的反馈，检测活动中实际与标准的误差，并对实际进展采取修正措施，进行调整的活动。反馈控制强调及时、迅速。它可分为局部反馈（或称逐步反馈）控制和全部反馈控制两种形式。管理活动一旦开始，控制活动随之开始，局部反馈控制就必须立即跟上，及时搜集反馈回来的信息，随时检测误差，并采取校正措施。完成任务后的分析报告，是最全面的信息反馈，但它只能对下一个循环起指导作用，对已完成的循环过程无效。

4. 运筹学法

运筹学主要是通过定量分析的方法来研究各种计划、决策问题。

（1）规划论法。运用数学方法对目标函数和约束条件的关系进行研究，从而确定如何统筹安排，合理调度人员、设备、材料、资金、时间等。线性规划的研究对象方法有两类：一是任务确定后，如何统筹安排，以最少的人力、物力资源去完成它们；二是人力、物力资源的数量确定后，如何统筹安排，使用一定的人力、物力资源完成的任务最多。

（2）排队论法，也称随机服务系统理论。它是研究拥挤和排队现象，以计算服务设施最优数量的一种技术，也就是在公共服务系统中，设置多少设施为宜。任何排队系统都包括三个方面：一是潜在顾客，二是排队线，三是服务设施。

（3）库存论法，研究的是仓库储存问题。库存论法是研究如何解决库存物品的供求矛盾以确定最佳库存量的方法。库存方法应根据需求方式来确定。

（4）决策论法，决策论的基本要点有：①将酒店的服务组织机构、职能和决策联系在一起，而决策是酒店服务组织中许多个人和集团决策的集合。②酒店服务资源管理活动的中心决策。③服务决策是一个过程，而不是一次简单的行动。④决策的原则为：第一，信息准确原则；第二，预测先行原则；第三，可行性论证原则；第四，系统整体原则。

（5）权变理论法。权变理论强调应变，根据酒店服务系统所处的不同内外环境，采取不同的、能适应酒店发展的管理。在方法上，权变理论采用大量事实和典型例子进行研究和概括，把千变万化的方法归纳为几个基本类型，从而提出每一类的管理模式。

四、微观服务管理理论

酒店微观服务管理是针对微观的酒店服务行为所进行的管理活动，微观服务管理理论包括以下几个方面。

1. 酒店服务质量管理理论

质量管理源自制造业的生产管理技术，于 20 世纪 80 年代传入中国，之后逐渐由制造业渗入服务业，并首先在酒店业取得成效。社会经济水平的稳步提高促使旅游业迅速发展，促进了服务消费意识的复杂化、多样化和多层次化。人们对服务质量的认识、理解水平提高的同时也对服务质量提出更高的要求：由低需求向高需求方向发展，由物化技术层面向精神方向倾斜。在此背景下，对服务质量的管理成为酒店管理的核心内容。

具体而言，服务质量因素分析是质量管理的基础性工作，期望和差距管理是服务质量管理的有效分析模型，全面质量管理是服务质量管理的核心，服务质量评价和监控体系是服务质量管理必不可少的环节。

酒店服务质量管理的相关内容将在本书第六章进行详细的阐述。

2. 酒店服务组织管理理论

（1）服务评价理论。

应当承认，酒店服务评价的最终决定者是宾客，但由于宾客评价的主观性及由此产生的不稳定性在所难免，因此，服务提供者和服务组织对服务的评价也很重要。例如，有的酒店给因受客人误解或遇到故意找碴儿的客人而受到责骂的服务员颁发"委屈奖"，正是在承认宾客评价决定性的前提下对服务的"二次"评价。这种做法既能避免服务人员热情衰退和服务愿望的减退，也体现了"顾客至上，员工第一"的管理哲学。因此，要使服务评价科学化、合理化，并兼顾到各方的利益，必须建立由宾客评价、服务者自我评价和服务组织评价三方组成的评价体系，以此分析并制定与各种不同服务评价相对应的管理策略。

（2）服务规范理念。

服务规范是指服务提供者为确保服务工作效率和服务质量而制定并要求全员遵照实施的一系列有关操作规程、员工手册、服务标准等的制度性文件。它是一种行为规范，是服务管理不可或缺的工具。

同时，由于服务因人而异的本质特征以及服务组织制定规范的目的、范围、对象和特性的不同使得服务规范并不存在一个固定的模式，否则这个规范就是僵化的、不能适应内外环境因素变化的文字材料而已。因此，纳入服务规范的是酒店服务的基本部分或必需部分，即可以获得宾客相对客观评价的部分，如服务必备项目、操作标准和基本程序等。个性需求的多样性、多变性及无止境的特征，使得无论多么详细的规范都有一定的局限性，而且个性化服务是无法也不能被列入服务规范的，因此，实现遵照服务规范和发挥服务者个人能力的互补互动显得尤为重要。

（3）服务组织革新。

技术变革的动力和满足宾客个性化需求的压力推动着服务组织的革新，以适应外界不断变化的情况，跟上时代进步的潮流。服务组织革新从总体上属于创新理论的范畴。

3. 服务引导原理

服务引导是指服务提供方将宾客的需求转换成一种适合于自己应对的形式或状态，主动促成宾客充分利用服务者一方已经准备好的服务项目及内容。服务引导与期望管理的区别在于前者是通过分析，主动创造一种宾客需求状态，使其心理需求发生良性转变的行为，宾客在主观上是愿意的；后者虽也是主动地调整宾客期望，但在实际操作中较难做到，也不一定得到宾客的响应。

由此可以看出，服务引导的根本在于它不是强制，而是促成引导对象的自发选择。如何才能做到服务引导，从而实现服务组织的管理意图呢？

首先，服务引导要与宾客需求相适应。引导成立的基本条件是宾客有这种行动的愿望（只不过这种愿望有时没有通过正当的途径表达出来），否则引导是无效的。

其次，要在一种良好的环境氛围中加以引导。正因为是引导而不是强制，所以要创造出一种环境气氛及状况，使宾客较容易地按照服务提供者的愿望采取自然而然的行动。环境氛围包括保证宾客的自主性、参与性和愉悦感，还包括诸如声音、光线和色彩的搭配等物理氛围及人与人之间的心理氛围等。

最后，要充分发挥服务提供者的个性和主观能动性。对宾客进行怎样的引导，各人有各人的方式，不可强求一致，应因人、因时、因地制宜。

将"引导"概念引入服务管理，使得人的主观能动性的发挥成为可能和必需，服务在这种观念的指导下，便有可能是积极的，而不是被动的；是主动接待，而不是等宾客提出要求后再加以应付。从这个意义上说，超前服务的意识和"宾客没想到的，我们想到了；宾客想到的，我们也想到了，并替宾客做到了"都源自引导原理。

无论是质量管理、组织管理还是服务引导都必须贯彻"人本管理"原则，将其作为服务管理的基本理念，渗入管理的不同层面，服务管理才能取得切实成效。

4. 服务心理理论

宾客是酒店服务消费的最终决策者，决定着服务产品价值的实现与否，并影响着其后的服务消费。因此，宾客心理处于酒店服务心理研究的核心地位，服务心理理论的主体是消费者心理原理。

（1）基于心理原理的酒店服务类型。

受马斯洛需求层次理论的启发，按照消费者对不同服务的心理需求，酒店服务可大致分为功能性、心理性和复合性三类。

服务的功能性是指宾客对具体物质产品的基本需求，如提供服务所必需的服务设施以及满足基本生理需求的服务。服务的心理性是指宾客对具体物质产品的需求是相同的，但对这种产品的服务环境和服务方式有特定的需求，如中国人和美国人都喜欢吃中餐，但美国人要求有英文打印的菜单，服务员最好还能用英文交流。服务的复合性是指功能性与心理性的结合，大部分服务活动属于此类，并因两者的复合形式、复合比例不同而有种种差异，以此组成了纷繁复杂、种类繁多的服务项目和服务类别。从宾客心理需求角度对服务进行分类有利于服务提供者对不同需求的服务消费采取不同的服务方式，从而在最大程度上符合消费者的心理需求。

（2）服务消费者心理原理。

服务消费者都有各自的心理角色定位。作为个体，消费者具有人们共同的心理特征，如知觉、人格、态度等；作为消费决策者，由于消费者不同的消费经历和消费约束条件，相应表现出不同的消费心理特征。将两种角色融合起来加以考虑，可更好地把握服务消费者的心理。

① 知觉与消费决策。知觉是直接作用于个体感觉器官的客观事物在消费者头脑中的反映。由于主客观因素的影响，不同的人对同一事物的知觉在完整性和准确性上往往是不同的。知觉对消费决策的影响主要体现在知觉的选择性和理解性上。前者是指消费者在一定时间内并未感受到所有刺激，而仅仅接受能够引起注意的少数刺激物；后者指消费者对刺激物的感知是一个筛选过程，这一过程往往是根据个人以前的消费经历理解消费对象并

进行取舍。

② 学习与消费决策。现代酒店消费者正日益走向成熟，他们对酒店服务的知觉是建立在学习的基础上的，他们不断地学习，通过学习掌握知识、积累经验，为消费决策做准备。面对日益"精明"的旅游者，酒店应完善服务产品，强化售后服务观念（服务反馈），一方面打消消费者对服务的疑虑心理，满足其多方面需求从而增加消费；另一方面也是为了更好地适应竞争激烈的服务消费市场。

③ 需要、动机与消费决策。现代旅游消费者的消费需要呈现出更注重精神需要、个性化需要的特点，并在此基础上产生不同的消费动机。相应地，在服务产品的开发和服务市场的拓展上也要考虑到这些特点，以满足现代消费者的需要。

④ 人格与消费决策。人格又称个性，用于表示区别于他人的心理特征。不同的人格类型（自我中心型和他人中心型等）、同一个人的人格结构（"儿童自我""父母自我""成人自我"）对消费的影响颇大，有时甚至是决定性的。这就要求我们针对不同的消费者人格，进行正确的引导，促使其做出消费决策。

⑤ 态度与消费决策。态度是个性倾向性中的一个重要成分，由认知、情感和意向三种因素组成并导致消费者偏好的形成。酒店要想使消费者做出购买决策，须从改变消费者对服务的无偏爱或偏爱程度低的态度入手，包括对服务产品进行创新，加大新产品的宣传促销力度等。

（3）个性化服务中的心理原理。

标准化和个性化相结合的服务是实现优质服务的前提，尤其是后者，作为心理性服务的一部分，已成为高星级酒店体现竞争优势的主要因素。心理原理在个性化服务中主要体现在以下两个方面。

① 马斯洛的需求层次理论。人对个性化的需求对应于马斯洛需求层次理论的第四阶段："承认与尊重"。一旦人的基本需求和"所属、被爱"的愿望得以满足，便开始不再满足于仅仅作为集团中一分子的地位了。他希望更进一步，在人群中傲然挺立，获得他人的承认与尊重。这种需求介于需求层次的第三层（所属、被爱）与第五层（自我实现）之间，并作为两者的桥梁和纽带，越来越普遍地存在着，与其作为个人的满足感紧密相关。需求层次理论揭示了宾客对个性化的需求状态。

② 赫茨伯格的双因素理论。该理论认为每个人身上都存在两组相对独立的"需求群"，它们对人的行为方式的影响是截然不同的。一组为机能需求，与其劳动环境相关，如经济条件、人际关系、噪音、光度等。这些条件得不到满足，人就会产生不满情绪；但仅仅是这些条件得以满足，也不能保证人们总体的满足程度会提高。另一组为情绪需求，是关于成功及成功的认可及受尊重等方面的需求，当这些愿望得到满足时，人就表现出满意感。

可以看出，个性化需求与"承认与尊重"的需求具有很强的关联性，共同点在于在"赶走不满"的同时"获取满意"。了解了这些能够激发人们满意的因素和条件，对有针对性地提供个性化服务以提高宾客的满意程度具有一定的理论指导意义。

5. 服务的制度理论

酒店服务具有特殊的制度结构，这些特点是由服务作为特殊属性的使用价值的本质所决定的。酒店服务的制度理论主要体现在以下两个方面。

（1）所有权特性原理。

作为运动形态的酒店服务是没有静止的，因此它不能被"占有"。服务实际上是经济要素的使用过程，所以只体现为使用权。当消费者购买酒店服务后，他就不能将此服务再"卖"给第三者，实际上，服务作为一种体验和经历，消费者也无法转让或再出售。总的来说，服务无论是作为社会财富还是作为交易对象，它没有占有权和与占有权相关的其他权利。

（2）组织制度特性原理。

组织制度主要指企业的组织方式，制度变化则直接引发组织方式的变化。酒店服务的制度变革或制度创新有两个前提条件。

① 增加酒店服务消费者在服务过程中的参与程度。前面提到，酒店服务存在"主体状态变化"的问题，必须借助消费主体的参与。消费者参与有两种形式：一是把本应由服务人员提供的劳动转化为宾客自己的活动，如餐厅的自助餐；二是消费者和服务人员的双向互动和交流沟通，在此过程中消费者不断地把自己的想法、意愿传递给服务提供者，以便使服务及服务的提供方式不断地向符合消费者要求的方向调整、逼近乃至吻合。这两种形式的选择视情况而定，当消费者更重视服务的结果而不是过程时，前者较为有效；当消费者把服务看作一种过程而不单纯追求结果时，后者更为符合他们的需求。

② 在服务标准化的基础上提高个性化程度。由于服务不同于一般商品的特性，是不能完全标准化的。酒店服务的制度安排往往就是在标准化和个性化之间进行权衡。个性化服务成本较高，对服务人员素质的要求也高，但收益也大。就酒店业而言，级别越高的酒店个性化程度就越高，但总的趋势是在做好服务标准化工作的同时向个性化乃至超个性化的方向发展。

五、酒店服务战略管理理论

酒店服务战略是指酒店致力于获得宾客的忠诚而确立的、为宾客提供满意服务的根本策略。酒店服务战略是增强酒店服务素质、适应外界环境激烈变化、提高酒店竞争力的有力武器。战略制定的本质就是要争取酒店经营的主动性，增强酒店抵抗力，在激烈的市场竞争中战胜对手，实现酒店与外部环境变化的动态平衡，促进酒店的可持续发展。

酒店服务战略的核心思想是酒店的全部服务活动都要从满足宾客的需要出发，强调以宾客为中心，以提供满足宾客需要的服务为酒店的责任和义务。

制定和实施顾客满意的酒店服务战略需要组织中每个人的参与和支持，所有员工都必须认同良好的服务的原则，这就需要倡导一种以顾客为中心的酒店文化，这种文化的核心是顾客导向和质量意识，提倡每个员工都为宾客提供良好的服务，这是每个员工都应该遵守的行为准则之一，也是酒店的核心价值观。

酒店服务战略、酒店服务系统、酒店服务人员三者是形成酒店服务质量最重要的因素，它们构成一个服务三角形，又相对独立地面向宾客这个中心，各自发挥着作用。在酒店服务的三角形中，每个要素都与其他要素相互关联、相互作用。酒店服务战略的管理层次高于酒店服务系统和酒店服务人员，酒店服务战略位于战略层，酒店服务系统和酒店服务人员位于战术层或作业层。酒店服务战略是灵魂，是酒店服务质量管理的指导思想；酒店服务系统和酒店服务人员则是具体实施服务的必要条件和保证。

完整的酒店服务战略管理理论主要包括五个方面的内容：树立酒店服务意识；确定宾客服务需求；服务设计与实施；服务人员的管理；服务质量的管理。

第三节　酒店管理方法

一、酒店管理的基本方法

酒店管理的方法有很多，但常用的有以下五种基本方法。

1. 经济方法

经济方法是采用经济手段，利用经济组织，按照客观经济规律的要求来管理酒店。经济手段是指价格、工资、利润、利息、税收、奖金和罚款等经济杠杆以及经济合同、经济责任等手段；经济组织是指酒店内部的各层组织机构以及外部与酒店经济息息相关的机构，如旅行社、银行、邮电部门、旅游服务公司等；客观经济规律的要求对酒店而言则是要求酒店的经济活动必须遵循社会主义基本经济规律，必须按照国民经济计划、按比例发展，必须按照价值规律，实行等价交换原则，必须根据按劳分配原则，实行多劳多得。

采用经济方法管理酒店的基本内容如下。

（1）按照市场经济运行机制与规律，使酒店的经济活动与区域发展相协调，依据市场需求情况制订酒店的经营目标。

（2）以经济效益为酒店经营管理活动的出发点，根据经济效益的高低来评定酒店经营目标、方法和措施的优劣。

（3）正确处理国家利益和酒店利益、酒店利益和职工利益之间的关系，建立酒店内部的经济责任制，把经济利益和经济责任综合起来，并根据工作好坏、经济效益多少给酒店员工必要的奖罚。

采用经济方法管理酒店具有调节性、效益性和激励性的特点。经济方法能加强酒店外部的横向经济联系，协调酒店各部门之间的物质利益关系，调动各方面的积极性，从经济核算、物质利益上加强各部门完成任务的责任心，能够充分调动酒店内各部门及每个员工的积极性，真正贯彻按劳分配原则，打破吃大锅饭的平均主义，提高酒店的经济效益。但是，酒店的员工并不是单纯的"经济人"，员工思想的主动与否将对工作产生推动或阻碍作用。因此，在运用经济方法的同时，还应配合其他管理方法，以保证酒店经营目标的实现。

2. 行政方法

行政方法是依靠酒店各级组织及管理者的权威，用指令性的计划手段和行政法规、命令以及各种具体规定等强制性的手段，按民主集中制的原则来管理酒店。

行政方法包括制定酒店经营管理的方针、政策、规章、制度，颁布行政命令、指示，下达指令性计划任务等。它的过程由酒店内各行政机构来进行。它是以权威和服从为前提，具有强制性、无偿性和直接性等特点。

行政方法在动员酒店所有员工为完成酒店的经营目的而奋斗，贯彻国家有关酒店的方针政策，坚持酒店业的发展方向，组织、指挥和监督各部门的经营活动，解决酒店发展中存在的问题等方面起着不可忽视的作用。

行政方法的优点是使酒店在总经理的领导下实行集中统一的管理,使酒店成为一个"招之即来,来之能做,做之能成"的严密组织。行政方法管理效率的好坏与管理人员的水平有密切关系。

3. 法律方法

法律方法是把酒店管理中比较稳定、成熟、带有规律性的经验或事务用立法的形式规定下来,以保证酒店管理的各项经济政策、制度、方法的实施,并用于调整酒店内外部之间的经济关系。

法律方法主要通过相关法规的确立对酒店领导层的管理活动和酒店组织的活动进行调整。

酒店管理中用立法形式规定下来的各项规章制度必须具有三个方面的内容:①明确规定其针对的条件和范围;②明确规定允许做什么,不允许做什么;③明确规定在违反制度时应负的责任。

法律方法的特点是具有高度民主的权威性、明显的强制性、相对的稳定性和确切的规范性。

法律方法的优点在于具有自动调节的功能。规章制度一旦制定之后,员工就必须适应、遵守,使酒店的各项活动有章可循。法律方法的缺点是缺少弹性和灵活性,有时容易限制各部门的积极性和主动性的发挥。

4. 宣传教育方法

宣传教育方法是通过做员工的政治思想工作来激发酒店员工的劳动热情,从而达到经营管理酒店的目的。国外称此方法为"伦理学法"。酒店的伦理学与人们的道德观念有关,它指导着酒店各部门和所有员工的行为,它教育员工要有良好的职业道德和品行,能自觉地处理好自己的工作。例如,不说竞争对手的坏话,对顾客彬彬有礼,以自己的职业为荣等。

宣传教育方法的主要内容是加强酒店员工的政治思想工作。它采用远大理想教育、思想抱负品行教育、职业道德教育、爱我酒店教育、榜样标兵宣传、好人好事宣传等手段,培养员工的事业心和责任感。事业心和责任感是员工持久的激励因素,这种激励因素所产生的效果远远超过经济手段所产生的效果。

宣传教育方法的运用及其效果的好坏很大程度上取决于酒店管理人员的管理艺术。宣传教育方法不是说教,而是一种细致的、长期的、谈心式的、可让人接受并取得效果的工作方法。宣传教育方法是一门科学。管理人员必须认真加以研究才能使这种方法在管理工作中充分发挥作用。

宣传教育方法的特点是具有灵活性、针对性和持久性,不同的问题有不同的宣传教育方法,正确的立场、观点和方法需经过反复的教育和实践才能为广大员工所接受。

5. 数学方法

数学方法是通过对管理对象数量关系的研究,遵循其量的规律性进行管理的方法。它具有准确可靠、经济实用、能够反映本质等特点。

经济方法、行政方法、法律方法、宣传教育方法和数学方法是酒店管理中最基本的方法,五者相辅相成、相互制约。不同的问题采用不同的处理方法,特殊的场合有特殊的处理方法。日常的管理中则应五种方法同时并进、相互兼顾,才能收到比较好的效果。

二、现代管理方法

随着管理科学的发展，现代管理方法在现代酒店管理中越来越显现出其重要性。现代酒店管理中常用的现代管理方法主要有现场管理、效率管理、目标管理、成本管理、战略管理、柔性管理、知识管理、创新管理、计算机管理等。

（一）现场管理

现场管理就是根据现场问题的需要进行即时管理的一种管理方式。现场管理是一种随机的管理，其管理水平与管理质量主要由管理者的个人知识、经验、心情和心理所决定，并在很大程度上与管理者的个人兴趣、爱好、能力和魅力有关。

现场管理的实质是：管理者在现场发现问题，现场即时解决问题。巡视管理是现场管理的一种主要形式。巡视管理是指酒店管理者通过深入基层，接触员工，进而在酒店内部建立起广泛的、非正式的、公开的信息沟通网络，做到体察下情、沟通意见、解决问题，从而达到酒店管理目的的一种管理方式。运用现场管理方法时应注意以下几点。

（1）现场管理是一种随机的、即时的，但很实用的管理方法。因此，管理者在巡视的过程中，只有弄清酒店服务操作现场实际的工作情况、存在的问题和员工在操作中遇到的困难，才能运用自己积累的工作经验指导部门或岗位的具体工作。

（2）在现场管理中，管理者要及时找到酒店目前发生的急需解决的问题并现场解决，这不但能使员工顺利地完成工作，还能提高管理者的管理效率。

（3）在现场管理中，管理者要尽量掌握顾客的动态，了解顾客对酒店服务的需求，并及时、迅速地给予满足，努力提高顾客对酒店的满意度。

（4）在现场管理中，管理者必须深入了解员工工作中的精神状态，关心他们、爱护他们，有针对性地解决员工在工作中遇到的实际问题，让员工从中体会酒店的核心价值与目标，从而提高员工的工作积极性。

（5）现场的随机管理只能在酒店发展机遇及运行环境良好的情况下才可取得良好的成效。在激烈竞争的环境下，酒店还应采取其他的科学管理方法，才能最终取得成功。

（6）由于现场管理无法摆脱决策管理人员主观臆断的影响，无法客观、科学地按经济规律办事，使得管理的可靠性低，经营上所担负的风险大。因此，酒店在运用此种方法时，应提高决策管理人员的素质，使他们的知识能跟上时代的进步。

现场管理要求管理者根据自己掌握的知识与经验，在管理中及时发现问题，提出问题，并能针对问题提出实际的解决办法。随着现代酒店组织机构的扁平化发展，管理者与员工之间的关系由"管理者与被管理者的上下级关系"转为"合作伙伴关系"，使得现场管理显得更加重要。

（二）效率管理

效率管理是指酒店通过建立规范的管理系统以提高酒店整体效率（包括生产效率、管理效率和服务效率等）和突出酒店的经营特色，从而达到酒店管理目标的一种管理方法。效率管理是酒店专业化管理的一种体现形式。效率管理的内容包括以下几个方面。

1. 计划管理

通过制订详细的生产服务和销售计划，明确酒店和各部门的经营和管理目标来提高酒店总体效率。

2. 规范管理

酒店通过建立或完善金字塔型组织结构（一般包括职能部门——前厅部、客房部、餐饮部、娱乐部、工程部等，行政部门——市场销售部、财务部、人事部等），并制定或完善酒店的管理规章制度和岗位职责，规范服务操作流程与质量衡量标准来达到管理规范和管理效率。

3. 效率控制

通过标准化、程序化操作和对酒店产品质量保证以及销售和服务承诺，达到酒店产品生产和服务的效率控制。

（三）目标管理

目标管理是指一种能使组织中的上级与下级一起达到组织的共同目标，并由此决定上下级的责任和分目标，同时把这些目标作为经营、评估和奖励每个单位与个人贡献的标准。重视人的因素及建立目标链与目标体系是目标管理的实质；多劳多得、贡献大、受益大是目标管理的基础；目标管理的工作核心是各部门、各班组分别根据本部门、本班组的实际情况，酒店的总体目标及各部门自定的目标、计划来制订自己的目标与具体的行动计划。

目标管理在酒店运用中应注意以下几个问题。

（1）组织目标是共同商定的，因此应根据组织的总目标决定每个部门以及每个人担负的任务、责任以及应达到的分目标。

（2）酒店应以总目标和分目标作为部门、班组和个人任务考核的依据，酒店的一切活动也应围绕着这些目标，并使员工由履行职责变为达到目标。

（3）由于目标管理的管理机制、工作方法与工作程序比较复杂，如果酒店员工的素质不高的话，就不易做到。因此，酒店在运用此种方法时，应重视提高员工的素质。

（4）酒店运用目标管理方法时，若酒店各部门的协调、控制不好或是放任自由，容易造成酒店发展不平衡甚至管理失控。

（四）成本管理

1. 成本管理的含义

成本管理是指酒店企业根据市场需求和酒店自身状况，制订相应的成本计划，对各项物资进行成本核算，采用科学方法寻求控制和降低成本的途径，以提高酒店的经营利润。在酒店发展的任何阶段，效率、成本和质量都是酒店成功的三个基本要素，高效、价廉和物美是市场竞争的三大武器。成本管理的内容包括以下几个方面的内容。

（1）成本的计划与核算。

酒店根据接待计划制订相应的成本计划，并对每项物资进行成本核算，逐项分析成本构成，以便寻求控制和降低生产成本与销售成本的途径。

（2）成本中心的构建。

酒店在分析本酒店为提供服务或产品而发生的各项成本消耗状况的基础上，设立合理的成本中心，以明确酒店内各部门的成本责任，达到控制酒店内部各项成本的目的。

（3）构建利润中心。

酒店根据各盈利部门的运营状况，建立有效的利润中心，实行这些部门（事业部）内的利益负责制，鼓励酒店内不同利润中心之间的合作与竞争，并在此基础上总结并传播各利润中心的成功经验，从而达到提高酒店总利润的目的。

（4）构建成本控制体系。

酒店一方面通过强化全体员工的成本意识来达到控制成本的目的，另一方面通过成本—效益分析，分析顾客从特定成本（或有附加值的价格）中获得的利益与支出之比。若顾客并未从酒店为他们提供的新产品或服务中获得满意，那么就要考虑减少由于提供新的产品或服务而增加的成本消费，以实现酒店和顾客的利益最大化。

2. 成本管理方法在酒店中的应用

成本管理方法在现代酒店中的应用主要包括以下几方面。

（1）连锁经营。

连锁经营是"一种营销或分配系统，连锁经营者授予某酒店一种权利，它可以在特定的时间与特定的地点根据连锁经营者的准则经营业务"。采用连锁经营的酒店可以通过大规模的优势，减少单位产出的运行成本。例如，世界著名的洲际酒店集团就是通过连锁方式扩大其规模经营来降低建筑成本、人力资本和每间客房运营的成本。最佳西方国际集团采用大量购进及同享项目，如保险、融资、信用卡折扣、管理合同及职业培训等来减少成本。希尔顿酒店集团也是通过大量采购的方法来控制成本。在希尔顿酒店集团内，包括火柴、瓷器、肥皂、地毯等21项物品，都是大量采购，这样不但可以节约成本，而且制造商可以根据酒店的特殊标准来生产这些物品。

（2）价值工程。

价值工程是指酒店在对某产品进行价值分析与功能评价的基础上，以不影响产品原有的功能为前提，力求在该产品的生产、营销的各个环节中排除不必要或可节省的成本费用的生产、经营管理技术及其实施方案的总称。

价值工程方法在酒店中的应用包括以下几个方面。

① 确定酒店价值工程所要达到的目标及其研究对象。酒店价值工程所要达到的目标，就是提高产品的价值，增强酒店产品的市场竞争力。酒店价值工程所研究的对象就是酒店具体的产品及影响该产品价值的有关因素。

② 收集有关的情报资料。一是收集本酒店的基本情况，如经营方针、接待能力、质量统计、顾客意见等；二是收集被列为价值工程对象的产品的技术经济资料，如产品成本构成、库存状况、利润等；三是收集国内外同行生产本产品的有关技术经济资料。

③ 价值分析与功能评价。通过价值工程产品对象的功能价值来衡量价值工程的可改善程度（潜力）或经济效果。

目前，现代酒店的成本管理更多是体现在对质量成本的管理上。质量成本有两个方面：一是因产品质量问题而产生的一切费用，即质量问题成本；二是为保证和提高产品质量所支付的费用，即质量管理成本。质量管理成本包括检验成本和预防成本；质量问题成本包括内部事故成本和外部事故成本。酒店应采取各种措施，如提高员工的总体素质、授权、组织扁平化等来降低质量管理成本和质量问题成本，以提高酒店的竞争力。

（五）战略管理

1. 战略管理的含义

战略管理是对酒店战略的选择分析、制定、实施和评估的连续过程的总称。战略管理的内容包括战略制定、战略实施和战略评价。

（1）战略制定。

战略制定包括确立酒店任务、认定酒店的外部机会与威胁、认定酒店内部优势与弱点、建立长期目标、制定可供选择的战略，以及最后选择特定的实施战略。

（2）战略实施。

战略实施要求酒店树立年度目标、制定政策、激励员工和配置资源，以使酒店制定的战略得以贯彻执行。

（3）战略评价。

酒店根据实施结果，重新审视酒店外部与内部因素，对实施的战略进行适当的调整，并根据酒店最后的业绩，分析存在的偏差，同时采取相应的纠正措施，以使战略管理达到酒店预期的目标。

2. 战略管理方法在酒店中的应用

战略管理方法在酒店中的应用包括以下几个方面。

（1）经营分析。

酒店在分析宏观经营环境（包括社会文化、政治、经济、科技、环保等）和微观行业环境（包括顾客、竞争对手、供应者及酒店内部）的各方面因素的基础上，找出酒店发展机遇，认真对待可能出现的威胁，确定相应的战略。例如，1999 年 12 月在阿联酋迪拜正式开业的迪拜阿拉伯塔酒店，是一家将高消费群体作为目标市场的高档次酒店，酒店建有水下海鲜餐厅，世界最大的大厅，高出水面 200 米的餐馆，其套房一晚的收费高达 18 000美元……这一经营模式与目前世界酒店业的总体潮流（经济型、低档酒店为主）格格不入，而这家酒店的创办人就是基于"目前仍有需要这种高消费、高享受的顾客群体，这座酒店正是为他们而建的"的经营分析而兴建此酒店的。

（2）竞争分析。

酒店在分析、比较竞争对手之间的优劣势及研究顾客的需求变化的基础上，结合本酒店的自身优势和劣势，制定出相应的战略竞争手段。例如，英国爱尔兰农村有一家只有 40间客房的小旅馆，这个旅馆的客房清洁、雅致，供应优质食品和饮料，虽然客房中没有电话，只有窄小的床，但客人却趋之若鹜，其价格甚至比城镇内有电话、有娱乐设施的酒店还略高一些。究其原因就在于，这家旅馆的业主通过分析认为，这个旅馆可出售许多别的旅馆无法出售的东西，那就是"没有东西"。客人在这个旅馆里可以享受与世隔绝的乐趣，他们不必接电话，不必每天去打网球或高尔夫球，而可以品尝佳肴，舒适地休息。

（3）战略重组。

酒店根据自身发展制定酒店的独具特色的经营战略（如成本领先战略、差异经营战略、专一经营战略、国际化战略等）和中长期发展战略，并能够灵活运用这些战略，使酒店立于不败之地。

（六）柔性管理

1 柔性管理的含义

柔性管理是指企业以管理信息系统为基础、以市场为导向来进行产品设计与开发和服务方式的创新，对市场的变化迅速反应的一种灵活管理方式。柔性管理是以权变管理和系统管理为理论基础的新管理模式。柔性管理所依托的柔性组织是一种结构扁平的、外部导向的灵活组织，这种组织强调信息沟通、网络化结构和快速反应。柔性管理的内容包括特色产品（服务）、柔性生产、柔性组织和人性为本。

（1）特色产品（服务）。

酒店的特色产品来自顾客的需求与指导。由于顾客要求产品应有更多的选择，要求产品和服务具有个性和特色，为了能够满足和适应顾客的这种需求，让顾客指导或参与多样化、特色化和个性化的产品设计与开发就显得非常重要，这样酒店才能开发和推出顾客所需的特色化和个性化的系列产品（服务）。

（2）柔性生产。

随着计算机的发展和应用，酒店应借助计算机的帮助，按顾客需要及时提供个性化的产品和服务，提高顾客的满意度。

（3）柔性组织。

酒店在产品特色化和生产柔性化的基础上，还应改变酒店的管理哲学、组织结构和市场网络，使酒店组织成为柔性组织。适用于酒店组织的柔性组织有整体性组织、不规则组织、双模式组织和虚拟组织等。

（4）人性为本。

人性为本的目的是释放人的创造性，调动人的积极性。酒店可采取以尊重人性的工作方式，如弹性工作、远程工作和灵活工作等，以及以尊重人性的管理思想，如合作关系、伙伴关系、平等关系、对话式工作关系、奖励措施等来提高员工的积极性。

2. 柔性管理方法在酒店中的应用

柔性管理方法在酒店中的应用包括以下几个方面。

（1）管理信息系统。

管理信息系统利用现代信息技术，将酒店的各种管理职能和管理程序输入计算机数据库，实现计算机化管理。管理信息系统在管理中将实时采集酒店的各种管理和经营信息，包括采购、生产、销售、库存、服务、市场行情、管理规定、程序、人员、财务、公共关系等方面的信息，为酒店管理和经营决策提供依据。例如，丽思卡尔顿酒店集团安装了一个可记录客户喜好、需求并自动把信息传送到世界各地的成员酒店的知识型系统。该系统可获得很多关于客户的信息，并能把新的信息投入新的经营管理和服务中去。这种系统能够使酒店更好地满足顾客的个性化需要。

（2）柔性制造和敏捷制造。

柔性制造是指酒店按照顾客需要提供产品的一种服务方式，即顾客可以与酒店商定对其所需产品的要求，酒店按顾客的要求设计出满足顾客需要的产品。酒店除进行柔性制造之外，还需要迅速组织酒店内部和外部的资源，提高酒店在不可预见的、多变的环境中的生存能力，并开发出针对特定市场的、以知识为基础的、以服务为导向的产品。例如，顾客可以通过计算机设计自己喜欢的菜单，然后在计算机上显示可能会出现的菜肴的最终结果，可让顾客根据自己的感觉进行确定，直至满意为止。这种根据顾客需要而设计的产品，其价格在很大程度上取决于其知识含量和顾客满意程度，成本不再是此种产品确定价格的重要因素。

（3）跨部门小组。

一些酒店采用跨部门工作小组来进行管理，这些跨部门工作小组是相对独立的，它对自己的工作业务全面负责，小组成员相互合作、自由交流，以最大限度地满足顾客的需要为己任。酒店可根据酒店的管理和经营的需要，或根据市场和顾客需要来确定小组的形式。例如，酒店根据接待计划和任务，尤其是 VIP 的接待，临时组建一个涉及酒店所有部门的 VIP 接待小组，负责接待 VIP 的各项事务，包括客房、餐饮、娱乐、保安等要求，确保 VIP 接待工作的顺利完成。

（七）知识管理

1. 知识管理的含义

知识管理就是通过知识的创造、识别、共享和利用，最大限度地满足顾客需要，提高企业的竞争能力，增加市场价值。知识管理要求实现组织的知识共享，充分发挥集体智慧和知识的作用，提高创新效率和酒店竞争力，以实现酒店的战略目标。知识管理的内容包括知识共享、组织学习、知识联盟和知识分配。

（1）知识共享。

知识共享分为酒店内部的、酒店之间的、酒店与外界的三种。不同类型的知识共享的作用、条件和问题不同。酒店在实施知识管理时，应考虑是否要共享知识、与谁共享知识、共享什么知识、如何共享知识等。同时还应考虑酒店文化、相互信任程度、酒店信誉、社会环境、个人价值观、管理者素质、信息和知识基础设施等制约因素，以提高知识共享的有效性。

（2）组织学习。

组织学习可分为酒店内部学习、酒店间相互学习和酒店系统学习三个层次。常用的组织学习方法有自我超越、团体学习、系统思考、单回路学习、双回路学习、干中学、交互学习等。酒店通过组织学习成为学习型组织。学习型组织具有六个特点：其一，具有共同接受的远大前景；其二，具有极强的团队意识；其三，人性化组织；其四，学习性创造；其五，对新知识非常敏感，反应更加快捷；其六，学习是自愿的和持续的。丽思卡尔顿酒店强调团队是个学习协作组织，在每一个团队中，人们不分等级，彼此信任，共同承担责任，形成一种不断从外界吸收知识、共同学习提高的工作环境。

（3）建立知识联盟。

酒店通过建立知识联盟，使自己能够获得其他组织的技能和能力，并且可以与其他公司合作，创造新的能力。

（4）知识分配。

酒店首先应把知识视作资本和资源；其次是对知识资本进行评估和管理，如对品牌入股、知识入股、技术入股、品牌特许经营、品牌特许生产、知识产权转让等的价值确认；再次是将知识分配作为酒店分配的一种形式，而且成为对员工创造性贡献的奖励方式。酒店的知识管理分配制度是按贡献分配，包括按资本分配、按知识分配、按劳动付酬（包括奖金），而且知识分配的比例在增大。

2. 知识管理方法在酒店中的应用

知识管理方法在酒店中的应用包括以下几个方面。

（1）知识议程。

酒店通过知识的创造、识别、共享和利用，最大限度地提高酒店的创新能力、盈利能力、竞争能力和市场价值。酒店知识议程的关键是利用知识改进服务，吸引更多的顾客。酒店在运用知识议程时需考虑所在地的经济发展水平、文化、地理条件、政治和社会条件等的影响作用，以充分发挥知识议程的作用。一些酒店用 PMS 系统建立顾客的个人档案，酒店在顾客到达前，就能根据顾客档案中有关顾客的各种信息提前做好接待准备工作。

（2）知识库。

酒店将开发产品、生产、销售、服务和管理等知识和信息输入计算机数据库，形成初步的知识库，酒店可利用知识库中的有关酒店的知识、合作者的知识、客户的知识、人力资源管理的成功经验与案例等有用信息进行服务和管理。目前，一些大的酒店集团在其集团内部建立人才库，以保证人才的供应，如希尔顿酒店集团掌握着一个包含三千多个"关键人物"的名单，他们分属六十多个国家，分布在世界各地的希尔顿酒店中。

（3）内部网。

许多跨国酒店集团利用其内部网，将分布在世界各地的分公司和合资公司联系起来，共享信息资源。例如，一些大型酒店集团建立的中央预订系统与酒店管理系统的相连，使得集团内的酒店通过系统可以将即时更新的房态信息迅速传送至全球。

（4）知识联盟。

酒店通过与其他酒店、顾客、供应商、工会组织、大学和其他机构等建立知识联盟，以获得对方的知识、技能和能力，从而促进双方培养新的能力。例如，锦江集团通过与瑞士洛桑酒店管理学院合作培养人才，来保证锦江集团的发展；英国信任之家旅馆与餐食集团公司在伊斯伯恩大学和阿斯顿罗旺特大学开办管理进修班，这些都是知识联盟的表现形式。

（5）知识主管或知识总监。

酒店通过设立专职知识管理经理来协调酒店的知识管理与发展战略，并通过制定和实施知识议程，最大限度地创造、发掘、利用各种知识，促进知识共享和组织学习，培育学习和创新文化，提高酒店的竞争力和市场价值。

（八）创新管理

1. 创新管理的含义

创新管理是指对酒店的创新活动和创新能力的管理，这种管理包括技术创新、知识创新、服务创新、管理创新、制度创新等。创新不仅可把酒店的创新活动（产品研究与开发过程等）作为管理的对象，而且把创新资源、创新机制、创新能力作为管理的重要内容，并把创新能力视为酒店核心能力（核心竞争力）。创新管理的内容包括独自创新、酒店创新、联合创新和创新文化。

（1）独自创新。

酒店根据企业状况和顾客的需求变化，在酒店内部的不同职能部门进行创新活动。这种创新活动的主要特点是随机发生、分散进行、缺少协调、独立完成，很难造成巨大的影响。

（2）酒店创新。

当顾客对新颖性、独特性产品的要求持续增长时，酒店为了在快速创新的市场上取得主动，率先把创新作为酒店发展战略的重要组成部分，把创新能力视为核心能力和核心竞争力，制定创新战略，协调酒店各个部门的创新活动，实施全面创新管理，以提高创新效率和创新能力。

（3）联合创新。

酒店的创新能力是有限的，市场对创新的要求是无限的。尽管酒店在不断增加创新投入，但酒店的创新能力仍不可能完全满足市场的需要，面对这种局面，酒店之间只能加强创新合作，开展联合创新，共同面对市场。

（4）创新文化。

酒店把创新变成酒店的灵魂，变为酒店文化的核心。酒店的全体员工，从上到下，都关心创新、尊重创新、支持创新、主动创新。酒店从精神、组织制度、人事制度到各个部门的管理，都体现了一种创新意识，鼓励探索、轻视失败、奖励创新成为酒店的基本观念和行为准则。

2. 创新管理方法在酒店中的应用

创新管理方法在酒店中的应用包括以下几个方面。

（1）设立研究开发管理机构。

酒店研究开发活动是创新活动的主体，研究开发管理是创新管理的主要内容。酒店的研究开发管理机构可通过内部网络和外部网络，促进酒店与其他机构（酒店、大学、科研机构、社会团队等）间的知识共享，交流新思想、新知识，提高创新的效率。

（2）创新小组或创新团队。

酒店可根据本酒店的情况，设置各种创新小组，创新小组的成员来自企业的不同部门，小组由总经理直接领导，以保证提供创新所需要的各种条件。这种创新小组具有较大的自主权，能够很好地发挥成员的创新能力。

（3）创新基金。

酒店内部可设立相应的创新基金，用来支持员工的自发创新项目。一些酒店根据员工的创新给酒店带来利润的多少来决定员工的奖励金额，以鼓励员工能利用工作之余，不断为酒店提出创新方法和措施，提高酒店的运营水平。

（4）管理创新。

酒店的管理创新就是指以管理者为主体，贯穿酒店管理全过程的综合创新活动。它主要包括观念创新（经营理念创新）、组织创新、技术创新和制度创新。

① 观念创新（经营理念创新）。观念创新是管理创新的前提。观念创新要求酒店人员具有领先时代的经营思想，即在酒店中推行新的经营理念、新的经营策略及思路，从酒店设计、建设、经营开始到日常管理和服务，都能体现出创新的理念和思想。

② 组织创新。组织创新是管理创新的实现条件。组织创新包括组织机构基本形式的发展、集权分权的新方式、组织机构中信息网络架构及人际关系安排等。

③ 技术创新。技术创新是指一种新的生产方式的引入，即酒店从投入到产出整个产品生产过程中所发生的变革，其内容有：酒店自行开展基础理论与应用研究去开发新技术，根据研究成果去开发新产品，对开发的新产品进行生产，以新技术与新商品去开发新市场。

④ 制度创新。制度创新就是把观念创新、组织创新和技术创新活动制度化、规范化。制度创新包括管理方法手段的创新、管理模式的创新（即酒店管理综合性创新）、酒店内部的各类管理制度创新（如人事制度、工资制度、财务制度、店规店纪、领导制度等）。

（九）计算机管理

1. 计算机管理系统的应用

目前国内外现代酒店计算机系统应用大体可以分为两大类：一类是全计算机化管理系统，另一类是局部计算机化管理系统。

（1）全计算机化管理系统。

全计算机化管理系统主要集中在国外一些大型酒店，如目前有美国、加拿大、欧洲等3 500 家大型酒店采用 Micor 计算机系统进行全计算机化管理，其中包括著名的 The American Hotel、Hilton Hotel 等。

酒店的全计算机化管理涵盖了酒店各个部门的各项作业所有的服务项目的计算机作业和管理。它的功能包括前台作业与后台作业两大部分，前台与后台作业各终端工作站通过以太网络电缆与中央处理机连接而构成整个酒店计算机管理的网络系统。

全计算机化管理酒店的网络系统是由许多终端机和中央处理机（中央系统）所构成，而网络之间的各种信息传输则采用声音、数据、文本和图像通信等各种先进技术。全计算机化的酒店管理在信息传递和管理上的应用最为突出，其中一个项目就是酒店观察信息系统。这是一种双路的公用天线电视（CATV）系统，这种系统采用全信息段类型的形式传递。这种系统具有交互电文功能，它除了能提供广播、叫醒、付款程序计算、停止和解除服务、总电话费稽核、客房迷你吧物品消耗计算等一般功能外，客人还可以利用每间客房中备有的键盘终端方便地获得各类电文信息，如新闻、旅馆指南、交通信息等各类咨询信息。这些信息都可通过电子信息译码器显示在客房中的电视屏幕上，客人也可以在房内利用键盘终端检视自己的消费账目。这种酒店观察信息系统，已经在日本大阪的 Miyako 等数十个旅馆中得到应用。此外，酒店的信息传递可以允许各餐厅服务员利用键盘终端输入各种点菜指令，这些点菜指令通过网络传递到厨房，并在厨房的打印机终端打印出来，从而提高处理订单、进行信息传递的速度。

全计算机化管理系统使酒店的大部分作业工作（如提供给客人的各种问讯、订房与排房、收款与仓库管理、设备检测等）和信息处理工作（如各种账单、菜单的传递，旅客资料处理等）用计算机代替，而且可省大量的人力并使其营运速度加快，可靠性和准确性加强。全计算机化系统使酒店所有的信息资料具有共享性，总经理只要在总办的终端工作站通过键盘就可查询任何时候的客房预订、当前客房出售、餐厅营业及客人资料等信息情况，客房部人员通过客房部终端工作站的键盘就可查询仓库客房用品的库存以及洗衣房与客房用品的准备状况。资料、数据的共享性使酒店的工作效益大大提高，从而带来经济效益。

（2）局部计算机化管理系统。

我国使用计算机管理的酒店多数只是实行了局部计算机化管理。所谓局部计算机化管理，是指在酒店某些部门或某些部门之间进行联网式的计算机管理。目前我国多数酒店的计算机管理一般局限于前台的多数部门，后台的少数部门和某些特殊接口部门。在这些酒店中，有近一半以上酒店是采用局部联机网络系统，也有不少酒店仅在某些部门进行单机

（个人机）操作而没有形成网络。

前台系统主要有以下功能：预订排房；入住登记；客账结算；信息查询。后台系统主要有以下功能：办公室自动化；财务管理计算机化。除了以上两个主要功能外，局部计算机管理系统在酒店后台的运用还包括仓库物资的管理、能源控制管理、车队运行的调度、洗衣服务自动化等方面。

酒店计算机系统中的特殊接口系统一般指与电话系统相串联的系统。这个系统可以使电话总机的接线员随时迅速地从计算机终端得知哪位客人在哪间客房内传唤，使其服务迅速而有效率。

由于酒店计算机系统的前台、后台系统以及特殊接口系统具有预订客房、住店登记、最优排房、客账结算、晚间审计、电话总机资料、自动报时服务、应收应付账项、工资结算、总账、仓库管理、销售分析、各种档案文件和管理资料处理等各种处理功能，处理快捷迅速，准确度高，而使酒店能高效率地提供优质服务，并且能使决策者及时掌握信息，把握时机，提高管理者的时间效能。尽管酒店计算机管理系统不能直接为酒店产生利润，但它对酒店经济收入的增加却起了不可估量的作用。它可使酒店的服务质量提高，使酒店的入住率提高，使结算客人账项时减少错误和遗漏，可以监视和管理成本与不合理开支，可以进行经济活动分析，辅助决策人员进行决策，从而间接地提高酒店的经济效益。

2. 现代酒店前台计算机管理系统

现代酒店前台计算机管理系统由下列子系统组成。

（1）预订房系统。

预订房计算机化是通过计算机订房系统来实现。酒店接受预订时，不仅需要知道客人的姓名、抵店日期，而且需要预先知道他们所预订房间的类型、价位，以及住店的天数等。因此，对于所有酒店来讲，用手工精确制作预订房记录是相当困难的。利用计算机订房系统，就可以轻易地解决这个难题。计算机的磁性存储芯片可以容纳千万个订房信息，这些不同类型的订房信息通过订房系统分类制成文档，并可根据需要进行更新、查询及打印。计算机订房系统除了能精确地制作酒店的订房记录外，还能为酒店各部门提供酒店住宿设施的利用状况和必要的咨询。例如，提供给营销部门有关客房市场咨询、市场业务分析资料，提供给前台作业人员对客房的利用与分配信息，以满足顾客对酒店住房的需求，提高服务质量。

目前，计算机化订房系统的运用范围大致可分为三个层次：国际性订房网络、洲际性订房网络、局部性订房网络。

（2）前厅作业计算机系统。

前厅作业计算机化，可使许多繁杂人工作业变成简单的计算机操作而提高服务接待能力。前厅计算机系统可以清楚地显示酒店各层楼的设施布置，各个客房的类型及情况，处理客房的分配以及客人住店登记，提供详细的报表，回答客人提出的各种查询，处理团队客人住店，客房的变换等情况。

前厅作业计算机系统的基本功能有以下几个方面：提供详细的住店客人名单及离店客人名单；提供详细的客房状况报告；自动印刷或临时印制登记卡；事先印刷或临时自动印制客人记录活页；快速住店及离店手续处理；团体登记及特殊报表制作；简单账目预付及结算；应付款的分配功能与应付款的控制及审核；出纳换班时的现款审核；完全自动的夜

间审核；各种前厅报表制作；客人个人资料库处理；计算机门锁密码自动更新处理。

（3）计算机化客房管理系统。

在客房管理方面，计算机系统的应用主要在于确立客房状况咨询的联系或沟通作业。计算机化客房管理系统可使客房部随时了解客房的最新状况，并将其输入中央记忆系统，而让前厅接待员随时知道有多少或者何种客房可供租用，他们可以在计算机终端机上非常方便地看出有哪些客房已经为到店的客人准备好了。

一般的计算机化客房管理还包括：完整的客房状况报告，客房状况自动更新通知单，客房内应收费用记录（可转账至客人的住店账单上），客房维修通知单，以及客房用品仓储情况报表等文书作业。

目前，计算机在客房管理中的应用主要体现在以下三个方面。

① 客房状况计算机监控。计算机检查或监控客房状况是通过客房状况计算机系统来实现的。客房状况计算机系统将客房部和前厅部联系起来，在它们之间建立起服务咨询流通的渠道。借助计算机系统的联网作业，所有有关人员都可了解各个客房的实际状况，因而可以顺利地处理客房的订房、登记住店等业务。其他部门，诸如维修保养、运输接送，也可借助终端机的屏幕信息了解各楼客房的实际情况。

② 迷你吧计算机系统。近年来，国际上多数现代化旅游酒店的客房迷你吧几乎都已计算机化。迷你吧计算机化是利用酒店本身的计算机分配系统将客房内的消费立即传送到住店客人的账上。迷你吧计算机系统的软件程序和酒店计算机系统有着相同的界面，所以它不仅可以随时结算住店客人在其客房内的消费账，也可以印制各种报表，如销售报告、存货补充报告等。

③ 计算机化客房维修。借助计算机系统，客房部可将某一维修问题以叙述的方式输入计算机系统，再传送到工程维修部的终端上，工程维修部根据客房部提出的问题设定工作日程，依序实施维修。这样的作业方式可以省去许多口头说明、书面说明或面对面的沟通，因而获得更佳的时效。

（4）电话系统计算机化。

电话总机是现代酒店进行通信联络的主要工具。计算机在酒店通信方面应用的最主要表现，是酒店电话系统与酒店的计算机系统、能源管理系统、火警讯号系统、视讯咨询系统的联网，即电话系统计算机化。电话系统计算机化是通过一种管理系统来实现的，电话管理系统除了具备原有的通话功能以外，还能为酒店带来许多便利并为宾客提供许多更有效而直接的服务。

（5）计算机防火系统。

计算机系统在酒店的应用为现代酒店的防火安全带来了较大保障。目前酒店使用的计算机防火系统具有四种基本功能：①测定与警报火灾的发生；②告知住店客人最佳的逃生途径；③为住店客人争取最长的逃生时间；④协助各种灭火设施发挥其最大的灭火功能。

普通的防火系统仅可作防火或警报之用。计算机化的防火系统在很多情况下可作为酒店安全系统的一部分。因为它不仅具有上述四项防火功能，而且可在任何强行侵入者进店时发出警报，还可处理能源管理方面的问题。

计算机化防火系统在硬件设施中具有核心地位的是"中央控制板"，它可以和火灾测定与控制装置直接联网，从而发挥中央控制功能。

（6）计算机门锁系统。

客房门锁与锁匙的管理与住店客人的财产与人身安全有直接的关系，其中最让酒店管理人员烦恼的问题是由于客房锁匙的被窃、遗失和被复制所引起的一系列不安全因素。对门锁采用计算机化的管理系统——计算机门锁系统，可以免去酒店管理人员的烦恼，确保客房的安全。

计算机门锁系统的安装通常分为两类：一是独立运作，二是直接与酒店的中央处理机联网。无论是独立的或者联网的，门锁本身的程序都可以重新制定。开启此种程序锁的工具则为锁匙卡片和复制锁匙两种。

（7）客房保险箱计算机系统。

近年来，很多酒店都在其客房中设置客人自用的小型保险箱，并采用计算机系统以确保其安全。所谓保险箱计算机系统是由住店客人自行设定六位数字的密码程序。客人离店后，通过中央控制系统可以取消其设定的密码，回到原始设置，而使下一位入住的客人再自行设定密码程序。此外，客房内的保险箱也可和警报系统联网，如有外人擅动保险箱，警报系统会自动发出警讯。

（8）计算机化会议管理系统。

会议、婚丧喜庆、集会等大型活动的促销、组织与服务在现代酒店的经营管理中是极为重要的。现代酒店的计算机系统网络中，经常设置一个专门的系统来处理此类活动。这个系统有时称为会议管理系统，有时也称为宴会管理系统。一个典型的会议管理系统功能包括查询、报价及销售预测、登记、出具发票、销售账制作等。

3. 酒店后台计算机管理系统

现代酒店后台计算机管理系统主要由下列子系统组成。

（1）计算机化能源管理系统。

现代酒店计算机化能源管理系统可以解决现代酒店中能源管理方面的诸多问题，保证酒店正常运作所需的能源供应，使能源的消耗量尽可能维持在一个最低的程度。

① 客房室温控制。通常将酒店的每一间客房的温控装置与酒店的中央处理机联网，使每间客房的室温受中央处理装置控制。没有租出的空房在计算机控制下会自动关闭其暖气或通风装置，而可节省大量的能源费用。空房租出时，总台人员经由计算机网络启动室内空调装置，而不影响客房的气温调节。由于计算机的中央处理机使用的感测器无间歇地监视每一客房室温状况，联网中某一客房室温低于预定的程序，计算机会自动开启暖气装置。装设在客房墙壁上的感测器经由电话线路而与客房部的计算机联网，客房服务人员通过终端机可以确切了解任何客房任何时间的实际室温状况，随时采取应对措施，避免住店客人对其室内气温有任何埋怨。

② 公共场所气温控制。酒店里的公共场所或公共活动区域通常是指走廊、大厅、前厅、餐厅、酒吧、舞厅、咖啡室、会议室等。这类场所的气温控制系统一般采取微处理的中央管理方式，并由计算机系统设定程序，用以监控各个场所的气温，随时施行调节而达到节省能源的目的。

（2）计算机化财务管理系统。

现代酒店计算机化财务管理系统可以迅速、准确、有效地处理酒店运作中所有的财务、会计、成本核算、审计等方面的事务。

① 采购账务。计算机处理采购账务主要在于支付供应商的货款。计算机处理的采购账款列有供应商的详细记录，以及酒店和他们结账情形的说明。所有采购的物品均经分类统计后再做分析，以便制作采购报表。此外，计算机系统还可以依据采购账务的资料，自动制作支票向供应商支付货款。

② 销售账务。对于多数住店客人而言，他们在住店期间的消费以记账或使用信用卡为主。计算机可以通过各销售点的终端机录入各消费者的账款及有关信息资料，提供账务报表及发票，分析所有的现金收入及销售额，制作销售报告。销售账务系统与总台计算机系统联网，可自动录制客人账户；与信用卡控制系统联网，可以达到信用卡账户控制。

③ 财务账务。计算机处理财务，可以提供科目设置、凭证处理、日处理、月处理、年处理、银行对账、查询、账单打印、报表输出等功能。通过与前台各计算机系统联网可自动生成营业收入、应收账、原材料、成本、费用和资金的记账凭证，自动完成凭证打印汇总、记账、打印账单、输出报表等，最大限度地提高工作效率。

④ 成本核算。利用计算机对酒店一定期间内的经营费用进行归类和分配，计算客房、餐厅、商场等各部门产品（房间、食品、商品、酒水等）的总成本和单位成本。由于信息能及时反馈，有利于各级管理人员对成本的控制。成本核算系统的功能有数据自动采集、成本计算、查询、输出报表、成本结转等。

⑤ 财务收款。每日或每班次客房、餐厅、商场等部门的各项营业收入均需经此系统处理。财务收款系统的功能有收款核对、夜间核算、输出报表等。各部门的缴款员到财务部交款时，财务收款员通过计算机网络调出该部营业收入信息，与实交的现金、支票、信用卡或签到复核，确认后信息自动转入该子系统。在夜间核对时，能自动按会计科目分类、统计、汇总，当晚即可输出当天各类营业报表和分析报表。这些报表包括客房租费率表、客房分配表、客房费率调整表、客房分配调整表、结账离店客户报告、订房而未住店的客户报告、当天营收报告、存款报告、订房取消报告、客店维修费用报告、客户类型分析、团体客户名单等。总经理室和各部室的计算机也可以立即查询有关信息，同时为财务账务系统加工和存储了生成记账凭证的有关信息。

⑥ 预算和预测。联网后的计算机可以存储大量的预算资料及各种预算结果。当印刷概算报表时，它将任何预算或其结果的数字与去年的数字进行比较对照，也可以和计算机系统中的绘图装置联网，而将现实的预算情况用图形或图像表现出来，管理人员可以从直观的图像中了解目前预算的实际情形。计算机化预算系统也可以在一定程度上帮助会计人员监控并保证酒店财务的稳定性，评估酒店的经营效益。

（3）人事工资管理系统。

计算机化的人事工资管理系统提供包括员工档案建立、员工变动情况记录、考勤管理、工资计算、工种作业分析、劳动效果分析、员工需求分析、奖惩管理等功能。系统通过网络收集各部门员工考勤信息，自动进行工资计算。每月利用财务账务及其他系统的有关信息对各部门的劳动生产率、出勤率、人员编制进行分析，从而有效地对人力资源进行管理。

（4）物资库存管理系统。

计算机化的物资库存管理系统提供包括食品、商场、用品、五金等所有仓库的管理功能和库存业务、库存控制、出入库管理、财务查询、输出账页报表、打印订货合同等功能。可利用此系统每天把各部门包括食品材料、酒水、商品的实际成本、物料用品、修理费等营业成本的清单打印出来，供成本核算用；同时运用现代管理科学的方法，如 ABC 法等对各类物资进行管理，把库存量控制在合理的限度内，减少积压，加快酒店的资金周转。

案例分析与习题

一、案例分析

案例 2-1　员工违反制度之后

某日，值班经理巡查时发现餐厅服务员小李在餐厅吃水果，值班经理按酒店制度对小李做出了相应的处罚，但是小李感到非常委屈，有些员工及部分基层管理人员对此也有异议，事情是这样的：当天，小李接待一桌重要宴席，由于接到任务较迟，等做好准备工作时，已是客人即将到达之际，所以小李主动放弃去员工食堂用餐，而是饿着肚子为客人服务，一直忙到晚上 10：30。客人尽兴而归，但是小李已是饿得头昏乏力，收台时，她就顺手拿了剩下的水果拼盘填肚子，而恰好被值班经理看到。

分析：酒店管理应遵循科学的管理方法。制度管理法就是通过制度的制定和实施来控制酒店业务经营活动的方法。要使制度管理真正切实可行，必须做到以下三点：一是制度的科学性，即酒店的制度必须符合酒店经营管理的客观规律，必须根据酒店经营管理的需要和全体员工的共同利益来制定各项制度；二是制度的严肃性，即维护制度的权威性和强制性，在执行制度时，要做到有制度必遵，违反制度必究，制度面前人人平等；三是制度管理的艺术性，一方面要严格按制度办事，另一方面要把执行制度和思想工作结合起来，注意批评和处罚的艺术，同时还要把执行制度和解决员工的实际问题结合起来。

案例 2-2　员工授权

丽思卡尔顿酒店的"黄金标准"举世闻名，其中"授权"一条更是令全世界酒店业同行称绝。酒店规定，该酒店的任何一名员工一旦遇上客人的投诉或询问，不管那些投诉或询问属于什么类型，是不是涉及本部门、本岗位或针对哪个人，他便"拥有"这个投诉或询问的处理权，他有权立即放下手边的常规工作去解决投诉或询问。酒店还专门给每名员工每年 2 000 美元的权限去处理客人的各种问题。员工们深知这个处理权和每年 2 000 美元的分量，他们都十分珍惜酒店给予他们的权力，使用时尽可能谨慎。这个授权制连同其他一些服务标准的实施，使丽思卡尔顿获得了令全美所有酒店赞美不已的马尔科姆·波多里奇国家质量奖。

分析：由于酒店对客服务具有综合协调性、作业的独立性等特征，宾客需求具有很大的随机性，为适应宾客需要，员工对客服务中在遵循基本服务规程的前提下，要因人、因事随机应变。对员工充分授权，将处理投诉或询问的权力授予员工，既有利于高效率地满足顾客需求或处理顾客投诉而提高顾客的满意度，又有利于培养员工的责任感。

二、习题

1. 如何理解柔性管理？
2. 谈谈你对知识管理的看法。
3. 在中国酒店内部如何树立"团队精神"？
4. 现代酒店前、后台计算机管理系统有哪些主要功能？

第三章 系 统 管 理

引言

　　现代酒店是一个独立的经济实体，是一个具有综合性和整体性的系统。随着酒店的现代化程度的提高，酒店的组织管理、计划管理、管理控制系统日趋复杂，酒店的内外部环境、不可控因素多变且不稳定。因此，在现代酒店管理中树立系统管理的观念，合理地使用酒店系统有限的人力、物力、财力和各种资源，运用综合的、系统的管理方法，组织、计划、管理和控制酒店系统中的各种积极因素，是现代酒店取得良好的整体效率、达到科学的管理效果的重要方面。本章重点讨论和分析现代酒店组织管理系统、计划管理系统和管理控制系统，并对酒店系统的分析与评价进行研究和阐述。

学习目标

　　通过本章的学习，要求学生：①了解酒店系统、酒店组织系统的运作与整合、酒店计划指标与体系、酒店管理信息系统内容；②熟悉酒店系统概念、组织管理理论、组织系统模式、酒店管理控制系统和酒店系统的分析、评价与优化；③掌握酒店组织系统的效能与组织气氛的评价、酒店计划编制与管理的方法。

第一节　酒店系统管理的概念

　　酒店系统是由若干个互相联系、互相依赖又互相制约的部分（组成要素，或称个体、构成体）组成的，为达到酒店整体目标而共同工作的整体。

一、酒店系统

1. 酒店系统所属类型

　　从系统组成要素的形式看，酒店系统是一个人造系统，这个系统的各个组成要素是人为设置的。

　　从系统与环境的联系情况来看，酒店系统是一个开放系统。它在从事经营服务时，一方面需要外界提供信息、能源及各种设施、原料、客源；另一方面，它通过为客人提供有形的、无形的服务，直接或间接地创造了财富。同时，也向外界提供了信息、就业、情报、经验，甚至向外界排出垃圾、废物。酒店的系统与外界环境之间存在物质间的交换，存在着物流、能流、人流、信息流。

从系统状况在时间序列上的发展变化来看，酒店系统是一个动态系统。系统与环境是处于发展变动中的，酒店内部各部门对环境变化的适应能力存在着差异，这种差异还由于它们彼此之间存在的相互影响、相互制约关系而影响到整个系统的功能。

从系统的工作状况来看，酒店系统属于随机服务系统。因为在特定时间内到达酒店接受服务的客人是个随机变量，每个客人要求接受服务的时间长短也是一个随机变量。

从系统的复杂程度来看，除了国际性的酒店集团属于大系统外，多数酒店属于普通系统。

2. 酒店系统结构

从实体角度出发来考察现代酒店系统结构，其结构模式与酒店内部的各部门分工、协作关系是基本一致的。酒店内各个部门、作业班组分属于酒店系统中不同级别、相对独立且有自己特定功能的子系统。各部门、班组所配置的生产资料、在编的工作人员及其服务对象便是各子系统的基本组成要素。

酒店系统结构的一般模式可用图 3-1 来表示。

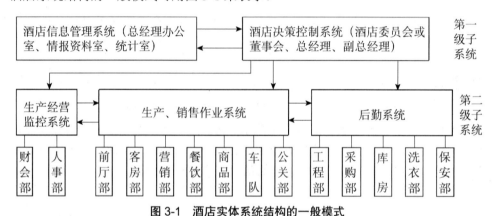

图 3-1　酒店实体系统结构的一般模式

3. 酒店系统的特征

无论酒店在规模、级别方面有多大差异，作为一个系统而论都应具有以下四个特征。

（1）集合性（整体性）。酒店系统是由两个以上部门（子系统）所组成的整体。作为一个整体，必须从整体系统来看它的功效。酒店系统发挥的作用和功效以整体来衡量，要比它各个子系统单独的作用和功效的总和大。

（2）相关性。酒店系统内各子系统之间存在有机的联系，既相互依赖，又相互制约，各子系统之间存在相关性。

（3）目的性。酒店系统是一个人造系统，人造系统都具有明确的目的性。例如，酒店管理系统的目的就是合理地利用酒店有限的人、财、物等资源，创造酒店效益。

（4）环境适应性。相对于旅游企业这个大系统来说，酒店系统是一个大的子系统，它与大系统中的其他系统总存在着各种联系、作用和制约，而大系统中的其他系统则是酒店系统的外界环境。酒店系统是一个开放的系统，因而酒店的输入、输出以及运行过程都处于外界环境之中，环境对酒店系统的影响是酒店本身无法控制的。因此，酒店系统必须能够适应环境的变化，经常与外部环境保持最佳的适应状态，以保持系统的生存力。

二、现代酒店系统管理的内容

现代酒店系统的管理内容主要有以下几个方面。

1. 构建现代酒店组织管理系统

通过组织管理理论的应用构建有效的酒店组织模式与结构，通过组织制度的建立与实施，运用各种管理方法和技术，发挥酒店组织系统中各种人员的作用和酒店组织系统的效能、气氛，进行酒店组织管理系统的运作与整合，从而达到酒店系统管理的目的。

2. 制定和实施酒店系统管理的目标

现代酒店系统的目标是酒店子系统必须共同遵循的目标。酒店系统管理的目标是制订酒店的经营计划、进行各种经营管理决策的依据和基础。酒店系统管理目标的制定和实施是通过酒店计划管理系统的运作与管理来实现的。

3. 酒店运作的管理与控制

通过建立灵敏、有效的酒店管理信息系统和酒店管理控制系统，通过酒店管理控制系统的运作与管理控制系统中可控因素和不可控要素的分析来达到酒店具体运作的管理与控制。

4. 进行系统的评价与分析

运用定量分析方法对系统进行分析，并建立系统评价的标准。系统的评价主要是绩效的评价，系统的分析是多方面的、综合性的。系统评价和分析的目的是创造最优的系统效益。

5. 根据系统外部环境的变化和需要，改造和发展酒店系统

外部环境无时无刻不处在变化之中，因此，酒店要想适应环境的变化，必须不断改造和发展酒店系统。

三、现代酒店系统管理的原则

根据酒店系统管理的特点和内容，系统在运行中必须坚持以下八个原则。

1. 目的性原则

目的性原则是建立任何人造系统的原则之一。不同的酒店系统根据其不同的经营要求会有不同的目的性。目的性原则要求系统的目的要明确。对于酒店系统而言，明确的目的就是要根据酒店内部条件和外部经营环境制定明确的酒店目标。

2. 整体性原则

现代酒店系统是由许多子系统所构成的，这些子系统只能统一在酒店系统的整体中才有意义，各子系统之间的联系和作用也只有在酒店系统的整体协调下才能发挥出来。现代酒店系统的整体性原则，强调在酒店经营管理中应从整个酒店系统的角度来衡量得失，各子系统的目标和计划也必须服从和遵循酒店系统的总目标和整体计划。

3. 环境原则

现代酒店系统的环境原则，要求酒店系统对外部环境的变化要有适应性和协调性。在整个酒店系统的运转过程中，无时无刻不与环境接触，环境对系统既可产生制约和干扰，

也可产生机会和有利因素。酒店系统要适应环境的变化就必须对环境进行分析，找出变化规律，确定应变的策略。

4. 控制反馈原则

现代酒店系统的控制反馈原则要求酒店系统要有完善的控制体系和高效的信息反馈体系。因为在酒店系统的管理中，必须对各子系统进行有效的控制，而有效的控制取决于经营活动中灵敏、准确和及时的信息反馈。系统的决策机构（指挥中心）将各种决策指令下达到各子系统，信息反馈体系将各子系统执行指令的情况、信息经加工整理后反馈给系统的指挥中心，指挥中心根据反馈信息分析检测子系统在执行指令时是否产生偏差，并做出相应的修正措施。没有信息的反馈，指挥中心就不能对子系统进行高效的控制，就无法实现对酒店系统的管理。

5. 分工与协调原则

分工与协调原则是指酒店系统为使其各子系统完成酒店的经营目标，必须进行合理的分工和相互之间的协调，以保证各子系统之间不出现相互的矛盾，使酒店系统发挥最优的整体效益。

6. 封闭原则

酒店系统的封闭原则要求酒店系统内的各项管理措施必须形成一个连续而封闭的良性循环。所谓连续而封闭的循环是指每项工作都应有"提出目标—执行的手段—检测的系统—反馈信息—修正促使目标达到的措施"这种有始有终、头尾相接的循环过程。

7. 层次性原则

现代酒店系统的层次性原则是针对酒店系统本身是由多个层次的子系统所组成而言的。层次性原则要求各个层次的系统要有明确的职责目标，各个层次系统之间要有明确的关系，各个层次系统管理人员要有明确的责任和工作范围。

8. 弹性原则

现代酒店系统的弹性原则指在建立酒店系统的各项策略标准以及各种规章制度时要有一定的弹性区间，以免出现极端和超出规章制度的情况。这是因为：现代酒店系统的环境总是在变化的；决策时所进行的各种分析总有一定的假设和简化；决策时不可能将所有的因素都全部考虑到。若各种标准或规章制度没有一定的伸缩性，各级管理人员难以贯彻执行，就失去了标准和制度的作用。

四、酒店系统工程

酒店系统工程是以酒店系统为对象，以系统论为理论依据，运用运筹学、图论、概率、数理统计、计算机科学、统计学以及逻辑学方法建立酒店系统模型并对酒店系统进行分析、综合、优化，使酒店的各组成部分相互协调、相互配合，以获得技术上先进、经济上创益、运行可靠、时间节省的整体最优效果。

（一）酒店系统工程的技术内容

酒店系统工程的技术内容主要包括以下四个方面。

1．运筹学

运筹学是系统工程的基础。运筹学的基本思想是进行统筹安排，实行整体的最优化。它的具体内容是运用数学方法研究和分析系统在确定和不确定条件下如何进行统筹规划、合理安排，使系统达到预期的最优效果。

2．系统论

系统论是系统工程中解决主系统与子系统、系统与环境之间的相互关系的理论基础，它通过运用定量方法和计算机科学来制定系统目标，做出最优决策。

3．信息论

信息论主要研究传输和系统处理规律，是系统的重要理论基础，系统的正常运转离不开信息的作用。

4．控制论

控制论是系统的关键，它通过控制系统对信息的接收、传递、交换和处理，发出指令以维持系统的运行。

（二）酒店系统工程的研究内容

酒店系统工程是系统工程在酒店经营管理中的应用，主要的研究内容包括：酒店组织管理系统；酒店计划管理系统；酒店管理控制系统；酒店系统分析、评价与优化。

第二节　酒店组织管理系统

现代酒店组织是酒店管理人员、服务人员和其他各种技术人员的组合体。组合体中这些人员之间存在着上下、左右、直接与间接等各种相互依存的关系。现代酒店组织管理系统就是通过运用各种管理方法和技术，发挥酒店组织系统中各种人员的作用，把投入现代酒店中的有限资金、物资和信息资源转化为可供出售的有形的或无形的酒店产品，以达到酒店管理的目的。

一、组织管理理论概述

现代酒店组织管理的理论基础是法约尔的组织管理理论。法约尔的组织管理理论可归纳为 14 条原则。

1．分工与合作原则

法约尔认为，从事同一工作的工作人员和管理同类事务的管理人员的工作效率要比经常调换工作的人员的效率高。因此，无论是操作工作还是管理工作都应该进行较细的分工；同时，必须注意到较细分工以后的合作。

2．权责相等原则

法约尔认为，人们对负责任的恐惧心理和对权力爱好的心情是相等的。因此，行使权力者就必须承担相应的责任。

在现代酒店组织中，若一个管理人员的权力大于责任，那么，他就可以有权决定做某项工作，而无须承担这项工作失败的后果，这样将会助长瞎指挥和滥用职权的不良现象。当一个管理人员的责任大于权力时，他会因缺少工作所必需的权力而使工作无法开展，长此以往，他将无法保持工作积极性。

3. 集权与分权需恰到好处

法约尔认为，采用集权与分权的管理方法并无一定标准，也并无好坏之区分，应视企业的规模而定。

在酒店组织管理中，采用集权或分权的形式应根据酒店的规模和类型决定。一个大型酒店从最高管理层到最基层，必然有许多的中间层次。因此，从上到下的工作指令和从下到上的信息反馈在经过若干中间层次时，往往会有意或无意地加入这些层次的意见，以致产生一些偏差。事实上，也就不可能说是完全的集权管理方式了。

4. 命令统一原则

在一个组织中，管理人员只能有一位直接上级，否则将产生双重或多头命令，使执行者无所适从。

在现代酒店管理系统中应努力遵循这一原则，以避免面对不同的上级发出的命令（有时甚至是互相矛盾的）而影响工作安排，同时也可避免上级之间互相推卸责任。

5. 指挥统一原则

在一个管理系统中，应注意只能有一个领导和一个方案控制与指挥有关的工作。总经理负责制是这一原则的具体化。

6. 层次原则

组织应分成若干层次和若干纵向系列。决策、指令按纵向系列由上层至下层传达，执行情况和反馈信息逐级向上汇报。这种关系越明确，组织的决策和信息传达越有效。但对于必须迅速做出决策的工作，应该有应变的方法。

因为酒店的经营千变万化，同级部门之间的联系较多，所以必须加强横向之间的联系，以便做出迅速的反应，同时又必须能够对横向联系加以控制。

7. 有秩序原则

法约尔认为，组织中应该维持良好的物资和人的秩序。酒店要进行高质量、高标准的服务，就必须维持良好的人和物的秩序，要做到人有其位、物有其位、位有其人，要以工作定岗设位，使组织内每个人员都有明确的工作位置。

8. 纪律原则

组织内每个人都应该服从组织的行动准则，这个准则就是组织纪律。纪律应该是建立在尊重和自觉执行的基础上，而不是以恐惧为基础的。纪律不仅仅是消极的制裁，更需有积极的奖励。

9. 稳定性原则

法约尔认为，组织内人员的任期应该有稳定性，才能够发挥其所长。每个人要想熟练掌握一项工作，必须有一个过程。经常频繁地调动人员的工作，将影响工作效率。

10. 利益原则

组织内个人利益和部门利益必须服从组织的整体利益。

11. 团结原则

组织的管理人员应注意培养和鼓励下属人员之间的团结合作，发扬集体精神。切忌采用分而治之的方法，否则将使组织始终只能发挥部分的效能。

12. 鼓励创造原则

组织的管理人员应尽量鼓励组织内每个人发挥其创造力，应奖励有创造性的人员，但是创新必须以遵守纪律为前提。

13. 合理报酬原则

组织内每个人员的报酬应力求公平合理，必须根据工作成绩制定合理的报酬标准，同时还要考虑到组织的经济状况。

14. 公正原则

组织的高层管理人员应竭力设法将公正的观念灌输到组织的每个角落。在处理组织内发生的问题时，应明辨是非曲直，公正处理。对下属人员应一视同仁，切不可厚此薄彼，要使组织内全体人员都能竭尽全力、忠于职守，为达到组织的整体目标而努力工作。

二、有效的酒店组织系统结构

（一）直线—职能的组织系统结构（Line-Functional System）

直线—职能的组织系统结构是目前我国酒店普遍采用的组织形式。这种组织形式是在"直线制"和"职能制"的组织结构基础上发展而来的。它吸收了"直线制"对组织控制严密的长处和"职能制"充分发挥专业人员作用的长处，兼有这两种组织形式的优点。

1. 直线—职能制的组织系统结构

直线—职能制的组织系统结构如图 3-2 所示。

在上下两层次间，彼此有直接权责关系的，用线条串联起来。职权由上至下，较高的是直接上级。各下属均有直线与直接上级相连。以图 3-2 为例，A 是 B、C、D、E 的直接上级，而 F、G、H 是 B 的下级，F、G、H 的职位比 C、D、E 低，但 C、D、E 不能直接指挥 F、G、H，因为 C、D、E 与 F、G、H 之间无直线连接，无直接隶属关系。

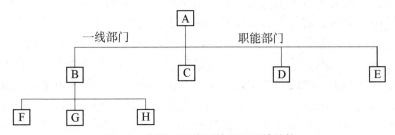

图 3-2 直线—职能制的组织系统结构

2. 职位说明书

为了分清组织系统中各种职位之间的权责关系，便于开展工作，对每个职位的职责范围须用职位说明书来说明。职位说明书可以帮助任职者加深对本工作岗位的了解，减少或避免因职权不清而带来的冲突，有利于上级评价任职者的工作表现，也有利于任职者的自我检查。职位说明书的主要内容一般包括职位的名称、直接服从的上级职位、直接管理的下级职位、工作的权限和所负的责任、具体工作提要等，如表 3-1 所示。

表 3-1　职位说明书（岗位说明书）

职　　位	酒吧管理员	部　　门	餐　　饮	直接主管	餐饮部经理
主 要 任 务	负责制订酒吧经营计划，协调采购与供应，控制酒吧服务质量、营业额、利润等				
职 责 内 容	1. 根据预测和餐饮部计划，制订酒吧经营计划 2. 维持和协调好产、销关系 3. 制定酒吧工作规程、质量标准等 4. 了解每天营业状况，处理异常情况 5. 出席餐饮部会议，完成餐饮部经理指派的任务 6. 培训、安排酒吧服务员工作 ……				
工 作 关 系	1. 向上关系：餐饮部经理 2. 平等关系：宴会、零点、客房管理员 3. 向下关系：领班或协管人员				
任 用 资 格	由餐饮部经理提请总经理批准、任命，任职者必须在餐饮部工作×年，受过××培训				
任 职 日 期	×××		任 职 者 姓 名		×××

3. 一线与二线人员的关系

酒店的直接盈利部门，如客房部、餐饮部、商场部等，通常被称为一线（或主线）部门。这些部门的管理人员被称为一线（或主线）人员。其他非直接营业的部门，如财务部、人事部等，通常称为二线（或职能）部门。这些部门的管理人员被称为二线（或职能）人员。

直线—职能制的组织形式规定，下级只接受直接上级的指令，一线人员只对直接上级负责。这个规定符合统一命令的原则，同时也有助于发挥职能部门的专业化特点。二线人员在计划、财务和其他技术方面的决策对酒店经营管理也是至关重要的。如何协调两种人员的工作，使他们能密切配合是一个重要的组织管理问题。

一线人员往往强调对本部门的活动拥有决策权。因此，二线人员提出的一些建议和意见往往被忽视，使职能专业化的优点就此丧失掉，以致二线人员对一线人员产生不满情绪。二线人员又容易因其具有在计划、财务、人事等专业化工作方面的决策权而直接向一线部门发指令，使一线人员左右为难，而产生对二线人员的不满。

有一种情况必须区别对待，若二线人员接受了上级的授权负责某项工作，这时一线人员就必须执行其指令。事实上，在这项工作上，二线人员已成为一线人员的直接上级领导。

为了突出直线—职能制的优点，一线人员应该尊重二线人员的建议和意见，充分利用二线人员的专业化知识，使这些知识有利于一线部门的计划、指导和控制，改进一线部门的经营管理。二线人员应建立与一线部门的沟通渠道，使二线部门的建议和意见被一线人员了解。同时，二级部门必须经常与上级管理人员沟通，取得上级对二线部门的建议和意见的支持，由上级管理人员下达给一线人员，避免对一线部门的直接干涉。

酒店的高层管理人员应努力培养和发展一线人员与二线人员的良好关系，防止和减少他们之间的冲突。高层管理人员应该明确地支持或约束一线人员或二线人员，切不可模棱两可。

（二）事业部组织系统结构（Federal System）

所谓事业部组织系统结构，就是酒店对于具有独立的产品和市场、独立的责任和利益的部门实行分权管理的一种组织系统形态。它必须具备三个要素：第一，具有独立的产品和市场，是产品责任或市场责任单位；第二，具有独立的利益，实行独立核算，是一个利益责任单位；第三，是一个分权单位，具有足够的权力，能自主经营。

事业部组织系统结构是一种适用于酒店公司（集团）的组织结构形式，其特点是突出分权管理，其组织系统结构如图 3-3 所示。

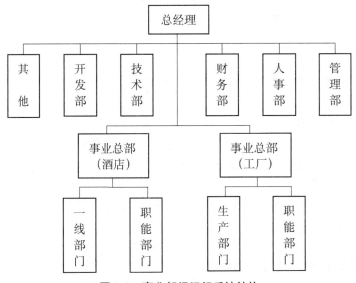

图 3-3　事业部门组织系统结构

酒店公司（集团）按地区、产品、市场等因素，成立若干个事业总部，每个事业总部即为一个酒店或公司所拥有的其他企业。事业总部具有法人地位，进行独立的经济核算，对事业总部内的计划、财务、销售等方面有决策权，酒店公司控制事业总部的盈利指标，负责筹集资金和事业总部的主要负责人任免等。酒店公司的工作重点是进行新市场的开发，新技术的引进。酒店公司成立事业总部的核心是为了实现利润指标，所以事业总部又称为利润中心。

这种组织系统结构把稳定性和适应性、统一性和灵活性结合起来，它可以减轻高层管理人员的负担，明确各酒店的利润责任。各事业总部可以就本部产品或本地区市场快速决策，有利于公司的发展和产品的多样化。这种组织结构的缺点是由于各事业总部职能部门重复，管理费用较高；此外，各事业总部往往为本部的眼前利益而牺牲公司的长期目标。同时，事业部制需有严格的限制条件，这就需要高层管理人员有共同的目标、理解力、责任心和自律性，否则会影响这种组织系统结构的运作。

（三）矩阵系统结构（Matrix System）

矩阵式组织系统主要是把管理部门分为传统的职能部门和为完成某项专门任务而由各职能部门派人参加联合组成并指派组长负责领导的专门小组。任务完成后，小组成员各自回到原部门，这样，若干职能部门所形成的垂直领导系统和为完成专门任务而形成的若干任务小组的临时系统，就组成了一个矩阵式的组织系统结构，其组织系统结构如图 3-4 所示。

总经理

图 3-4 矩阵系统结构

矩阵式组织系统结构的优点如下。

（1）既能保证完成任务，又能充分发挥各职能部门的作用。

（2）能集中各部门专业人员的智慧，互相学习、协调和促进，加强组织的整体性。

（3）加快工作进度。

（4）避免各部门的重复劳动，因而可以缩减成本开支。

（5）管理方法和管理技术更专业化。

（6）打破酒店内部的部门界限，便于内部不同部门之间的协调。

矩阵式组织系统结构的缺点如下。

（1）任务负责人的责任大于权力。因为参加任务的每个人都来自不同的部门，隶属关系仍在原部门，只是临时参加该任务，故没有打破等级制，这种双重领导的状况容易延误决策时机。

（2）矩阵结构需要酒店内部有一种合作的文化来支持，这是矩阵结构比较难以有效实施的地方。

三、组织管理系统的效能、组织气氛与授权

现代酒店组织效能是指酒店组织达到酒店系统特定目标的程度，是衡量酒店组织系统好坏的标准。现代酒店组织气氛是指酒店组织系统中的人员在工作环境中直接或间接看到或接触到的一些特征。这些特征将会影响他们的行为和工作态度，由此而影响组织的效能。

（一）现代酒店组织效能评价

酒店组织的效能可用以下几个方面评价。

1. 适应能力

高效能的酒店组织应该具有很强的适应能力，应该能够随着市场环境的变化，迅速做出反应，并且很快适应新的环境。

2. 工作效率

工作效率的高低最直接地反映出一个酒店组织的效能。

3. 经济效益

经济效益反映了酒店的获利情况，也是衡量酒店组织效能的重要标志。

4. 职工保留率

职工在本组织中工作时间的长短、流动人数的多少称为职工保留率。职工保留率的高低也是评价组织效能的标准之一。

5. 组织、个人目标相融性

酒店组织有其明确的目标，酒店组织内的职工也有个人目标。如果组织目标与个人目标基本一致，则职工必然会为达到组织目标而努力，从而产生高效能。

6. 职工发展情况

酒店职工的进步与发展是提高酒店组织素质的重要途径。因此，做好组织内职工人才的培养工作，是酒店组织在较长时间内发挥高效能的有效方法。

7. 生存能力

酒店组织的生存能力反映了酒店的实力与活力，是评价酒店组织长远效能的一个标准。

现代酒店组织短期、中期和长期的效能评价标准各有不同的侧重点。短期效能主要以经济效益、工作效率和职工保留率为评价标准。中期效能是以组织的适应能力、职工发展情况和目标相融性为评价标准。长期效能则以生存能力为主要评价标准。

（二）现代酒店的组织气氛

1. 领导方式

领导方式包括酒店决策者的经营思想和管理方法，各级管理人员的政治素质和业务素质。若酒店决策者的经营思想保守落后，不能适应快速变化的市场环境的要求，势必影响到酒店的经营成果，从而影响酒店组织中职工的工作积极性。各级管理人员的素质决定了管理人员的管理方法和管理艺术，有着良好进取意识的管理人员能不断地吸收和运用先进的管理方法，使酒店的效益不断增长，使酒店组织中每个职工都能心情舒畅地努力工作。

2. 酒店目标

酒店制定目标应该具有合理性和科学性。合理、科学的目标应该是能够激励组织内每个人"跳一跳，摸得到"，应该使组织内每个人的工作都具有挑战性、一定程度的风险性和可及性。

3. 矛盾、冲突的性质和程度

酒店组织内部存在矛盾和冲突是客观事实，而且是不可避免的。上下级之间、部门与部门之间、职工与职工之间都可能因某件事而产生矛盾和冲突。矛盾与冲突对酒店组织的影响有利有弊。由于引起矛盾、冲突的原因各异，因此矛盾、冲突的结果也是不同的。例如，两个部门之间因工作安排不协调，而导致矛盾、冲突的产生。通过矛盾、冲突的处理过程，找出部门间不协调的原因并加以解决，将使以后两部门间的工作安排更趋于合理。这类矛盾、冲突的性质是好的，对组织是有利的。但是，如果两个职工因个人之间的原因产生矛盾、冲突而影响了工作，这种矛盾、冲突对组织则有百害而无一利。两种不同性质的矛盾、冲突对酒店组织气氛的影响是截然不同的。

酒店组织内部矛盾、冲突过于频繁，对酒店组织气氛也将产生不良影响。即使是有利于组织的矛盾、冲突也是如此。尽管矛盾、冲突的双方都是为了酒店的利益，可是人是有记忆和感情的，频繁的矛盾、冲突会影响双方的感情，增加双方彼此的不信任感。在这种情绪的支配下，又容易诱发新的矛盾、冲突，从而产生恶性循环。若对酒店不利的矛盾、冲突频繁发生，对组织气氛将会产生更加恶劣的影响。

4. 职工对酒店组织的认同感

职工对酒店组织的认同感是指酒店组织内的职工对本组织的真正认可。不能简单地认为进入了酒店组织的每个职工都对酒店组织已经有了认同感。培养职工对本组织的认同感是产生良好组织气氛的根本出发点。

培养酒店职工"爱店如家"的思想，是提高酒店职工对酒店组织认同感的基本方法。管理人员应努力提高酒店组织的凝聚力，使每个职工都因"我是这个酒店组织的成员"而产生自豪感。

5. 奖罚制度的性质

酒店组织必须有一系列的检查、奖惩制度，这些制度是衡量每个职工工作表现的标准。因此，在制定奖罚制度时必须切合实际，使这些制度能真正起到奖勤罚懒的作用。同时，在执行奖罚制度时必须做到对每个职工都一视同仁，只有这样才能确保酒店组织的正常运转。

6. 酒店组织内部的沟通

酒店组织内部的沟通包括管理层之间和部门之间的业务信息的沟通，组织中人与人之间、管理人员与被管理人员之间的内心沟通和信息沟通。

酒店组织内进行语言沟通的方式有平行的沟通、交错的沟通和隐含的沟通三种。三种沟通语态与方式都有各自的作用和效果。对不同的沟通对象、不同的场合，采用适当的方式才能获得满意的沟通效果。

酒店组织内部的信息沟通应尽可能采用双向信息流，避免信息的单向流动。在发布指示、命令时，要有接收指令者的信息反馈，确认其收到并已明确其内容。

酒店组织内部的沟通有没有障碍，是影响酒店组织气氛的极其重要的因素。

良好的酒店组织气氛，是产生高效能酒店组织必不可少的先决条件。创造良好的酒店组织气氛，是每个管理人员进行酒店组织管理的主要内容。培养酒店员工对酒店组织的认同感和酒店组织内部相互沟通，是形成酒店组织良好气氛的关键。

（三）授权

授权是指上层管理人员将自己所拥有的一部分责任和与之相应的权力授予下属。责任是指下属必须履行上司指示的义务，完成被分配的工作，对失误做出解释并承担责任。权力是一种支配人和事物的力量。授权不但能使员工具有高度的工作积极性，而且也使他们对顾客服务更加直接与快捷。

1. 授权的原因

（1）经济原因。管理人员因时间关系，可能因一些小事而耽误了大事，从而影响酒店计划的执行，造成资源的浪费和经济上的损失。

（2）精力限制。个人的精力是有限的，工作过度劳累会导致工作效率和工作质量下降，特别是高层管理人员，如果事事要亲自处理，将会出现"瓶颈"现象，影响整体工作的规划和进度。

（3）专业分工。酒店是一个综合性的企业，管理工作繁多，需要进行专业分工，有些技术性的工作交给专业人员处理更为合适。

（4）培养人才。酒店的长远目标是持续和扩展酒店经营。为了达到这个目标，酒店就必须培训员工和管理人员，渐进地授权是培养人才的最佳方法。

2. 授权的程度

影响授权程度的主要因素有以下几项。

（1）受权者的管理才能是否能够胜任。授权必须授给能够完成任务的人，这是授权者必须考虑的首要问题。

（2）酒店规模不大，上层管理人员有能力和精力直接加以控制，则不必授权下级处理。

（3）酒店控制子系统的效能。

（4）授权者上级的管理观念。如果上级的管理观念对授权者的方法不欣赏的话，则应避免采用授权的方法，以免引起误会。

3. 授权的程序

（1）决定将某项工作指派给下级。

（2）授予完成该项工作所需要的足够权力。

（3）使受权者明白由他负责的那项工作。

（4）保持联络以便协助和考核。

（5）奖励成功者。

为了确保授权的有效度，需要注意以下几个方面的问题。

第一，确定合理的授权程度。授予下属多大权力，这取决于下属担任这项工作的能力与意愿，如果能力很强，积极性又很高，就可以授予全权；相反，只能授予部分权力或不授予权力。

第二，严格遵守正确的授权程序。首先，管理者要与被授予权力的下属深谈一次，说明将被授予的责任、权力、待遇，了解下属面临的问题与要求。其次，一旦决定就要公开宣布，这涉及工作领导关系的名正言顺问题。同时，要将权力和责任交割清楚，以免产生不必要的混乱与争执。

第三，若管理者要亲自处理已授权给下属去做的事的话，必须先询问下属的意见。

第四，授权人要对最终工作结果负责，这就是所谓"授权不授责"的原理。它的含义是，当领导者将完成某一任务所需的责权授予下属时，这一任务完成好坏的最终责任，还是在这个授权人身上。因此，授权人必须始终掌握下属的工作进展情况，以便随时进行补救控制。

第五，要成功地在酒店顾客服务中实行授权，不仅要求酒店在理念上做出转变，还要求酒店在制度、组织结构和行动上采取实质性的举措。研究表明，酒店只有从以下四个方面采取行动，授权才能实现：①在组织内进行适当的分权；②组织信息共享；③组织内的知识共享；④组织成员共享组织的利润和报酬。

四、酒店组织管理系统的运作与整合

酒店组织管理系统的运作与整合是以市场需求和顾客满意为出发点，以酒店的运作流程为改造对象，对酒店系统的运作流程进行根本性的分析和思考，通过对酒店组织管理系统的运作方式及构成要素的整合与组合，获取酒店更大的绩效。

酒店组织管理系统的运作与整合包括以下内容。

1. 酒店业务过程的运作与整合

业务过程是酒店组织运作的中心环节，其运作与整合的成功与否决定着酒店组织效能的发挥，并将对组织整合产生重要的影响。酒店业务过程的运作与整合主要包括以下几个方面。

（1）酒店日常工作的运作与整合。它是由酒店组织管理系统的基层管理部门指导各服务部门的员工重新设计日常工作以提高其工作绩效。例如，万豪酒店的员工在酒店总部的支持下成立各种类型的团组，这些团组在每项业务中都取得了显著的突破。在餐饮方面采用了一种创新的服务系统确保服务员能把服务时间100%花费在餐厅以满足顾客的需要，而厨师则在早餐酒吧制作现炒现卖的煎鸡蛋和其他的食物。

（2）顾客需求变更的运作与整合。它是通过建立一个机制追踪顾客对酒店问题投诉的类型与起因，以迅速解决顾客的需求变更。例如，顾客临时取消预订的客房时可能会引起讨价还价的争执，如能根据有无空余客房和预订提前的天数一次敲定最佳可能房价，则会轻松地解决此类问题。

（3）酒店各部门之间工作程序的协调与整合。它是通过成立相关的研究小组，研究顾客需求与部门间工作程序的科学性与协调性，并对酒店各部门之间的工作程序进行调整与整合，以适应顾客的需求和提高顾客满意度。酒店部门间的沟通和协调有利于酒店对顾客的需求做出迅速准确的反应。

2. 组织系统结构的整合与再造

作为一个系统，酒店流程的改变必然会导致酒店组织系统结构的变化。酒店组织系统结构的变化主要体现在由金字塔式的等级制向层次减少的扁平式组织结构的转变。目前，我国酒店的组织系统结构大多是由总经理、部门经理、主管、领班、员工等五层次的人员要素组成，过多的层次容易使员工对上层的依赖性增强而工作独立性减弱，遇事往往先请示，等一级一级批下来付诸实施时，已延误时机。流程再造后酒店业务过程的高效率和快速反应使得具有人员紧凑、富有弹性和灵活高效等特点的扁平化趋势日益凸现。相应地，酒店中层管理人员的职责也会发生变化：由监工变为教练，即把主要工作放在对员工进行业务培训和传递业务信息上，而不是作为一个监工对员工进行监督和管理。

3. 组织系统理念和价值观整合

（1）酒店组织系统结构上，实现由维护型向开拓型的转变。维护主要是维护现状或维护本部门利益，而开拓型则表现为创新性和开放性。一方面，不拘泥于酒店现有的规章制度和上下级领导关系，大胆授权于员工，灵活机动地处理具体的问题；另一方面，由重视本部门利益转向谋求共同利益，各部门将工作目标集中于顾客满意和酒店的整体利益上。

（2）酒店组织系统的评价标准上，实现由重视上级满意向重视顾客满意的转变。流程再造以提升顾客满意度为驱动力和目标，相应地，实行以顾客满意度为标准的评价制度后，就能提升市场的占有份额，获取系统数量。

（3）服务组织系统观念上，实现由"条规约束"型向"凝聚协调"型的转化。与传统管理依赖严格的规章制度对企业员工进行的"刚性"管理相反，现代酒店管理应从古老的东方哲学智慧中得到启迪，注重"柔性"的亲和沟通，通过贯彻亲密原则，使管理层和操作层达成共识，构成一体同盟，从而在追求卓越和成效中达到有价值的目标。

五、非正式组织

酒店正式组织是指由酒店所有者和管理者为实现酒店目标而建立起来的组织。由于酒店员工的需求呈多样性，酒店正式组织有时无法满足员工的需要，因此，员工会基于对某些共同志趣爱好形成一种并无特定目标、计划，也无正式规章制度的小群体，这就是非正式组织。因此，酒店非正式组织是指为了满足员工的需要而不是为了满足酒店的需要而产生的团体。非正式组织虽然不能发挥酒店的组织管理职能，但它们对酒店各项管理工作可能带来影响。因此，酒店非正式组织也是酒店组织管理系统中的一个不可忽视的子系统。

（一）正式组织与非正式组织的关系

一般来说，正式组织的决策者和各级领导多数是由上级任命的，下属通常无权选择上司，上级对下属不仅有下达指令和监督、指挥的职权，而且有奖励和惩罚的大权，呈明显的等级关系；而非正式组织是自然形成的，非正式组织的领导往往是由于他在某一方面有着超群的才华或能力，才被有某些共同利益或兴趣的群体推举出来，非正式组织内的成员没有明确的等级关系，彼此间更加协调。这两种组织往往同时并存于酒店内部。当正式组织与非正式组织的利益相一致时，正式组织的领导实施管理时往往可以起到事半功倍的作用。而当正式组织与非正式组织之间出现利益不一致时，这种不一致极有可能干扰酒店管理职能的正常发挥，各级管理者必须认真对待。

（二）对待非正式组织的态度

由于非正式组织可能起建设性作用，也可能起破坏性作用，因此，对管理者来说，必须了解它们，并利用它们的正面效应，防止和消除它们的负面效应。

1. 利用非正式组织的正面效应

非正式组织能提供正式组织所不能满足的需要，从而使正式组织更稳定、更团结，这是非正式组织的一个重要的积极效应。例如，我国大多数酒店利用员工 8 小时以外的业余时间，组织一些晚会、交流和竞赛等活动来增加员工之间的接触与交往，从而加深员工之间的感情，这种感情有利于员工在工作中的相互配合和协助。

2. 非正式组织具有一定的积极作用

有些非正式组织的存在有助于增加酒店的知名度，酒店领导应善于识别这类非正式组织，承认这类组织的存在，并加以引导和利用。例如，1994 年 6 月，世界杯足球赛正在紧张地进行，上海远东不夜城大酒店的部分男青年员工正在悄悄筹划成立一支足球队。该酒店的总经理知道此事后，决定因势利导，成立一支以酒店名字命名的足球队，并为足球队训练和比赛开"绿灯"。每遇重要比赛，酒店组织员工呐喊助威，酒店凝聚力大增。酒店允许足球运动员占用一部分上班时间来进行训练或观摩比赛，这反而使得球员们加倍努力地工作。

3. 消除非正式组织的负面效应

非正式组织往往有一定的负面效应，酒店管理者可以通过控制产生非正式组织关系的环境来消除非正式组织的消极作用。例如，部门经理通过调动员工的工作岗位、工作部门、工作班次打破消极的非正式组织关系。酒店管理者也可以通过鼓励员工个人间的竞争，奖励员工个人成就来削弱非正式组织团体间的关系。

六、组织制度

现代酒店组织管理系统中的组织制度一般指基本制度、经济责任制、岗位责任制和工作制度。

（一）现代酒店基本制度

1. 总经理负责制

总经理负责制是酒店组织管理中实行的领导制度。总经理负责制明确总经理是酒店的法人代表。酒店建立以总经理为首的经营管理系统，总经理在酒店中处于中心地位，全面负责酒店的经营和业务。总经理负责制是适合酒店现代化管理，适合酒店市场经营，适合按酒店运转规律管理酒店，适合以法治店而产生的。总经理负责制是酒店管理体制的基本内容之一。

总经理负责制要求总经理对酒店负主要责任，同时也规定了总经理所应具有的相应权力和利益。

2. 职工民主管理制

职工民主管理制的基本形式是酒店职工代表大会。职工代表大会具有管理、监督和审议三方面的权力，具体的工作内容主要包括以下四个方面。

（1）听取和审议通过总经理的工作报告。

（2）审议酒店的发展规划、经营计划以及一些重要的经营管理问题。

（3）审议酒店各项基金使用，以及酒店福利等有关酒店全体职工的切身利益的问题。

（4）监督酒店的各级干部，对成绩显著的干部提出表扬和嘉奖，对不称职的干部提出撤换的建议。

实行民主管理制，体现了酒店职工在酒店中的主人翁地位，是社会主义酒店搞好经营管理的关键之一。在实行民主管理制的同时，要正确处理好民主和集中、自由和纪律以及权力和责任的相互关系。

（二）经济责任制

在酒店内部实行经济责任制可以增强酒店的活力，提高酒店职工的工作责任心，充分发挥他们工作的主动性、积极性和创造性。

1. 酒店集体经济责任制

集体经济责任制按管理层次分为酒店、部门、班组的责任制。集体经济责任制应具体落实到责任者——酒店总经理、部门经理和主管。

（1）酒店经济责任制。它包括整个酒店必须完成的各项经营管理指标，酒店总经理和副总经理的岗位责任、工作权限和奖惩条例。

（2）部门经济责任制。它包括该部门必须完成由酒店整体经营管理指标分解到该部门的具体指标，部门经理的岗位责任、工作权限和部门的基础工作以及奖惩办法。

（3）班组经济责任制。班组长（或主管）是酒店基层的管理人员，其基本职责就是执行部门下达的计划，组织安排班组内具体操作人员的工作，做好经营情况的原始记录和职工岗位经济责任制的考核。

（4）职能部门经济责任制。职能部门的工作对酒店的经济效益无直接影响，因此，他们的工作表现较难用数量来表示。在考核职能部门的工作时，可以采用按工作质量划分等级的方法。

职能部门经济责任制主要包括：该部门指导一线部门或班组进行经营业务活动应负的经济责任制，与其他职能部门协作完成工作的情况和为一线部门、班组服务的情况，完成酒店基础工作的情况（如酒店培训部门、人事部门），完成酒店总经理交办的其他工作情况。同一线部门经济责任制一样，职能部门经济责任制也必须包括岗位责任、工作权限和奖惩方法。

2. 经济责任制的制定原则

酒店内部的各种经济责任制由于层次不同，责任对象不同，因此职责也各不相同。可以根据各级、各部门的具体内容采取各种不同的形式。但是，无论制定何种形式的经济责任制，都必须遵循以下三条原则：权、责、利相结合；国家、集体、个人利益相统一；劳动所得与劳动成果相结合。

3. 集体经济责任制的考核

制定酒店内部经济责任制必须坚持严格的考核与监督，严格的考核和监督是避免经济责任制流于形式的保证。

集体经济责任制经营管理指标考核包括以下四条。

（1）指标值。在正常情况下，考核指标值应以原定的指标为标准。但是事实上在实施指标时，由于经营环境和各种客观因素的变化，完成的指标必然会产生一些偏差。除了在制定指标时要考虑到有适当的弹性以外，在考核时可加以适当调整。调整的指标可由下式计算：

$$考核指标值=原定指标值+新增指标值-新减指标值$$

对无法用数量表示的指标，可用定级标准。如职工福利增长指标，可采用民意测验的方法确定增长情况。

（2）协作情况。酒店是一个完整的系统，有很多经营指标必须由若干部门、班组和个人共同协作才能完成。例如，酒店的出租率指标必须依靠客房部、销售部和总服务台的密切配合才能完成。因此，对这样的指标进行考核时应着重考核各协作部门、班组和个人的协作情况。这种情况包括：①指标中应该承担部分的完成情况；②在协作的部门、班组和个人提出求援时，提供帮助和给予支持的情况；③主动对协作部门、班组和个人提供帮助的情况。

（3）指标完成进度的均衡性。同样完成指标，但方法上可能有差别。前松后紧、突击完成等现象不利于整体酒店系统的协调，应加以避免。因此，完成指标进度的均衡情况也是考核的一个重要方面。

（4）完成指标的措施和方法。实行经济责任制，对完成指标的措施和方法由各部门、班组和个人自己确定，以充分发挥各级的主动性和创造性。对不但完成了指标，而且完成指标的措施和方法都较好的部门或个人要进行奖励。对于那些因循守旧，排斥新技术、新方法的；不采用现代管理方法，光凭老经验办事的；不是依靠调动职工积极性来提高工作效率，而是依靠加班、加点突击完成的；不顾酒店的长远利益，采用杀鸡取卵的经营方式和不顾其他部门或个人的利益，甚至挖其他部门和个人墙脚的部门、班组和个人，尽管完成了指标，也必须指出他们的缺点。对这些部门、班组和个人及他们所采用的不正当的方式或方法，不但不能给予鼓励，而且还应对影响酒店长远利益、损人利己者给予处罚。

（三）岗位责任制

岗位责任制是酒店各工作岗位及人员的职责、作业标准程序、权限等的责任制度，是酒店集体经济责任制的基础，是酒店组织管理工作的基础工作。

实行岗位责任制的前提条件是责权统一。岗位不同，工作内容也就不同，岗位职责的内容也就不一样。岗位责任制由以下四项基本内容组成：①职责范围和具体工作任务；②每项工作任务的基本要求、标准和操作程序；③应承担的责任；④协作要求。

现代酒店岗位责任制的实施是通过岗位责任书的下达来达到。岗位责任书的内容包括职责范围、服务技能、工作程序、服务标准四大部分。

（四）工作制度

工作制度是执行现代酒店控制职能的具体保证，也是现代酒店的基本制度，是经济责任制实施的保证。酒店的工作制度一般指前台部门的服务规范、程序和后台部门的操作规范。总台接待员的接待程序与规范、楼层客房服务员打扫客房的程序与规范、餐厅引座员的程序与规范等均属前台部门的服务规范、程序，而财务制度、奖惩制度、考勤制度、仓库领货制度、培训制度等则属后台部门的操作规范。

工作制度的制定必须以国家星级评定标准和其他有关标准化规定为依据，各酒店制定的工作制度不可低于国家的有关标准。

例如，上海好望角大酒店编制的《管理规程和服务规范》包括："劳动用工制度"（下分"全员劳动制实施办法""岗位聘用实施办法""下岗职工管理办法""各类费用赔偿或补偿的有关规定"等四小节）、"工资、福利管理办法"、"专业技术职务评审和聘任办法"、"酒店财务管理制度"（下分"财务管理条例""成本核算和费用控制""酒店仓库管理制度""审计工作制度""现金、支票等收缴款及保管制度""费用、成本开支报销规定""关于'中心'借款手续的规定""'中心'财务人员工作守则"等八小节）、"固定资产管理制度"、"酒店采购工作管理制度"、"工程的运行和管理制度"等几十种。

酒店应有一套制定与修改制度的程序。制度是十分严肃的，每项制度的出台须经过有关方面慎重、周密地斟酌。一旦出台，就不要轻易更改，朝令夕改有损制度的权威性与严肃性。但是所有制度都不可能一成不变，随着市场环境和酒店具体情况的变化，可能有的制度已不再适应（或部分不适应）酒店实际运作的需要，因此必须做出相应改变。

第三节　酒店计划管理系统

现代酒店计划管理涉及酒店经营管理活动的各个方面，是现代酒店管理的核心问题。酒店系统外部涉及方面多，市场变化复杂。酒店系统内部各部门之间、酒店与环境之间存在着许多既相互联系又相互制约的关系。要使现代酒店的经营活动顺利进行，就要求各部门、各环节有统一的计划并严格地执行计划管理，在规模上、程序上、工作进程上按计划发展和操作。在统一计划的指导下，发挥各个部门的作用，保证酒店的经营活动能高效、协调地进行。

一、酒店计划管理的概念

酒店计划是指酒店面对未来、立足现实，通过对酒店经营管理活动的运筹计划、决策规划所形成的全面安排酒店管理和经营业务活动的文件。酒店计划是酒店在计划期的行动纲领和奋斗目标，它规定了酒店管理和经营业务活动的内容，为酒店的管理和经营业务活动提供了依据。

酒店计划管理是在国家（主要是上级主管部门）的调控指导下，酒店根据内外环境条件，用科学的方法确定酒店的经营管理目标，通过对酒店计划的编制、执行和控制，指导酒店的业务活动，保证酒店取得双重效益的管理活动的总称。计划管理具有双重含义：一是指对酒店计划编制本身的管理；二是指实施计划，用计划指导管理酒店。计划管理是酒店企业管理的首要职能，它决定酒店的管理目标并规定实现目标的途径与方法。它通过从提供编制计划依据到最终实现计划目标这样一个全过程而发挥作用。在酒店的经营管理中，为协调各方面的活动，需要用计划做共同的行动纲领。

酒店计划管理系统的任务主要有以下几点。

第一，分析和预测酒店未来的变化。酒店应综合酒店内外环境条件，对市场进行科学的预测，通过市场调查来掌握市场状况和发展趋势，了解顾客需求和客源变化，对酒店的条件进行理性的分析，把综合预测的结果和酒店的内部条件有机结合起来，为确定酒店的计划目标创造条件。

第二，以财政预算为基础，确定酒店计划目标。酒店应对计划资料、国家政策和企业经营方针进行对比分析，确定酒店各部门在市场开发、产品销售收入、成本、费用和利润等方面的长期计划、中期计划和近期计划，并且应提出酒店在计划期各阶段的目标。

第三，拟定实现计划目标的方案。对计划目标进行可行性分析和经济论证，从多个方案中选出最优的行动方案和主要的措施，确定最优的实现目标的途径。

第四，合理配置资源，搞好综合平衡。计划管理要合理地配置资源，就要与管理的组织职能有机结合起来，对各部门为达到目标所需的劳动量做出匡算。同时经过实际测算，得出各部门所需劳动要素的精确量。在取得数据的基础上，再分配人、财、物。在劳动量的实际组合与分配上，各部门由于利益的关系会产生许多矛盾和不平衡。酒店的计划管理就是要通过对部门目标的分配来保持各部分的平衡。酒店要充分注意调动各级管理人员、各部门、各环节的积极性，保证计划任务能够顺利完成。

第五，检查计划的执行情况。检查、监督是计划职能和控制职能的交接面。酒店管理者应有一套反馈控制系统，及时检查反馈计划的执行情况，在操作中给予必要的指导，发现偏差和意外情况，及时进行调整和纠正，使酒店计划在市场变化的情况下依然能指导酒店的经营业务活动。

二、计划指标与计划体系

（一）酒店的计划指标

酒店的计划指标是酒店在计划期内要达到的经营管理水平和目标。在酒店计划中由一系列既相互联系又相互制约的指标所构成的有机整体，称为酒店计划指标体系。酒店的计划指标体系，反映了酒店的经营管理水平以及在经营活动过程中各个方面的相互依存关系。

按指标的性质，可将酒店计划指标体系分为以下两大类。

1. 质量指标

质量指标是用来表示计划期间酒店的人力、物力和财力的利用，以及经营活动中服务质量、工作质量要达到的水平。质量指标通常用相对数（百分比）来表示。

酒店的质量指标主要有以下五种。

（1）客房（床位）出租率。这是衡量酒店接待能力利用情况的基本指标。

$$客房（床位）出租率 = \frac{出租客房（床位）数}{可使用客房（床位）数} \times 100\%$$

不同级别的客房（床位）出租数应分别计算。

（2）资金利润率。它反映酒店的经济效益，是反映酒店经营管理水平的一个综合性考核指标。

$$资金利润率 = \frac{利润总额}{资金总额} \times 100\%$$

（3）服务质量。它是指酒店提供服务的规格、标准要求及满足客人需求的程度。各部门根据酒店总的要求和措施提出各自提高服务质量的目标和措施，并由各部门的工作质量来体现出服务的质量。

（4）劳动生产率。它是衡量酒店职工工作效率的指标。这项指标通常由人均营业额、人均创汇额、人均创利额来表示。

$$人均创汇额 = \frac{创汇额}{酒店平均职工人数}$$

其中：酒店平均职工人数指全年的平均职工人数；职工的定员指标也属于酒店计划指标。

（5）设备完好率。它是指酒店投入使用的设备完好数与全部设备的百分比。理论上，直接提供给客人使用的设备的完好率应达到100%。除此之外，还有费用率、食品原料损耗率、毛利率等指标。

2. 数量指标

数量指标表示计划期内，酒店在经营管理活动中各项工作所要达到的数量要求。数量指标通常以绝对数来表示。

现代酒店的数量指标主要有以下几种。

（1）接待人数。这是指计划期内酒店接待人数的总量，是酒店经营的直接成果。接待人数有住宿人次数和人均过夜数两个指标。

（2）营业额。这是各部门营业额的总和。在制定营业额指标时必须将其分解到各个营业部门。

（3）利润额。这是考核酒店经营活动质量和酒店经济效益的一个综合性指标。

$$利润总额=经营利润+营业外收入-营业外支出$$

（4）人均消费额。这是衡量酒店经营水平的好坏和酒店产品是否适销对路的指标。酒店人均消费额除了确定计划期的数额外，还应包括计划期相比报告期增长率的指标。

（5）酒店成本。这是指各部门在完成所计划的营业额指标确定的情况下付出的成本总额之和再加上企业管理费。在计划期内，酒店成本指标包括以下三个内容：

$$酒店成本总额 = \sum 各部门计划期成本总额$$

$$成本降低率 = 1 - \frac{计划人均接待成本 \times 计划接待人数}{实际人均接待成本 \times 实际人均接待人数} \times 100\%$$

$$营业额成本 = \frac{计划成本总额}{计划期营业额} \times 100\%$$

除此以外，现代酒店的数量指标还应有能源消耗量、工资总额、物资需要量和供应量、职工福利、职工培训等指标。

（二）现代酒店计划体系

制订计划是酒店计划工作的主要内容。酒店计划种类较多，用途各异。组成酒店计划体系的计划主要包括长期计划、近期计划（年度计划）和短期业务计划三类。

1. 长期计划

酒店的长期计划是酒店经营目标的具体化，属于战略性计划。因此，长期计划必须依据经营目标来编制。长期计划的编制期一般在 3～5 年，是酒店的设备、服务、经济、人员等方面发展的战略性目标和纲领性计划。长期计划的主要内容包括以下几个方面。

（1）酒店的发展目标。在计划期内，酒店各项主要指标所要达到的水平，各项主要经营指标的发展速度和增长速度。

（2）投资与基建目标。在计划期内，准备对哪些设施设备进行更新改造，新建和扩建的项目及其资金的来源。投资计划除包括酒店内部的投资外，还包括对酒店外部的投资，诸如建立食品基地、职工幼儿园等。

（3）经营管理目标。在计划期内，酒店经营管理要达到的水平，其中包括市场占有率的项目提高、新市场开发、酒店组织结构的调整、各种管理制度的建立和完善。

（4）职工培训目标。职工教育培训的计划包括培训人数、培训方法和方式等。

2. 近期计划

近期计划也称年度综合计划，是现代酒店最重要的计划。它的内容涉及整个酒店，综合了酒店的主要经营活动，它既要包括国家的指令要求，又要反映出市场对酒店产品的需求。酒店的近期计划具体规定了酒店在计划期内各个方面的目标和任务。在内容上，它包括两个部分。

（1）综合性计划。它包括酒店全部的年度指标，以及各项指标向各子系统分解和分配的情况说明。

（2）部门计划。由各业务和职能部门制定，指出在计划期内各业务和各职能部门在各自业务范围内所执行的目标和任务。它包括：①营业部计划。也称前厅计划或接待量计划。根据酒店年度综合性计划的目标和任务以及业务预测，确定全年接待总人次，各季、月接待人数以及按合同接待的团队、散客人数和酒店自行外联的旅客人数。②客房部计划。根据酒店的年度综合性计划的目标和任务，核定部门的客房（床位）数、接待总人数，制订部门经营决策计划。③餐饮部计划。根据酒店年度综合性计划的总目标和任务，确定餐饮部营业额及营业额的构成，包括宴会、点菜、团队用餐、酒吧等占营业收入的比例。同时，制订餐厅装配、服务质量、酒吧装配等经营决策计划，制订菜肴创新，酒水、菜肴等原料的供应与采购计划。④商场计划。根据市场预测和年度接待总计划，制订包括销售的商品品种、销售收入、销售方法等的计划，以及商场装饰、流动资金占用与资金周转计划、服务项目与服务质量计划等。⑤服务质量计划。主要确定酒店所要达到的服务水平、规格标准和对各部门工作质量的具体要求。服务计划是由酒店与各业务部门共同商讨而制订的。⑥劳资计划。主要确定职工人数、人员构成比例、劳动生产率等，确定工资总额和平均工资额以及奖金水平、分配方案和奖惩方法等计划。⑦基建与维修计划。包括酒店准备进行兴建、扩建的项目，投资决策，酒店设备更新改造计划，以及酒店设备的管理要求、维修保养计划等。⑧物资供应计划。根据酒店综合性计划中的接待量总目标和任务，确定各部门为完成所规定的目标和任务所需要的物资种类、数量、储备量，以及物资采购方法、储存和保管条例、资金占用量等各种物资供应计划。⑨财务计划。规定财务收入和支出、资金投放、流动资金定额和利润总额、指标和计划，主要包括固定资产折旧计划、流动资金计划、利税计划、财务收支平衡计划、成本计划等。⑩职工培训计划。包括职前培训和在职培训两个方面，其中在职培训包括在计划期内准备要培训的部门、人员分配以及培训的方法、形式和类型，所要达到的要求和考核检查的措施等。⑪宣传公关计划。包括酒店形象树立的宣传、公关方法和渠道的制定，以及酒店产品推销、市场占有与旅游中间商关系等方面的计划。

酒店的近期计划主要由上述计划组成。在部门计划中又可分为一线业务部门计划（前四种计划）和二线后勤部门计划（后七种计划）。各种计划都应围绕酒店年度综合计划的总目标、总任务而制订，各部门计划有各自特定的内容和范围，有各自的独立性，又有相互的联系。各部门计划之间的协调与控制是酒店年度综合计划顺利进行的前提和保证。

3．短期业务计划

酒店的短期业务计划的制订为了适应酒店接待有明显的淡、旺季不同而有明显的差别，使得酒店在不同季、月的计划不是酒店年度计划的简单平均，而是要酒店在编制近期计划的基础上，考虑不同季、月的短期业务计划，对每季或每月酒店各部门的日常业务和进度进行具体的规定。一线业务部门根据酒店近期计划制订出短期的接待计划，二线后勤部门围绕一线业务部门的接待计划编制属于各自范畴内的短期（季、月）业务计划，以保证酒店近期计划不受淡、旺季的影响而顺利进行。

三、现代酒店计划编制

现代酒店计划编制是酒店计划管理的前提。编制酒店计划首先要有明确的经营方针和经营策略，在正确的方针和策略指导下编制的计划才能适应酒店的实际需要，适应市场变化的需要。此外，在编制酒店计划时，还应遵循一定的原则并采用科学的编制方法（技术）。这样才能使编制的酒店计划具有科学性和适应性，从而使编制的计划能达到预期的效果。

（一）编制酒店计划的依据和原则

1. 制订计划的依据

（1）以国情为依据。以国情为依据，是指酒店计划的制订，要从当前的国情（经济政策、政治、文化、社会等情况）出发，要考虑到哪些因素为国情所约束，哪些因素为国情所允许。同时，制订的计划还必须注意与国情所体现的各种客观环境保持动态平衡，以保证所制订的计划同国家所制定的各项政策、方针同步。

（2）以市场为依据。以市场为依据，是指酒店计划要根据酒店市场的需求，根据市场竞争情况来制订。酒店业与市场需求存在相互依存的关系，没有市场需求，就没有酒店业。只有了解市场需求、竞争情况，根据市场需求的规模、需求量与趋势的变化情况来制订酒店的各种计划，才能保证计划适应市场竞争的需要。

（3）以经济合同为依据。经济合同是酒店和相关企业（旅行社、物资供应、航空公司、邮电、银行、基建等）签订的具有法律性质的契约。它使酒店的客源、物资供应具有确切的保证。酒店计划应根据合同中所规定的内容和所需要承担的责任来制订。经济合同不仅是酒店年度计划的依据，也是酒店长期计划的依据。

（4）以酒店的接待能力、以往的经营数据为依据。根据酒店的接待能力（如客房接待能力等情况），结合往年酒店经营的数据（如住宿人次、人均过夜数、人均消费额等）记载，确定酒店经营乃至各个部门的计划（如营业额、利润、人均创利等）指标，才能使所制订的计划符合酒店本身的能力和实际，使计划具备可行性和科学性。

2. 制订计划的原则

（1）科学性。科学性原则要求现代酒店计划的制订要符合旅游规律的要求，要遵循经济规律，使酒店计划能对酒店的经营管理等实际工作具有指导性。科学的现代酒店计划除了具有先进性外，还要能够体现酒店内、外部比例和协调关系，要能真实地反映出淡、旺季不同季节中酒店接待的人力、物力、财力情况和经营目标。

（2）实际性。实际性原则要求在制订计划时要从国情和市场情况出发，切实做到下列几点：①在制订计划的任何环节中都从店情和市场情况出发；②要从定性、定量两个方面研究店情和市场情况，从各个影响因素及其相互关系上看清国情和市场情况；③在制订计划时，要了解国际市场情况，也要了解国内主要旅游市场、目标市场的情况，还应研究影响市场的各种因素，考虑酒店与外部、部门与部门、淡季与旺季等不同的情况对各种市场信息进行全面、系统、科学的统计和分析，并根据实际情况对市场发展趋势做出预测。

（3）灵活性。任何计划都必须注重灵活性，酒店计划更应重视这一点。酒店所接待的客人是流动的，人的流动在主观意识上十分敏感，政治和社会的影响，经济状态的变化，甚至一个偶然的社会事件、一部电影、一个故事、一道名肴，都可能明显地影响客人的流动，造成市场的转移。因此，在制订酒店计划时，要考虑实际情况与预测情况可能产生的偏差，而在人力、财力、物力的分配和使用上留有适当的余地，使所制订的计划带有灵活性，以适应市场变化。

（二）编制现代酒店计划的步骤

编制现代酒店计划一般按以下四个步骤进行。

1. 酒店环境分析

酒店环境分析是一个调查研究的过程，目的是掌握酒店的内外部条件。酒店的内部条件包括酒店的综合接待能力、劳动力情况、设备条件及员工素质等。酒店的外部条件包括国家的指令性、指导性计划，市场变化情况，供需关系等内容。

2. 确定计划目标

计划目标是在计划期内酒店经营管理活动应当达到的期望值，主要包括销售额、出租率、质量、劳动生产率、利润、成本等经济效益指标。

3. 方案的比较和选择

从计划时拟定的多种方案中选择理想、可行的方案。所选择的方案应符合经营目标的要求且不超出酒店内、外部的约束条件。

4. 综合平衡

综合平衡包括三个方面的平衡：①以利润为中心的综合平衡，主要指营业收入与成本、费用的平衡；②财务收支平衡；③经营业务平衡，主要指接待任务与能力的平衡，接待计划与人、财、物供应的平衡等。

（三）编制酒店计划的方法

1. 发展速度和增长速度

发展速度和增长速度说明酒店各项经营管理活动发展的快慢速度和上升或下降的趋势，用于衡量各项指标在计划期内的执行情况，为下一计划期提出发展和增长的要求。例如，人均营业收入要求在计划期内增长 10%，即提出了增长速度为 10%。

由于对比的基期不同，发展速度分为定基发展速度和环比发展速度，它们的关系如图 3-5 所示。

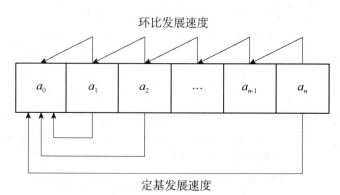

图 3-5 定基发展速度与环比发展速度

　　环比发展速度是以上一个计划期的数值作为基期，基期是可变的；而定基发展速度的基期是不变的。

$$发展速度 = \frac{计划期水平}{基期水平} \times 100\%$$

$$增长速度 = 发展速度 - 100\%$$

2. 平均发展速度和平均增长速度

平均发展速度是指酒店经营管理活动在较长时间内逐期的平均发展速度。

$$平均发展速度 = \sqrt[n]{x_1 x_2 x_3 \cdots x_n}$$

$$平均增长速度 = 平均发展速度 - 100\%$$

其中：x_1，x_2，$\cdots$，x_n 为各计划期的环比发展速度；n 为环比发展速度的期数。

3. 编制计划的几种方法

（1）固定增长法。酒店计划中的数量指标，如销售额、利润等，可按照酒店发展的长远目标所规定的增长速度利用下式来计算。

$$a_n = a_0 (1 + x) n$$

其中：a_n 为 n 年应达到的水平；a_0 为基期水平；n 为计划期数；x 为增长速度。

（2）滚动式计划编制法。滚动式计划编制法是酒店实行全面计划管理，编制灵活的、有弹性的计划的一种科学方法。这种方法改变了通常静态的计划编制方法，使酒店计划更好地适应市场需求的变化。酒店的市场灵活性和酒店经营环境的多变性，需要酒店计划随市场需求的变化而进行科学的调整。

　　滚动式计划编制法是一种动态的计划编制方法，是在每次制订和调整计划时，将计划期按时间顺序向前推进一个计划期，即滚动一次，而不是等全部计划执行后，再重新编制下一计划期的计划。滚动式计划编制法适用于长、中、短期计划的编制。

　　① 滚动式计划编制程序。滚动式计划的编制程序如图 3-6 所示。

　　从图 3-6 中可以看出，酒店在 2014 年编制 2015—2019 年的五年计划时，2015 年是即将实施的具体计划年；后四年的计划分为近期与远期两个时间段，近期的计划细致而精确，而远期的计划则是一些粗线条的估计。

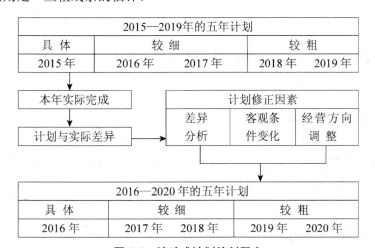

图 3-6　滚动式计划编制程序

② 中期滚动式计划编制程序。五年计划的计划期较长，进行精确的预测比较困难，因此，酒店也可运用中期滚动计划。中期滚动式计划的编制程序如图 3-7 所示。由图 3-7 可见，编制 2015 年计划时，对 2016 年、2017 年进行预测。根据预测情况将 2015 年计划与后两年衔接起来。执行 2015 年计划后，根据 2015 年的实绩和其他修正因素及对 2015 年的预测情况，调整 2016 年的计划，并对 2017 年和 2018 年进行预测，做到"干当年，看明年，想后年"，使酒店制订出一个比较切合实际的中期计划，以指导酒店的经营管理活动。

计 划	预 测	预 测		
2015 年	2016 年	2017 年		
	2016 年	2017 年	2018 年	
	计 划	2017 年	2018 年	2019 年
		计 划	预 测	预 测

图 3-7　中期滚动式计划编制程序

用滚动式计划法编制季、月业务计划的程序如图 3-8 所示。

	一 季			二 季			三 季			四 季		
	1	2	3	4	5	6	7	8	9	10	11	12
2014 年 12 月编制	←实施计划→			←展望计划→								
	2015 年 3 月编制						←展望计划→					
				←实施计划→								

图 3-8　短期滚动式计划编制程序

季、月的业务计划是最基本的执行计划，因此，必须具体、细致、准确。

短期业务也可按照图 3-8 的程序编制。编制 1 月份计划时，对 2、3 月进行预测……

③ 滚动式计划编制法的特点。第一，应用滚动式计划编制方法可以较好地发挥市场的调节作用。在每期计划执行后，根据主客观条件及时地进行调整、修正，使计划具有较大的灵活性，更加切合实际情况。第二，在编制执行计划的同时，通过对下一计划期情况的调查研究与预测，使计划具有更强的预见性。第三，使计划具有连续性。因为本期计划是建立在上期计划执行结果的基础上的，所以本期计划既是上期计划的延续，又是下期计划的基础。

四、现代酒店计划管理

现代酒店计划管理除计划编制的任务外，还包括计划的实施和计划的控制两大部分，而在对计划的控制中则应采用一些计划管理技术，以便对执行计划的时间、所需的各种资源的使用加以控制。

（一）现代酒店计划的执行

计划的执行和实施是计划的目的。计划的执行包括以下几项工作。

1. 建立一个以总经理为首，由各部门负责人组成的业务指挥系统

指挥系统要有一套机构、制度和方法，有明确的业务分工和权责关系，按分工和业务范围领导计划的执行，并充分发挥这个系统的协调作用。

2. 建立健全经济责任制

按经济责任制的内容，将计划落实到各部门、各班组和个人，并严格按责任制的规定来追究计划在执行过程中所产生偏差的原因和责任。

3. 建立计划的检查、考核制度

充分利用酒店管理组织系统和管理信息系统，对计划的执行情况进行及时的信息反馈和检查，并对各部门、班组、个人的计划完成情况进行考核、记录、统计，以保证计划的顺利进行。

4. 调动员工积极性

计划必须由员工来完成，因此，要调动员工积极性，并向员工解释计划的目的、执行的具体方案与措施、完成计划的注意事项，让员工在执行计划的过程中能做到为实现计划目标发挥自己的聪明才智。

（二）现代酒店计划的控制

现代酒店计划的控制就是在计划执行过程中定期或不定期地把计划中的各项指标与实际执行情况进行比较，发现差异，分析原因，采取措施，以保证计划顺利完成。计划控制主要有以下几项工作。

1. 明确分段标准

在计划期内，要把酒店计划的各项指标分成若干阶段指标，使计划在执行阶段的某一时限有明确的指标标准，以利于检查计划的执行情况。

2. 检查计划的执行结果

检查计划执行结果的方式有日常检查、定期检查、专题检查、重点检查和店务会议检查等。计划执行结果检查的实质是计划执行情况信息的反馈比较过程。通过计划执行情况信息的反馈和比较，找出计划执行过程中产生的偏差，进行校正修订，以保证计划的顺利进行。计划执行过程中信息的反馈是通过以下步骤实现的。

（1）建立按目的、按时期有关量与质的报告制度，采用数据统计、图表显示等手段，报告（反馈）计划执行情况。例如，定期报告住店人数和人均过夜数的统计资料，各业务部门的营业额、成本率、酒店的财务情况等。

（2）将这些统计数据和报告的情况，结合定期信息会议，与酒店计划中所规定的目的、目标或阶段指标进行归口、归类比较。

（3）通过所反馈的实际执行情况与计划目标的比较，找出差距（别），分析产生差距（别）的内在原因和外在原因。

3. 计划的校正和修订

通过检查出的差别和产生差别原因的分析，反馈给计划执行部门并按不同性质对计划进行不同的校正和修订，计划的校正和修订可遵循以下原则。

（1）即使产生的差别较小或是可以接受的（允许范围的），也必须进行反馈，以便决定是维持原来的目标还是做出较小的修订。若产生的差别超出可接受的范围，则需采取相应的修订措施。

（2）若差别是由于个别偏差或具体行动所造成，则可指定产生偏差行为的部门加以校正。

（3）若差别是由于执行过程中有关部门的配合行动所产生的，则必须考虑采取必要的协调措施加以修订。

（4）若差别来自国情的变化或地区的财务政策，则要求修改原来的实施办法。

（5）若差别是发生在计划的抉择方面，则需考虑修订原来的计划。

（三）现代酒店计划管理技术

现代酒店计划管理技术主要是指在执行酒店计划时，如何对执行计划的时间和执行计划所需的各种资源的使用加以控制，使计划能以最短的时间和最低的资源消耗得以完成的方法。下面介绍两种主要的计划管理技术——线性规划技术和网络计划技术。

1. 线性规划技术

线性规划是用于解决生产计划问题的一种定量分析方法。这种方法在 20 世纪 30 年代开始得到应用，到 20 世纪 40 年代已成为在现代企业计划管理中对可供使用的资源进行控制的主要方法。

线性规划主要解决的计划问题有两类。

第一类：在可供使用的人力、物力资源有限的情况下，如何筹划使其产生最大的经济效益。

第二类：在计划已定的情况下，如何筹划使完成计划所消耗的资源最少。

线性规划的具体操作方法很多，下面通过两个例子来介绍线性规划在解决上述两类问题中最基本的方法。

（1）第一类计划问题（图解法）。

【例 1】 某酒店供应甲、乙两种快餐。酒店每天可供使用的主辅料分别为 100 千克和 240 千克。甲、乙快餐获利和用料如表 3-2 所示。问：如何安排生产计划才能获得最佳利润？

表 3-2 甲、乙快餐获利和用料表

获利/元		甲餐/百份	乙餐/百份
		300	200
耗料/千克	主 料	20	10
	辅 料	30	60

解：这是一个酒店在可供使用资源原料有限的情况下进行计划安排的问题，属于第一类问题。

设：生产甲快餐 x 百份，乙快餐 y 百份，则最大获利 $s = 300x + 200y$

s 为目标函数，s 越大，获利越大。s、y 均受原料供应限制，限制约束条件为

$$\begin{cases} 20x + 10y \leqslant 100 \\ 30x + 60y \leqslant 240 \\ x \geqslant 0, y \geqslant 0 \end{cases}$$

用图 3-9 的图形来表示约束条件。*OEC* 三角形部分为主料限制区域,*OAF* 三角形部分为辅料的限制区域。可见,要满足主、辅料的限制条件,必须处在图 *OABC* 的阴影区域内。

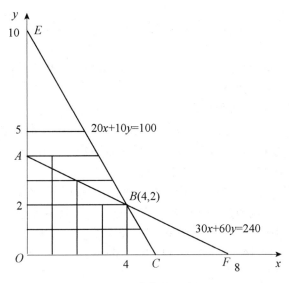

图 3-9 约束条件示意图

现将目标函数 $s=300x+200y$ 变成直线方程 $y=-\dfrac{300}{200}x+\dfrac{s}{200}$。

方程在 y 轴上截距越大,s 越大。直线在 *OABC* 区域内经过 *B* 点时的目标函数方程的截距最大,即 B(4,2)为最优解点。故:

$$s = 300x + 200y$$
$$= 300 \times 4 + 200 \times 2$$
$$= 1\,600 \text{(元)}$$

此时 s 为最大值。所以,安排生产甲快餐 400 份、乙快餐 200 份的计划可获最佳利润。此题也可以用求多元线性方程组的数学方法求解。

(2)第二类计划问题(矩阵缩减法)。

【例2】 某客房部的人员分为 4 个小组,这 4 个小组将去完成计划中的 4 个不同的项目。由于各小组的人员数量和对每个项目的操作熟练程度不同,因此,每个小组完成各个项目所需时间也各不相同,具体所需时间如表 3-3 所示。问如何计划安排才能最快完成计划任务?

表 3-3 各小组完成情况所需时间表 单位:工时

小 组	项 目			
	A	B	C	D
甲	2	10	5	7
乙	15	4	14	8
丙	13	14	12	11
丁	4	15	13	9

解：显然，这属于第二类问题。

假设：甲做项目 A，乙做项目 B，丙做项目 C，丁做项目 D，则总工时为：2+4+12+9=27，需 27 个工时；

若：甲做项目 B，乙做项目 C，丙做项目 D，丁做项目 A，则总工时为：10+14+11+4=39，需 39 个工时。

由此可知，不同的安排将产生不同的人力资源消耗，用矩阵缩减法进行分析可获得最优的安排。矩阵缩减法步骤如下。

① 列出矩阵。矩阵的行数和列数称为阶数。本例的矩阵为 4 阶矩阵，如矩阵 a。

② 逐行缩减矩阵。逐行缩减矩阵的方法是将每行中的各元素减去该行中最小元素。例如，矩阵 a 中第一行的最小元素为 2，第一行各元素减去 2 得 0，8，3，5。各行依此进行，使每行中至少出现一个元素为零，得到矩阵 b。

③ 逐列缩减矩阵。与逐行缩减一样，按列进行，使每列都至少出现一个元素为零。若该列已有零元素，则不必再缩减。在矩阵 b 中，只有第三列需进行缩减，得到矩阵 c。

$$
\begin{array}{c}
甲 \\ 乙 \\ 丙 \\ 丁
\end{array}
\begin{pmatrix}
2 & 10 & 5 & 7 \\
15 & 4 & 14 & 8 \\
18 & 14 & 12 & 11 \\
4 & 15 & 13 & 9
\end{pmatrix}
\quad
\begin{pmatrix}
0 & 8 & 3 & 5 \\
11 & 0 & 10 & 4 \\
2 & 3 & 1 & 0 \\
0 & 11 & 9 & 5
\end{pmatrix}
\quad
\begin{pmatrix}
0 & 8 & 2 & 5 \\
11 & 0 & 9 & 4 \\
2 & 3 & 0 & 0 \\
0 & 11 & 8 & 5
\end{pmatrix}
$$
$$
\quad\quad 矩阵\ a \quad\quad\quad\quad\quad 矩阵\ b \quad\quad\quad\quad\quad 矩阵\ c
$$

④ 检验。这一步骤是检验经过以上缩减步骤后是否已产生最优的分配方案。方法是作零元素的最少覆盖线，即作将矩阵中零元素全部覆盖的线。最少覆盖线的条数称为维数。若维数与阶数相等，则说明已经有最优分配方案。零元素的位置就是最优分配方案。如果维数小于阶数，则还需进一步优化。经过检验矩阵 d，其维数小于阶数，必须进一步优化。

⑤ 优化。将未被覆盖线覆盖的元素减去其中最小元素，将覆盖线交点上的元素加上这个最小元素，其余元素保持不变，得到矩阵 e。

然后，对矩阵 e 再进行检验。检验和优化可能会反复进行多次，直到通过检验。矩阵 e 经一次优化已通过检验，得到矩阵 f。在矩阵 f 的零元素位置上找出最优分配方案。

由矩阵 f 可知，甲可安排项目 A、C，乙可安排项目 B，丙可安排项目 C、D，丁可安排项目 A。最优方案的确定是先安排无选择余地的班组乙和丁。

$$
\begin{array}{c}
甲 \\ 乙 \\ 丙 \\ 丁
\end{array}
\begin{pmatrix}
0 & 8 & 2 & 5 \\
11 & 0 & 9 & 4 \\
2 & 3 & 0 & 0 \\
0 & 11 & 8 & 5
\end{pmatrix}
\quad
\begin{pmatrix}
0 & 3 & 0 & 3 \\
11 & 0 & 7 & 2 \\
4 & 5 & 0 & 0 \\
0 & 11 & 6 & 3
\end{pmatrix}
\quad
\begin{pmatrix}
0 & 8 & 0 & 3 \\
11 & 0 & 7 & 2 \\
4 & 5 & 0 & 0 \\
0 & 11 & 6 & 3
\end{pmatrix}
$$
$$
\quad\quad 矩阵\ d \quad\quad\quad\quad\quad 矩阵\ e \quad\quad\quad\quad\quad 矩阵\ f
$$

最优分配方案为：乙做项目 B，丁做项目 A，甲做项目 C（项目 A 已安排丁做，甲也已无选择余地），丙做项目 D，则总工时为：5+4+11+4=24。达到了以最少的人力资源消耗，完成计划任务的目的。

2. 网络计划技术

网络计划技术，又称网络分析法，是通过对网络图的绘制、计算、分析来确定和实施计划的一种科学的计划管理技术。网络计划技术有两种基本方法。

（1）关键路线法。关键路线法用于计划中各个项目完成工作所需时间是已知的情况。

关键路线法的基本思想是"向关键路线要时间，向非关键路线要资源"。其方法是在完成计划的多条路线中找出花工时最多的一条，作为关键路线，并在此路线上寻找办法缩短此路线的时间，使其能按时或提前完成计划。

关键路线法的主要步骤是：①分析计划中的各个工作之间的顺序和逻辑关系；②按各工作项目之间的顺序和逻辑关系绘制网络图；③通过计算，找出网络图中的关键路线和非关键路线；④运用关键路线的基本思想，对网络图进行优化，从而达到控制计划执行的目的。

【例3】 两位厨师在一起制作某菜肴，要求收到菜单50分钟内必须上菜。制作该菜肴的具体工作项目和时间如表3-4所示。由此制订出操作计划（A、B完成后才能做C）。

表3-4 烹饪时间表

项 目 代 号	时间/（分/人）
准备主料A	60
准备辅料B	20
烹制C	10

解：此例有几种计划安排，如图3-10所示。

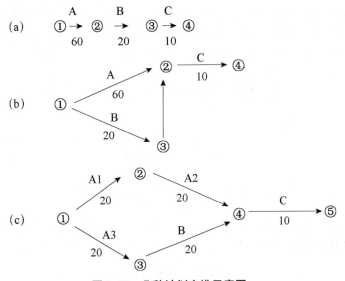

图3-10 几种计划安排示意图

按（a）方案进行，需时90分钟，达不到要求，且总有一人闲着无事。按（b）方案进行，需时70分钟，达不到要求，而且在B项做完后，有一人要闲着等40分钟，A项才能做完。按（c）方案进行，需时50分钟，达到要求。由于将A项分开，可以避免在备料中有人闲着。该方案只有在执行C项时才有一人空着，浪费10分钟，这是无法避免的。

这是一个很简单的网络分析，复杂网络分析原理也是如此。

【例4】 某酒店计划开设一个新餐厅。经分析，该计划共有10项作业，每项作业时间及其先后顺序如表3-5所示，由此找出其关键作业路线。

表 3-5 作业时间及其顺序

作 业 代 号	作 业 内 容	作业时间/天	后 续 作 业
A	市场调查	12	B、C
B	资金筹集	30	E
C	需求分析	5	D
D	菜肴设计	15	E
E	成本计划	7	F、G
F	人员招聘	18	H
G	设备材料准备	20	I
H	人员培训	14	J
I	餐厅布置	16	J
J	试营业	7	

解：根据表 3-5 所示的顺序，作网络图（见图 3-11）。由图 3-11 可见（也可通过结点时差计算），①→②→④→⑤→⑦→⑧→⑨为关键路线。处于关键路线上的 A、B、E、G、I、J 为关键作业。若想缩短计划期限就必须缩减这些作业的作业时间。但是，在这些关键作业项目中，缩短工期所支付的费用显然是各不相同的，而所起的作用却相同。为了合理地进行作业时间的变动，必须对每个关键作业进行成本分析。为了提前完成关键作业另需多支付的成本，称为赶工费。赶工费计算方法如下：

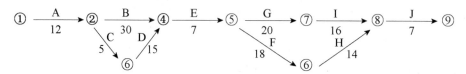

图 3-11 作业网络图

$$单位赶工费 = \frac{应急成本 - 正常成本}{正常工期 - 提前工期}$$

用上式计算每项关键作业的单位赶工费，然后进行比较，选取单位赶工费较小的关键作业为缩短作业时间的项目，结果如表 3-6 所示。

表 3-6 单位赶工费

作 业 代 号	关 键 作 业	多支付成本/元	提前时间/天	单位赶工费/元
A	*	400	4	100
B	*	700	5	140
C				
D				
E	*	50	2	25
F				
G	*	300	5	60

续表

作 业 代 号	关 键 作 业	多支付成本/元	提前时间/天	单位赶工费/元
H				
I	*	200	4	50
J	*	1 000	2	500

从表 3-6 可知,要缩短整个计划的完成期,可选择缩短关键作业 E、G、I 的作业时间,因为 E、G、I 作业的赶工费较低。

关键路线上的作业时间每缩短一天,整个计划将提前一天。因此,单位赶工费还可用来与提前一天营业的收入进行比较,以决定是否有必要将计划提前完成。

另外,当关键作业的作业时间缩短后,整个网络图会发生变化,关键路线需要重新确定。通过计算与分析,找出新的关键路线,再进行比较、调整和优化,如此反复进行,直到计划趋于完善。

(2)计划评审技术。计划评审技术用于计划中各个项目完成工作所需的时间是不确定的,需要通过概率分析,估计出工作时间,因此有时也称非肯定型网络法。

计划评审技术与关键路线法的基本原理相同,都是以网络图为基础,通过网络图来反映计划中各项目的顺序关系,分析每个项目在整体计划中的地位,并通过网络图时间的计算来调整、优化计划,以达到有效的计划管理。

第四节　酒店管理控制系统

现代酒店管理控制系统是一种具有某种特定控制功能的观念系统。从组织结构上看,它与管理信息系统、作业系统相互渗透、融为一体,构成了酒店的实体系统。

一、现代酒店管理信息系统

(一)酒店的信息

酒店的信息是指那些用来沟通酒店各部门之间的联系和反映酒店经营管理活动情况的酒店内部的各项指令、计划、报表、数据和规章制度,以及描述酒店外部环境变化的数据、消息等。

酒店的信息不仅是酒店的重要资源,而且是现代酒店经营决策的重要依据,是控制酒店系统正常运转必不可少的条件和酒店系统纵、横向联系的重要手段。

(二)酒店的管理信息

1. 按内容划分

现代酒店的管理信息按其内容可分为以下两种。

(1)指令信息。它包括酒店各级行政管理人员在组织生产、经营中向其所管辖的部门及工作人员发出的各种经营决策、行政命令、工作计划及工作布置等。上层管理人员、决策机构是指令信息的信源，下层机构、工作人员是指令信息的信宿。

（2）数据信息。它包括非指令性信息的所有数据信息、字符信息与音像信息，如各种报表、统计图表、市场信息、上报数据等。

2. 按作用划分

现代酒店的管理信息按其作用可分为以下三种。

（1）决策信息。用于酒店决策人员进行长远战略计划、各种重大决策制定的信息。它包括酒店内、外部信息以及酒店经营环境构成、政治、技术、经济等各方面的信息情况。

（2）监控信息。用于对酒店系统正常运转时进行校正、控制的信息。它包括经营管理的明确计划、指标以及系统输出情况的各种反馈信息。

（3）作业信息。维持酒店系统日常业务活动所需的信息。它包括物资的库存数、待出租的房间数、客房预订数等。

（三）现代酒店的管理信息系统的结构

酒店的管理信息系统是在酒店经营管理中，对资料信息进行处理、存储、使用的信息系统。

现代酒店的管理信息系统的基本结构如图 3-12 所示。

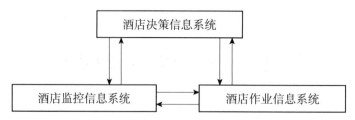

图 3-12　现代酒店管理信息系统的基本结构图

由图 3-12 可见，酒店的管理信息系统由决策信息系统、监控信息系统和作业信息系统所组成。

（1）现代酒店决策信息系统。该系统主要由总经理办公室、统计室、资料室所组成。它的作用是对来自酒店内、外部的各种决策信息进行处理、分析，并向总经理、副总经理、董事会、店务委员会等高层决策人员和机构提供制定各种重大决策和战略决定的数据和依据。

（2）现代酒店监控信息系统。该系统包括财务、人事、总经理办公室等子系统。它的作用是根据各种输出情况的反馈信息与预定的计划、指标决策等信息的比较、分析，指示出系统进行是否正常，并提出校正办法。

（3）现代酒店作业信息系统。该系统包括客房、餐饮、商品、康乐、工程、车队等子系统。它的作用是根据所提供的各种作业信息来维持、保证酒店系统正常业务活动的进行。

现代酒店管理信息系统是一个多层次、复杂的系统，它必须对大量的信息进行各种各样的整理分析和存储。随着科学的发展，将计算机系统与管理信息系统联系起来，用计算机进行信息的统计分析和存储、提高管理信息系统的效率，已成为酒店管理是否现代化的衡量标准之一。

（四）现代酒店管理信息系统的分析

现代酒店管理信息系统分析的目的是要对一个新的管理信息系统进行设计并对现有管理信息系统进行改进。酒店管理信息系统分析由以下步骤所构成。

（1）调查研究。调查研究是指对酒店的现状以及目前在酒店内流动和利用的信息的实际情况进行调查。通过调查，掌握信息的种类、形式以及信息在酒店内的流向。

（2）输出要求。它是指酒店各个部门对管理信息系统提出的输出信息的要求，包括信息内容、期限、方式、数量及对信息进行检索方面的要求，以保证输出的需要。

（3）输入要求。它是指对信息输入的时间、内容、精确度以及信源的要求，以免造成信息的重复、失真和繁琐。信息输入的要求应取决于输出的要求，即以出定入。

（4）绘制信息流程图。通过绘制各种信息在酒店系统以及各个所属子系统的流程图，阐明信息在各个部门的输入输出情况以及信息与各个部门之间的关系，使管理信息系统中的信息流图像化、明朗化。

（5）设计或改造。根据上述各步骤的分析，设计出符合要求的新的管理信息系统或根据分析、对比，对现有的管理信息系统进行改造。酒店管理信息系统的调整、改造是随着酒店经营管理的动态环境变化而随时进行的。

二、现代酒店管理控制系统

（一）现代酒店管理控制系统结构

现代酒店管理控制系统的基本结构取决于现代酒店的管理体制。在管理系统的外部，每个酒店都有直接的上级主管单位，这个上级主管单位就是酒店的控制者，酒店就是这个主管单位的受控对象。而在酒店管理系统的内部，酒店各级管理人员在工作中为达成某一目标，都必须采用各种方法、手段来对各自所属的受控对象施加影响，进行各种直接或间接的干预。他们是处在不同层次、不同级别的控制系统中的控制者，同时，他们又是各自上级部门的受控者。例如，酒店的各部门经理是各部门所属的各作业班组的控制者，同时又是总经理、副总经理的受控者。酒店内各级管理人员在酒店的经营管理中经常需要向其下属下达有关工作指令并需要下基层检查工作或听取下级有关工作汇报，做出相应的指示。这个过程实际上就是管理控制系统的"指令（控制）—监测—反馈—调控"过程。因此，对于酒店管理控制系统来说，每个子系统（各级管理控制系统）都是一个酒店管理微控制系统。微控制系统的结构和工作流程如图 3-13 所示。

（二）管理控制系统的运转过程

每个控制系统都有自己明确的控制目标。控制目标（决策）在下达到受控对象之前必须经过"编译"处理。编译的目的是使受控对象能够更加准确地理解控制者的意图，并在工作中接受控制者的指导。编译的内容包括以下几种。

（1）向受控对象解释达成这个目标的具体意义。

（2）为受控对象更好地达到控制者所制定的目标编制一个工作计划。工作计划内容包括：①确定计划指标。常用的计划指标有生产、销售指标，如产量指标、产品质量指标、营业额与利润等；经营管理指标，如成本控制、客房利用率与餐饮部原料消耗等。②指出

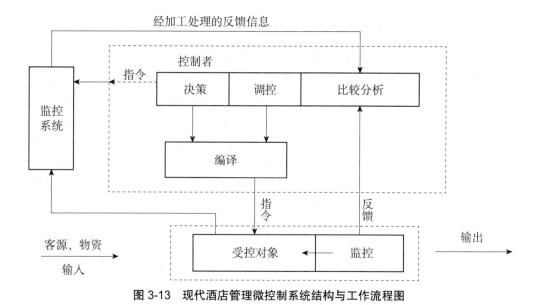

图 3-13   现代酒店管理微控制系统结构与工作流程图

完成计划指标的途径和措施。③制订出本计划的具体实施方案。④指出有关注意事项。

（3）控制有关的奖惩措施。控制系统在向受控对象下达编译指令时，监控系统与监测工作也同时进入工作状态。在现代酒店管理系统中，监控工作多数是通过基层管理人员的下班检查、考核、数据记录、报表制作以及与有关工作人员交谈、抽样调查、对受控对象工作情况和工作效率的原始资料搜集等工作而达到的。通过监控而获得的信息资料经加工、整理后及时反馈给控制者。

现代酒店管理控制系统的控制者（高层决策机构或高层管理人员）对作业系统与监控系统反馈来的各种反馈信息进行综合分析，并与原来的目标、决策、计划进行对照、比较，从而确定受控对象在执行计划时与控制者的目标、计划的偏差情况，并对产生的偏差进行分析，找出偏差的产生原因和制订校正对策，并通过编译过程下达给受控者。控制者对产生偏差的受控对象的干预手段和方式根据不同的情况和需要分别用行政手段、经济手段或法律手段进行直接或间接的干预（奖惩）。干预的目的是校正偏差，干预的原则是"有理、有力、有利、有节、因势利导、循循善诱"。

（三）酒店管理控制系统中可控与不可控因素分析

按控制论的观点，酒店系统中的可控因素与不可控因素可以分别定义为：在一定的范围（酒店系统内部）内，一定条件（酒店控制者力所能及、受控者能承受的条件）下，酒店控制者能直接干预与无法直接干预的因素。因此，酒店系统内的组成部门以及它们之间彼此相互作用而产生的结果都是可控的因素，而酒店系统以外的环境因素都是不可控因素。例如，酒店的产品价值、目标市场、生产经营策略等是酒店系统的可控因素；而酒店市场需求、市场竞争、政治经济局势等是酒店系统的不可控因素。可控因素与不可控因素之间的关系可用哈瓦德营销组合图（见图 3-14）表示。

现代酒店系统的可控因素与不可控因素是相对的。对于可控因素，由于控制者对受控者的干预要在一定的约束条件下进行，且干预的方法及程度都有一定的局限性，所以"可控"只是相对的。对于不可控因素，虽然控制者无法对它进行直接干预，但由于它与系统

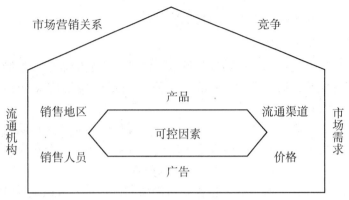

图 3-14 哈瓦德营销组合图

内部的可控因素总存在某种联系（如物流与信息流的交换等），因此，控制者可以通过对系统内部某些因素的调整来对它施加一定的影响，从而达到间接干预的目的。例如，酒店产品的价格是可控因素，酒店系统可根据市场需求情况对自己的产品价格进行调整，但这种调整受成本等方面的限制，具有一定的限度和幅度。而酒店市场需求是不可控因素，酒店不能对市场需求进行直接的干预，但酒店可以通过改变产品的结构、提高质量、改变营销渠道、调整价格等方式来刺激市场需求，对它实行间接干预。

（四）现代酒店管理控制系统中的关键环节控制

现代酒店管理关键环节有四个方面：产品质量、价格、服务质量、成本消耗。因此，关键环节控制就是上述四个方面的控制。

第五节　酒店系统分析、评价与优化

一、现代酒店系统分析

现代酒店系统分析是通过对酒店功能、结构、状态、环境的分析，使各级系统管理人员了解系统的作用、运行工作状态以及系统与环境之间的各种联系，明确各不同层次系统的分析、协调等系统经营管理活动中的问题和情况，以谋求最佳的系统整体管理效果，创造最优的系统经济效益。

（一）现代酒店系统的功能分析

系统的功能源于系统组成部分的相互作用。因此，现代酒店系统功能分析的目的在于检测酒店各部门（子系统）的功能及其作用，以及各部门之间相互影响、相互制约的关系。

现代酒店系统功能可以用带有各自不同的约束条件的目标函数的形式来反映。现代酒店系统的目标函数通常有两大类。

1. **直接反映系统功能强弱的目标函数**

直接反映系统功能强弱的目标函数的函数值通常表示系统所完成的工作指标，如营业额、人均创利、资金周转率、成本、功能指数等。

2. 间接反映系统功能强弱的目标函数

间接反映系统功能强弱的目标函数只反映系统某一方面的功能，如酒店市场预测目标函数，其函数值可能是市场对某一产品的需求量，如团队对客房的需求量等。一般来说，酒店经营中的多数预测均属此函数。

因此，现代酒店系统的功能分析实际上就是对现代酒店系统目标函数的计算、分析和比较。例如，酒店员工在某段时间内人均所创纯利可用目标函数表示为

$$W = (V - C) / N$$

其中：W 是酒店员工在某段时间内人均所创纯利；V 是酒店在某段时间内接待的总人数和客人接受酒店各项服务的概率与人均消费额乘积的加和值；C 是酒店在某段时间内所支出的总成本（固定成本和变动成本之和），N 是酒店员工总人数。V 的计算公式为

$$V = \sum_{i=1}^{m} 概率i \times 人均消费额i \times 接待总人数$$

现代酒店系统功能实质上就是各子系统功能的集合体现。因此，酒店系统功能的分析可以通过各子系统功能的分析而得到反映。

（二）现代酒店系统的结构分析

系统结构分析的目的在于明确酒店内部的分工、协作关系、提高工作效率，有助于系统的正确诊断与结构优化。现代酒店系统结构分析工作主要包括以下几点。

（1）按系统内各个不同层次子系统的位置，画出酒店系统实体结构图，标出各系统人员的任务、职能及所处位置，注明各子系统之间的物流、信息以及工作流程图。

（2）根据各子系统所承担的任务、职能、功能强弱及彼此间的协调、制约关系，分析现行的系统结构是否合理，决定是否调整。

（3）通过计算各作业系统的营业额占整个酒店营业额的比重，分析酒店市场目标的变化以及酒店系统内重点的转移。

（三）现代酒店系统的状态分析

现代酒店系统的状态分析主要指酒店系统经济活动状态的分析。

现代酒店系统经济活动状态分析的主要内容包括前台接待业务的经济活动状态分析、后台供应业务的经济活动状态分析和财务状态分析。

1. 前台接待业务的经济活动状态分析

前台接待业务的经济活动状态分析的目的在于了解酒店前台各作业系统状态是否正常，各子系统之间的工作状态是否协调。分析的内容主要是前台接待业务活动的各项计划、指标、完成情况。

（1）接待能力分析。根据统计核算和业务核算，分析酒店接待能力是否达到计划指标、接待能力的利用情况、影响接待能力利用的内外因素等。分析方法可以采用对比分析法、因素分析法（或结构分析法）和相关分析法等。

（2）接待人数分析。接待人数分析是指对酒店接待总人数和计划指标的差异分析，平均过夜人数、接待人数的市场分类分析，淡、旺季各月接待人数分析以及影响客源的因素

分析，以此分析来检测系统的利用率。

（3）服务质量分析。主要分析达到计划指标情况、质量问题状况，各部门由于质量所造成的损失原因等。

（4）劳动分析。劳动分析包括劳动生产率完成计划指标分析、劳动生产率提高或降低分析、劳动质量分析、劳动定员分析等。

（5）物资消耗与设备分析。物资的消耗分析主要分析物资消耗定额与计划指标的差异、控制消耗物资消耗量的分析等。设备分析主要指设备损坏分析与设备状况分析。

2. 酒店后台供应业务的经济活动状态分析

酒店后台供应业务的经济活动状态分析主要有供应量的分析、供应质量的分析、消耗分析以及设备利用分析。

3. 财务状态分析

财务状态分析包括以下几个方面。

（1）流动资金利用效率分析。通过应收款周转率、库存周转率以及流动资金周转率等指标的分析来评估酒店流动资金的利用效果。

$$应收款周转率=\frac{某期间总销售额}{该期间平均应收款额}\times100\%$$

$$应收款周转率=\frac{某期间总销售额}{该期间平均应收款额}\times100\%$$

$$库存周转率=\frac{库存消耗额}{平均库存额}\times100\%$$

$$流动资金周转率=\frac{某期间营业收入金额}{流动资金平均占用额}\times100\%$$

流动资金周转率的大小与营业收入额成正比，与流动资金平均占用额成反比。流动资金周转率越大，说明酒店的流动资金利用率越高，财务状态越佳。

（2）固定资金利用效率分析。酒店固定资金利用效率可以通过固定资产结构变化和固定资金占用率的分析来反映。固定资产结构说明酒店固定资金的占用情况及固定资金配置是否合理，它的变化指一定期间内各类固定资产总额中所占比例的变化。固定资金占用率则表明固定资产的利用程度，它通过平均占用额和收入总额的比值来反映。

$$固定资金占用率=\frac{固定资金平均占用额}{营业收入总额}\times100\%$$

固定资金占用率越小，表明每百元营业收入占用的固定资金越少，资金使用的效率越高，经济效益越好。

（3）成本分析。成本分析是以一定的分析方法，对酒店成本核算资料进行分析。分析内容主要是对成本中的各种计划指标及其执行情况进行分析比较。

① 酒店各种类型的成本分析，主要包括营业成本分析、营业费用成本分析、企业管理费分析及费用结构分析。

第一，营业成本分析。营业成本是指酒店为客人提供各项服务时直接消耗的费用。例如，餐饮部的食品和饮料成本、商品部的商品成本等。营业成本的指标通过营业成本率来体现：

$$营业成本率 = \frac{营业成本}{营业收入} \times 100\%$$

控制营业成本率是酒店经营管理中的一个重要方面。

第二，营业费用成本分析。营业费用是酒店营业部门在业务经营中所需支出的各项费用，如工资福利、燃料费、水电费、宣传广告费等。营业费用的指标可以通过营业费用率来体现：

$$营业费用率 = \frac{营业费用额}{营业收入} \times 100\%$$

营业费用率的分析目的在于进行系统成本的有效控制。

第三，企业管理费分析。企业管理费是酒店管理部门为组织和管理酒店经营活动所发生的各项费用，如行政管理费、办公费、保险费等。企业管理费用是各营业部门提供服务的间接费用。它的指标可以用企业管理费用率来体现。

$$企业管理费用率 = \frac{企业管理费用额}{营业收入} \times 100\%$$

第四，费用结构分析。费用结构分析主要分析酒店经营中各项费用结构的相对比例，以观察其相对比例的变化和发现各种成本控制过程中产生的偏差和问题。

② 酒店的固定成本、变动成本和混合成本分析。酒店成本若按其随销售量增减而变化的关系分类，可分为固定成本、变动成本和混合成本（半变动成本）。

第一，固定成本在一定的销售范围内，不随销售量的变化而变化。例如，设备的折旧、行政办公费、管理人员工资及教育培训费等不随酒店销售量的变化而变化。

第二，变动成本指随着销售量的增减而按比例增减的资本，如食品饮料费用、客房的易耗品、临时工资、福利等。变动成本随销售量的变化是成正比例的。又如，当销售额上升 10% 时，食品饮料费用也将相应上升 10%；反之亦然。

第三，混合成本则指随销售量的增减而不成正比例变化的成本，如酒店空调费用，器物破损费，水、电、气消耗费用等。混合成本实际上是固定成本与变动成本之和。因此，混合成本随销售额增减而变化的大小取决于固定成本与变动成本各自所占的比例。例如，当客房的出租率上升 20% 时，酒店的水电费不会按比例也增加 20%。这是因为，酒店的水电费除了一部分用于客房的水电外，还有一大部分用于酒店的锅炉房、水房、大厅、餐厅等公共部分，而这一部分的水电费用无论客房出租情况怎样，都必须支出。有经验的管理人员一般把水电费这个混合成本的 60% 分摊为变动成本，40% 为固定成本。在成本分析中为了计算方便，常把混合成本分解为变动成本和固定成本两部分。分解方法一般采用高低点法和回归法。

高低点法就是在销售量与混合成本的统计资料中，找出混合成本的最高额与最低额以及销售量中相应的最高点和最低点，然后算出变动成本的变化率：

$$变动成本的变化率 = \frac{混合成本最高额 - 最低额}{销售量最高点 - 最低点} \times 100\%$$

然后把高点（或低点）销售额乘以变动成本变化率即可获得变动成本部分。高低点法计算简单，但精确度较差。

回归法则是根据混合成本的统计资料中的数据描点作图，并设作图的直线方程为

$y=a+bx$，直线方程系数 a 即为混合成本中的固定部分，而系数 b 则为变动部分的变化率，a、b 可用最小二乘法求得。回归法分解混合成本中的固定成本部分和变动成本部分比较精确，但计算比较复杂。

（4）量、本、利分析。该部分内容详见第四章第三节。

（5）盈亏平衡图分析。盈亏平衡图分析是用图解方法来分析销售量、成本和利润之间的关系。

① 盈亏平衡图（见图 3-15）制法：以成本和销售收入为 y 轴，销售量（额）为 x 轴，作图；画出固定成本直线，固定成本与销售量无关，是一条平行于 x 轴的直线；画出变动成本的直线，变动成本随销售量增加而增加；把变动成本的直线加在固定成本线之上画出总成本直线；画出销售直线，销售收入随销售量增加按销售单价比例上升。

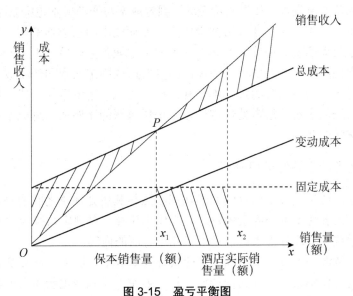

图 3-15　盈亏平衡图

② 盈亏平衡图分析：在盈亏平衡图中，销售收入直线与总成本直线相交点 P 为盈亏平衡点，表示酒店处于此状态时的营业情况为不亏不盈。此点所对应的销售量（额）x_1 为保本销售量（额）。P 点左侧区域总成本线在销售收入线上，成本大于收入，若酒店营业情况处于此区域，则酒店是亏损的。P 点右侧区域销售收入线在总成本线上，成本小于收入，酒店处于此区域的经营状态是盈利的。

若酒店的实际销售量（额）为 x_2，则平衡盈亏图上的 x_1 至 x_2 之间就称为安全经营区，安全经营区是指酒店能够获利的经营区域。安全经营区越宽，表明酒店经营的安全状态越好，利润稳定性越大。可见，酒店经营安全区的大小是衡量酒店经营状态好坏的一个重要指标，它的定量计算可以用经营安全率来表示。

$$经营安全率 = \frac{实际销售额 - 保本销售额}{实际销售额} \times 100\%$$

$$= \frac{x_2 - x_1}{x_2} \times 100\%$$

经营安全率越大，酒店安全状态越好。它的标准如表 3-7 所示。

表 3-7　酒店安全状态标准

经营安全率	>30%	25%～30%	15%～25%	10%～15%	<10%
安全状态	好	较好	不太好	要警惕	危险

例如，某酒店的盈亏平衡图中的 x_2 和 x_1 分别为 94 万元和 68.92 万元，则该酒店的经营安全率为 26.68%，表明该酒店的经营安全状态是较好的。

在盈亏平衡图中，安全经营区的宽度大小主要取决于酒店的成本构成。固定成本比例越高，安全区域越小。这是由于固定成本比例越高，使保本销售额（x_1）越大的原因所造成的。

③ 利用盈亏平衡图分析量、本、利关系时应注意如下问题：第一，上述的分析都是在假定物价不变的情况下进行，如果物价变动，固定成本与变动成本也会发生变化，量、本、利关系就可能不同。第二，上述分析把销售量、变动成本和总成本都假定为线性，而在实际经营过程中都有可能变成曲线。例如，在完成一定业务量以后，由于产品价格的变动而造成销售额出现曲线情况，经营过程中新产品开发造成固定成本和变动成本增加而出现曲线等。第三，对于酒店各部门的量、本、利分析，还应考虑酒店间接费用和管理费用的摊派给经营利润带来的影响，通常处理方法是：按所摊派的比例加入总成本；只计算直接成本而不考虑所摊派的间接成本。

（四）现代酒店系统的环境分析

现代酒店系统的环境分析的目的在于认识酒店与其所处环境之间的物资、能量与信息之间的联系，分析各种不可控因素的发展、变化规律及其对酒店系统管理的影响。

现代酒店系统的环境分析主要包括以下几个方面的内容。

（1）原料、能源、人员、水资源的供应状况（如数量、质量）及其发展的变化情况。

（2）与市场、营销机构、挂钩性的旅行社、航空公司以及上级主管部门之间的信息联系情况。

（3）酒店市场需求及其变化情况。

（4）社会经济、政治局势的变化情况。

（5）酒店的"社会形象"情况。

（6）同行竞争对手产品的种类、数量、质量、销售策略与营销方式的分析。

（7）政府、上级主管部门的有关政策和规定。

现代酒店系统环境分析的方法既可以采用调查、对比、归纳、估计等定性分析方法，也可以采用上述介绍的资料统计、数据计算、作图、建立模型进行预测模拟等定量分析方法。

二、现代酒店系统评价

对现代酒店系统而言，酒店经营效果的好坏反映了酒店系统经营管理的水平和业绩。因此，现代酒店系统的评价实质上就是酒店经营效果的评价。评价方法通常采用经营绩效评价法。

（一）评价指标

酒店系统的绩效评价可以通过考核酒店系统的资金周转率、销售利润率和资金利润率这三项指标来进行。

$$资金周转率 = \frac{销售额}{资金总额} \times 100\% \tag{3-1}$$

$$销售利润率 = \frac{利润}{销售额} \times 100\% \tag{3-2}$$

$$资金利润率 = \frac{利润}{资金总额} \times 100\% \tag{3-3}$$
$$= 销售利润率 \times 资金周转率$$

对酒店而言，资金利润率是反映酒店经营效果的一个综合性指标，是酒店绩效的评价标准。如果酒店的资金利润率低于一定的限度，酒店将无法生存和发展，这个最低限度就是酒店经营必须达到的资金利润率标准。这个标准可根据酒店的历史资料并参照同行业标准而定，或按投资者的要求而定。

（二）评价曲线与评价区间

1. 评价曲线

若令 z 为资金利润率，x 为销售利润率，y 为资金周转率，则由式（3-3）有 $z = x \cdot y$。由此式可以在坐标系中画出代表不同资金利润率的 z 曲线族。

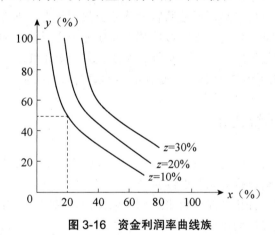

图 3-16　资金利润率曲线族

从图 3-16 可见，z 值所表示的资金利润率越大，曲线离坐标原点越远。

利用资金利润率曲线族，可以在 x、y、z 三个坐标中由已知的任意两项指标查得另一项指标。

例如，已知销售利润率为 20%，要达到 10% 的资金利润率，所需的资金周转率可从 $z = 10\%$ 的曲线上找到，即在 $z = 10\%$ 曲线上，当 $x = 20\%$ 时，所对应的 $y = 50\%$。

2. 评价区间

评价曲线的评价区间可由盈亏临界曲线画出。盈亏临界曲线指按酒店最低资金利润率标准作出的 $z = x \cdot y$ 曲线。

例如，某酒店的最低利润率标准为 10%，则在 x–y 坐标系上画出此临界曲线，作过坐标原点顶角平分线，可得图 3-17 的四个区域。

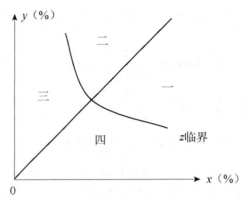

图 3-17　评价区间图

区域一为资金积累型盈利区。酒店经营状况处于此区域时可盈利，盈利主要来自较高的销售利润率，而资金周转率并不高。

区域二为资金周转型盈利区。酒店经营状态处于此区域时可盈利，盈利主要来自较高的资金周转率，而销售利润率并不高。

区域三为利润过低型亏损区。尽管此状态的资金周转率很高，但由于销售利润率太低而造成亏损。

区域四为资金积压型亏损区。亏损是由于资金周转太慢产生资金积压而引起。

由上述四个区域的分析可见，要使酒店经营处于盈利状态，则必须对销售利润率和资金周转率进行合理的组合，任何一项的极端都不能促使酒店经营创利。从理论上说，销售利润率和资金周转率的最优组合应该处于临界曲线上方的对角线上。绩效优化的目的在于经营创利，所以任何优化措施的目标应该是使酒店的经营状态的坐标点趋于这条对角线上。

三、现代酒店系统优化

现代酒店系统优化可以通过系统绩效的评价和分析来达到。优化的目的在于对原有的系统状态进行分析、改造以提高系统的经营效果，创造更大的利润。因为现代酒店系统的评价可以通过评价区间、评价曲线分析来达到。因此，可以用评价曲线进行系统的优化。采用评价曲线进行系统优化的步骤如下。

（1）根据酒店的经营数据，按式（3-1）和式（3-2）计算出酒店资金周转率（y）、销售利润率（x）等评价指标。

（2）根据酒店的最低资金利润率标准，在 x-y 坐标系中作出盈亏临界曲线（z）及对角平分线，得出如图 3-17 所示的评价区间。

（3）按照步骤（1）计算的 x、y 值确定酒店经营状态在评价区间的坐标位置和所处的区域，分析所处状态的经营情况，并提出优化方案。

（4）优化方案的分析、比较并制订出最佳优化方案。

（5）对优化方案实施的具体情况进行分析，预测优化方案实施后可能达到的绩效指标。

为使系统优化能保持适应性，必须经常对系统的绩效进行分析，不断进行优化的调整。

优化措施既要照顾目前利益，又要考虑措施的时间性和合理性，如此才能达到系统优化所预期的目的。

综上所述，现代酒店的绩效评价和优化的过程可用图 3-18 表示。

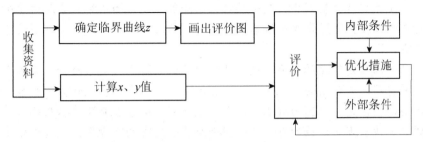

图 3-18 酒店绩效评价与优化流程

案例分析与习题

一、案例分析

案例 3-1 管理的内耗问题

A 酒店过去是一家市政府所属的高级招待所，经过更新改造以后，升级为四星级酒店，但酒店的组织结构基本上沿袭了招待所的模式。为了加强销售工作，酒店增设了公关销售部。但是由于过去的销售工作分别由客房、餐厅和各业务部门负责，所以这一格局并未打破。这样便出现了酒店所有部门都有销售指标，各个部门一同出去跑推销的局面。有时为了争取同一个客户，各部门轮番争抢，出现内部竞争。这种状况弄得客户莫名其妙，有些客户认为如此混乱的管理不可能造就良好的服务，因此打消了与 A 酒店合作的念头。

在销售部，每个人的业绩完全由销售额决定，造成面对同一个客户前后有不同的人员上门推销，而且每个销售人员报的价格高低不等，弄得客户不知所措。另外，由于经常出现内部竞争，销售部与其他部门之间、销售部内部员工之间也经常因为争抢客户而发生矛盾。

思考：A 酒店存在的问题是什么？应该采取什么措施才能解决酒店存在的问题？

分析：该酒店违反了科学管理的统一指挥原则、团结一致原则、职能分工原则等。由于酒店的公关销售部和客房部、餐饮部等都具有销售职能，导致职能重叠，管理与指挥混乱，各部门为了部门利益而相互竞争，影响酒店的整体利益。可以采取的对策是：首先将客房部、餐饮部等经营部门的营销职能划归销售部统一管理；然后在销售部内部进行分工与授权，统一促销政策并为营销人员划分市场区域，防止内部恶性竞争。

案例 3-2 计划没有变化快

B 酒店是一家五星级酒店，在 2012 年实现年均营业收入增长 15%、营业利润增长 24% 的良好经营业绩。酒店总经理对此十分满意，并信心满满地制订了 2013 年经营计划，将酒店年均营业收入增长率定为 20%、年均营业利润增长定为 30%，并对餐饮部、客房部、康乐部等经营部门制订了详细的部门计划和增收目标。然而，2013 年中央"八项规定""六项禁令"出台后，许多政府会议取消在该酒店的会议订单或缩短会期，用餐标准也大大降低。政务接待业务数量急剧减少、政务接待档次降低，使得酒店第一季度的营业额下降了40%。严峻的市场形势使得管理层倍感压力，一些部门经理私下议论：计划没有变化快，做的计划又有什么用呢？

　　分析：计划工作是管理的首要职能，其他工作都只有在确定了目标、制订了计划以后才能展开，并将围绕着计划的变化而变化。在酒店经营实践中，经常会因为各种变化而导致计划不能实现。但是，正因为有变化才需要做计划，必须在变化中不断地修正计划，从而使得计划更加适应现实。计划可以给管理者和非管理者指明方向，通过计划促使管理者展望未来、预见变化以及制定适当的对策，还可以使浪费性和重叠性减至最少。因此，因为变化影响计划的实行而否定计划的想法是错误的。

二、习题

1. 酒店组织管理理论由哪些原则所组成？如何正确理解有秩序原则？
2. 如何评价酒店组织的短、中、长期效能？
3. 如何进行有效授权？
4. 阐述酒店经济责任制与岗位责任制的关系。
5. 现代酒店为什么要进行计划管理？计划管理的基本任务有哪些？
6. 如何利用滚动式计划编制法编制酒店的短期计划？
7. 掌握使用关键路线法进行计划管理的程序与方法。

第四章　酒店资源管理

引言

　　现代酒店资源管理涉及内容广泛，理论性和实践性均较强。本章从现代酒店资源的宏观管理入手，对构成现代酒店资源的人力、财力、物力、信息、时间、形象与口碑等资源的特点、内容、开发、管理与利用进行了系统、全面的阐述与分析。

学习目标

　　通过本章的学习，要求学生：①熟悉酒店资源定义、类型、特点和资源管理的内容与方法；②掌握现代酒店人力资源管理、财力资源管理的概念、内容与方法；③熟悉酒店物力资源管理、信息资源管理的概念、内容与方法；④了解酒店时间资源管理、形象与口碑塑造的概念、内容与方法。

第一节　酒店资源概述

一、酒店资源的定义

酒店资源有以下几种定义：

（1）酒店资源是指能为酒店所利用的，并由此产生经济效益和社会效益的有形物质和无形物质。

（2）在酒店中能对顾客产生吸引力，可为酒店开发和利用，并可产生经济效益、社会效益和环境效益的各种事物和因素，都可视为酒店资源。

（3）酒店资源是指能吸引旅游者，并能为酒店的经营运作提供帮助的各种可能因素及其产物。

（4）酒店资源是在现实条件下，能使酒店业吸引顾客并进行各种经济活动的各种因素的总称。

酒店资源的定义描述可以因各自的出发点和强调的重点不同而有所不同，但不管从哪个角度来阐述酒店资源的定义，都必须阐明酒店资源所应具有的三个基本点：①酒店资源具有吸引顾客的"吸引功能"。②酒店资源具有效益功能，它能为酒店的经营活动所利用，并能产生出经济、社会和环境效益。③酒店资源是各种社会因素及其产物的总和。这些因素和产物可以是有形的，也可以是无形的；可以是已开发的，也可以是未开发的；可以是现实的，也可以是潜在的。

二、酒店资源的类型及其特点

（一）酒店资源的类型

现代酒店资源可以根据不同的目的而有不同的分类方法。

1. 根据酒店资源的特点划分

根据酒店资源的特点，可以划分为以下五种。

（1）人力资源，指酒店中的人员及与酒店有直接关系的其他人力。

（2）财力资源，指酒店拥有或者控制的能以货币计量的经济资源，包括各种财产、债权和其他经济权利。

（3）信息资源，指酒店用来建立各部门之间的联系和反映酒店经营管理活动情况的酒店内部的各项指标、指令、计划、报表、数据和规章制度，以及用来描述酒店外部环境变化的数据、消息等有利于实现酒店经营管理目的，并能为人们所认识的情报资料。

（4）时间资源，指伴随着酒店经营活动出现的人流、物流、信息流等运动而存在的时钟时间、日历时间、劳动时间、收入时间、可控时间和不可控时间等有效时间。

（5）口碑、形象资源，指酒店在经营管理活动中在社会公众或消费者心目中，所形成或树立的相对稳定的地位和整体形象，也指社会公众对现代酒店产品、信誉、服务质量、管理水平、人员素质等的良好评价、看法和整套要求及标准。

2. 根据现代酒店资源的本身属性划分

根据现代酒店资源的本身属性，可以划分为以下两种。

（1）有形资源。它包括现代酒店中的人力资源、财力资源、物力资源等能为酒店控制和利用，并能为酒店产生社会、经济效益的，有形的、可见的并客观存在的硬资源。

（2）无形资源。它包括酒店中的信息资源、时间资源、形象资源和口碑等具有价值、客观存在的、无形的、不可见的软资源。

3. 根据酒店资源开发、利用程度划分

根据酒店资源开发、利用程度可以划分为以下两种。

（1）基本资源。基本资源指酒店经营管理活动中所必需的资源，它包括人力资源、财力资源、物力资源、信息资源等。

（2）特殊资源。它包括时间、口碑、形象、政策优惠等资源。

（二）酒店资源的特点

1. 组合性

在现代酒店的经营活动中，孤立的、单一的资源无法形成有吸引力的资源，无法对酒店产生经济效益，只有把酒店所具有的资源组成资源体，才能发挥其作用。

2. 时代性和变异性

在不同的历史时期、不同的社会经济状况、不同的科学技术水平条件下，现代酒店资源的实质、内容、体现形式、功能作用都可能不同，并且会随着现代酒店业的发展而发展。因此，现代酒店资源具有时代性的特征并呈现出变异性。

3. 价值的不确定性

现代酒店资源价值的不确定性主要反映在以下三个方面。

（1）现代酒店的资源难以用数字来计算。

（2）现代酒店资源的价值随开发、利用的深度和程度的不同而不同。

（3）现代酒店资源的价值随时间的延长而不同。有些资源的价值会随时间的增长而增加，有些资源的价值会随时间的增长而减少。

4. 多样性

酒店资源的多样性表现在以下四个方面。

（1）资源类型的多样性，既包括人、财、物资源等有形资源，又包括时间、信息、口碑、形象等无形资源；既有硬资源，又有软资源。

（2）资源价值的多样性。既包括有形价值，也包括无形价值；既有现时价值，又有潜在价值。

（3）资源开发利用方式的多样性。既取决于资源本身提高的开发、利用，也有间接、潜在的开发利用。

（4）资源效益的多样性。现代酒店资源产生的效益不仅有社会效益，而且有经济效益，还有环境效益。

三、酒店资源管理研究的内容

（一）人力资源管理

人力资源管理主要研究酒店人力资源管理的对象、任务，人力资源的计划管理与开发，人力资源管理的方式与方法，人力资源的激励管理等方面的内容。

（二）财力资源管理

财力资源主要研究酒店财力资源管理的方法，财力资源开发、计划管理、资金管理、成本控制管理、营业收入与利润管理，经济活动分析等方面的内容。

（三）物力资源管理

物力资源管理主要研究酒店资源管理的特点、任务，物资储存原理方法，库存物资管理，设施设备管理等方面的内容。

（四）信息资源管理

信息资源管理主要研究酒店信息的收集、加工、反馈和储存管理，现代酒店信息的管理与使用，现代酒店信息管理对策等方面的内容。

（五）时间资源管理

时间资源管理主要研究酒店时间管理的基本方法，无形劳动时间管理、有形劳动时间资源管理，现代时间管理的评价等方面的内容。

（六）口碑与形象塑造

口碑与形象塑造主要研究酒店口碑与形象的构成内容，口碑与形象塑造的原则与方法，口碑与形象的塑造过程、现代酒店口碑与形象评价等方面的内容。

四、酒店资源管理的原则

（一）计划管理原则

酒店资源类型繁多，各种资源在服务过程中的作用、关系复杂，酒店要充分发挥资源的作用，就必须对资源进行计划管理。根据酒店的资源情况，对酒店资源的开发、使用、管理进行计划，并严格地进行计划管理，才能使酒店所有的资源在经营活动过程中发挥作用，使各种相互关系协调。

（二）系统性原则

酒店资源分布在酒店系统中的各子系统中，子系统与系统间的资源在系统的运作中存在着相互依赖、联系和制约的关系。因此，在酒店资源的管理上，既要系统地分析整个酒店资源的使用与管理，又要考虑各子系统之间资源的协调和联系；既要将酒店资源形成一个有机整体，有效地发挥整体资源的作用，以满足酒店系统和环境的需要，又要在酒店各子系统特定情况下发挥资源的个体作用，以适应酒店系统对其子系统的要求；既要考虑各种资源的独立性、特征性，又要注重资源间的相互协调。

（三）有序原则

有序原则要求酒店资源管理应维持良好的资源秩序，特别是人与物的秩序。良好的秩序是现代酒店进行高质量、高标准服务的前提。

（四）时效性原则

时效性原则要求资源管理要有强烈的时间概念，资源的使用效率与时间关系甚大。资源管理时效性主要体现在两个方面：一是资源的开发、使用有时效性，不注意时间效能，就会浪费资源、破坏资源；二是资源的经济价值有时效性，不注意时间效能，就会降低或抵消资源的作用。

（五）节约原则

资源节约原则是指在资源的使用与管理中要尽量减少资源的浪费，用计划合理的资源投入来取得或超过预定的目标。现代酒店资源节约原则应从以下几个方面得到体现。
（1）资源占用的合理性。
（2）资源的合理组织。
（3）资源的使用效率。

（六）科学化原则

科学化原则要求酒店资源管理应做到标准化管理和制度化管理。

（七）现代化原则

管理现代化原则要求酒店资源管理思想要适应新技术革命的要求，要采取科学方法、定性与定量相结合的管理技术和方法，管理手段应实现科学化和计算机化。

五、酒店资源管理的方法

（一）运筹学法

1. 规划论法

规划论法是运用数学方法对目标函数和约束条件的关系进行研究，从而确定如何统筹安排，合理调度人员、设备、材料、资金、时间等。线性规划的研究对象方法有两类：一是任务确定后，如何统筹安排，以最少的人力、物力资源去完成它们；二是各类资源条件确定的情况下，如何发挥各类资源的效率，使得完成任务最多。

2. 排队论法

排队论法，也称随机服务系统理论。它是研究拥挤和排队现象，以解决服务设施最优数量的一种技术，也就是在公共服务系统中，设置多少设施为宜。任何排队系统都包括三个方面：一是潜在顾客；二是排队线；三是服务设施。要从以下三个方面考虑：服务设施的布局；顾客排队规则（是按先后顺序，还是优先服务，或任意服务）；服务时间。

3. 库存论法

库存论法研究的是仓库贮存问题。库存论法是研究如何解决库存物品的供求矛盾以确定最佳库存量的方法。库存方法应根据需求方式来确定。

4. 决策论法

决策论的基本要点有以下四个方面。

（1）酒店组织机构、职能和决策联系在一起，而决策是酒店许多个人和集团决策的集合。

（2）酒店资源管理活动的中心决策。

（3）决策是一个过程，而不是一次简单的行动。

（4）决策的原则为：①信息准确原则；②预测先行原则；③可行性论证原则；④系统整体原则。

5. 权变理论法

权变理论强调应变，根据酒店企业所处的不同内外环境，采取不同的、能适应发展的管理。在方法上，权变理论采用大量事实和典型例子进行研究和概括，把千变万化的方法归纳为几个基本类型，从而提出每一类的管理模式。

（二）ABC 管理法

ABC 管理法，也称为重点管理法或 ABC 分析法，其基本思想是"关键的是少数，次要的是多数"这一原理。在酒店资源管理中常用于物力资源和时间资源的管理。

（三）制度管理法

制度管理法采用规章制度的形式把酒店的资源管理中的一系列标准、程序、规则固定下来，使它们成为酒店资源管理中的重要组成部分。酒店中的各种规章制度必须具有三个方面的内容：一是明确规定其针对的条件和范围；二是明确规定其操作的基本流程和步骤；三是明确规定在违反制度时应负的责任。

酒店资源管理中的制度主要有两大类：一是保证酒店产品质量的各项规章制度，包括直接为客人服务的规章制度和劳动纪律，间接为客人服务的各项规章制度。这类制度全面且具体地规定了各项服务工作必须遵循的准则和要求，责任明确、分工清楚，便于贯彻执行和检查考核。二是保证酒店营业运作有序化的各项规章制度，包括各种财务制度、物资管理制度、设备使用维护制度，以及酒店后台各部门为前台保证的各种规章制度。

（四）计算机方法

计算机方法利用现代酒店中的计算机网络或局部网络，借助各种管理系统软件，采用数学模型对酒店中的人力资源、财力资源、物力资源、信息资源、时间资源、口碑形象等资源进行计划、使用、控制和管理。计算机方法不仅使酒店资源管理更具科学化和定量化，而且具有节省资源、增加资源效率、提高管理水平和经济效益等优点。

第二节　酒店人力资源管理

人力资源是现代酒店六大资源之一，也是酒店最基本、最重要、最宝贵的资源。酒店的经营管理实质就是通过组织人员来使用和控制酒店的其他五大资源——物资、资金、信息、时间、形象和口碑，从而形成酒店的接待能力，达到酒店经营的预期目标。人力资源管理工作是一项难度较大的工作，具有良好素质人员的队伍绝不是自然形成的，而是通过管理人员周密的计划、组织、管理和培养才产生、维持和发展的。

一、现代酒店人力资源的计划管理

现代酒店人力资源的计划管理是通过科学合理地进行劳动定额、编制定员等工作来实现的。人力资源计划管理的目的是通过合理地调配劳动，选择合适的劳动组织形式，把人力资源进行科学的劳动分工并组织好协作关系，充分发挥和调动酒店人力资源的积极作用，合理、协调地进行酒店各种服务活动，创造酒店效益。

劳动定额和编制定员管理，就是酒店人力资源计划和调配管理。劳动定额是制定员工配备计划、调动员工积极性、开展劳动竞赛、评估工作成绩、劳动报酬分配的重要依据。编制定员是在劳动定额的基础上，确定酒店所需人力的标准。劳动定员是职工配备和招收的基础，是合理地、节约地使用人力，提高劳动生产效率的约束条件。

1. **劳动定额的类型**

（1）时间定额，指在一定的设备和劳动组织的条件下，采取合理的劳动方法，完成一项任务所需要的劳动时间。

（2）工作量定额，指在一定的设备、设施和劳动组织条件下，采取合理的劳动方法，在单位时间内应完成达到合格标准的劳动量。

2. **制定劳动定额的方法**

酒店制定劳动定额的方法一般有以下几种。

（1）经验统计法。这是以历史上实际达到的指标为基础，结合现有设备条件、经营管理水平和职工的技术、政治思想水平，并预计劳动效率可能提高的因素，经过综合分析研究后制定出定额的方法。

（2）技术测定法。这是通过分析职工操作技术和组织条件，在挖掘潜力的基础上，对定额各部门的时间进行计算和实际观察来制定和修订定额的方法。这种方法包括分析计算、工作日写实和测时两部分内容。

除此以外，还有统计分析法、比较类推法等。

3. **编制定员的原则**

编制定员，就是在劳动定额的基础上确定使用劳动力的标准，即配备多少职工和配备什么样的职工。编制定员必须遵循下列三个原则。

（1）编制定员水平应做到科学合理，既应保证工作需要，又要避免人员的窝工浪费。所谓科学，就是在条件大体相同的现代酒店中机构比较精简，定员相对少，劳动组织合理，劳动效率高。所谓合理，就是要满足服务的需要，做到岗上有人，该做的事有人做。编制定员的标准因酒店的硬件和软件要求标准的不同而不同。

（2）编制定员时，应综合考虑分析影响定员的各种因素。这些因素包括酒店的等级、规模，酒店业务组织形式，酒店劳动手段现代化程度，劳动效率，业务经营情况。

（3）正确处理各类人员之间的比例关系，进一步分析服务人员的劳动效率和酒店全部人员的劳动效率的比例关系，并用这两个指标与同类型、同规模的酒店以及同类型、不同规模的酒店进行比较，以判断本酒店定员编制的先进合理程度，然后再从数量、质量、人员类型方面分析研究定员人数与实际人数之间的差异。

4. **编制定员的方法**

（1）按劳动效率定员。它是指根据工作量、劳动效率、出勤率来计算定员。凡是实行劳动定额管理以手工操作为主的工种，都可以使用这种方法计算定员。计算公式为

$$定员人数 = \frac{每一轮应完成的工作量}{服务员的劳动效率 \times 出勤率} \times 每日轮班次数$$

（2）按岗位定员。它是指按酒店组织机构、各种服务设施确定需要服务人员看管岗位的数量，再考虑各个岗位的工作量、劳动效率、开动班次和出勤率等因素来确定人员。这种方法一般适用于酒店的前厅工作人员、综合服务设施服务人员、门卫人员、行李人员、值班电工、设备维修工人等。

（3）按比例定员。它是指按照与职工总数或某一类人员总数的比例，来计算另一类人员的数量。

（4）按组织机构、职责范围和业务分工定员。这种方法主要用于确定酒店管理人员和

工程技术人员的数量。

二、现代酒店人力资源开发

现代酒店人力资源开发是通过招聘与择员、员工素质塑造、培训等手段来提高酒店人力的劳动技能和素质水平，使人力具有适合本行业特定劳动内容和劳动对象的行业素质与技能。

（一）员工招聘与选择

1. 招聘人选应具备的条件确定

根据履行各岗位职责所需要知识、技术和技能等方面的要求，确定拟招聘人员应具备的资历、经历、年龄、技术、能力等条件。

2. 招聘途径确定

酒店员工招聘有多种途径，确定以何种途径招聘员工没有任何约束条件。

（1）内部招聘。内部招聘是指从酒店内部招聘员工来填补空缺的位置，一般适用于中、基层管理人员的招聘。内部招聘的优点是容易找到合格的人选，有利于发掘、使用内部人才，激励员工积极性；缺点是受人才的限制，若失误（招聘不当）可能诱发员工的抵触消极情绪。

（2）外部招聘。外部招聘是指在社会上公开招聘人员，一般适用于酒店基层岗位的补缺。外部招聘一般可以采取职工推荐和广告招聘两种形式。

（3）内外公开竞争。这是一种招聘中、基层管理人员，技术人员，专业人员的有效途径，便于挑选理想、合适的人选。

（4）从学校毕业生中招聘。这是增加专业管理人员，引进、补充新生力量的主要途径，但由此途径招聘的人员缺乏实际工作经验，需要一段时间的实际锻炼和培训才能较好地完成工作。

3. 招聘员工选择

（1）选择标准。不同的工作岗位有不同的选择标准，除了将招聘人员应具备的条件作为选择员工的主要标准外，还应将招聘人员的工作能力、动机和工作态度、仪表仪容、性格等方面的内容作为员工的选择标准。

（2）选择方式。一般采用审查档案（包括应聘申请表、简况表等）、考试、面试等手段进行选择。

4. 试工

试工的目的在于了解、审查受聘人员的实际工作能力和态度。试工期一般为3～6个月。试工期要对新受聘人员进行定期的成绩评估，以便确定是否正式录用。

（二）酒店员工素质的塑造

1. 管理人员的基本素质

为了有效地履行管理者的职责，不管哪一层次的管理者，都必须有优良的政治素质、心理素质、文化素质、组织管理素质和身体素质。根据我国旅游酒店的实际，以下几点尤为重要。

（1）坚定的政治方向。

（2）强烈的事业心。

（3）诚实、公正、廉明的品德。

（4）果断、务实、民主的作风。

（5）沉着、冷静、自律的风度。

2. 专业技术人员的基本素质

专业技术人员的素质，最根本的是要有强烈的酒店意识、优秀的道德品质、良好的工作作风和过硬的业务技术。后面三条一般已有明确的标准，无需多说，至于酒店意识，则是指服务意识、商品意识等。专业技术人员应该甘当"老二"，努力为前台服务，不断改善服务态度，提高工作质量。

3. 服务人员的基本素质

酒店服务人员的基本素质主要体现在以下几方面。

（1）端庄可人的仪表、仪容。

（2）礼貌的举止和热情的服务态度。

（3）良好的服务意识与熟练的工作技能。

（4）善于语言交际与沟通服务。

（5）具有较强的应变能力。

（三）人员培训

1. 酒店人员培训的内容

现代酒店人员培训的内容基本可以分为三大类，即工作技能培训、人际关系技能培训和思维智能培训。

（1）工作技能主要指酒店各项工作、各个岗位的业务、操作知识和技能、语言能力等。

（2）人际关系技能主要包括对内和对外两个方面的人际关系技能。前者是指善于处理同事之间、上下级之间、各部门之间的人事关系，创造融洽、和谐的人事氛围，培植团体通力协调一致精神的能力；后者则主要指处理与客人关系的技巧。

（3）思维智能主要指思维抽象能力、策划能力、组织能力、决策能力、督导能力、理解能力、独立工作能力、创见性等。

这三大类技能培训的侧重程度，对于处在酒店人事组织结构不同层次的员工来说是不相同的。一般来说，职位越高、担负管理职能越重的管理人员，越需要思维智能的培训；普通员工则侧重于工作技能的培训；而人际关系技能的培训是每个人都迫切需要的。

2. 员工培训的类型和方法

（1）岗前培训。新员工的岗前培训是十分重要的，岗前培训的内容应包括酒店历史和概况、酒店经营宗旨和经营方针政策、酒店组织机构的介绍，使新员工尽快熟悉工作环境，成为酒店一员。此外，岗前培训还应该包括对新员工进行酒店规章制度、组织纪律、安全知识的教育。

（2）岗位培训。岗位培训是员工不脱离工作岗位所接受的一种培训方式，是员工培训最主要的形式。岗位培训一般由各管理人员和经验丰富、技术熟练的老员工来担任培训者。老员工本身的知识、技能和素质是培训成功的先决条件，但是优秀的管理人员和老员工未必就是很好的培训者，酒店的人事培训部要帮助他们制订培训目标和计划，指导他们使用有效的培训方法。

（3）工作模拟训练。工作模拟训练法是在模拟的工作条件下，让受训人员完成相应的工作。这种方法能同时训练多人，在短期内使受训人在分配到正式岗位以前受到专门训练。工作模拟法除需要设备外，还需要工作经验丰富的指导教师。指导教师应具备全面的操作技术和知识，并且还应具备传授知识和技术的本领。这种方法对培训厨师、调酒员、餐厅服务员、前台服务员等较为合适，但该方法需要的费用较大。

3. 管理人员的培训

（1）候补经理培训。酒店选拔有培养前途的人选作为候补经理，由现任经理带着干，进行个别指导，以培养岗位接班人。现任经理不在时，候补经理代其工作。此法的优点是能培养候选人处理具体问题的能力和作实际决策的本领，使候选人掌握第一手管理工作经验；缺点是只有一个候选人，只受一种管理职位的培训，不够灵活，因为一个人的能力较难预测，只有在实际工作中才能考察出来。

（2）轮流实习。酒店选定几位培养对象，送到管理岗位轮流实习，在实习过程中考察培养对象是否具有管理工作的才能、适合什么样的工作。这种培养法比较灵活，实习面比较广，受训人员能学到较全面的知识和技能，但受训人员在每一岗位的受训时间较短，并且没有真正决策的机会。

（3）脱产培训。脱产培训可采用研讨会、案例讨论会和短期培训的方法。

三、人力资源管理的方式与方法

（一）现代酒店人力资源管理的方式

当前，人力的管理方式主要受 X 理论、Y 理论和 Z 理论三种管理理论的影响，并由此产生出三种不同的人力管理方式。

1. 以 X 理论为基础的管理方式

X 理论，实际上是一种以任务为中心的管理理论，其管理的依据是，普通人对工作有一种天生的厌恶，不愿意负责，缺乏抱负，但愿意受人摆布。由于对雇员缺乏足够的信任，X 理论主张在职工和管理者之间进行明确的分工，确立管理者的权威，采取"命令与统一""权威与服从"的方式，并且通过严格的定额、考核、奖惩等制度，对职工的行为进行控制。这种管理方式在我国中外合资、外方管理的酒店表现得比较明显。

2. 以 Y 理论为基础的管理方式

Y 理论，实际上是以人为中心的管理。这一管理方式的理论基础是行为科学。这一理论认为，人们工作是正常自然的需要，它不仅表现为一种生活需求，而且也表现为一种精神需求，如社交自我实现等。一旦人们将企业目标视为己任，他们就会自觉、努力地工作。所以，Y 理论主张正面引导和鼓励，并努力创造良好的工作环境来清除前进道路上的障碍，使职工能够获得自我实现的机会。近年来，许多西方酒店管理集团已从 X 理论管理模式转向 Y 理论管理模式，我国的大部分国营酒店也采取了这一管理模式。

3. 以 Z 理论为基础的管理方式

Z 理论是日本管理者在总结 Y 理论的基础上，结合日本的民族特点而提出来的管理模式，其核心在于强烈的企业精神和特殊的协作文化。这一理论的基本点和 Y 理论无本质区别，实际上可以说是以人为中心的管理模式的分支。Z 理论管理模式就是要使雇员相信，他们也是企业的主人，与雇主利益一致。

以上三种管理方式，各有所长，也各有所短。以任务为中心的 X 理论，对于建立酒店业务经营的正常秩序，实现管理和服务的系统化、标准化、规范化，克服员工的惰性等方面都起着重要的作用，特别是在人们生活尚不富裕的时期，不失为一种有效的管理方法。但是，由于这种管理方式以"强制"为基本特征，所以容易扩大管理者和员工的矛盾，加深员工的对立情绪，从而使酒店组织失去凝聚力。以人的思想感情为基础的 Y 理论和 Z 理论，不把员工看成是会干活的机器，而是当作"人"来关心，给予充分的理解、信任和关怀，注重激发员工的工作激情，所以在现代条件下应该说是一种积极的管理方法。但是，如果只靠感情，也难以收到良好的效果。三种管理方式应该互相联系、互相补充、有机结合。我国酒店对人的管理，应该坚持以制度管理为基础，以政治思想工作为主导，以物质刺激为辅助的管理思想，把制度激励机制、物质激励机制、精神激励机制有机地结合起来。

（二）人力资源管理的方法

1. 绩效评估

绩效评估一般有定量考评与非定量考评两种方法。

（1）定量考评方法。定量考评方法一般采用公式进行计算，通过得出考评指标的得分值而使考评的结果有定量的数据。考评所用计算公式要考虑到考核指标的计划值、实际值、受奖系数、受惩罚系数等因素。

例如，常用的考评公式有：

当 $Z_K \geqslant Z_{K3}$ 时，

$$D_K = d_K + b_K (Z_{K3} - Z_{K2}) + a_K (Z_{K1} - Z_{K3})$$

当 $Z_K < Z_{K3}$ 时，

$$D_K = d_K + b_K (Z_{K3} - Z_{K2}) - c_K (Z_{K1} - Z_{K3})$$

其中：D_K 为第 K 项考核指标的得分值，D_K 越大，考评成绩越好。

Z_{K1}、Z_{K2}、Z_{K3} 分别为第 K 项指标的实际完成值、上级计划值和自订计划值，计算公式分别为

$$Z_{K1} = （实际完成第 K 项指标额/平均值-1）\times 100$$

$$Z_{K2} = （当年上级下达的第 K 项指标额/平均值-1）\times 100$$

$$Z_{K3} = （自订第 K 项指标额/平均值-1）\times 100$$

其中：a_K、b_K、c_K 分别表示第 K 项指标的超额受奖分数、超额受奖系数、欠额受罚系数。

（2）非定量考评法。非定量考评方法通常有自我考评、同级相互考评和由上一级管理者进行考评。常见的考评方法有以下几种。

第一种，强制等级比例法。这种方法是以选用员工工作的综合表现和员工潜在的发展

能力作为考评标准。将考评成绩分为若干等级，并强制性地给每个等级一定的百分比。根据考评者的综合表现比例，将全体考评归入相应的等级中去。这种考评方法适用于考评人数较多的基层职工的考评。

第二种，评分法。这种方法是在考评时将各项考评项目的得分标准详细列出，使考评者能针对得分标准填写各个考评项目的得分。各项考评项目的得分填入考评表格，并以总得分来判断优劣。制作考评表格时，应考虑各考评项目的重要性不同，给予适当的权数。此种考评方法适用于对管理人员进行考评。考评时，可以让被考评者按考评标准进行自评，再由考评者审评，也可直接由考评者进行考评。

第三种，比较法。这种方法是将各个被考评者的综合成绩或某项成绩进行相互比较而确定最好或最差。常用的比较法有以下两种。

① 排队比较。先在众多的考评者中列出成绩最好和成绩最差的被考评者，然后按成绩进行排队。例如：

最好		最差
A、B、C、D…	…	W、X、Y、Z…

这种比较法容易加入考评者的主观因素，使考评较难客观。

② 成对比较。这种比较形式如体育的循环赛一样，将每一个被考评者与其他被考评者进行一对一比较，排出成绩顺序。这种考评方法仅适用于被考评人数较少的考评。

2. 劳动报酬

酒店的劳动报酬是落实、检查岗位责任制的一种方法，也是调动员工积极性、保证服务质量、提高酒店经济效益的一种有效的管理手段。酒店员工的劳动报酬形式包括工资、奖励、津贴和福利等。

（1）工资。工资的形式包括以下几种。

① 计时工资。这是根据员工工作时间支付报酬的一种形式。计时工资额是根据工资标准和劳动时间来计算的。计时工资制包括小时工资制、日工资制、月工资制三种类型。

② 计件工资。这是按职工生产的合格产品的数量和完成一定的工作量，依照预先规定的计件单价计算劳动报酬的一种形式。酒店有时在雇用临时工时支付计件工资。

③ 浮动工资。这是根据酒店经营成果的好坏，以基本工资为水平线，发给员工上下浮动的工资。它是把员工基本工资的大部分作为固定工资，把基本工资的小部分连同奖金、利润留成的一部分作为浮动工资。

（2）奖励。奖励包括物质奖励和精神奖励两种。精神奖励主要从思想、政治上给予肯定，授予荣誉称号，以满足员工的自尊心、自我实现和成就感，激发员工工作的自觉性和积极性。物质奖励主要以奖金的形式来实现。奖金是对员工超额劳动和有突出贡献的补偿和奖励。因此，酒店在奖金的分配发放中要制定严格的考核（评定）标准和发放原则。奖金的发放标准和原则要有一定的数字指标和考核数据。不同岗位、不同部门的标准和原则应有所区别。

（3）津贴。津贴也是劳动报酬的一种辅助形式，它是为了补偿员工额外和特殊的劳动消耗而设立的。对于现代酒店而言，一般设立以下几种津贴。

① 岗位津贴（服务津贴）。主要用于班、组分配给最基层的服务员。

② 职位津贴。对象为酒店各级管理人员，可从总经理到各部门的主管、领班，以调动各级管理人员的积极性，搞好各部门、班组的工作。职位津贴的发放标准随酒店的不同而不同。

③ 技术津贴。对象为酒店的各类专业技术人员（如高级厨师、工程技术人员等），目的是鼓励各类技术人员钻研业务、提高技术服务水平。技术津贴的发放原则是根据技术职称来发放，属于哪一级技术职称，就领取哪一级的技术津贴。一般来说，技术津贴应不低于部门经理的职务津贴。

除了上述津贴外，有的酒店还设有员工取暖津贴（寒冷地区）、工作餐补贴、服装补贴等其他形式的津贴。

（4）福利。酒店的福利待遇也是调动员工向心力、凝聚力和积极性，保证服务质量的重要方面。酒店社会福利的内容包括员工的住房条件、医疗保险、交通便利状况、子女上学条件、食堂以及业余生活和节假日活动等。

四、人力资源激励与管理

（一）激励的概念与作用

激励在管理心理学中指激发人的动机，使人有一股内在动力，如有一定的目标行动的心理活动过程，或者说是调动人的积极性的过程。激励的内涵通常包括人行为的动因、行为的方向或目标，以及如何保持这种行为的三个基本因素。在考虑激励时，首先要意识到每个人的体内都含有一种动因，即内驱力，使人按照某一特定方向或方式行动，或使之与外在环境动力相结合产生某种行为；其次，每个人的行为都具有导向性；最后，每个人都具有导向系统，即内驱力与环境力量的结合，综合判断人的行为方向或通过反馈调整行为目标。

激励是现代管理学的核心，激励在现代酒店的人力资源管理中具有非常重要的作用。
（1）激励有利于充分发掘员工的潜力。
（2）激励能够提高劳动效率。

（二）现代酒店员工积极性激励理论与方法

1. 马斯洛（Maslow）的需求层次理论

需求层次理论认为人在生活中存在以下五种需求。

（1）生理和生存上的需求，即衣、食、住、行需求。对于酒店员工而言，在工作安排、工作待遇基本合理的情况下，酒店员工都会以格外勤奋的工作态度去追求这方面的需求。

（2）社会安全和工作安全需求。每个员工都希望能置身于一个安全的社会与安全的工作环境中，当员工在这方面的需求得到满足时，会保持和促进他们的工作热情和工作态度。

（3）感情与归属上的需求。每个酒店员工都渴望有一个温暖的工作环境，员工愿意在一个具有向心力而又富有自豪感的群体中发挥自己的工作积极性，愿意为这个集体做贡献。

（4）工作岗位和受人尊重的需求。每位酒店员工都希望成为酒店获得声誉、获得效益的一名有功成员，希望每项成绩中有自己的参与，希望看到自己的工作成果。因此，要调动员工的积极性，首先要尊重他们的工作，承认他们的工作或劳动价值。

（5）自我实现的需求。每个酒店员工都希望达到发挥自己才干的理想地位和目标，都希望通过勤奋工作和努力达到自我实现的需求。因此，要帮助员工达到这种需求，激发他们的积极性。

2. 赫茨伯格（Herzberg）的双因素论

双因素论强调以下两点内容。

（1）激励因素。对酒店而言，指酒店员工的职责范围、工作或服务应遵循的标准、程序和工作责任。每个酒店员工都渴望明确自己的职责范围、工作责任、服务程序、质量标准，以便通过自己的努力和奋斗来区别自己与他人的工作效果，同时也希望给自己一个独立工作和取得成就的机会，更为重要的是想以自己的工作成果来使领导关心自己和承认自己在酒店中的存在价值。因此，酒店管理人员要为员工创造这种激励因素，激励员工的积极性。

（2）工作条件或工作环境因素。对酒店而言，当酒店的工作条件或工作环境因素不存在或不好时，会引起员工对本身工作的不满意而出现一种工作的消极情绪，从而影响员工的工作态度和工作效益。

3. 麦克塞兰德（Moclelland）的成就效益论

成就效益论强调以下三点内容。

（1）为有志员工提供发挥才干所需要的权利或权限。

（2）为有志员工提供创造工作成就的需求。

（3）提供部门之间的协调。

4. 斯根奈（Skinner）的强化激励管理理论

强化激励管理理论强调以下三点内容。

（1）任何一项工作必须有奖励，因此，酒店管理人员应采取多种奖励形式来调动员工的积极性。通常酒店的奖励有以下几种形式：①求知奖励。在我国现代化酒店中，主管、部门经理等中层管理人员最需要求知奖励。通过求知奖励的学习，可以提高管理人员的知识业务水平，激发有志员工的积极性。②晋升奖励。这是酒店高级员工、领班、主管最想获得的一种奖励形式。晋升奖励是调动有志员工最有效的激励手段。③考察旅游奖励。这是激励广大员工最有效的奖励形式，是一种行之有效、奖励面广的方式，可起到高额奖金所起不到的激励作用。④物质奖励。作为一种长期激励员工的奖励形式，可以长期、反复地使用。

（2）每项工作或服务的完成情况要有评比，要有奖有罚。工作效果的评比奖罚是具有很强的激励作用的。工作效果的评比周期宜短不宜长。

（3）奖励要确认员工的业绩，批评要指明前进的目标。作为一种激励方式，批评不要也不应该让受批评的员工陷入被动局面。

（三）激励管理措施

1. 增强员工的团体精神

为了增强员工的团体精神，管理者必须努力让员工参与，鼓励员工、发掘员工的潜能、减少相互竞争的"磨损"，使员工相互协作达成工作目标。

2. 挖掘员工自身的激励因素

激励的效果决定于激励的手段和激励的对象这两个基本的要素。因此，在研究和寻找有效的激励手段之前，首先要去真正地了解被激励的员工。

3. 工作激励

激励效果的产生决定于员工自身需求、所从事的工作和管理者的强化手段。没有工作，激励必然不会产生。员工在完成工作的同时满足了其兴趣和自我实现的成就欲，即高层次的需求。因此，工作本身具有激励作用。为了发挥工作激励的效果，在管理中要注意以下几个方面：人尽其才；工作丰富化；工作目标激励；角色激励。

4. 领导行为的激励

管理手段的使用者（即领导）是激发员工动机的第三大要素。领导行为的激励主要表现在三个方面：情绪激励；期望激励；榜样激励。

（四）员工积极性激励时需注意的问题

调动员工积极性就是通过满足员工的需要来激发员工争取达到酒店目标的动力。员工的需要是多方面的，既有对金钱、物质方面的需要，也有对事业、成就等精神方面的需要。因此，管理人员必须时刻注意以下几方面的问题。

（1）调动职工积极性能使员工取得工作成绩和出色的工作表现，要想员工积极工作，管理人员必须对员工的工作成绩有一个公正、客观的考核方法。

（2）管理人员必须向员工讲清楚，如何去完成某项工作才是所期望的行为，使员工认识和理解他的工作必须达到的规定的标准。

（3）管理人员必须了解员工是否具有完成该工作的能力，如果不具备这样的能力，则需要给予培训和学习的机会。

（4）管理人员必须把奖励按工作成绩公正地落实到每个员工个人身上，使每个员工都获得他认为由于他的努力而应得的并且是有价值的奖励。

（5）要使员工对奖励的价值感到满意，不仅在于提高奖励的价值，还在于奖励的形式。

第三节　酒店财力资源管理

酒店的经营活动，从价值上看是一种资金运动的循环过程，并贯穿于酒店经营活动的始终。

一、现代酒店财力资源管理的概念

现代酒店的经济活动过程，实质上就是资金从被占有到以货币形态被重新收回的资金循环过程。资金这种循环过程以会计形式表现，构成了酒店财务。所以，从狭义上说，现代酒店的财力资源管理，就是酒店的财务管理，它体现了酒店经济活动过程中由资金运动所形成的经济关系。

二、现代酒店财力资源管理的内容与方法

（一）现代酒店财力资源管理的内容

1. 资金管理

（1）筹资和投资管理，主要是指按计划从各种渠道筹集资金并进行投资活动的管理。

（2）各项资产管理，主要包括流动资产、固定资产、无形资产、递延资产及其他资产的管理。

（3）外汇资金管理，主要是对各种外汇资金及其风险的管理，以实现外汇收支平衡。

2. 成本与费用管理

这主要是对现代酒店成本与费用的开支标准、开支项目、开支范围的管理。

3. 营业收入、税金、利润的管理

这主要是对现代酒店收入的实现及其分配进行的管理。

4. 经济活动分析

经济活动分析，也称为财务分析，主要是通过财务报表对现代酒店的经营活动及其所取得的财务成果进行考核、分析与评估。

（二）现代酒店财力资源管理的方法

现代酒店财力资源管理的方法有以下几种。

（1）财务预测和财务决策。现代酒店财务预测，是在充分调查研究的基础上，根据掌握的资料，运用科学的方法，对酒店前期的投资建设和经营中的财务情况所作的展望和估计。财务决策为经营者决策提供各种财务资料和经济信息。

（2）计划管理。计划管理就是编制和执行财务计划。它是酒店财务部门对资金流动进行管理的一种方法，是规划酒店资金占用量、成本费用水平和盈利能力的一种手段。

（3）建立各项财务管理制度。

（4）实行定额管理。定额管理是指在正常情况下，为了保证经营活动的正常开展，对酒店的资金占用和耗费规定的一定数额。

（5）日常控制。日常控制是指在经营过程中，对资金的收入、支出和占用、耗费等进行严格管理，将其控制在计划规定的范围之内。

（6）财务检查。

（7）清查财产。

（8）编制财务报表。

（9）财务分析。分析的内容包括资金分析、成本费用分析和盈利分析等。

三、现代酒店财力资源开发

（一）资本金的筹集

资本金是酒店在工商行政管理部门登记的注册资金。企业实际收到投资者投入企业的资金称为实收资本。资本金等于实收资本，也等于注册资金。酒店资本金由以下四个方面

构成：国家资本金；法人资本金；个人资本金；外商资本金。

资本金的筹集方式有：国家投资、各方集资、发行股票。

酒店资本金可由投资者用各种形式投入：现金投资；实物投资；无形资产投资，包括专利权、商标权、非专利技术、土地使用权等。

（二）负债融资

负债融资是指通过负债筹集资金，通俗地说就是举债经营。负债是酒店一项重要的资金来源，几乎没有一个酒店只靠自有资本而不负债就能满足资金需求。

（三）资金成本

资金成本是指现代酒店为筹集一定数量的资金而支付给资金提供者的一种报酬。在酒店财力资源管理上通常用相对数表示资金成本，并把这种资金成本额同所提供的资金之间的比率称做资金成本率。

$$资金成本率=\frac{资金成本额}{筹集资金总额-筹资费}\times100\%$$

四、财力资源计划管理

（一）资金计划

1. 固定资金计划

固定资金计划主要包括固定资产总值、固定资产平均总值、固定资金利润率等指标。

2. 营运资金计划

酒店的营运资金计划也称流动资金计划，是确定酒店在计划期内流动资金需要量、流动资金来源及利用效率目标的计划。酒店的营运资金计划主要包括流动资金占用额、来源额和利用效率三个部分。

3. 销售收入计划

销售收入计划，是确定酒店计划期销售商品和提供劳务的数量与金额的计划。现代酒店销售收入计划，应包括酒店所有营业部门的销售收入情况和预测值，包括在以下几个方面的年和月的销售收入目标与预测：①客房销售收入计划；②餐饮销售收入计划；③其他销售收入计划。

（二）成本费用计划

1. 营业成本计划

（1）餐饮成本计划。餐饮成本计划是指达到预期成本指标的一种行动方案。餐饮成本计划的指标包括：计划期饮食产品成本额、每一品种或主要品种的计划单位成本、主要原材料耗用成本、成本降低额。

（2）商品销货成本计划。商品销货成本计划一般按大类商品编制，通过计划确定每一大类商品销货成本，考察和掌握各类商品销货成本的构成，预测成本水平，控制销货成本，计算经营损益，确定计划目标利润。

2. 费用计划

酒店的费用包括酒店的营业费用和企业管理费两部分。费用计划是通过制订计划指标来达到的。酒店费用计划指标的计算方法有以下几种：销售额百分比法、规定费率计算法、直接计算法、按预算包干数确定法。

（三）利润与利润分配计划

（1）酒店利润计划的指标内容及酒店利润计划指标，主要由经营利润、营业外收入、营业外支出和利润总额构成。

（2）利润分配计划。上缴所得税后的利润分配包括法定盈余公积金提取、公益金提取、投资者利润分配等。

（四）财务收支计划

1. 年度财务收支计划

年度财务收支计划是以收支平衡表的形式，集中地反映各个单项计划（如固定资产折旧计划、流动资金计划、利润计划和专用基金计划等）的最终成果，并表明酒店计划年度主要的财务收支情况和酒店与国家之间的缴、拨款关系，酒店同银行之间借、还款关系，以及酒店与其他企业的投资关系等。

2. 月度财务收支计划

月度财务收支计划一般也是以平衡表的形式，集中地反映酒店某一个月内预计的货币收入和支出数额及其平衡的关系。

（五）借款还款计划

借款还款计划规定酒店计划年度基建借款、专用借款以及外汇借款的借入、归还和年末未还数额。这部分计划应根据酒店现有借款种类、借款计划或借款合同分类编制。

（六）外汇收支计划

外汇收支计划是酒店财务计划的重要组成部分，它集中反映有关外汇收支指标的计划情况。

五、现代酒店营运资金管理

（一）货币资源管理

1. 现金管理

（1）现金流量的预算，包括：①销售额（营业收入）预算，包括客房、餐饮、商场、娱乐、出租汽车等的销售额预算；②账款收现及其他现金收入；③现金支出；④净现金流量与现金余额。

（2）现金流转控制。为了实现现金流转同现金预算估计数保持连续不断地比较，最方便的方法是使用现金收支日报表和现金收支月报表。

（3）现金的日常管理。现金的日常管理包括以下内容：①正确核定与执行库存现金限额；②严格遵守现金的使用范围；③严格执行现金收支规定；④定期与银行核对账单，及时纠正差错；⑤严格核定业务周转金定额；⑥建立、健全现金的内部控制制度；⑦加强现金保管和交款、提款过程的安全防卫工作。

2. 银行存款管理

（1）银行存款管理。

（2）支票管理。

3. 业务周转金管理

业务周转金的管理一般有两种方式：一种是采用定额周转金办法，即由财会部门根据实际开支情况，规定业务周转金限额，并按此限额预付款项，实际支用后手续报销，补足原来限额；另一种是按估计需要用数支付，实际支用后一次报销，多退少补。酒店各营业网点收款的业务周转金通常有三种管理方法：班前领用、班后退还；各自领用、各自保管；交接使用、每天退还。

（二）存货资源管理

此部分内容将在后面专门进行论述。

（三）债权资本管理

（1）赊销额的控制。现代酒店赊销额的大小，取决于酒店的信用政策。有些酒店采用紧缩的信用政策，则营业收入中赊销收入较小，现销收入比例较大；反之，采用松弛的信用政策，则营业收入中赊销收入比例较大。

（2）信用政策的确定。

（3）收款期的控制。应收账款收款期越长，形成呆账的可能性越大，从而风险也就越大。控制应收账款的收款期，一般采用定期编制账款分析表的方法，以便掌握不同收款期的应收账款的分布情况。

（4）加强应收账款的催收工作。

（5）现金折扣政策。

（6）坏账准备。

（四）应收票据的管理

票据属于有价证券，是出票人自己承诺或委托付款人在见票时或指定日期无条件支付一定金额、可以流通转让的有价证券，包括期票和汇票两种。

六、成本控制管理

（一）现代酒店成本控制的基本方法

1. 预算控制法

预算控制法是以预算指标作为经营支出限额目标，以分项目、分阶段的预算数据来实施成本控制的方法。具体做法是把每个报告期实际发生的各项成本费用总额与预算指标相比较，在接待业务不变的情况下，要求成本不能超过预算。

2. 主要消耗指标控制法

主要消耗指标是对酒店成本费用有着决定性影响的指标。主要消耗指标控制法，就是对这部分指标实施严格的控制，以保证成本预算的完成。

3. 制度控制法

制度控制法是利用国家及酒店内部各项成本费用管理制度来控制成本费用开支。

4. 标准成本控制法

标准成本指酒店在正常经营条件下以标准消耗量和标准价格计算出的各营业项目的成本，是以各营业项目的标准成本作为控制实际成本时的参照依据，也就是对标准成本率与实际成本率进行比较与分析。

（二）酒店成本费用的控制

1. 客房经营成本费用的控制

客房成本费用可以分为可变费用和固定费用两部分。可变费用从总额上会随着出租率的提高而增加，从每间客房的费用来讲则是个常数；固定费用却与此相反，其总额不会随出租率的高低而变化，但从每间客房分担的固定费用来讲，则会随着出租率的提高而减少。因此，控制客房费用的支出，降低消耗，一方面要提高客房出租率，以降低每间客房分摊的固定费用；另一方面要对可变费用进行定额管理，严格按照客房消耗品定额控制消耗量。

2. 餐饮经营成本费用的控制

餐饮的成本费用控制包括直接成本和费用控制两部分。

（1）直接成本的控制。餐饮直接成本的高低取决于毛利率的高低。毛利率是毛利与营业收入之比，用公式表示为

$$毛利率 = \frac{毛利}{营业收入} \times 100\%$$

毛利是餐饮的收入与直接成本之差。它等于收入减直接成本，或等于利润加费用加税金。毛利是利润的基础。毛利率表明毛利在营业收入中所占比重的大小。

餐饮成本的控制很大程度上还取决于采购环节的控制。只有按要求采购到质优价廉的合乎规格的材料，才能提高原材料的利用率，提高成货率，降低单位成本，从而提高毛利率，增大毛利额。

（2）餐饮营业费用的控制。餐饮部的营业费用包括人工费、经营用品费、水电燃料费及其他费用。

3. 商品销售成本费用控制

商品销售成本费用包括商品的直接成本（商品进价）和销售费用两部分。商品的销售费用包括运杂费、保管费、包装费、商品损耗、保险费、工资、职工福利费、低值易耗品摊销等。

（三）现代酒店成本分析

成本分析是以一定的分析方法，对酒店成本核算资料进行分析。分析内容主要是对成本的各种计划指标及其执行情况进行分析与比较。

1. 酒店各种类型的成本分析

（1）营业成本指标分析。

$$营业成本率=\frac{营业成本}{营业收入}\times100\%$$

（2）营业费用成本分析。

$$营业费用率=\frac{营业费用额}{营业收入}\times100\%$$

（3）企业管理费指标分析。

$$企业管理费用率=\frac{企业管理费用额}{营业收入}\times100\%$$

（4）费用结构分析。费用结构分析主要分析酒店经营中各项费用结构的相对比例，以便观察其相对比例的变化和发现各种成本控制过程中所产生的偏差与问题。

2. 酒店的固定成本、变动成本和混合成本分析

酒店成本若按其随销量增减而变化的关系分类，可分为固定成本、变动成本和混合成本（半变动成本）。

混合成本实际上是固定成本与变动成本之和。因此，混合成本随销售额增减而变化的大小取决于固定成本与变动成本各自所占的比例，在成本分析中常把混合成本分解为变动成本和固定成本两部分。分解方法一般采用高低点法和回归法。

（1）高低点法。高低点法是在销量与混合成本的统计资料中，找出混合成本的最高额与最低额以及销量中相应的最高点和最低点，然后计算出变动成本的变化率。

$$变动成本的变化率=\frac{混合成本最高额-最低额}{销量最高点-最低点}\times100\%$$

然后把高点（或低点）销量乘以变动成本率可获得变动成本部分。高低点法计算简单，但精确度较差。

（2）回归法。回归法是根据混合成本的统计资料中的数据描点作图，并设作图的直线方程为 $y=a+bx$，直线方程系数 a 即为混合成本中的固定部分，而系数 b 则为变动部分变化率，a、b 可用最小二乘法求得。回归法分解混合成本中的固定部分和变动成本部分比较精确，但计算比较复杂。

3. 量、本、利分析

量、本、利分析，又称保本分析，是对酒店销量、成本和利润之间关系研究的一种定量分析方法。

影响酒店利润的因素有销售收入和销售成本两个，三者之间关系为

$$销售收入=销售成本+利润$$

其中：

$$销售收入=销售单价\times销量$$
$$销售成本=单位变动成本\times销量+固定成本$$

（1）酒店盈亏临界点（保本点）分析。盈亏临界点就是酒店营业收入刚好等于总支出的分界点，即处于此点时酒店的销售额刚好等于成本总和，酒店既无亏损也无盈利。酒店盈亏临界点分析就是计算酒店处于盈亏平衡的保本销售量和保本销售额。

$$保本销售量 = \frac{固定成本}{单位售价 - 单位变动成本}$$

$$保本销售额 = 保本销售量 \times 单位售价$$

$$= \frac{固定成本 \times 销售额}{销售额 - 变动成本}$$

（2）边际贡献率分析。通常把销售额大于变动成本的那部分差额称为边际贡献（边际利润），即

$$边际贡献 = 销售额 - 变动成本$$

边际贡献首先用来偿付固定成本，如果仍有盈余，那就是利润了。

边际贡献率表示销售额中能用于补偿固定费用以及为利润做贡献的比例。

$$边际贡献率 = \frac{边际贡献}{销售额} \times 100\% = \frac{销售额 - 变动成本}{销售额} \times 100\%$$

用边际贡献率来衡量和分析销售量变化对利润的影响非常方便。对于整个酒店而言，其边际贡献率应为综合边际贡献率。

$$综合边际贡献率 = \frac{边际贡献总和}{各产品的销售额总和} \times 100\%$$

（3）保本销售额与边际贡献率的关系。

$$保本销售量 = \frac{固定成本总和}{单位边际贡献}$$

$$保本销售额 = \frac{固定成本总和}{边际贡献率}$$

$$酒店保本销售额 = \frac{酒店固定成本总和}{综合边际贡献率}$$

通过保本销售额和边际贡献率的分析，可以帮助管理人员计算使酒店达到盈亏平衡时所要求的销售额和制定目标营业额。

4. 盈亏平衡图分析

盈亏平衡图分析是用图解方法来分析销售量、成本和利润之间的关系。

七、营业收入与利润管理

（一）营业收入管理

营业收入管理的要求：账户清楚；记账准确；走账迅速；一次结清。

营业收入的日常管理的要求：正确核算营业收入；认真执行合同规定；及时办理结算，尽早收回营业收入。

（二）现代酒店利润管理

1. 利润的构成

现代酒店的利润总额是酒店经营活动取得的净收益，一般由营业利润、投资净收益、营业外净收益构成，其公式表示为

利润总额=营业利润+投资净收益-营业外净收益单位

管理利润=经营利润-管理费用-财务费用

经营利润=营业收入-营业成本-营业费用-营业税金及附加

营业外净收益=营业外收入-营业外支出

净利润=利润总额-所得税

2. 酒店利润的考核指标

利润是一项全面体现酒店经营状况和财务成果的综合性指标，对其考核通常采用以下几项指标。

（1）利润额，这是反映酒店经营成果的绝对值指标。它反映酒店在一定时期取得的利润总额，综合地表明了酒店经营承包活动的经济效益情况。

（2）利润率，这是反映酒店经营成果的相对值指标。

$$利润率\frac{利润}{营业收入}\times100\%$$

（3）资金利润率，这是一个相对值指标。

$$资金利润率\frac{利润总额}{全部资金平均占有额}\times100\%$$

（4）人均利润率，这是反映酒店在一定经营时期内，每个员工平均实现的利润额指标。

$$人均利润率\frac{利润总额}{饭店职工人数}$$

八、现代酒店财务分析方法

（一）比较分析法

比较分析法是将经济指标进行对比的一种方法，通常以本期实际指标与下列各项指标相比较。

（1）与本期计划指标比较，用来检查计划完成程度，了解实际与计划的差异。

（2）与上期、上年同期或历史最好水平的实际指标相比较，用以了解各项指标的升降情况和发展趋势。

（3）与条件大致相同的先进酒店的实际指标相比较，找出本单位的薄弱环节，向先进企业看齐。

（二）比率分析法

比率分析法是计算有内在联系的两项或多项指标之间的比例关系，据以分析企业经营活动的质量、结构、水平的方法。酒店财务分析通常运用下列两类比率。

（1）以营业收入为计算基数的经营效益指标，如资金占用率、费用率、利润率、劳动效率等。

（2）以利润额为对比对象的综合经济效益指标，如资金利润率、人均创利额等。

（三）动态分析法

动态分析法是将某项财务指标历年的数据按时间顺序排列成动态数列，据以分析其发展趋势、发展速度、发展规律的分析方法。具体有以下两种形式。

（1）定基对比，即均以一个固定的年份为基数进行对比。

（2）环基对比，即各年的同一指标都以上年为基数进行连续对比。

（四）因素分析法

因素分析法是对单项综合性财务指标的变动原因，按其内在组合的原始因素进行数据分解，以测定每一因素对综合指标影响程度的一种分析方法。运用因素分析法，需将各个原始因素中的一个因素当作可变因素，把其他因素当作不变因素，进行逐个替换，分别找出每一因素对综合财务指标的影响程度。

（五）平衡分析法

平衡分析法是利用指标间的平衡关系，分析指标间的差异，测定指标变动的影响因素的一种办法。在酒店财务分析中主要用来衡量资金来源和资金占用的平衡关系。

第四节　酒店物力资源管理

一、现代酒店物资管理

（一）物资管理概述

现代酒店的物资管理是酒店的一项重要管理职能。酒店的经营管理活动必须有一定数量的物资储备做基础。但是，如果酒店物资储存数量过大，不仅会造成酒店资金的积压，而且必须为大量储存的物资支付库存保管费用。其中食品原料经过长期储存会逐渐地损坏变质或降低规格，造成很大的浪费。因此，为了提高经济效益，现代酒店应该合理地控制物资采购数量，科学地进行物资保管。

1. 现代酒店物资管理的特点

（1）现代酒店的物资品种多，要求标准高。一个中型酒店一般需要几百种乃至上千种物资，四、五星级的酒店需要的物资数量会更多，而且随着酒店等级的提高，所需物资的标准要求也越来越高。

（2）现代酒店许多物资的单价低，但是需求量大。现代酒店的日常运转需要大量的低价值物品，如客房用品中的小香皂、牙刷、餐巾纸、卫生筷等，这些物品价值较低，容易被管理人员和员工所忽视。但是,这些物品需求量大,如果管理不善,造成这些物品的丢失和浪费,势必会加大酒店的成本,影响酒店的经济效益。

(3)现代酒店物资重复使用量大,周转环节多。酒店的很多物资是需要重复使用的,如客房的棉织用品、餐具等,这些物品在使用、洗涤、重新使用的环节中,要经过客房、餐厅、洗衣房、仓库等许多地方,周转环节多,物品管理的难度大。

(4)物资管理工作直接影响酒店的服务质量。物资供应是现代酒店正常经营和服务的基础,如果物资不能按时供应,必然影响酒店的正常经营。如果物资质量较差,就会影响使用效果,从而降低服务质量。如果物资品种不齐全,就无法为客人提供高质量的服务。因此,服务质量的优劣与物资的供应、物资的质量、物资的保管工作是密不可分的。

2. 现代酒店物资管理的内容

酒店物资管理工作的主要内容有以下几个方面。

(1)物资供应的计划工作,包括物资消耗定额和储备定额的制定与管理、物资供应计划的编制与执行。

(2)物资供应的组织工作,包括物资采购的申请与订货、物资的验收入库与仓库管理、物资的发放与回收利用等。

(3)节约开支、资金占用的管理工作,包括物资的价格、资金的占用量和占用时间等。

(二)现代酒店物资存储原理与方法

1. 存储原理

(1)需求。酒店存储物资的目的是为满足需求。酒店的物资需求有两种形式:一种为确定型需求,即需求量是明确的;另一种为随机型需求,这种需求从表现上看似乎是偶然的,但是利用统计资料进行分析,可以找出其规律。

(2)采购(补充)。酒店存储的物资由于对需求的供应而在不断地减少。为了保证酒店的经营运转,维持物资持续的供应,必须给予补充。酒店物资补充的方式一般是向其他厂商采购,也有一些物资,如饮料、点心等可以自己生产。

(3)费用。在存储或采购时,都必须支付一些费用,这些费用可以分为三类。

① 存储费。存储费是酒店为已采购物资的保管、储存所支付的费用。

② 采购费。采购费主要包括采购物资的手续费、采购人员的差旅费、交流沟通产生的通信费等。采购费用与每次采购物资的数量无关,但与采购次数有关,采购次数越多,则采购费用越高。

③ 缺货损失费。缺货损失费是指由于库存物资不足,酒店失去销售机会而引起的损失,即因缺货或供应不足而蒙受的损失。

(4)存储策略。存储物资数量过多,必然造成存储费用的上升;反之,减少存储物资的数量,则采购次数将增加而引起采购费用的上升,而且有可能造成供应不足的情况。因此,管理人员必须制定正确的物资存储策略,使酒店为存储物资而支付的存储总费用达到最低限度。

2. 存储方法

存储方法应由需求方式来确定。

(1)确定型存储方法。确定型存储方法是指物资需求量是确定的数值。确定型存储方法按照酒店的供应方式又可分为不允许缺货和允许缺货两种。

① 不允许缺货的确定型存储方法。酒店认为有些物资必须始终保证供应而不能中断。对这类物资应采用不允许缺货的存储方法。不允许缺货的存储方法主要有以下两种。

第一，订货点法。订货点法的基本思想是，当库存的物资消耗到一定库存数量时，必须立即发出订货单，以保证在剩余的物资用完之前，又有新的物资补充进来。这时的库存数量称为订货点。订货点的确定必须正确合理，既不会造成物资积压，又不致引起供应脱节。

库存物资的周转过程如图 4-1 所示。时间轴从原点 O 开始，库存物资数量在原点 O 时为 Q，随着酒店业务的持续进行，库存物资量不断消耗，由 Q 降至 H。这时酒店必须开始进行采购，因为采购物资需要时间，不可能立即得到补充。在等待采购的物资到来的这一段时间 $t_1 \sim t_2$ 内，酒店业务仍在照常进行，所以库存物资量又由 H 降至 M，这时新采购的物资运到，库存物资数量又重新恢复到 Q。这样完成了一个循环。从 t_1 到 t_2 这段时间是发出订货单到收到订货的时间，称为订货周期。为了避免发生意外而影响酒店的正常经营业务活动，酒店必须保留一部分物资储备。这部分物资的数量 M 称为保险储备量。从这次采购到下次采购所完成一次循环的时间（$t_1 \sim t_3$）称为订货间隔。

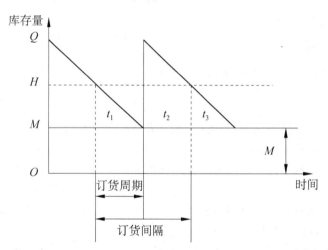

图 4-1　库存物资周转过程图

由图 4-1 可知，酒店发出订货单的库存量，即订货点应该是 H。H 的计算公式为

$$H = t \times d + M$$

其中：H 为订货点（箱、件等）；t 为订货周期（日、月等）；d 为平均需求量（箱/日、件/月等）；M 为保险储备量（箱、件等）。

在使用上式确定订货点时，须注意订货周期与平均需求量单位要统一。

由订货点的计算可知：订货周期缩短将减少物资的储存量，需求量的增加则将增加储存量。

保险储备量的大小可根据供应商的供货表现来决定。一般采用供应商可能误期的最长时间乘以这段时间的平均需求量。

订货点法简单易行，但是没有考虑到存储和采购费用。这个方法适用于需求量较大而周转较快的物资。

第二，经济订购批量法。酒店某项物资的全年需求量为 T，但酒店决不会一次将一年的需求量（T）全部采购回来，必须将 T 等分，进行多次采购，每次采购量为 Q，每次采购

间隔时间为 t。一年采购若干次，则全年分成若干段。如图 4-2 所示，全年采购 4 次，则 4 段 t 之和为一年的订货周期。R 为满足订货周期的库存数量。

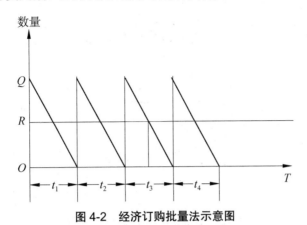

图 4-2　经济订购批量法示意图

显然，酒店全年储存某项物资的数量为若干个三角形面积之和，即

$$\frac{1}{2}Qt_1 + \frac{1}{2}Qt_2 \cdots \frac{1}{2}Qt_n = \frac{1}{2Q(t_1 + t_2 + \cdots + t_n)}$$

其中：若干个 t 之和等于 1，即某项物资的全年平均储存量为 $\frac{1}{2}Q$。全年需求量为 T，每次采购量为 Q，则全年采购次数为 $\frac{T}{Q}$。

设：存储费用为 C_1 元/（单位货物/年），采购费用为 C_3 元/次。

则：全年的存储费用为

$$y_1 = \frac{1}{2}QC$$

全年的采购费用为

$$y_2 = \frac{TC_3}{Q}$$

全年的总费用为

$$F = y_1 + y_2$$
$$= \frac{QC_1}{2} + \frac{TC_3}{Q} \tag{4-1}$$

因为不允许缺货，所以不存在缺货损失费。

由式（4-1）可知，随着每次采购量 Q 的变化，总费用 F、存储费 y_1 和采购费 y_2 都会随之产生变化。如图 4-3 所示，存储费用随着批量（每次采购数量）的增加而增长。因为每次采购量大，则仓库中的年平均存储量也大。采购费正相反，随着批量的增加而减少，因为每次采购量大则使得采购次数减少。总费用开始是随批量增加而减少，但过了批量 Q 以后，批量越大，总费用也越大。由图 4-3 可以看出，总费用最低时的批量数为 Q，这时称 Q 为最佳订货批量。当每次采购量为最佳订货批量时，存储费用与采购费用恰好相等，即

$$\frac{QC_1}{2} = \frac{TC_3}{Q}$$

则

$$Q = \sqrt{2C_3T / C_1} \qquad (4\text{-}2)$$

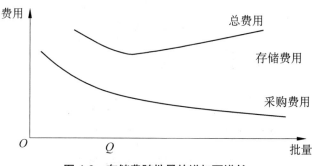

图 4-3　存储费随批量的增加而增长

式（4-2）为经济订货批量公式，简称为 EOQ 公式。将式（4-2）代入式（4-1）可得全年最低总费用公式

$$F = \sqrt{2C_1C_3T}$$

总之，使用经济订购批量法仅靠套用公式是不够的。如果有些物资处于供不应求的状况，将给 EOQ 公式的使用增加难度，这就需要管理人员在实际工作中领会其基本思想，灵活掌握使用。

② 允许缺货的确定型存储方法。酒店有些物资出现缺货现象，对酒店可能是有利的。因为采取允许缺货的采购方法，当库存降到零时，不必急于补充，可以等一段时间再采购，这时酒店虽然因此而产生了缺货损失，但可大大降低存储费用和采购费用。

酒店采用允许缺货的采购方法必须要有先决条件，即不影响酒店正常的经济活动和酒店的声誉。

采用允许缺货的采购方法，物资的存储量变化如图 4-4 所示。图 4-4 中，Q 为每次采购数量；d 为缺货数量；V 为实际需求数量；t_1 为有货供应时间；t_2 为缺货时间；t 为采购间隔时间。

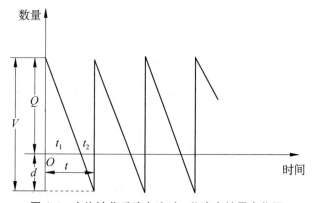

图 4-4　允许缺货采购方法时，物资存储量变化图

全年平均存储量为时间轴上方三角形面积之和，全年平均缺货量为时间轴下方三角形

面积之和。

设：单位物资储存量为 C_1 元/（单位货物/年），单位物资缺货损失费为 C_2 元/（单位货物/年），每次采购费为 C_3 元/次。

则：全年总费用为

$$F = 存储费 + 缺货损失费 + 采购费$$

$$= \frac{(V-d)^2}{2V}C_1 + \frac{d_2}{2V}C_2 + \frac{T}{V}C_3$$

其中：实际需求量为

$$V = \sqrt{2TC_3(C_1+C_2)/C_1C_2}$$

缺货量为

$$d = \sqrt{2TC_3C_1/C_2(C_1+C_2)}$$

最佳采购量（允许缺货）为

$$Q = V - d = \sqrt{2TC_3(C_1+C_2)/C_1C_2} - \sqrt{2TC_3C_1/C_2(C_1+C_2)}$$

$$= \sqrt{2TC_3C_2/C_1(C_1+C_2)}$$

最低总费用为

$$F = \sqrt{2TC_1C_2/(C_1+C_2)}$$

（2）随机型存储方法。酒店对某些特殊的物资，运用确定型采购方法是无法解决的。例如，酒店某项设备所需的备用部件，市场上无现货供应，必须在工厂制造该部件时就提出备用件订购的数量。如果该部件不损坏，备用部件将毫无用处，从而造成浪费。但是，如不预先订购，万一该部件损坏，对酒店所造成的损失更大。对这些物资的需求都有一个共同特点，就是需求量是不确定的，只能通过历史资料，才能计算出不同需求量出现的概率。对于需求量随机变化的物资，必须运用随机型采购的方法来解决。

下面用餐厅销售或生产快餐问题来说明随机型采购方法。餐厅每天销售的快餐数量为 r，r 的数量是不确定的。根据餐厅的销售记录，销售量 r 的概率 $P(r)$ 是可以计算的，如表 4-1 所示。

表 4-1　销售量概率计算表

销售量 r	r_1	r_2	$\cdots$	r_3	$\cdots$	r_n
概率 $P(r)$	$P(r_1)$	$P(r_2)$	$\cdots$	$P(r_3)$	$\cdots$	$P(r_n)$

说明：其中 $\sum_{i=1}^{n} P(r_i) = 1$。

餐厅规定快餐只准当天销售，若当天销售不出去，只能处理掉。餐厅每销售一份快餐可盈利 k 元，若销售不出去则亏损 k 元。餐厅每天应采购（或生产）多少份快餐盈利最多？

解决这个问题的关键是确立采购量 Q 为何值时，餐厅的盈利期望值最大，即确定最佳订货点，使餐厅因采购过多所造成损失的期望值与采购太少而造成缺货损失的期望值之和为最小。销售（生产）快餐数量为 r，概率 $P(r)$ 是已知的。

设：采购数量为 Q

① 当 $r<Q$，即供过于求时，餐厅有 $Q-r$ 份快餐无法售出，餐厅所蒙受损失的期望值为

$$\sum_{r=0}^{Q} h(r_i)k(Q-r)P(r)$$

② 当 $r>Q$，即供不应求时，餐厅有 $r-Q$ 份快餐的缺货，餐厅因缺货而蒙受损失的期望值为

$$\sum_{r=Q+1}^{\infty} k(r-Q)P(r)$$

餐厅总的损失期望值为

$$C(Q) = \sum_{r=Q}^{Q} P(r) + \sum_{r=Q+1}^{\infty} P(r_i)k(r-Q)P(r)$$

求上式的最小值，得

$$\sum_{r=0}^{Q} P(r) = \frac{k}{k+h}$$

上式中 k、h 及 P（r）均为已知值，即可求得 Q 值。

（三）现代酒店库存物资管理

酒店所需物资种类繁多，其重要程度、消耗数量、价值大小也都各不相同。为了提高酒店的经济效益和便于各种物资的管理，酒店管理人员必须对数以千计的物资运用 ABC 分类法进行科学的分类，根据物资不同类型的特点，采用不同的管理方法。

1. ABC 分类法

ABC 分类法是 ABC 分析法在物资管理中的运用。

在物资管理过程中，按照"关键的是少数，次要的是多数"这一原理把物资分成三类。

A 类物资：这类物资在物资数量上只占了酒店使用物资总数量的 5%～10%，而这类物资所占用的资金一般却占资金总额的 60%～70%，所以这类物资属于关键的少数物资。

B 类物资：这类物资在数量上和所占的资金一般都在 20% 左右，属于一般物资。

C 类物资：这类物资的数量占了酒店使用物资数量的 60%～70%，而所占资金额却占资金总额的 15% 以下，是次要的多数物资。

ABC 分类法选择的两个相关标准是物资数量的累计百分比和资金占用额的累计百分比。分类标准的百分比可根据物资管理的要求，由管理人员具体掌握确定。

2. ABC 分类法的具体步骤

（1）列出物资品种和占用资金表。

（2）根据各种物资所占用资金的大小，按从大到小的顺序重新进行排列，列表后计算每个品种物资所占用资金总额的百分比，并计算资金累计百分比。

（3）计算每个品种物资数量占物资总数的百分比并计算数量累计百分比。

（4）作 ABC 分类曲线图进行分类。

（5）分类后，管理人员就可对不同类别的物资采用不同的管理和控制方法。对 A 类物资必须进行严格的控制，进出都必须有详细记录，并经常进行检查，要详细计算采购数量；对 B 类物资只需给予一般控制和管理；而对 C 类物资只要稍加控制即可。

二、酒店设备管理

（一）设备管理概述

设备管理是指围绕着酒店的设施、设备物质运动形态和效用的发挥，对其进行选择评价、购置安装、维修保养、更新改造、报废处理的全过程的管理。设备是酒店进行经营业务活动必要的物质条件。酒店设备的先进与否和各类设备的完好率直接影响酒店的级别和服务质量。因此，酒店管理人员应加强酒店的设备管理，保证酒店的正常经营。

1. 现代酒店设备的种类

现代酒店设备是指单位价值在 2 000 元以上，使用年限在一年以上并与酒店经营有关的固定资产。酒店设备按其性能可以分为以下十类。

（1）给排水系统设备，包括冷、热水供应，水处理和排水及卫生设备。

（2）供电系统设备，包括输电设备、配电设备和用电设备等。

（3）通信系统设备，包括电话通信系统、内部通信系统和电传、传真系统、微机设备系统。

（4）空调、冷冻、通风系统设备，包括空气处理、输送、分配和冷热源四大部分。

（5）电梯系统设备，包括客用、职工货物用、消防用电梯，自动扶梯和观光电梯。

（6）健身娱乐设备。

（7）音像系统设备，音乐、广播系统和电视系统设备。

（8）安全设施，主要是消防保安系统设备。

（9）厨房和清洁卫生设备，主要包括厨房和洗衣房设备，以及公共清洁设备。

（10）办公设备，主要有商务中心和酒店内部办公设备。

2. 现代酒店设备管理的任务

现代酒店设备管理的任务是根据酒店等级规格和接待对象，做好各种设备的采购、配置，制定各项管理制度，加强使用过程中的维修保养、更新改造和经济技术分析，提高设备使用效果，降低物化劳动消耗，提高经济效益。其具体表现如下：

（1）正确地选购设备。根据技术上先进、经营上适用、使用上安全、经济上合理的原则，正确地选购设备，为酒店提供优质的技术装备。

（2）保证各类设备处于最佳使用状态。特别是直接服务于宾客的设备，要做到百分之百的完好率。

（3）制定各类设备的安全操作规程，合法维修保养制度。经常检查设备的运行状态和安全性能，培训合格的操作人员，保证机器和人身安全。

（4）培养酒店员工的全员化设备管理观念。对酒店的每一种设备设施都要将使用、保养、检查、维修任务落实到人，使每一个员工都认识到自己对酒店的设备负有责任。

（5）做好现有设备的更新改造工作。做好设计、技术论证、筹措资金，经济、合理地使用老设备，实现增收节支。

（6）保证引进设备的正常运行。掌握引进设备的操作技术，做好引进设备零配件的供应和维修工作。

（二）设备的选购与更新

1. 现代酒店设备选择的标准

现代酒店在选购酒店设备时要考虑社会、经济和酒店本身的一些因素，争取选购的设备成本最小、质量最好。其选择的具体标准有以下几个方面。

（1）成本最低原则。现代酒店在选购设备时要充分考虑设备使用的自然寿命、设备的技术发展速度、设备在使用中的节能情况，考虑设备使用周期中的总费用大小，对其进行经济评价，力争使所选购的设备长期成本最小。

（2）安全方便原则。客人的安全是以设施设备的安全运转为基础的。在选购酒店设备时，要对设备的安全性能进行测试，选择符合国家标准、在同行业中享有较高声誉的产品。考虑酒店设备使用的方便性主要是为了提高员工的工作效率。同时，有的设备是供客人使用的，如电梯、电视，因此，设备使用的方便性也是客人的需要。

（3）综合配套原则。酒店设备的综合配套有两层含义：一是指酒店设备本身及各种设备之间要配套，包括单项配套、相互配套、设备数量配套和外观配套；二是指设施设备要与酒店的经营管理相配套、与酒店的发展规模相配套，要考虑酒店的星级标准、酒店的经营特色，外露型设备的外观要有装饰性，与酒店的格调相符。

2. 设备的经济评价

为了降低酒店选购设备的经济成本，酒店应对要选购的设备进行经济评价，通过对几种设备的对比分析，从中选择最为经济的设备。设备的经济评价是酒店设备投资的决策依据。评价方法有以下两种。

（1）设备投资回收期法。设备投资回收期法是以设备投资额回收期作为对购买设备的评价标准。在其他条件相同的情况下，应选择回收期最短的一种设备。设备投资回收期的计算公式为

$$设备投资回收期 = \frac{设备投资额}{年利润 + 年折旧}$$

（2）追加投资回收期法。在选购设备时，既要考虑设备的购买价格，更要考虑设备的使用成本。常用的方法有追加投资回收期法，其计算公式为

$$追加投资期 = \frac{P_2 - P_1}{C_1 - C_2}$$

其中：P_1、P_2 为可供选择设备的投资额，$P_1 > P_2$；C_1、C_2 为可供选择设备的年使用成本，$C_1 > C_2$。

设备投资评价只是对设备投资选择中以价值出现的因素做了定量分析，它对设备的其他性能无法进行评价。因此，在选购设备时，选购人员还应根据设备选择的原则对其他的一些因素进行定性分析，做出最好的投资决策。

3. 设备更新的策略

（1）设备的寿命。

① 自然寿命。设备的自然寿命是指设备从开始使用到由于设备的机件磨损超过限度而无法使用为止。这段时间称为设备的自然寿命，也是通常所说的设备寿命。设备的自然寿命是传统的设备更新策略的主要依据。

② 技术寿命。设备的技术寿命指设备从开始使用到设备由于功能落后而造成生产出的

产品缺乏竞争能力，而被具有更好功能的设备所淘汰为止。这段时间称为设备的技术寿命。

③ 经济寿命。在设备的自然寿命还未结束以前，对设备的维修保养费用的增加，例如，对利润下降的损伤等因素进行经济分析，找出各种费用之和最低的时间以决定设备更新的年限，这个更新年限称为设备的经济寿命。

（2）设备残值，指设备淘汰后转让给其他单位或作为废品处理给废品收购部门后可以回收的价值。设备使用越久，残值就越低。

（3）设备更新策略。酒店更新设备应以设备的经济寿命为标准，通过对各种费用的分析和计算，找出最佳的更新年限。

假设：T 为第 n 年的总支付费用；p 为设备的购买价格；s 为设备的残值；n 为使用的年限；W 为第一年的维修保养费用，则设备最佳更新年限为

$$n = \sqrt{2(p-s)/I}$$

其中：$I = 2[T-(p-s)/n-W]/(n-1)$。

在设备更新中，需考虑到：①设备每年的维修保养费用是非线性增长；②因使用年限的不同，设备残值也各不相同；③在总费用中设备因技术落后而损失的利润。在此条件下，可采用列表的方法计算每年的总费用，从而找到最佳更新年限。

（三）设备的日常管理

1. 设备的日常使用管理

（1）制定设备使用保养规程。

① 由工程部具体负责对酒店内各种设备制定使用操作规程和保养规程。规程要针对不同设备的用途、性能、操作要求、保养要求制定。规程要求详细具体，简单实用。

② 建立岗位责任制。设备操作、保养规程要落实到班组和个人，这需要岗位责任制给予保证。

（2）考核检查。一是要对各类设备使用情况进行考核检查，其主要指标有设备能力利用、设备生产产量、设备状况、设备保养、运转正常程度、设备完好率、设备各项专业指标。二是对设备作业情况进行考核检查，考核检查有否违反操作规程。考核检查主要由各级管理人员实施，要定期进行，考核检查的结果要定期做好记录。

（3）培养和配备合格的操作者。

（4）充分合理地使用设备。

① 设备不要搁置和闲置。

② 设备设施的使用要充分，尽可能达到设计能力，特别是客用设备设施。

③ 设备设施要充分利用，但不能超负荷、超工时、超维修保养使用。

④ 要注意维修保养，制定计划预修制度，确定各设备设施停用维修保养的时间和工作安排。

2. 设备的日常维护保养

（1）确定标准，建立制度。要在酒店内设备分类基础上，对各类设备设施制定标准。标准确定后要汇编成册，分发到各部门，并向全体员工进行宣讲。日常维护保养制度由工程部制定，由酒店发布，作为对每个部门的规范要求。

（2）酒店设备的日常维护保养。酒店设备的日常维护保养包括使用部门的日常保养和

工程部门的日常维护保养。

（3）定期维护保养。定期维护保养是指由工程部承担的定时间、定对象、定内容、定工作量和标准的维护保养。工程部根据各类设备的保养要求、设备的现状，制定出各类设备的定期维护保养时间和内容，并由工程部实施维护保养。

3. 其他的日常管理工作

现代酒店设备的投资大，资金回收期长，种类繁多，涉及面广，设备更新周期短。因此，对酒店设备设施的管理要求较高。除了上述设备设施的日常使用和维护管理外，酒店还需要进行其他的日常管理工作。

（1）核定需要量，确定购置计划。酒店各部门应该根据自己经营管理活动的需要，确定本部门所需设备的品种和数量，并向酒店主管部门提出申购计划，由主管部门进行综合评价、综合权衡，最后确定购置计划。

（2）建立设备技术档案，做好分类编号。设备的分类，可按用途分类，如机器、交通运输、家具、家用电器、厨房设备等；也可按部门分类，如客房设备、餐饮设备、康乐设备等。设备的编号没有统一的规定和要求，一般采用三节号码法：第一节表示设备的种类；第二节表示设备所在的位置；第三节表示设备的序号，有附属设备的可用括号内数字标明。

建立设备档案是加强设备管理的重要环节。设备技术档案要分类建立，其内容包括设备登记卡（记有设备名称、种类、规格型号、性能、参数等）、使用说明书和合格证、设备安装施工图、检修登记表、事故报告单、设备验收记录等技术资料。

（3）妥善处理设备事故，确保人员安全。酒店要积极采取措施防止设备事故的发生，如果发生事故，应立即通知工程部进行抢修，使设备尽快恢复正常运行。事后要分析事故发生的原因，总结经验教训，并记录在案，同时采取有效的措施，杜绝类似问题的重复发生。对事故责任者要视情节给予一定的处理。

第五节　酒店信息资源管理

一、现代酒店的信息

现代酒店的信息是指那些用来沟通酒店各部门之间的联系和反映酒店经营管理活动情况的酒店内部的各项指令、计划、报表、数据和规章制度，以及描述酒店外部环境变化的数据、消息等。

（一）现代酒店信息分类

现代酒店信息的种类多如牛毛，可以从酒店信息的内容、作用、来源、传播方式、接收方式等角度对其进行分类。

1. 按现代酒店信息的内容分类

（1）指令信息。它是酒店各级行政管理人员在组织生产、经营中向其所管辖的部门及工作人员发出的各种经营决策、行政命令、工作计划及工作布置等。上层管理人员、决策机构是指令信息的信源，下层机构、工作人员是指令信息的信宿。

（2）数据信息。它包括非指令性信息的有数据信息、字符信息与音像信息，如各种报表、统计图表、市场信息、上报数据等。

2. 按现代酒店信息的作用分类

（1）决策信息。它是为酒店决策人员进行长远战略计划、各种重大决策所制定的信息。它包括酒店内、外部信息以及酒店经营环境构成、政治、技术、经济等各个方面的信息情况。

（2）监控信息。它是用于对酒店系统正常运转时进行校正、控制的信息。它包括经营管理的明确计划、指标以及系统输出情况的各种反馈信息。

（3）作业信息。它是维持酒店系统日常业务活动所需的信息，包括物资的库存数、待出租的房间数、客房预订数等。

3. 按现代酒店信息的来源分类

（1）宾客信息。它是指来自宾客，反映宾客的特征、状况的信息。掌握充分的宾客信息，可以为现代酒店的个性化服务提供良好的基础。

（2）市场信息。它是现代酒店经营管理环境中外部酒店产品供求状况及其相关因素的总和。它包括市场中酒店产品的数量、质量、效益状况，酒店产品的需求量，同行的新动向，供应商信息等多个方面。它是现代酒店经营决策的主要依据之一。

（3）行业管理信息。行业管理信息来自国家行业主管部门。主管部门制定的行业发展的政策、方针及行业引导方向对微观的酒店有着非常重大的影响。

4. 按现代酒店信息的传播方式分类

（1）大众传媒信息。它是指通过电视、电台、报纸等大众传播媒体散播出来的相关信息。

（2）小众传媒信息。它通常指路牌广告、传单等媒介散播出来的相关信息。

（3）网络互动信息。网络信息的发布具有互动性，信息接收者可以在网络中自由地选择自己喜爱的信息，而不是被动地接收机械的信息，因此它很受大众的喜欢，其发展速度也非常快。

5. 按现代酒店信息的接收方式分类

（1）公开信息。

（2）限制接收的半公开信息。

（3）含有密级的保密信息。

（二）现代酒店信息的特征

现代酒店信息具有以下特征：客观性；价值性；可分享性；可传输性；可再现性；可存储性；可积累性；可压缩性；可开发性。

除了以上特征外，现代酒店信息还具有延续性和继承性、可再生性和可增值性、扩散性和可控制性等特征。

二、现代酒店服务信息

服务信息是指在服务过程中发生的各种现象和因素所反映出的信息要素的总和，它涉及服务接受者、服务提供者和服务市场等主、客中介体。服务信息主要包括客史信息、供方信息和服务市场信息等三个方面。

（一）客史信息

客史信息是指宾客在酒店消费或进行其他活动时所表现出的个体和群体行为特征的总和。经酒店员工加工整理后的客史信息呈现出即时性和历时性（即信息会根据情况的变化不断进行补充或剔除）的特点。

1. 计算机网络客史信息系统

在采用计算机联机方式构成内部网络或局域网络的现代酒店，可以建立一个酒店客史信息系统，利用客史信息为客人提供相应的服务，提高酒店的服务质量和档次。以计算机网络为基础的酒店客史信息系统通常包括以下四个内容。

（1）常规信息。

常规信息包括客人个体常规信息和团队群体常规信息。客人个体常规信息包含客人的照片（可从证件上复制）、姓名、曾用名、笔名、别称（有些客人喜欢别人用一些雅号，如用船王、股市大王等称呼自己，以显示自己特殊的身份）、性别、年龄、民族（或国籍）、籍贯、宗教信仰、职业、职务、来自何处、工作单位、消费能力、每次入住的时间，此次住店的日期、房号、支付方式等多种信息。有些信息无法从客人的证件中获得，应该通过其他途径获取，这种信息往往对酒店有较大的利用价值。对于旅游团队、中介商、公司、机构、社团组织等团队客人而言，酒店还应该建立团队群体信息，包括团队的性质、出行目的、消费等级等相关信息。这类信息往往是酒店客史信息中的薄弱环节，常为前台员工所忽视。

（2）个性化信息。

个性化信息包括客人的言谈、举止、外貌特征、服饰、性格、爱好、志趣、经历、人际交往等。在服务中，个性化信息对于习性反常、性格孤僻、有独特爱好的客人显得尤为重要。同时，对客人的体态（有的客人体态过大，床位需要特别安排）、身体健康状况也应有专门的信息反映。个性化信息是酒店进行个性化服务的基础。

（3）消费特征信息。

消费特征信息主要包括食、宿、行、游、购、娱等六个方面。例如，客人对客房档次、类型、楼层、朝向、房号的要求；喜欢哪一个餐厅、餐位、服务员、厨师；常吃哪些菜肴，有什么口味、烹制要求等；是否经常进行娱乐、健身，喜欢到哪些场所游玩；喜欢早睡早起还是晚睡晚起；购物上有些什么要求，等等。

消费特征信息还应包括客人及访客的支付习惯，是及时支付还是习惯拖延，还要附上酒店给予的信用尺度（例如，酒店允许宾客延迟付账或一月结一次账，或规定欠账的限额等）。如果客账是由当地政府机构或公司企业结算的，他们的支付习惯也是消费特征信息的一部分，因为他们可能只承担客人的食宿，其他费用由客人自理。

（4）宾客评价信息。

宾客评价信息包括对酒店、员工、硬件设施和服务方面的正面、反面与中性的评价，其形式有投诉，表扬，建议，填写意见表，送锦旗、匾额、字画或礼物，要求赔偿，向有关部门申诉，向司法部门起诉等。其中，最常见的是投诉、表扬和向他人诉说。宾客评价信息给酒店所造成的影响也是不一样的。

2. 手工操作客史信息系统

有些酒店的条件比较简陋，酒店没有配置计算机、没有联机成网，或者酒店的主机储量有限，这就要求酒店建立一套手工操作的客史信息系统。由于客人众多，客史信息总量大，因而有必要选择重点，逐步开展。通常来说，手工操作的客史信息系统应包括以下四个最基本的内容。

（1）VIP信息，即贵宾客史信息。

VIP客人通常指政府高级公务员、高级商务客人、社会名流以及其他能够给酒店带来特别声誉或客源的客人。在规范的酒店，贵宾是由总经理或分管经理确定的。但有些酒店来一个客人就发一张VIP卡，或者客人一要就给，结果贵宾卡满天飞，失去了区分贵宾与普通宾客的实际效用，贵宾卡成了折扣卡。

（2）长住客信息。

在市场经济体制下，长住客是酒店生存的重要支柱之一，是酒店经营保本、收支平衡的重要基础。面对写字楼、商住楼、公寓的竞争，酒店应以更多的服务项目、更好的服务质量留住长住客、吸引长住客。在高档商务酒店中，定期设宴征求意见，为长住客配备私人秘书、私人管家等，已成为有力的服务手段，其基础就是长住客信息的完整性、准确性。

（3）忠诚客户（黄金宾客）信息。

忠诚类客人经常购买、使用酒店产品，对硬件的缺陷、价格的上涨、服务中的误差不敏感、不挑刺，认定的是酒店品牌和产品的一贯特性。为这些宾客建立专门的信息资料库，将成为酒店开发新产品、设立新项目、质量上等级的重要依据，也是改善酒店与客户关系的重要依据。

（4）黑单客人信息。

黑单客人是指曾经在本酒店或其他酒店有不良消费行为的客人。这些客人在酒店消费中因为逃债、赖债、损坏设施、损害店誉、犯罪嫌疑等劣迹而上了酒店"黑名单"，应受到酒店的"格外关注"。同时，搜集与存储黑单客人信息，有利于兄弟酒店的及时防范，如北京地区酒店销售经理俱乐部就经常交换逃账者、欺诈者的信息。

（二）供方信息

供方信息是与酒店服务产品有关的所有信息的总和。供方就是提供服务和与服务有关的产品的个人或组织。在酒店业，它不仅包括酒店本身，也包括向酒店提供服务或产品的个人或组织，称为供应商或分供方。酒店将供应商提供的服务与产品和自己本身所具有的服务与产品进行整合，形成面向宾客的酒店整体服务产品。因此，供方信息有两个来源，即供应商和酒店本身。

供应商信息包括供应商的数量、所供应物品的价格和质量、供应物资的市场需求状况等相关内容。了解供应商信息，及时购置、调配相关服务和产品，是酒店进行对外服务的基础之一。

酒店本身供应信息以酒店产品为核心，从传播的角度看，它应该包括面向外部的有形展示和面向内部的有形展示两个方面的内容。

1. 面向外部的有形展示

这里的外部指的是宾客或潜在的需求者，他们是服务组织（酒店）以外的人。面向外部展示的目的是传播酒店产品信息，显示酒店产品特征，刺激消费欲望，确立酒店的声誉和品牌。有形展示的方式有以下三种。

（1）常规方式。常规方式包括大众传播媒体广告、户外广告牌、告示牌、招贴画、大横幅、小旗、广告衫、专题宣传册等。值得注意的是，店堂内的有形展示往往以更直观、具体的方式传播产品信息。例如，餐厅外的活海鲜、鱼缸、热带观赏鱼缸；墙上的厨师工牌号、照片和简短介绍；部分菜肴的原材料和半成品实物展览；厨师、服务员的现场操作表演；周边的名人字画以及其他艺术装饰品等，往往有很好的宣传效果。

（2）特殊方式。通过特殊的有形展示方式表达一些与酒店产品无直接关系的信息，以期吸引宾客，起到连带、互动作用。例如，美国米高梅酒店的拳击赛、广州中国大酒店的名车展销、北京梅地亚宾馆大堂内的魔鬼钢琴、上海齐鲁大酒店又粗又高的龙柱、上海波特曼—丽思卡尔顿酒店的沿墙瀑布等，它们都构成了酒店独特的风景线，其作用往往超过广告宣传。

（3）高科技方式。酒店借助最新科技成果传播服务产品信息，其内容生动直观，易于接受，感染力强，效果较佳。高科技有形展示方式分为单向被动传播和双向互动传播两类和第三方平台媒介传播三类。

① 单向被动传播。它是指酒店通过一些高科技的传播仪器向顾客进行单向的信息传播。这类传播仪器包括四种：一是多媒体触摸式导购电视屏幕，又称傻瓜机。它以菜单选择方式向客人介绍酒店的地理位置、建筑外形、客房、餐饮、娱乐及其他服务设施、服务项目。二是电视传播系统。通过酒店的有线电视系统，配置相应的计算机终端与服务器，酒店可以向客人致电视欢迎词，接受客人的留言、查账、订餐等要求。三是液晶告示牌、超大屏幕、高清晰度电视机等。此类设备置于大堂内，向宾客显示相关信息，常常可以取得较佳的传播效果。四是即时型激光摄像投影机。

② 双向互动传播。采用互动传播方式，宾客能点播、调用所需的信息资料，并以人—机对话与用户—用户对话的方式求答解疑、深入了解、讨价还价、预订客房与餐位等。大多数酒店集团均已开通了官方网站，如锦江国际酒店集团、首旅酒店集团、华住酒店集团等；部分酒店也已经制作了官方网站，如北京建国饭店、广东亚洲国际大酒店、从化碧水湾温泉度假村、杭州黄龙饭店、青岛海景花园大酒店等。这些酒店集团和酒店通过官方网站提供互联网的信息传播与互动，供中外宾客随时访问、游览、预定甚至点评。宾客通过互联网就可以方便查阅到酒店的基本信息、设施图片、促销活动。目前，美国 1/3 的酒店已进入因特网，具备展示、浏览、预订功能。

③ 第三方平台媒介传播。采用第三方在线服务商的中介方式，顾客查询、获取、对比所需的信息资料，并结合他人消费体验进行在线产品订购、线下产品和服务消费等。我国的酒店预定服务商通过为顾客提供酒店所提供的价格信息，为顾客提供比价、评价查询服务，并提供即时预订服务，赚取酒店预定消费佣金，而酒店通过这些中间服务商的选用，以此实现移动互联时代的产品信息传播。近年来在线预订服务商发展迅速，比较有代表性的有携程、去哪儿、飞猪、艺龙、同程、途牛、马蜂窝、猫途鹰等。

2. 面向内部的有形展示

酒店员工开展对客服务，应该掌握足够的酒店信息，它可以通过内部的有形展示来获得。酒店面向内部的有形展示包括以下三种方式。

（1）参观酒店。让新员工参观酒店可以使他们获得关于酒店的许多感性认识，了解酒店的设施状况等酒店信息。希尔顿集团有条规定，新员工入店须参观酒店 1～2 天，其目的是让他们熟悉环境、了解服务产品的特征。

（2）新产品介绍。向员工介绍新产品，让他们了解新产品的特性、价格、服务中应注意的事项，为对客服务提供良好的基础。例如，汕头金海湾大酒店前台各班组在每天的晨会上常常传播食品、酒类、客房用品设施等方面的知识。又如，南京丁山花园酒店厨师每推出一个创新菜肴，往往先让餐厅服务员看一看、闻一闻、尝一尝，以掌握新菜肴的色、香、味、形和服务要求。这类有形展示也是一种内部沟通，往往要求跨班组、跨部门进行，有助于减少服务员与客人接触时一问三不知的情况发生。

（3）文字通报。除晨会、部门培训外，酒店和各部门的重大活动或产品信息还可以通过店报、部门通信、告示、备忘录、文件、通知、黑板报等形式发布。

（三）服务市场信息

服务市场信息是市场中与酒店服务有关的所有现象、关系所呈现出的信息要素的总和。服务市场信息是酒店开发、增减服务产品和进行相关营销活动的主要依据之一。它包括服务市场中的竞争者信息、客源信息和中介商信息等三个组成部分。

1. 竞争者信息

竞争者信息包括市场中竞争者的总量信息和个体信息。竞争者的总量信息主要指市场中的客房总数、类别归纳、餐位数量、硬件设施配套程度、服务质量、宾客评价、实际房价和出租率、营业额、毛利率、负债情况等反映市场总体状况的要素，可以帮助酒店进行准确的市场定位分析。除把握竞争者的总量信息外，还有必要掌握酒店的每一个竞争对手（酒店、公寓、商住楼）的详细情况。价值含量高的竞争者个体信息主要有竞争对手的融资能力、资金来源、投资背景、经营管理能力、员工构成、工资水平、开业计划、促销手段和目标市场等，同时还包括竞争者对本店资源（宾客、员工、人才、销售渠道）的威胁情况。

2. 客源信息

客源信息主要包括本地的客源结构，市场中全部客人的区域构成、职业构成、消费能力、来本地的目的及本地多数同行的客源构成等内容，这是细分市场的依据。

3. 中介商信息

中介商信息包括中介商本身的信息和中介商所掌握的客源代理信息。酒店为了争夺旅游中介商，必须掌握本地或外埠有能力介绍客源的旅行社、客房预订中心、旅游汽车公司、航空公司及其他公司、政府机构等相关中介组织的信息。

三、现代酒店信息资源的概念、构成与特征

（一）现代酒店信息资源的概念

目前，国内外学者对现代酒店信息资源这一概念的认识和理解存在着狭义与广义之分。狭义上将现代酒店信息资源理解为酒店经营活动中的文献集合、数据集合、信息集合或信

息技术集合。广义上理解为现代酒店信息活动中所有要素的总称。

（二）现代酒店信息资源的构成

现代酒店信息资源由以下三部分构成：酒店经济活动中经过加工处理有序化并大量积累后的有用信息的集合；为某种目的而生产有用信息的信息生产者的集合；加工、处理和传递有用信息的信息技术集合。

（三）现代酒店信息资源的经济特征

现代酒店信息资源属于经济资源范畴，因此它具有一般经济学特征。

（1）作为生产要素的人类需求性。人类之所以把信息资源当作一种生产要素来需求，主要是因为信息不仅本身就是一种重要的生产要素，可以取代（或部分取代）物质原料、信息资料等非信息投入要素，而且可以通过与这些非信息要素的相互作用，使之增值。

（2）稀缺性。信息资源之所以具有稀缺性主要是因为在既定的时间、空间或其他约束条件下，信息资源拥有量总是有限的。现代酒店经济活动行为者要获取信息就必须付出相应的代价。

（3）使用方向的可选择性。

四、现代酒店信息资源管理

（一）现代酒店信息资源管理的概念

现代酒店信息资源管理，是指现代酒店为达到预定的目标，有效地运用各种手段和方法，对涉及现代酒店信息活动的各种要素进行的合理组织与控制。在国外，信息管理常指信息资源管理。因此，可以说现代酒店信息管理既包括狭义的信息资源管理，也包括广义的信息资源管理。

现代酒店的信息资源管理一般可划分为三大块，即控制信息资源管理、运作信息资源管理和市场信息资源管理。控制信息资源管理属宏观层次，它主要由酒店的各层管理人员运用法律、行政、经济等手段予以实施，并进行信息资源的开发和利用。运作信息资源管理属微观层次，主要是由酒店各操作、服务班组来实施。市场信息是沟通宏观与微观两个层次的桥梁，市场信息资源的合理开发与运用必然会对酒店的经济活动产生巨大的推动作用。

（二）现代酒店信息资源管理的特征

（1）突出组织机构层次的信息管理或面向组织的信息管理。这种信息管理不是酒店层次的，也不是个别层次的，而是组织机构层次的。

（2）追求将技术因素和人文因素结合起来解决问题，即不单纯依靠技术，而强调运用人文及技术两种因素的合力。

（3）关注信息在战略决策、战略管理层次的作用，并因此提出了调整组织机构的结构等问题。

（4）从经济学的角度引入商品和市场观念，以经济机制为杠杆来推动对信息资源的管理和利用。

（5）导致出现了一种新的职业方向。

（三）现代酒店信息资源管理的对象、内容和手段

现代酒店信息资源管理的对象是多层次、多因素的，既包括酒店内部各组织层次的信息管理，也包括酒店外相关组织层次的信息管理；既包括与酒店有关的各种信息的管理，也包括涉及酒店活动的人、财、物、机构和环境。从微观的角度上看，现代酒店信息资源管理的对象是与酒店经营管理活动有关的各种数据及各种信息的载体。它包括各种文献、资料、文书、文件、语言、文字、图像、表格、符号、代码等。从宏观的角度上看，现代酒店信息资源管理的对象是酒店的信息处理系统或称信息管理系统，它包括信息网络系统和与信息系统有关的环境。

从微观的角度上看，现代酒店信息资源管理的内容主要为信息的处理，它包括信息的收集、加工、传递，信息的反馈与存储，信息的使用和经营，信息的管理策略与对策，信息系统的组织、维护和控制。从宏观角度上看，现代酒店信息资源管理的内容包括：现代酒店信息的处理；现代酒店组织中的信息管理；现代酒店信息技术的综合管理；现代酒店的信息政策与信息法规；现代酒店人员的信息心理与信息行为；现代酒店信息价值与成本的测算。

现代酒店信息资源管理采用技术、经济、法律三大主要手段。技术手段主要指信息技术，它是信息资源管理中占主导地位的因素，是信息管理进入现代化的先决条件。计算机软硬件、计算机网络、管理信息系统多媒体的引入，使现代酒店的信息管理比其他资源的管理显示出更明显的效果。经济手段主要是通过经济政策，把信息以及信息所带来的效益提高到经济的层次上，并使之与经济的发展相联系，使咨询信息与信息技术为经济服务，从而形成信息经济。法律手段是通过各种信息法规、政策的建立和实施来达到信息管理的目的，是实现信息管理规范化和有序化的有力手段之一。

五、现代酒店信息的管理

现代酒店信息的管理是对酒店经营管理活动中各种信息进行系统的处理和管理。它包括信息的收集、加工、传递、反馈、存储、维护和使用等整套程序与工作。

（一）现代酒店信息的收集

1. 现代酒店信息收集的范围

现代酒店需要收集的信息范围有以下五个方面。

（1）上级信息，指上级领导机关下达的信息。

（2）系统内信息，指现代酒店的行业领导和隶属系统内的信息。

（3）平行信息，指同行业相关单位的相关信息。

（4）社会信息，指社会对酒店的印象、反映、意见、建议和要求。

（5）经营活动信息，指现代酒店开展经营活动所需要的有关信息。

2. 收集信息的途径和方法

现代酒店信息收集的途径与方法随信息收集范围的不同而有所区别，包括以下五个

方面。

（1）上级信息主要通过公文、函件、会议记录和电话记录方式来收集。

（2）系统内信息的收集主要通过酒店内部运作中的各种报表、数据等方式来实现。

（3）平行信息主要通过建立信息网络来收集。

（4）社会信息主要通过调查访问、会议座谈、咨询和现场巡视等方式进行收集。其中，神秘顾客法效果较好。神秘顾客法是指由酒店出资邀请酒店业的专业人士或资深顾客以普通顾客的身份来酒店进行消费，并就酒店产品中存在的问题以专题报告的形式向酒店反映，其结果全面、客观、建设性强，并且能够涉及大量的采用其他调查方式所无法得到的服务细节问题。

（5）经营活动信息主要通过酒店运作中的各种报表、数据，经营活动中的各种观察、记录，酒店各种会议记录和计划，对消费者的调查访问、意见征询和留言等形式来获取。

现代酒店信息的收集也可以根据信息的使用目标不同而采用不同的收集方法。根据使用目标收集信息的方法主要有以下三种：自下而上的广泛收集；有目的的专项收集；随机积累法。

3. 现代酒店信息收集的原则

现代酒店信息收集的原则包括：针对性原则；实事求是原则；适时提供原则；新、实、准确、简明、迅速原则。

（二）现代酒店信息的加工

信息加工是信息处理程序的核心环节，它是指运用科学的方法，对收集的原始信息进行识别、分析、筛选、综合、归类、排序，使之系统化和条理化的过程。

1. 现代酒店信息的识别与分析

现代酒店信息的总量浩如烟海，酒店员工尤其是管理人员应该懂得识别和分析信息，判别不同信息性质的差异，分析判断其价值，从而找到有利于酒店的信息。识别和分析信息的主要方法有以下四种。

（1）时间回溯法。时间回溯法包括由远及近的顺溯法和由近及远的逆溯法，采用哪种方法要视信息本身的类型和目标而定。顺溯法在老酒店编制店史、店志、大事记中运用较广。如果要辨析大型酒店的投资额、建设周期、酒店产权买卖、无形资产价值计算，国有酒店跨国发展中的资产流失、酒店产权和经营权转让中的欺诈行为、宾客对酒店服务的投诉重点等，宜用逆溯法，以追溯到最新的信息和数据，从中筛选出最典型、最有说服力的材料。

（2）系统归纳法。系统归纳法是将收集到的所有信息按照一些标准进行归类整理，酒店员工可以从中各取所需。在归纳时可以以信息的所属部门、信息的性质等为标准，各酒店根据本身的需要进行取舍。例如，五星级的珠海银都酒店在迎接星级复查前，别出心裁，用大幅报刊广告征求社会各界的评议。酒店共收到 626 份批评建议，涉及 25 个营业点。经分类辨析，酒店按性质将其归成六个大类。宾客对洗衣质量、饼屋员工的服务态度、商务中心的营业时间等许多方面提出了意见，成为酒店整改的方向。

（3）排队法。排队法是根据运筹学的原理，对服务信息中的拥挤、充斥现象，从定性、定量的概率统计角度探索与完善服务质量的有效办法。它又分为经验型和数理分析型两种。在客源高度集中的总台、行李房、电话总机、餐厅、商场等地方，员工来不及运用计算机进行统计分析，仅能根据所接收的信息，分析服务对象的时间顺序、身份、事由（如急着外出、马上要离店或其他特殊情况）等，确定信息的重要性和价值，做出服务时间优先、项目优先、质量优先与否的决断。而根据长期的信息分析，计算机能对客流量、概率分布、随机因素等设计队列模型，可据此调整人力、物力和服务时间。在信息拥挤的情况下，有限的人力与物力难以做到服务质量的规范统一，故对部分服务对象可能提供较多的项目或设施，而对其他人仅提供简单的基本服务。

（4）类比推测法。类比推测是根据信息之间的因果、对称、趋同关系，分析与推测信息之间的真伪和重要性。例如，河南三门峡有家星级酒店，客房部经理、总经理多次接到各楼层 01 号客房客人的投诉，客人抱怨经常有陌生人敲门，打扰了他们的休息。总经理试着在 401 房住了一晚，情形果然如此。总经理经过推测发现，原来许多客人将 01 号客房当成了楼层值班室，以致许多客人敲门要求服务。最后，酒店对 01 客房进行空间改造，解决了上述问题。

2. 现代酒店信息的筛选

筛选是对信息进行去粗取精的过程，将内容贫乏、与酒店或部门工作关系不大的信息淘汰掉，严格控制价值不大的信息流混入信道，以避免增加信息的负担，尽量保持信息流的净化和最佳状态。

3. 现代酒店信息的核实

信息的真实性直接关系到决策的效果。提供内容真实、准确并有较高质量的信息，将有助于酒店正确地指导经营运作和进行科学的决策。因此，应使信息资料准确无误。

4. 现代酒店信息的编制

在编制信息时，首先，要对信息资料进行分析综合，要分析信息资料的性质，如信息资料的代表性、典型性及其反映的事物的动态情况；其次，要选择信息资料传送的最佳形式；最后，要做好信息资料的分流，保证信息流的净化。

（三）现代酒店信息的传递

按照信息的情况，可把信息的传递分为三种方式，即单向传递、相向传递和反馈传递。不管采用哪种传递方式，在传递信息资料时，要注意以下几点：第一，传递信息要选择适当的时机，信息的时效性是通过及时而适时传递来显现的；第二，传递信息要适度；第三，传递信息时要保持信息内容的完整性和连续性。

（四）现代酒店信息的存储

信息的存储是通过建立信息库，对有保存价值的信息进行严格的登记、科学的编码和有序的排列而进行存储备用的过程。现代酒店信息的存储通常采用卷宗存储、胶卷存储与计算机存储方式。不管采用哪种存储方式，现代酒店信息的存储，都应经过登记、编码和排列三个过程。

（五）现代酒店信息的维护

保持信息处于使用状态叫信息维护。狭义上，它包括经常更新存储器中的信息，使信息均保持合用状态；广义上，它包括系统建成后的全部管理工作。信息维护的主要目的在于保证信息的准确、及时、安全和保密。

（六）现代酒店信息的作用及其使用

1. 现代酒店信息的作用

（1）改善宾主关系。酒店员工通过对客人完备信息的掌握，可以提高对客服务的主动性，为客人提供高度个性化的服务，从而改善宾主关系，促使宾客产生认同感、依赖感，推动宾客的需求，并形成良好的口碑效应。

（2）促进内外沟通。酒店通过信息的外部沟通，可以让广大宾客了解酒店、熟悉酒店产品，消除广大宾客的畏惧感和神秘感，促进他们进店观赏游玩、尝试消费。外部沟通的方式有举办公益性活动、开展商业性公关活动、成立部分服务免费的新型俱乐部以及敞开店门让公众参观等类型。酒店内部信息沟通的方式有设立总经理信箱、召开职代会、开展业务讨论、干部述职评议、部门联谊、家属座谈、专题演讲、辩论和对话等多种形式。

（3）强化内部控制。酒店可以运用信息理论实现对人、财、物的控制。

① 人力信息控制。人力信息控制包括对酒店员工的年龄、学历、外语水平、工作表现、客人评价、考核资料、个人简历，同行工资分配方式和员工平均收入水平，劳务市场动态，储备型人才库，本店员工总体素质、培训计划等信息的掌握与控制。人力信息是劳动力成本核算的基础。

② 财力信息控制。财力信息控制的目的是降低采购成本，防止收益截流、资产流失以及跑单、欠账等现象，以提高利润。为此，许多酒店设计了大量的表格和单据，重点控制采购和流动资金，并采取多重交叉的审报支付方式。例如，锦江集团北方分公司的各酒店原采用货比三家、质优价廉的采购方式，现采取联合报价、多方选择的方式，广泛搜集厂商、市场价格信息，一年内物品采购成本降低了10%。

③ 物力信息控制。物力信息控制指对酒店的固定资产和流动资产的破损、耗费、报废、添置，对物资的验收、仓储、部门调拨等信息的掌握与控制。例如，上海扬子酒店为做好餐饮成本费用管理控制，膳食部食品采购组从收集、分析各类有关信息入手，严格把好"市场询价与物资采购"、"验收与入库"、"领料与物资出库"以及"仓库管理与损耗"四大关，成功地推动了其所属的衡山集团的低成本战略。

（4）寻觅新的市场机会。现代酒店大都以自身为依托，实施一元为主、多元发展的战略。信息在其中可以起到非常重要的作用。它可以帮助酒店在充分发挥自己优势的基础上寻觅新的投资方向，争取新的生存空间，以多元的架构保持酒店的长期稳定发展。

2. 现代酒店信息的使用

信息的使用包括两个方面：一是技术方面；二是如何实现价值转化的问题。

技术方面要解决的问题是如何高速、高质量地把信息提供到使用者手中。

信息价值转化是信息使用概念上的深化，是信息内容使用深度上的提高，信息使用深度大体上可分为三个阶段，即提高效率阶段、及时转化价值阶段和寻找机会阶段。

提高效率阶段联系于数据处理阶段，这时使用信息技术的主要目的是提高效率，手工作业机械化，节省人力。及时转化价值阶段已经认识到管理艺术在于驾驭信息，已经认识到信息的价值要通过转化才能实现，鉴于信息的寿命有限，转化必须及时，信息才能转化为价值。因此，在这个阶段信息可以说主要用于管理控制。寻找机会阶段是企业利用信息在市场中寻找、捕捉能对企业产生效益的机会。这个阶段中，信息的特征是商品化。

在现代酒店中，信息的使用主要体现在酒店经营活动的管理上，概括起来有以下几个方面。

（1）在前台系统业务活动中的使用。它包括信息查询、预订客房、入住登记、客账结算、客户档案、销售分析等方面的使用。

（2）在酒店后台系统业务活动中的使用。它包括人力资源管理、财务管理、设施设备管理、仓库管理、能源控制等方面的使用。

（3）在决策、预测中的使用。

第六节 酒店时间资源管理

在现代酒店经营活动中，时间资源是运动着的物质资源存在的一种客观形式，是物质资源运动的顺序性、间隔性和持续性的反映，是物质资源运动过程的顺序更替和前后联系的表现。时间资源作为物质资源存在的客观形式而具有价值性，从经济学的角度出发，具有价值的时间资源定义可用下式表示

$$T = \frac{V}{Z}$$

其中：T 为时间；V 为使用价值，它是一种有用功；Z 为个人或群体的工作效率。

上式表明，当使用价值一定时，时间价值就取决于工作效率的高低，即工作效率愈高，时间价值就愈小，或者说物质资源的运动周期愈短，时间价值就愈高。

一、现代酒店时间资源管理的概念

现代酒店时间资源管理是应用现代科学技术的管理方法对时间的耗费进行预测、预控、计划、实施、检查、总结、评价及反馈，以避免时间浪费，能够既有效率又有效果，既合理又经济地完成预期的酒店管理目标。因此，时间资源管理是避免时间浪费，为时间的消耗而设计的一种系统程序。

二、现代酒店时间资源管理的内容

现代酒店时间资源管理包括以下内容。
（1）现代酒店时间资源管理方法的探索。
（2）对现代酒店的有形劳动、无形劳动进行科学的时间管理。
（3）对现代酒店时间资源管理效果进行评价。
（4）现代酒店时间资源管理现代化研究。

三、现代酒店时间资源管理的特征

现代酒店时间资源管理的特征是既注重对酒店体力劳动（有形劳动）的时间管理，又强调对酒店脑力劳动（无形劳动）的时间管理，并逐步把时间管理的重心从体力劳动的时间管理转移到脑力劳动的时间管理上。

有形劳动的时间管理是从"时间是常量"的概念出发，对人们的体力劳动时间的效果进行科学管理方面的研究与探讨（以美国的科学管理之父——泰勒为代表）。它研究的重点是劳动者每小时劳动的合理动作、工作程序与工资报酬，目的是提高劳动生产率——每小时劳动所生产产品的数量。

无形劳动的时间管理是从"时间是变量"的概念出发，对人们的脑力劳动时间的效果进行科学管理方面的研究与探讨（以当代的行为科学学派为代表）。它研究的重点是劳动者（包括体力劳动者与脑力劳动者）的工作有效性与积极性。

四、现代酒店时间资源管理的基本方法

（一）ABC 时间管理法

1. ABC 时间管理法的基本原理

ABC 时间管理法的基本原理是抓住工作的 80% 的价值，集中在工作的 20% 的组成部分上这一法则，运用"关键的是少数，次要的是多数"原理，按工作的轻重缓急，在所面临的系统中起作用的程度、贡献的大小，分为 A、B、C 三类，排定优先次序，抓住影响全局对整个系统有举足轻重作用的工作，重点突破。

2. ABC 时间管理分类法的工作分类

根据"关键的是少数，次要的是多数"的原理，把面临的工作进行排队，并根据工作的重要程度将它们分成 A、B、C 三类，分类的标准与方法如表 4-2 所示。

表 4-2　ABC 时间管理法分类标准与方法

分　类	比　例	特　征	管 理 要 点	时 间 分 配
A 类	占总工作数量的 20%～30%，每天 1～3 件	（1）最重要：具有本质上的重要性 （2）最迫切：具有时间上的迫切性 （3）有后果	重点管理 （1）必须做好 （2）现在必须做好 （3）亲自去做好	占总工作时数的 60%～80%
B 类	占总工作数量的 40%～50%	（1）重要 （2）一般重要 （3）无大的后果	一般管理，最好自己去做，亦可授权别人去办	占总工作时数的 20%～40%
C 类	占总工作数量的 40%～50%	（1）无关紧要 （2）不迫切 （3）影响小或无后果	不管理，可以忘掉	0

根据表 4-2 的工作分类作巴雷特曲线图。

按累计效果百分数对巴雷特曲线进行分类。A 类：关键的、重要的工作；B 类：一般性的工作；C 类：次要、不重要的工作。

3. ABC 时间管理分类法的操作步骤

ABC 时间管理分类法流程图如图 4-5 所示。

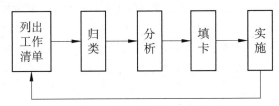

图 4-5 ABC 时间管理分类法流程图

（二）时间管理目标法

此方法适用于一切从事无形劳动的人的时间管理，特别是管理者和领导人员的时间管理。

1. 时间管理目标法的原理

时间管理目标法的原理是运用控制论和反馈原理把目标管理的方法应用于时间管理上，起到预控时间的作用，从而达到预定的目标，提高工作的有效性。这是一种很有成效的定量管理时间的方法。

2. 时间管理目标法的关键

目标就是期望取得的成就、成果，因此关键在于选择的目标要准确，若目标偏离、决策不准，则投入的时间越多，浪费也就越大。

3. 时间管理目标法的操作步骤

（1）问题分析。在每一目标区段保留一段最低的批量时间，对酒店的问题加以比较深远的思考，制订决策方案。

（2）拟定目标清单。其中包括成果目标和过程目标，将这些目标按次序排列，从最急迫的到可延缓的进行优化，选出最佳目标。

（3）决策后对目标制定出时间分配标准。目标要具体、定量化，标准越具体，指导性越强。不易定量的目标用"等级表"确定标准，并给以定量时间，确定完成期限。

（4）填写时间管理目标卡，建立时间目标规划体系。

（5）时间分段法检查和控制时间。

（6）分析、评价和反馈。

（三）时间管理信息法

1. 时间管理信息法的基本原理

时间管理信息法是从分析无形劳动者管理时间的行为的发展过程入手，运用现代科学管理中的三类基本动力中的精神动力和信息动力，采用形象鲜明的格言和总结时间管理的警句，造成一种具有强烈的时间观念的外部环境，使无形劳动者受到激励而始终处于一个持续的兴奋状态，逐步增强无形劳动者的时间观念，从而培养进行有效的时间管理的习惯，对自己及他人实行全过程的时间管理。

2. 时间管理信息法的管理方式

（1）外部客观环境营造。外部环境营造的原则是要采用多种方式创造条件，使环境中的人能随时随地接触到有关时间管理、提高时间效率的信息，通过这些信息的映入和提醒，以增强环境中人对时间观念的"点的记忆"。外部客观环境的营造应包括以下两个方面：对管理者自身生活全过程进行时间管理的信息输入的环境营造；使全体人员都能获得时间管理信息输入的环境营造。

（2）环境中人的行为动机激励。人们的时间管理行为产生于很强的时间观念这一动机，而这种动机又是由人们的需要来决定的。因此，需要在动机的激发和行为的产生中起着原动力的作用。

行为科学和心理学对环境中人的时间管理的行为、动机产生的激励过程如图 4-6 所示。

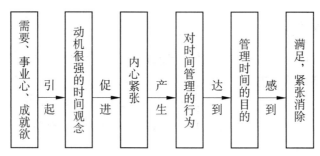

图 4-6　环境中人的时间管理的行为、动机的产生

时间管理信息法的全过程可用图 4-7 来体现。

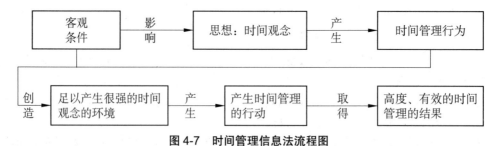

图 4-7　时间管理信息法流程图

（四）网络计划技术

网络计划技术又称网络分析法，是通过对网络图的绘制、计算、分析来确定和实施计划的一种科学的对劳动时间进行预控计划管理的技术。网络计划技术有两种基本方法：关键路线法和计划评审技术。

计划评审技术与关键路线法的基本原理相同，都是以网络图为基础，通过网络图来反映计划中各个项目的顺序关系，分析每个项目在整体计划中的地位，并通过网络图时间的计算来调整、优化计划，以达到有效的劳动时间管理。

（五）时间法律制度法

时间法律制度法主要通过时间法和各种有关时间使用的规章制度，对酒店领导层的管理活动和酒店经济活动中各项活动的时间进行调整。

酒店的时间法律制度法作为一种调整员工时间管理行为的规则，它规定员工的时间耗费行为的合理与不合理，时间支出的可行与不可行，并对酒店内的全体成员具有约束力。

时间法律制度法明确规定了时间制度关系主体的权利和义务，并用强制力保证其实现。因此，时间法律制度法是增加酒店时间利用效益、提高工作效率的有效手段。

酒店管理中用立法形式规定下来的各项劳动时间管理规章制度必须具有三个方面的内容：明确规定其针对的条件和范围；明确规定各项活动所允许的时间数量；明确规定在违反制度时应负的责任。

（六）时间管理自我诊断法

时间管理自我诊断法是应用"案例诊断"的原理，对自己的时间使用情况进行自我分析，了解自己的时间使用类型，掌握自己的时间使用规律，从而改善使用时间的方法，提高时间管理的有效性。其做法是把时间管理上的实际处理情况搜集起来，以"案例"的形式分类归纳整理，提出常见的处理方式，从而确定自己的时间管理属于何种类型，然后再对一些影响自己的时间处理方式的主要问题进行会诊，对一些"疑难杂症"进行定向的研究和解决。

五、现代酒店劳动时间管理

（一）有形劳动与无形劳动

现代酒店的有形劳动是对酒店有形资源开发、利用所进行的劳动，其劳动结果是生产出实体的产品，这些产品的价值数量可以简单地用数字来表示。

现代酒店的无形劳动是对酒店无形资源开发、利用所进行的劳动，其劳动生产出的往往不是具有实体的产品，而是一些无形的产品，其价值、数量也难以用具体的数字来反映。

（二）现代酒店劳动时间与时间管理

现代酒店劳动时间是指在酒店经营活动中，从事某一劳动（有形的或无形的）所耗用的实际时间。这个时间是劳动人员劳动所需要的工作时间与个人生理需要、恢复劳动、处理意外事件所需要的辅助时间的总和。

现代酒店劳动时间管理是对现代酒店的劳动时间进行计划、预控、管理的过程。有形劳动时间管理重视的是在某时间段内劳动的效率和质量。无形劳动时间管理的重点是在某时间段内劳动的效能，即劳动的有效性和贡献。

因此，现代酒店劳动时间管理的目的有以下五个方面。

（1）创造价值相同时，减少时间的耗费。

（2）耗费时间相同时，增加创造的价值。

（3）增加创造价值的同时，减少时间的耗费。

（4）时间耗费略有增加时，创造价值大幅度增加。

（5）创造价值略有下降时，耗费时间大幅度下降。

（三）现代酒店劳动时间管理的原则

1. 管理原则

管理原则要求在进行任何劳动时，其时间的耗费必须遵循决策、计划、预控、组织、指挥、检查、调节、反馈、评价、总结等管理程序，对时间进行有系统、有目的、有效率的管理。

2. 价值原则

时间的价值原则认为：

（1）每个劳动者都有一个时间与价值组成的坐标曲线。此坐标曲线反映出劳动者在不同时间状态下的价值，要求劳动者有效地利用价值的最佳时间区段。

（2）每项劳动、每个劳动成果（如产品、服务等）在不同的时间段中有不同的价值体现。因此，要认识时间的价值性，依照时间的价值原则对劳动者及其劳动时间和劳动成果进行管理。

3. 目标原则

目标原则要求现代酒店劳动时间管理要将从事劳动所耗费的时间有效地用于所期望达到的目标上。这里的目标是劳动的效率和效能。

4. 预测原则

预测原则要求通过估计时间耗费的未来效果，分析时间耗费的各种方式产生的价值，选择最优方案。

5. 预控原则

预控原则就是根据预测的结果，制订时间管理的最佳方案，并对最佳方案的实施进行预先的控制。预控原则可以使时间管理改变传统的事后检验的方式，变成事先依据价值与对目标的贡献程度而定量支出时间，达到预先控制的目的。

6. 最佳原则

最佳原则要求劳动者抓住自己的最佳时区，瞄准劳动项目的最佳时区开展工作，以达到最佳的劳动效果。

7. 周期原则

周期原则要求现代酒店劳动时间管理必须研究和分析有关时间因素的循环周期的规律，以及探求造成这种周期性的原因，并通过运用科学的综合分析方法，把各规律应用于时间管理中，从而提高时间管理的有效性。

（四）现代酒店劳动时间管理方法

1. 有形劳动时间管理方法

对于有形劳动的时间管理以及如何测定其效率、如何鉴定其质量的方法，由于管理学界不遗余力的研究和实践，已有了相当的成就，并积累了丰富的经验。现在人们已经能够运用测定有形劳动时间管理的方法来促进劳动者的产出的增加，也有了一套完整的衡量办法和制度来进行有形劳动的时间管理。这一套管理方法包括：动作研究；时间研究；作业研究；工作设计；作业标准与程序化；定额管理；计划评审法；全面质量管理方法；工作制度化等。

这些管理方法的探索和实践，当今已完全被应用在有形劳动的时间管理中，从而极大地推动了酒店生产力的发展。在可支配的资源（包括时间资源）极度匮乏的情况下，因为效率的提高而减少资源（包括时间资源）的浪费，显得更有实际意义。

　　同时，还有一套比较成熟的用于有形劳动时间管理的检查方法和手段，这些方法和手段可以有效地研究有形劳动者个人一小时的工作量，制定出节约工时的具体方案，研究其产生效果的管理程序，并分析标准工时和标准时间与实际所需要工时的差额，找出原因，算出效率指数，从而达到提高劳动效率的目的。

　　2. 无形劳动时间管理方法

　　无形劳动时间的管理是现代时间管理的核心和重点。现代时间管理采用了现代管理科学的理论和方法，使系统工程学、数理统计、网络分析、行为科学的理论和方法在现代时间管理中得到了广泛的应用。既然无形劳动的时间管理是现代时间管理的主要内容和任务，那么，现代时间管理的方法就完全适用于无形劳动的时间管理。现代时间管理的基本方法已在前面详细论述过，此处不再赘述。

六、现代酒店时间资源管理评价

（一）时间管理评价的定义

　　时间管理评价是指根据人们时间管理的实际状况，通过定性和定量鉴别与测定，对酒店系统中的人的时间管理的效果进行综合分析、系统评价，把管理与效果有机地联系起来，提高工作效率和劳动生产率，从而提高现代酒店的管理效益。

（二）有形劳动时间管理评价

　　1. 评价的指标

　　（1）数量指标。这是一个定量的评价指标，表明在某一段时间之内，酒店在经营管理活动中各项工作所要达到的数量要求。数量指标通常以绝对数来表示。数量指标是评价有形劳动时间耗费程度的重要指标。现代酒店的数量指标包括接待人数、营业额、利润额、人均消费额、能源消耗量、物资需要量、职工培训人数等。

　　（2）质量指标。现代酒店的质量指标是用来表示在某一时间段（计划期）内酒店的人力、财力、物力的利用，以及经营活动中提供的产品质量、服务质量、工作质量所达到的水平。所谓质量，就是提供满足要求的标准的产品，是衡量产品好的程度，这种程度反映出有形劳动时间管理的效果。质量指标愈高，其时间成本费用也愈高，其关系如图 4-8 所示。

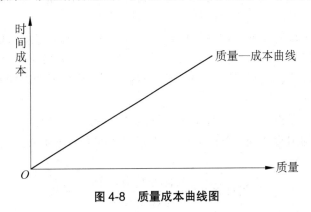

图 4-8　质量成本曲线图

　　可见，质量指标既表现了有形劳动的效果（程度），也反映出有形劳动耗费的效果。质量指标通常用相对数（百分比）来表示，现代酒店的质量指标主要有：客房出租率、资金利润率、服务质量、劳动生产率和设备完好率。

2. 有形劳动时间管理评价的步骤

有形劳动时间管理评价的步骤由确定标准工作时间、时间耗费成本分析、产品数量分析和产品质量评价四个步骤组成，如图4-9所示。

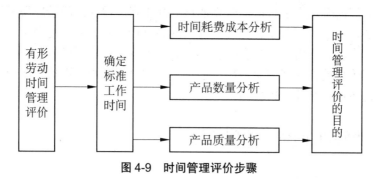

图 4-9 时间管理评价步骤

（三）无形劳动时间管理评价

1. 评价指标

（1）时间利用率。时间利用率是指单项事物在时间进程中的某种属性，是对无形劳动者时间利用程度的度量，是一种定量的评价指标，其计算公式为

$$n = \frac{t_1}{t}$$

其中：n 为时间利用率；t_1 为有用工作所耗费的时间；t 为总工作时数。

时间利用率反映的是无形劳动者在一定的时间（或单位时间）内，有用功的时间与总输出时间的比值。

（2）时间的有效性。时间的有效性是指整个系统的工作时间在时间进程中的某种属性，指无形劳动者在单位时间中的工作是否有效，是否产生较大的效果，是一种定性分析的评价指标。

2. 评价方法与步骤

（1）选定评价区段。对无形劳动时间管理的评价是对某一时间区段内，即单位时间内的时间管理的评价，因此，选择的评价区段要有代表性。

（2）分析目标实现的程度，即目标期望值。分析预定目标如期实现的可行性，进而明确系统的目标。效果与目标值是相关联的，不明确目标，其效果也是空洞的。

（3）计算时间利用率。先算出某一时间区段内有用工作消耗的时间和区段总工作时数，再算出时间利用率 n 值。

（4）计算时间的有效性。由于时间的有效性是一种定性分析，其效果很难度量，也无法精确计算。一般利用检查项目与时间管理的有效性程度的正相关的关系，采用强制打分法，直接进行定量分析。

$$实践有效性 = \frac{实际平均分之和}{总分数（100）} \times 100\%$$

百分数越高，说明时间管理的有效性越强。

（5）系统评价。用系统的观点综合评价时间管理效果的两项指标，指标越高则表明时间管理的效果越高，但是也要具体分析时间利用率是否满足系统时间的有效性，这样才能对无形劳动的时间管理进行客观的评价。

（四）有形劳动时间管理评价与无形劳动时间管理评价的比较

有形劳动时间管理与无形劳动时间管理的评价在评价对象、评价指标、评价尺度、目标的确定、现状的测定等方面均存在差异，其差异比较如表 4-3 所示。

表 4-3　两种时间管理评价比较

| | 评价项目 | | | | | 目标和现状的比较 |
	评价对象	评价指标	评价尺度	目标的确定	现状的确定	
有形劳动时间管理评价	劳动产品	时间	产品的数量、质量	确定标准工作时间	测定实际耗费的时间	$\dfrac{标准工作时间}{实际耗时}=效率$
无形劳动时间管理评价	劳动效果	时间的利用率，时间的有效性	时间	确定工作目标	分析实际渐近目标的期望值	$\dfrac{工作目标时间}{实际耗时渐进目标值}=效果$

七、时间管理现代化

时间管理的现代化是相对于一定的时间阶段而言的。

（一）时间管理现代化的内容

1. 管理思想现代化

时间管理思想现代化要求管理者不断深入地研究和认识时间耗费过程中起作用的时间的本质特征和时间管理的规律，增强时间观念，提高按客观规律办事的自觉性，正确地确定决策目标，采用科学的标准程序和办法，运用现代管理的原理或观点来管理时间资源。

时间管理思想现代化应遵循以下原理。

（1）系统原理。把整个时间耗费过程看成是一个紧密联系、相互依存的事物或要素组成的系统，并依据系统观点对时间耗费实施管理。

（2）反馈原理。时间管理的利用率和有效性的提高，关键在于是否有灵敏、准确、有力的反馈。

（3）封闭原理。封闭原理要求在时间的管理过程中，每一环节都必须构成一个封闭的环路，这样才能形成有效的时间管理。要在耗时过程中通过检查不断地反馈，不断地修正，不断地采取封闭的对策。

（4）弹性原理。由于时间管理活动涉及的因素多、变化大，主次矛盾又都交叉在一起，因此，时间管理要留有余地，保持一定的弹性。

（5）极强的时间观念的思想。

2. 时间管理组织的现代化

遵循科学管理规律，实现管理体制的合理化、组织结构和权力结构的科学化；在组织结构上强调系统性，重视提高组织和系统管理的工作效率、时间的利用率及有效性。

3. 时间管理方法的现代化

管理方法现代化的内容十分丰富，如经营预测和决策方法、全面时间管理与时间控制的统计方法、滚动式计划方法、网络计划技术、重点分析法（ABC 分析法）、价值分析法和预定动作时间标准法等。

时间管理方法现代化还包括以下内容：管理方法标准化、作业化；管理方法信息化；管理方法定量化。

4. 管理手段现代化

管理手段现代化主要包括两个方面：一是信息传递手段的现代化；二是信息处理手段的现代化。

（二）时间管理现代化的标志

时间管理现代化在不同历史阶段也有不同的标志。泰勒倡导的在工作时间研究中利用马表测定工时的方法，是 20 世纪初期的时间管理现代化的雏形；福特所倡导的"三化"（即单一化、专业化、标准化）和大量流水作业的生产方式则是 20 世纪中期的时间管理现代化的标志。当今的时间管理现代化所具有的标志包括以下五个方面。

（1）业已完成的体力劳动的时间管理向脑力劳动的时间管理的转移，是时间管理现代化的根本标志。

（2）应用时间管理工程学的理论和方法来自觉地认识时间的概念并用于实践，已达到这样的深度和广度。

（3）运用预测、预控的方法来控制时间的耗费过程，使时间的支出永远在自己的有效控制之中。

（4）时间输出是否定量化。

（5）广泛应用现代时间管理科学方法。这种广泛的应用是指自觉应用现代时间管理的方法，并在应用中不断完善和创造新的、有效的时间管理的方法。

第七节　酒店形象与口碑塑造

形象和口碑是现代酒店无形的财富和资源，是酒店在经营管理的活动中不断积累、塑造而形成的。

一、现代酒店形象和口碑的概念和类型

（一）现代酒店形象和口碑的概念

现代酒店形象，又称酒店的公众形象或公关形象，指的是在社会公众心目中相对稳定的地位和整体印象，具体表现为社会公众对酒店或酒店组织的全部看法、评价和整套要求

及标准。

在理解酒店形象的概念时，应注意以下几点。

（1）酒店形象必须是相对稳定的形象。

（2）酒店形象是整体性的。

（3）酒店形象表现为公众舆论或口碑，但并不等于公众舆论或口碑。

（二）现代酒店形象和口碑的类型

根据形象自身的性质，酒店形象可分为：

（1）自我期待形象，指的是酒店希望在社会公众心目中具有的对自身的全部看法、评价和标准。它又包括两种：一是理想形象，即对自身形象所做的较长远规划和设计；二是目标形象，即酒店希望通过某项或一系列公关活动所要达到的形象状态。

（2）社会实际形象，指的是社会公众及社会舆论或口碑对酒店的真实看法和评价，它是通过一定的公关努力而达到的实际效果，是一种形象现实。

根据不同的评价主体，酒店形象又可分为：

（1）总体形象，指的是所有公众对酒店的全部看法、评价和态度的总体趋势、主流口碑，所以又称为整体形象。

（2）主观形象，指的是酒店所坚信的社会公众对本酒店的看法、评价和态度。

（3）有效形象，指的是酒店的主要公众对该酒店的真实看法、评价和态度。

（4）特殊形象，指的是特殊公众对酒店的评价、看法和态度。

随着移动互联的迅速发展，网络预订或者 APP 预定成为一种重要的酒店预订形式，而根据 Ady andQuadri-Felitti（2015）的研究发现，95%的旅游者在预订酒店之前会阅读在线点评。因此，由诸多在线点评以及对点评的回复综合而形成的网络口碑日益成为酒店的一个重要形象。

二、现代酒店形象、口碑的资源性质

1. 良好的形象、口碑所体现的资源效果

良好的酒店形象和口碑资源效果可以体现在以下四个方面：①信任效果。②吸引效果。③缓和效果。④竞争效果。

2. 良好形象和口碑所体现的资源功用

良好形象和口碑所体现的资源功用包括：①能提高企业的知名度。②能吸引人才，提高生产力。③能激励员工士气，形成良好的工作气氛，提高工作效率。④能使营业额大幅度上升。⑤容易筹集资金。⑥能增强投资者的好感和信心。⑦能使酒店的基础得以长期稳固。⑧能提高广告效应。⑨有利于内部管理。

三、现代酒店形象和口碑的构成

（一）现代酒店形象和口碑的构成要素

认知、信赖和好感是构成现代酒店形象和口碑的三要素。

1. 认知

"认知"就是认识和知道的过程，即首先要了解酒店产品（或服务）的存在。一般来讲，消费者在购买酒店产品之前，必须首先对酒店产品或酒店形成好感和信赖。消费者产生信赖和好感之前，又必须先了解酒店产品的性能和酒店的存在。

2. 信赖

由于认知的不断加强，通过信息不断传入大脑，渐渐成为大脑的确定信号——"信赖"。认识程度越深，就越加强了"信赖感"。

3. 好感

"好感"是指酒店或酒店产品已经得到了肯定的评价，而且大众的接受程度也已经确定。认知程度越深，好感程度越强。

（二）现代酒店形象和口碑构成的主、客、媒体

广义的酒店形象的主体泛指社会组织，而狭义的酒店形象的主体则是指酒店本身及酒店中的人。酒店形象和口碑的客体是公众，是那些购买酒店产品和接受酒店服务的消费群体。不同档次、不同类型的酒店，其消费群体也不同。具有相似目标和性质的酒店，往往拥有相似的消费群体。现代酒店形象和口碑塑造的媒体实际上就是传播信息的形式。酒店形象主要是通过符号、资料、报道与活动、态度与价值观、实物和在线点评。

（三）现代酒店形象和口碑的组成内容

1. 产品的形象与口碑

产品形象的好坏主要取决于：一是酒店为顾客提供的产品和服务的价值，即满意的质量、价格和服务等；二是酒店员工在履行接待服务的职责时所表现的责任心、道德心和态度。

影响产品形象的两个因素分别被称为经济学的原因和社会伦理方面的原因。从前者来看，产品的质量起决定作用，但其他方面也不可忽视；从后者来看，它主要是一个公共关系的问题，它要求产品具有高度的社会责任。

2. 服务形象和口碑

现代酒店的服务形象和口碑，是指消费者对酒店提供的服务是否热情、周到，服务项目是否齐全、便利，服务态度是否真诚、礼貌，新媒体与官方网站宣传、服务是否到位，点评回复是否及时有效，服务质量是否有让人满意的反映和评价。

3. 员工的形象和口碑

公众对酒店员工的总体素质、能力、文化修养、道德水准、服务水平等方面的评价和看法，就构成酒店员工的整体形象。整体形象通过每个员工的具体形象表现出来，所以要提高员工总体形象，就必须提高每个人的形象。

4. 机构形象和口碑

公众对酒店的内部职能机构的设置、人员配置及其运转方面的综合评价，便构成一定的机构形象和口碑。良好的机构形象体现在许多具体的方面，如机构设置健全、人员配置精简、运转灵活和办事效率高等。

5. 管理形象和口碑

管理形象和口碑指的是公众对酒店的管理水平、管理方式和管理行为的评价与看法。管理形象的好坏体现在酒店行为的各个方面：经营决策、服务管理、销售管理、人事管理和工作环境管理。

四、现代酒店形象和口碑塑造的原则与方法

（一）塑造酒店形象、口碑的原则

1. 有效性原则

有效性原则是指通过提高酒店形象和口碑塑造中的公共关系活动的效率，力求取得预期的最佳效果的原则。

2. 总体性原则

总体性原则，也称整体性原则，是指把酒店不自觉的、分散的、不连续的公共关系工作系统化、统一化、整体化和科学化的原则。现代酒店要统一观念，统一政策，全面规划，协调行动。

3. 统一性原则

统一性原则是指设计酒店的形象和口碑塑造公共关系活动所追求的工作目标要统一的原则。统一性原则包括：①知名度和美誉度的统一；②公众利益与组织利益的统一；③总体形象和特殊形象的统一；④创名牌产品与创名牌企业的统一。⑤线上形象与线下形象的统一。

4. 竞争性原则

现代酒店要使自己的形象"捷足先登"，首先，要积极地寻找机遇，参与竞争，主动地进行自我宣传，追求自我发展；其次，现代酒店形象的设计要防止类似化倾向，要独树一帜，富于特色和想象力，从而引起公众的注意和兴趣，增加吸引力。

5. 形象性原则

形象性原则是指通过设计简洁、鲜明、形象的酒店和产品标记，如店标、店名、店徽等，使酒店及其产品形象易于传播、便于记忆。

（二）塑造酒店形象和口碑的方法

塑造酒店形象和口碑的方法，是根据酒店一定的公共关系目标和任务而实施的若干具体方法和技巧构成的。不同类型、不同规模的酒店，或同一酒店处于不同发展阶段，或同一阶段中针对不同的公众对象及公关任务，都需要有不同的塑造方法。

1. 建设型塑造方法

酒店的公共销售人员采取宣传和交际的高姿态，向社会公众主动做自我介绍，主动结交各方朋友，努力让尽量多的人知道自己、理解自己，从而进一步接近自己，这就是建设型的塑造方法。它的主要功能是提高酒店的知名度，引导和启发公众对酒店的认知、信赖和好感。建设性塑造方法主要适用于酒店开创阶段，以及某项服务、产品塑造方法初创、

问世阶段，为了提高知名度，采用高姿态的传播方式，如开业广告、开业庆典、免费招待、在线团购、关键事件营销与引爆点设计等。

2. 维系型塑造方法

维系型塑造方法是通过各种传播媒介，以较低姿态，持续不断地向社会公众传送酒店的各种信息，在不知不觉中造成和维持一种有利的意见气氛，使酒店的良好形象潜移默化地储存在公众的长期记忆系统中。这一方法适用于酒店的稳定、顺利发展时期。例如，保持一定的见报率，长期竖立在高大建筑物上的酒店名称、标志或商标巨型广告，逢年过节对常客的专访、慰问，给老关系户适当的优惠或奖励，官方网站与新媒体的宣传等。

3. 防御型塑造方法

防御型塑造方法主要是发挥酒店的内部职能，及时地向决策层和各业务部门提供外部信息，特别是反映批评的信息，从而提出改进的参考方案，协助酒店各部门协调内部职工关系，以预防为主，堵塞漏洞。防御型塑造方法适用于酒店出现潜在的公关危机与回复消极或负面在线点评的时候。

4. 矫正型塑造方法

矫正型塑造方法适用于酒店公共关系严重失调，酒店形象发生严重损害的时候，它一般分为外部矫正和内部矫正。

（1）外部矫正。由于外在的某种误解、谣言，甚至人为的破坏，损害了酒店的形象，公关销售部应迅速查清原因，公布真相，澄清事实，纠正或消除损害形象的因素。

（2）内部矫正。由于酒店内在的不完善造成产品质量、服务态度、服务质量、管理政策、经营方针等方面的问题，而导致外部公共关系严重失调，这时公关销售部门应尽量控制影响面，同时将外界舆论反馈给有关部门，分析公共关系失调的原因，提出纠正的措施，协助有关部门解决实际问题，并利用各种公共关系方式向传播界和社会公众公布纠正的措施和进展情况，平息风波，恢复信任。

5. 进攻型塑造方法

进攻型塑造方法适用于酒店系统与环境发生某种冲突、摩擦的时候，为了摆脱被动局面，创造新局面，抓住有利时机和条件，改变决策，迅速调整，包括：避免受环境的消极影响；改变酒店对原有社会环境的依赖关系，不断拓展新的市场和新的产品，吸收新的顾客群；组织同业联合会，进行协作与交流，尽量降低与竞争者之间的摩擦。

6. 宣传型塑造方法

宣传型塑造方法是用各种传播媒介迅速地将酒店内部信息传送出去，以加强社会公众对酒店的了解程度，形成有利的社会舆论的活动。其具体形式有：发新闻稿；进行公共关系广告；印刷发行公共关系刊物和各种视听资料；举行各种大型活动或表演；回复在线点评时主动宣传；等等。宣传型塑造方法的特点是，主导性强，时效性强，能比较有效地利用传播媒介建立与公众的关系。

7. 交际型塑造方法

交际型塑造方法是通过无媒介的人与人的直接接触，为酒店广结良缘，建立广泛的社会关系网络，其方式包括社团交际和个人交际，如宴会、座谈会、招待会、谈判、专访、慰问、电话沟通、亲笔信函等。它具有直接性、灵活性和人情味，能使人际间的沟通进入"情感"的层次。

8. 服务型塑造方法

服务型塑造方法是以各种实惠的服务为媒介，向公众提供各种实在服务，以期获得公众了解和好评。例如，各种消费教育、培训、指导，售后服务，各种完善的服务措施等。

9. 社会型塑造方法

社会型塑造方法是利用举办各种社会性、文化性、公益性、赞助性活动来开展公共关系的模式，其目的是塑造酒店的文化形象、社区公民形象，提高酒店整体的社会知名度、美誉度。它的具体形式有赞助文化、教育、体育、卫生等事业，支持社区福利、慈善事业，扶持新生事物，参与国家、社区重大活动并提供赞助等。其特点是着眼于整体形象和长远利益，公益性强，文化性强，影响力大，但成本也比较高。

10. 征询型塑造方法

征询型塑造方法是以采集信息、舆论调查、民意测验、参与决策等为手段，以民意代表的姿态出现，及时地对民意和舆论做出反应，为酒店的经营管理、决策提供参考，保持酒店与社会环境之间的动态平衡。其形式有：开办各种咨询业务，建立来信来访制度和客人意见征询制度，设立热线电话，接受和处理投诉等。征询型塑造方法的特点在于通过日积月累的努力，逐步形成良好的信息网络。

在塑造酒店形象和口碑的活动中，要将上述方法有机地结合起来使用。在具体工作中，要不拘一格，勇于创新，才能树立和维护酒店的良好形象。

五、现代酒店形象、口碑塑造

现代酒店形象和口碑的塑造，是以顾客的需求为导向，从理念识别、活动识别、视觉识别三个方面来研究和塑造能为消费者理解和接受的酒店形象和口碑。

（一）理念识别

理念，顾名思义就是企业经营管理的观念，也称为指导思想。对酒店而言，它包括酒店企业文化、企业道德、企业伦理等方面的内容。在现代酒店市场中，酒店的声誉和形象已经作为一种酒店资产而存在。企业理念的重要任务就是要利用各种方式来塑造好酒店形象，管理好形象的资本。酒店必须通过培养一种企业理念来引发、调动全体员工的责任心，并以此约束和规范全体员工的行为。

识别包含理念的统一性和理念的独立性两层含义。前者是指酒店内外、上下的理念必须一致。后者是说每个酒店的理念要有区别于其他酒店的特性，只有具有独立性才能达到识别的目的。

1. 理念识别的内容

酒店理念识别的内容由酒店使命、经营观念、行动准则、活动领域四部分组成。它们之间的关系可用图4-10来表示。

酒店使命	活动领域
经营观念	
行动准则	

图 4-10　理念识别各部分之间的关系图

2. 酒店企业理念的表现形式

酒店企业理念的具体表现分为内在的和外在的两个方面。

酒店企业理念的内在表现主要体现在：与人、与事的公正态度；经营管理的特色；对产品或服务质量的追求；创新与开拓精神；积极的社会观和价值观；遵纪守法。

酒店企业理念的外在表现主要体现在酒店必须树立良好的信誉。良好的信誉是酒店树立了正确的理念之后，通过对外提供产品服务的过程逐步树立起来的。

3. 酒店企业理念形成的条件

企业理念形成的外部条件强调对酒店的了解：对酒店所处环境的了解；了解处于上述环境中的酒店所具有的特点。酒店企业理念的内部条件主要是强调酒店企业理念的形成要充分体现出酒店的独特个性。酒店的独特个性表现在两个方面：一是酒店定位，是指酒店在变化中找出其自身不变的原理——独特而统一的特性，这样才能形成酒店独特的理念，最终传达出独特的、统一化的酒店整体形象；二是酒店的本质，以其建筑物与空间为凭证，通过出售客房、餐饮及综合服务设施向客人提供服务，从而获得经济收益的组织。

（二）活动识别

活动识别和酒店的理念识别一样，包含两层含义：一是活动识别的统一性，是指酒店的一切活动应该上下、内外一致，即酒店的全体员工和各个部门所进行的各种活动都只有一个目的，就是塑造酒店良好的形象；二是指酒店活动识别的独立性，活动识别应体现出与其他酒店所不同的个性，这种独立于其他酒店的个性，恰恰是社会公众进行"识别"的基础。活动识别分为服务活动识别和社会活动识别两大类。

1. 服务活动识别

把在酒店内部对全体员工的教育和培训，以及创造良好服务工作环境以保证提供优质产品和优质服务的活动称为服务活动识别。现代酒店是提供服务产品的企业，因此，为顾客提供优质的服务是酒店的使命，也是酒店形象和口碑塑造的基础。

2. 社会活动识别

除服务活动识别外，酒店为塑造酒店形象而面对社会的一切活动称为社会活动识别。酒店的社会活动识别主要包括促销活动、公益性活动、公共关系活动、广告活动、市场营销活动、展示活动、宣传活动、网站推广活动和在线点评回复等。

社会活动识别具有非常强的目的性，为了加强目的性，要求所制定的社会活动识别目标要非常具体和清晰，尽量避免抽象和含糊。社会活动识别的目标既要具体又要可行。

社会活动识别还应该注意整体性。社会活动的内容十分丰富，形式多种多样，而且是一个逐步积累的过程。社会活动不能一次就达到目的，而是需要多次的连续积累。同时，每次社会活动又都不是孤立的，而是连续相关、互相促进的。

（三）视觉识别

1. 视觉识别的内容

现代酒店形象塑造中的视觉识别内容包括：店标与店徽、酒店建筑物、宣传用品、制服、展览和展示、广告及其他方面。

2. 视觉识别在酒店形象塑造中的作用

视觉识别在酒店形象塑造中的作用有以下三个。

（1）视觉是人们获得信息的主要渠道。

（2）统一的视觉识别，有利于消除酒店内外信息传送中出现的差异。

（3）作为酒店的一种完美的表达形式，有利于为社会大众所理解。

（四）现代酒店形象和口碑塑造的策略

1. 统一思想认识

达到统一思想认识的标准有两条：要使全体员工都明确树立酒店形象的重要作用；要使全体员工认识到，树立酒店形象与酒店每个员工都有密切关系，而不仅仅是某些专业部门的事。统一思想认识应表现出酒店对内对外的口径、动作要一致。

2. 结合酒店实际

树立酒店形象是在激励酒店全体员工的基础上，通过确立酒店的理念、行为和活动，充分展示出酒店的特性和吸引力。因此，在选择采用何种形式树立酒店形象时，必须结合酒店的实际情况，要考虑到所使用方法的适用性，不能生搬硬套。

3. 进行正确的酒店市场定位

为酒店的产品和服务进行正确定位，能清楚地让消费者明确区分酒店与其他竞争者之间的不同；能加强消费者对购买酒店提供的产品与服务的信心。企业的定位以市场的调查为基础。酒店定位是酒店的专长加上顾客的特别需求。

4. 保持一致性

保持一致性是指在树立酒店形象的过程中必须保持上下一致、言行一致、线上线下一致前后一致和内外一致。酒店只有保持一致性，才能显示出酒店的整体形象。

5. 抓住和把握好树立酒店形象的内外部时机

内部时机主要包括：新酒店成立或合并成酒店集团之时；酒店周年纪念或重大活动之时；酒店易主或人事大变动，欲创新作风之时；酒店体制变化或经营理念改变与重整之时；消除不良影响统一酒店形象之时；评星或晋升高一星级之时。外部时机主要包括：进军国际市场，朝国际化经营之时；新产品、新服务项目的开发与上市之时；竞争的产品个性不明显之时；酒店规模扩大，朝多样化经营之时；酒店对外宣传出现危机和分歧之时；处理消极或者负面评价的在线点评之时。

（五）现代酒店形象和口碑塑造的步骤

1. 制定明确的酒店理念及战略

树立正确理念必须注意两点：一是要突出酒店理念的差异性。二是要强调酒店目标的超前性。

2. 把酒店理念和酒店目标活动具体化

（1）通过教育活动，使酒店的理念成为酒店全体员工的共识。

（2）当酒店的理念得到酒店员工真心实意的拥护之时，要求酒店的全体员工在参与酒店各种内外活动的过程中，都能按照酒店所实施的战略来统一行动。

3. 把酒店理念视觉化

视觉化包括两层内容：一是把酒店理念应用于酒店基本要素的设计，即使酒店的标志等内容能反映出酒店的理念；二是把基本要素用于应用要素上。

六、现代酒店形象和口碑的评价

（一）现代酒店形象和口碑评价指标

评价现代酒店形象和口碑的基本指标有两个：知名度和美誉度。

$$酒店形象=知名度×美誉度$$

1. 知名度

知名度指的是社会公众对一个酒店知道和了解的程度，它通常可以从以下三个方面去评价。

（1）量度，即知晓该酒店的公众数量的多少，其测量方法可采用抽样调查法。一般来说，酒店的知名度与知晓者的数量成正比，用公式表示为

$$量度=\frac{知晓人数}{调查人数}×100\%$$

（2）广度，即知晓者的分布范围和广度。知名度与量度并不直接等价，因为如果量度相等而分布范围不同，两个酒店的知名度在实际上是不等的。可以用经验约定的办法来设定不同范围的广度系数。例如，世界范围定为 1，世界小范围定为 0.9，全国范围定为 0.7，省市地方范围定为 0.6，如此等等。

（3）深度，即知晓者获得有关酒店的信息量的多少。一般可采用问卷调查的方式，选择若干问题，涉及酒店的历史、现状、产品、员工、机构、服务等各个方面，看公众回答正确的比率，从而判断公众所掌握信息的丰富程度。假如一个问卷有 x 个问题，用 N_1, N_2, $N_3 \cdots N_x$ 分别表示对问题予以正确回答的公众人数，用 N 表示被调查人数总量（以所回收到的问卷份数为准），则深度的计算公式为

$$深度=\frac{N_1+N_2+\cdots+N_x}{X×N}×100\%$$

通过量度、广度和深度三个具体指标，便可相对准确地判别一个酒店的知名度和社会影响情况（即名气大小）。知名度的定量公式为

$$知名度=量度×广度×深度$$

2. 美誉度

美誉度指的是社会公众对一个酒店的信任和赞许的程度。知名度高，并不一定代表酒店形象好，因为酒店的出名也可以是因为坏名声的缘故。只有当知名度与美好的名声相结

合，才能说明酒店具有良好的社会公众形象。

随着在线预订的越来越流行，很多在线旅游平台都开放了顾客消费后的在线点评与评分，还有一些在线社区的旅游与消费攻略等，这些已经逐渐成为酒店美誉度评价的主要途径。同时，评价美誉度还可采用问卷调查法、电子邮件、意见箱（簿）、公众对酒店的评价可区分为三种性质：好的评价，即赞扬、表扬、信任等；不好的评价，即批评、抗议、反对等；中性评价，即没有明显的倾向性。在分类评价中，美誉度通过好的评价量在总评价量中所占的比例反映出来；在赋值评价中，美誉度通过评价分值的高低反映出来。

在评价美誉度时，必须考虑公众赞赏或否定的程度。我们通常把公众的肯定态度或否定态度分别划分为不同等级，不同等级得到不同分值。只有当被调查者全部持肯定评价且都极为赞赏时，美誉度才能达到100%。

需要指出的是，如果用问卷调查的方法调查公众的评价，则需要对每一个问题分别计算出美誉度的量值，然后总和再求平均值，即得到酒店的美誉度总值。该总值（总平均值）才能反映美誉度的真实情况。

在评价酒店形象的好坏时，必须同时评价其知名度和美誉度两个方面。离开任何一个方面，都会导致酒店形象的评估失真。

（二）现代酒店形象和口碑的评价方法

评价酒店形象的好坏，除了在线点评的大量数据采集处理和评价内容分析外，还可以采用抽样调查法，根据公众或者会员的回答来判别，由此可得到一些定量化的结果。但是，数字往往非常枯燥，为了直观地反映出酒店形象的状况，常采用一些形象评估工具图表，使之一目了然。

1. 酒店形象要素调查表

酒店形象要素调查表是最原始的工具图表，它可以反映出社会公众为什么对酒店形成这样的看法、态度和评价，而不是另外的看法、态度和评价。在使用这种图表时，酒店调查人员应首先根据本酒店的具体情况，确定一些基本的形象内容要素，它应比较全面，能够反映出每一种形象构成的情况。然后运用语义级差法制作调查表格，把每一个要素分成程度不同的若干等级，被调查者就自己的看法在相应的等级中进行选择、评价。最后调查人员进行统计，并求出相应的百分比。

例如，某酒店对 100 名常客进行下列形象要素调查，结果分布如表 4-4 所示。

表 4-4　酒店要素调查表

满 意 度	前 厅 服 务	客 房 服 务	菜 肴 质 量	康 乐 服 务	商 务 中 心	其　　他
非常好	20	10	10	25	20	20
好	50	40	15	30	40	30
满意	20	30	25	40	30	45
不满意	10	15	35	6	8	5
很不满意		5	15		2	

由表 4-4 可见，该酒店在形象要素方面给常客留下不好的印象主要是菜肴的制作方面。

因此，要提高常客对酒店整体形象的评价，就得改进菜肴制作的质量。

2. 酒店形象内容间隔图

酒店形象内容间隔图主要用来反映酒店自我期待形象与实际社会形象的差距，也可用来检测公关活动的效果。酒店在规划、设计自己的形象时，必须具体化，对每一个形象要素都应有相应的期望值，但经过一定的公关工作之后，要检查这些期望值是否达到。使用形象内容间隔图，可以使酒店实际形象与期望形象之间的差距具体化、形象化，从而明确酒店在形象方面的问题所在。

酒店形象内容间隔图的使用方法是：先将酒店形象划分成若干形象要素，然后让被调查者用百分制打分；再求出各要素的平均得分，将这些平均分值在相应的刻度中标出；最后将各点连接成曲线，即得到酒店的形象要素曲线。为示区别，可用虚线表示酒店自我期待形象，用实线表示酒店在社会上的实际形象。

例如，某酒店抽样调查了典型客户 100 名，这些常客对每一要素所评价的分值所形成的曲线为图 4-11 中的实线。

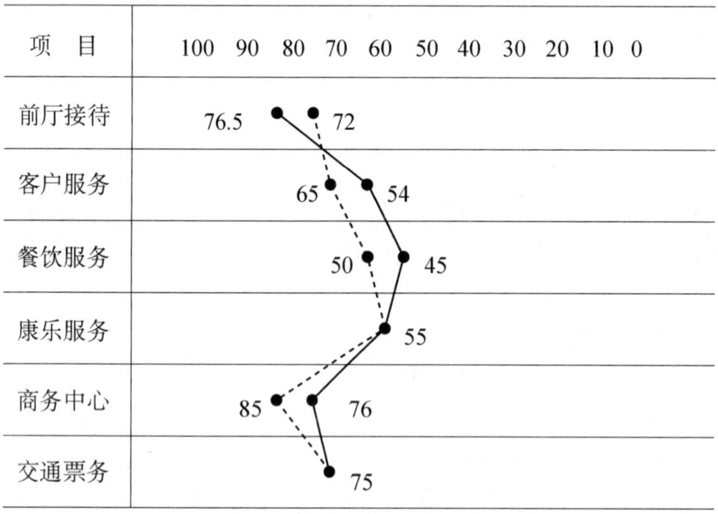

图 4-11　酒店形象内容间隔图

图 4-11 可直观地反映出，该酒店的期望形象要高于实际形象，这可能是因为公关工作的失利或者期望形象太高。如果经常使用这种图表检查酒店的形象状态，可明显地看出酒店形象的动态状况。因此，它也是酒店形象监测的重要而有效的方法之一。

3. 组织形象地位四象限图

当酒店公关销售人员无需对酒店形象的每一个要素进行调查，而只需了解公众对酒店的总的评价和看法时，可采用形象地位四象限图。组织形象地位四象限图如图 4-12 所示。

图 4-12 中，象限 I 是高知名度、高美誉度，说明酒店形象良好；象限 II 是高美誉度、低知名度，表明酒店的知名度欠缺；象限 III 是低美誉度、低知名度，说明酒店形象欠佳；象限 IV 是低美誉度、高知名度，说明酒店需要提高美誉度。这样，就从总体上直观地显示出一个酒店的实际社会形象。但如要进一步分析，就需要依靠酒店形象要素调查和形象内容间隔图。

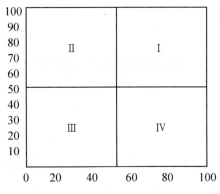

图 4-12 组织形象地位四象限图

4. 媒介报道范围分析

这是根据媒介报道的情况来分析。一般采用两个指标：一是见报率或被电台、电视台报道与采访的频率（次/月或次/年）；二是媒介报道范围。在分析媒介报道范围时，应考虑多种因素，如媒介级别、报道长度、报道位置、媒介态度、报道次数等。

5. 在线点评分析

根据在线预订的顾客消费后的评价形成一个平均分数，对酒店不同的服务和产品按照等级或者分值进行评价，并形成一个统计分值。同时，酒店可以进一步对顾客的评价文本进行内容分析，了解顾客对酒店产品、服务的感知与评价，确定酒店在顾客中的形象。图 4-13 和 4-14 为两家酒店在不同的在线旅游平台上的在线点评分析。

图 4-13 猫途鹰网某酒店的在线点评分值

图 4-14 去哪儿网某酒店的在线点评分值

酒店在评价其形象和口碑时，应根据上述五种评价方法，有所选择，综合分析。要根据各个酒店的特点和实际情况，建立一套相对稳定的、符合本酒店实际需要的评价体系，经常性地检查和评价自身的形象状况，不断寻求完善和提高酒店形象的途径和方法，才能使酒店在社会公众中保持有一个稳定的、良好的形象和口碑。

案例分析与习题

一、案例分析

案例 4-1　一次意外的人事调整结果

小李现在在一个大型酒店的质量职能部门工作，他在工作中坚持原则，一丝不苟，认真负责，工作业绩突出，多次得到酒店的奖励。面对小李所取得的成绩，酒店领导也曾找小李谈过话，意思是只要小李好好工作，酒店会考虑提拔他担任质量部门下设的一个部门主管，小李自此觉得更有奔头了。前些日子，酒店因为发展需要，重新对部门进行了设置并对新部门的组织结构进行了调整。可是下达的人事任命通知的名单中并没有小李的名字，而是某领导的一个亲信，其对于质量工作如何做自然是一窍不通。小李在知道结果后，心里久久不能平静……

思考：上述案例中的人才选择属于现代酒店人力资源招聘的何种途径？其优缺点是什么？

分析：该酒店人才选择属于内部招聘的内部提升方式，其具有容易产生合格的人选，有利于发掘、使用内部人才，激励员工积极性、节省费用等优点，但是内部招聘应规范操作，做到公平、公正、公开，以防止任人唯亲等负面效应。

案例 4-2　工程协调会

江苏××大饭店的工程部与客房部、餐饮部曾一度不和，客房部和餐饮部指责工程部对设备的维修、保养管理不力，工程部则抱怨两个部门的员工操作设备不当，设备刚修好，没过几天又来报修。总经理获知这一情况后，立即将客房、餐饮和工程三个部门的经理叫到一起，让三个部门的经理开诚布公地讲述了自己部门的实际工作情况，最后三个部门达成了谅解，工程部门保证尽最大努力解决一线部门的后顾之忧，客房部和餐饮部也表示将全力配合工程部对设备的维修保养。江苏××大饭店的工程维修又进入了良性状态。

思考：三个部门为什么会存在误解？结合案例阐述如何对饭店设备进行日常使用管理和日常维护保养。

分析：现代饭店的许多设施设备具有高价值、高损耗的特点，如果不注意平时的保养和维护，操作不规范，其寿命将大大降低，从而增加饭店的成本。江苏××大饭店通过部门之间的协调，消除了原来的误会，使设备保养和维护又步入良性的轨道。此举充分说明了部门之间的协调和理解对现代的设施设备管理有非常重要的意义。

案例 4-3　祸从口出

某日，许小姐与同事到某酒店买蛋糕时想顺便上洗手间。这时，一位身穿制服的酒店员工拦住她，问她是否为住店的客人，许小姐如实说不是，并向他询问洗手间的所在。没想到那位酒店员工很生硬地告诉她，他们那里没有洗手间。许小姐十分诧异，问："这么大的酒店怎么可能没有洗手间？"酒店员工又解释道："我们的洗手间是为客人准备的。"许小姐提出异议："难道不能先上洗手间再消费吗？"酒店员工的回答竟是："你会在这里消费吗？你消费得起吗？"他的藐视深深刺激了许小姐，她当即表示要找经理交涉，酒店员工表示："你要投诉吗？请便！"第二天，许小姐就此事向酒店提出了抗议，酒店的解释是："火车站周边人员复杂，一些人的素质又比较低，酒店大厅洗手间经常发生设施损毁、东西被盗的事情，所以酒店的保安措施相对严格。"酒店拒绝就此事向许小姐道歉。许小姐就此事向某晚报投诉。随后，某晚报在头版要位登出文章《"你能消费得起吗？"——市民向某酒店的藐视讨说法》。该酒店的社会形象因此事件而一落千丈。

思考：酒店形象的重要性是什么？该酒店应采取什么措施来消除该事件对酒店形象的负面影响？

分析：良好的酒店形象能够提升酒店的知名度和美誉度，提高广告效应，吸引客源，能使营业额大幅度上升；同时，能激励员工士气，形成良好的工作气氛，提高工作效率。因此，酒店形象是酒店最重要的无形资源之一。该酒店的错误是"店大欺客"，对一般顾客的投诉、意见不重视，导致顾客向社会媒体投诉，从而导致负面影响扩大。该酒店应首先向许小姐诚挚地道歉，取得当事人的谅解；其次，应采取整改措施，加强对员工的服务意识和服务水平的培训，防止类似事件再次发生；最后，开展危机公关，通过社会媒体公开道歉，并公布酒店采取了哪些措施进行整改，以"知错能改"的低姿态赢得社会公众的谅解。

二、习题

1. 现代酒店人力资源有哪几种管理方式？如何进行酒店人力资源政绩的评估？如何对酒店员工进行激励？

2. 现代酒店成本控制有哪几种方法？成本分析涉及哪几个方面？通过哪几个相应的指标来体现？

3. 现代酒店物资有哪几种存储方法？如何进行确定和管理？

4. 现代酒店信息管理的内容涉及哪几个方面？酒店信息管理主要有哪些工作？

5. 现代酒店时间管理有哪些方法？如何对酒店时间表资源管理进行评价？

6. 如何对现代酒店的形象、口碑进行评价？

7. 采用所学的酒店形象和口碑的评价方法尝试分析某一酒店的形象与口碑。

第五章　酒店服务管理

引言

　　服务是酒店企业的主要产品，服务管理是现代酒店管理的重要内容。在酒店企业的发展过程中，越来越多的酒店意识到优质服务是赢得宾客、获得经济收入、树立酒店形象的重要途径；加强酒店的服务管理能保证优质服务、提升服务质量和提高顾客保留率，达到酒店管理的目的。本章主要介绍酒店服务概述、酒店服务管理的含义和特征、酒店服务管理组织与管理内容、酒店服务营销管理等内容。

学习目标

　　通过本章的学习，要求学生：①掌握酒店服务的概念、特征和构成要素；②掌握服务管理的含义和特征；③熟悉酒店服务管理组织的构成与形式；④了解和掌握酒店服务职能管理和服务战略管理的内容与方法；⑤了解和熟悉服务营销的含义、特点和服务营销理念；⑥掌握服务营销策略的应用。

第一节　酒店服务概述

　　酒店服务是一种以宾客为导向的综合性服务，伴随着经济的快速发展，酒店服务亦向纵深发展，如何在新的竞争环境中立于不败之地呢？在了解酒店服务发展与变革过程的基础上，酒店管理者首先应分析酒店服务的构成要素，了解和掌握服务与酒店服务的特征。

一、服务与酒店服务的概念

（一）服务的概念

　　随着时代的推移，人们越来越意识到服务在社会生活中的重要性，对服务的研究也日趋深入。但是，对于服务的认识和概念的界定迄今仍然无法统一，不同的观点分别从不同的侧面反映了服务的特征，以下是一些具有代表性的观点。

　　（1）美国市场营销协会（AMA）把服务定义为："用于出售或者是同产品连在一起进行出售的活动、利益或满足感。"（1960 年）

（2）著名学者格隆鲁斯把服务定义为："服务是指或多或少具有无形特征的一种或一系列活动，通常（但并非一定）发生在宾客同服务的提供者及其有形的资源、商品或系统相互作用的过程中，以便解决消费者的问题。"（1990 年）

（3）著名营销学家菲利普·科特勒对服务的定义是："服务是一项活动或一项利益，由一方向另一方提供本质无形的物权转变。服务的产生，可与某一实体产品有关，也可能无关。"

（4）营销学家克里斯托弗·洛夫洛克等人将服务定位为："服务是一个组织或个人向另外一个组织或个人提供的经济活动。一般来说，基于时间的行为可以为顾客自身、产品或由购买者拥有权力的财产等方面带来期望的结果。顾客往往期望能通过产品、劳务、专业技术、工具、网络和系统的使用权来获得价值，以作为对其金钱、时间和精力的补偿，但顾客通常不拥有上述有形元素的所有权。"（2011 年）

由此可见，服务的概念至少应该涵盖两个本质性的内容：服务是一种无形的活动过程，它能给予服务对象利益和满足感；服务是与有形的资源、商品或实体产品有关或相互联系的商品，具有价值并可以出售。

（二）酒店服务的概念与内涵

酒店服务是酒店向宾客提供的一组使用他人或他物的权利，是一种无形的产品，是通过酒店服务员的热情、周到、体贴入微，并以宾客所需要和期待的方式满足宾客需求的，同时为酒店获得盈利的一系列过程的总和。著名的酒店业先行者马里奥特曾说过"服务就是我们的事业"。可见，酒店出售的产品中最重要的就是服务。

酒店服务的内涵可以用英文"Service"一词来阐述。Service 的原意是指一整套餐具，包括在餐台上使用的全套用具，台布、盘子、杯子、烛台、壶、餐巾、刀、叉等，后来被人们逐渐引申成为一个提供便利、快捷、愉悦、舒适的行为、过程和表现的总和。Service 由七个字母组成，每一个字母代表一项服务的内涵，每一项服务的内涵必须具备相应的服务意识。

S：Sincere，服务必须是真诚、诚心诚意的，只有具备宾客至上意识和主动服务意识，才能使服务真诚、诚心诚意。

E：Efficiency，服务必须是高效、有效率的，只有具备优质服务意识和主动服务意识，才能使服务高效、有效率。

R：Ready for Service，服务必须是随时准备提供的，只有具备宾客至上意识和迎合需求意识，才能随时按宾客的需求提供服务。

V：Visible and Valuable，服务的提供必须是可见的和有价值的，因此必须具备主动服务意识和语言与推销意识。

I：Information，服务包括诸多的信息、资料和知识性的服务，因此必须具备优质服务意识和细致周全的服务意识。

C：Courtesy，服务必须是礼貌、谦恭的，因此必须具备优质服务意识和宾客至上意识。

E：Excellence，服务必须是优秀、卓越、周全、细致的，因此必须具备优质服务意识和服务质量意识。

二、服务的特征

（一）服务的理性特征

服务具有学术性、价值性、时代性和地域性的理性特征。

1. 学术性

传统的观点认为，服务是简单的操作，没有什么理论和知识，这是对服务的错误认识。随着人们生活水平的提高、人们消费观念的变化和服务价值的体现，服务的知识性和学术性日益明显，服务行为论、服务心理学、服务引导原理、服务质量管理理论、服务组织理论、服务制度理论和服务战略管理理论等相关的理论和原理已成为指导服务操作和服务管理的基础理论。现代服务要求服务员具有心理知识、语言知识、营养卫生知识、医学生理知识等综合性知识，并具有消费学、营销学、心理学、运筹学等相关知识。

2. 价值性

服务的价值性在于服务所具有的产品特质。服务是一种无形产品，它能满足消费者的生理需求和心理需求，特别是精神需求和享受需求。随着机械化、计算机化在人们生活中的普及和深入，人对人的服务就会越来越珍贵、越来越有价值而且服务的价值性会随着社会的发展和生活水平的提高而提高。

3. 时代性

服务是以满足消费者需求为提供目的的一种无形产品，它必然会随着时代的变化和社会的发展而变化，因而服务具有明显的时代性。时代不同，生活水平不同，消费观念和消费需求就不一样，为满足这种需求而提供的服务就不一样。例如，20世纪八九十年代，我国酒店提供的服务项目主要为食、宿、行、购、娱，服务标准侧重在标准化和程序化，服务管理以企业为中心（Center Industry 战略）；而到了21世纪，我国酒店提供的服务项目除了食、宿、行、购、娱、游六要素外，还包括诸如管家服务、秘书服务、商务服务和网络服务等，服务标准在注重标准化和程序化的同时更加提倡个性化和柔性化，服务管理以顾客为中心（Customer Satisfaction 战略和 Customer Loyalty 战略）。

4. 地域性

服务的地域性源于两个方面：一是服务对象的地域性；二是服务提供者的地域性。服务对象的地域性要求服务必须满足不同地域消费者的需求，满足和适应不同地域、不同民族的风情习俗，因而就有了针对各种目标市场消费者的服务项目和服务方式；服务提供者的地域性要求服务提供者必须把所在地域的文化、特色融入服务项目和服务活动中，以凸显所提供服务的优势和独特性，满足消费者的心理需求和精神需求。

（二）服务的产品特征

相对于其他产品而言，服务具有无形、不可感知、不可分离、不可转移、产权稳定等产品特征。

1. 不可感知性

不可感知性被学者认为是服务的最主要特征，可从以下两个层面来理解。首先，与有形的消费品或产业用品相比较，服务的特质及组成服务的元素，很多情况下都是无形无质的，让人不能触摸或凭肉眼看见其存在。其次，它还指服务不仅其特质是无形无质的，甚至使用服务后的利益，也很难被觉察，或者要等一段时间后，享用服务的人才能感觉到"利益"的存在。因此，在购买之前，宾客不可能去尝、感觉、触摸、看见或嗅到"服务"。购买服务前必须参考各种意见和信息资料，然后做出购买决策；再次购买则在很大程度上依赖先前购买的经验。

2. 不可分离性

有形的产业用品和消费品从生产、流通到最终消费的过程中，往往要经过一系列的时间环节，生产与消费的过程具有一定的时间间隔，而服务则不同，它具有生产与消费不可分离的特征。服务的生产、消费过程同时进行，即服务人员为宾客提供服务时，由于服务不是一个具体的物品，而是一系列的活动或过程，所以在服务的过程中消费者和生产者必须直接发生联系，因此生产的过程也是消费的过程，宾客只有而且必须加入到服务的生产过程中才能最终享受到服务。宾客对生产过程的直接参与，无疑对传统的完全排除宾客在生产过程之外的产品质量管理及营销方法提出了挑战。此特性有时也称为生产与消费同时性。

3. 不可转移性

酒店服务的不可转移性主要表现在服务所凭借的吸引物和服务设施无法从旅游目的地运输到客源所在地供游客消费，只能通过旅游信息的传递，通过中间商的促销活动把旅游者组织到目的地来进行消费。随着技术的发展和消费观念的转变，酒店服务呈现可转移和可拆分的趋势。

4. 产权稳定性

有形产品的交换带来了所有权的转移。而酒店服务作为商品进行交换时，带来的只是宾客在一个特定的时间和地点上对服务产品的暂时使用权，而不是永久的所有权。在服务商品交换过程中，消费者所享受到的服务是他个人独特的感受，是他购买服务商品所赋予他的特定经历，这个商品只能由消费者本人在一定时空条件下消费而无法借给他人，也无法转让。

（三）酒店服务的市场特征

1. 酒店服务的供给特征

从供给方面来看，酒店服务具有以下几个特征。

（1）服务价值的易消失性。酒店服务价值是由物化劳动价值（酒店设备设施等有形物质价值）、活劳动价值（酒店员工的服务价值）和无形价值（酒店品牌、声誉、口碑等无形资产的价值）等组成，有时也把前两者称为酒店的服务价值。物化劳动价值和活劳动价值既不能储存，也很难搬运，其价值具有极强的易消失性。酒店服务价值的易消失性要求酒店经营者必须尽力把服务产品销售给宾客，并努力使他们满意，以提高他们的回头率。

（2）服务质量的不稳定性。尽管国家有酒店星级评定标准，各地行业管理部门也都出台了相应的质量管理条例，酒店也有严格的服务规章制度，要求服务人员在操作时按标准和规程运作，但成文的规范、标准和程序很难统一和约束知识、经历、性格、脾气和能力等不尽相同的员工的行为，再加上理念、认识、沟通、评价等方面存在的差异与不对称，酒店服务质量必然存在不稳定性，而且这种不稳定性还会随着个性化服务、柔性服务的出现和发展而增加。因此，服务质量的管理、评价和控制始终是酒店经营管理的核心任务。

（3）服务产品的综合性与多样性。酒店服务产品是由酒店各部门、各岗位的员工为宾客提供的一系列服务组成的、具有整体性和多样性的综合性服务产品。服务产品的综合性要求处于服务环节中的每一个员工的服务都必须完整与合格，其整体质量与每一个环节的服务质量密切相关。缺少某一个环节的服务，或某一个环节的服务出了差错，都不能算作一个完整的酒店服务产品。酒店业界经常提到的"100−1=0"或"100−1<0"的公式都是在强调酒店服务整体性质量与综合性质量的重要性。一个形象的比喻是，酒店服务好比一根链条，每个员工、每个接点好比是链条上的环，链条能否正常乃至超常发挥功能取决于它所有的环是否环环相扣。酒店作为旅游业的一个重要组成部分，旅游活动的六要素则决定了酒店服务产品的多样性，而且这种多样性还会随着消费水平的提高和个性化需求的发展而发展。

（4）服务内涵的科技人文生态一体性。随着时代的发展与进步，酒店服务融入了越来越多的知识含量，酒店服务的知识性和学术性日益明显，科学技术已成为酒店发展和扩张的直接推动力，高新技术以前所未有的速度和广度充斥着现代酒店服务业，利用高科技服务、互联网服务、智力与智能服务已成为酒店服务的新的组成部分。另外，从酒店服务的内涵和本质来看，酒店不仅是提供安身歇息的场所，更是出门在外游客的精神家园，酒店服务在提供给消费者基本的生理需求功能的同时，还为消费者提供了心灵休憩的空间。近年来，随着全球范围内的生态环保浪潮的高涨，绿色需求、绿色消费、绿色产品也进入了酒店服务的范畴，科学技术、人文精神、生态文明、传统文化等在酒店服务中汇聚为一体，并逐渐成为酒店服务内涵的重要组成部分和主流发展趋势。

2. 酒店服务的需求特征

从需求方面来看，酒店服务具有以下几个特征。

（1）功能性。酒店服务的功能性指酒店所提供的服务产品应具备能满足消费群体的共性需求和消费个体的个性需求的功能；所提供的服务项目应具备能满足宾客的生理需求与心理需求的功能；所提供的服务方式应具备能满足市场的需求和符合时代的要求的功能。

（2）价值性。酒店服务的价值性指酒店所提供的服务必须是针对消费者的需要，能让消费者所接受并感到物有所值。酒店服务的价值性具体体现在酒店提供的服务项目、服务方式和服务价格上。

（3）安全性。酒店服务的安全性指酒店提供的服务必须能满足和保障消费者在酒店内的人身、财产、隐私、信息等方面的安全需求，使消费者在接受酒店服务时有心理上的安全感。

（4）时间性。酒店服务的时间性指酒店提供的服务必须及时、准时、省时，能在第一时间满足宾客的各种服务需求。酒店服务的时间性既包括服务项目设置与服务方式提供的及时、准时，也包括服务操作与服务管理的省时、高效。

（5）舒适性与愉悦性。酒店服务的舒适性与愉悦性指酒店提供的服务项目必须方便、舒适，具体包括设施齐全、功能完善、设备完好、服务周到、环境优美；提供的服务方式应该是热情诚恳、亲切友好、细致体贴，能使宾客在接受服务时得到心理上的放松、精神上的满足与心情上的愉悦。

三、酒店服务的构成要素

从服务的本质角度看，酒店服务主要由服务人员、服务项目、服务设施设备和服务环境四大部分构成。服务人员是服务的主体，服务人员的服务意识、服务态度和服务技术是服务质量的关键。其中，服务观念是灵魂，贯穿在酒店服务与经营运作的全过程，并对服务意识、服务技术起着意识形态领域的影响作用；服务项目是酒店服务的表现形态和载体，服务人员通过这个载体提供给宾客所需的服务；服务设备设施是酒店服务的物质基础，它影响着服务人员服务技术的发挥和服务项目的种类与数量；服务环境是酒店服务的外部基础，它对服务人员工作情绪、服务项目的设置和服务设施设备的使用以及服务的消费有着直接的影响。

从服务的商品流通角度看，酒店服务要素包含服务给体、受体和媒体三个方面。服务给体是指酒店服务的提供者，即作为市场主体的酒店企业。服务给体关注服务产品（项目）的设计、包装、销售及经营运作。服务受体是指服务的接受者，即有服务需求的宾客。服务受体关注的是服务价格、服务质量和服务所能给予的满足程度。服务媒体是协助服务给体（酒店）更方便、更快捷地将服务顺利传递给受体（宾客）或协助受体（宾客）更容易、更乐意接受服务给体（酒店）提供的服务的中介，包括酒店的设施设备和服务人员。酒店服务媒体在酒店服务要素中扮演桥梁的角色，具有枢纽的重要地位，尤其是服务人员的服务意识、服务态度、服务技能与综合素质，直接影响着服务给体的付出效果和受体的感受与满足效果。

第二节　酒店服务管理的含义与特征

一、酒店服务管理的含义

酒店服务管理是指对酒店服务系统中的人、物、时间、信息等要素进行合理的安排、布置与整合，以发挥其最佳综合效益的过程，是酒店企业根据顾客感知服务质量的产生和变化，进行服务的开发和管理，以实现效用、质量及各方（组织、顾客、其他各方和社会）目标的管理活动的总称。酒店服务管理包括服务战略管理与服务职能管理两个层次。

二、酒店服务管理的特征

酒店服务管理的特征与服务的特征密切相关，服务的多样化、复杂性、无形性、人性化等决定了酒店服务管理具有以下特征。

（一）标准化与个性化的统一

服务的标准化与个性化是服务的两种形式，是优质服务必不可少的构成方面，酒店服务管理中首先应处理好两者之间的和谐与统一的关系。

1. 标准化服务与个性化服务的内涵与特征

标准化服务是一项系统工程，是由各种标准、程序和一系列环环相扣的、规范的服务环节构成的服务操作系统。标准化要求服务人员必须按照程序和标准要求把良好的服务技能、技巧不折不扣地体现在整个接待服务的全过程。

个性化服务是一种柔性的、针对性较强的、追求满意最大化的服务工程。个性化服务要求服务人员在服务过程中要淡化自我而强化服务意识，要以顾客满意为导向，强调感情投入和细致服务，要求根据个性需求提供有针对性的、令人满意服务。

标准化服务与个性化服务是酒店优质服务的两个重要组成部分，它们在出发点、服务操作、产生效果等方面均存在较大差异。

（1）标准化服务注重的是规范与程序，个性化服务强调灵活性与有的放矢。

（2）标准化服务强调企业的整体形象与效率，个性化服务提倡员工的主观能动性与综合效益。

（3）标准化服务注重普遍认同，个性化服务追求满意最大化。

（4）标准化服务需要鲜明的组织集体观念、强烈的责任心和严谨的工作态度；个性化服务需要浓厚的感情投入、主动服务意识和卓越的服务技巧。

2. 优质服务是标准化与个性化的协调与统一

酒店服务标准化与个性化既相互区别，又相互依赖、相互转化。个性化服务必须以标准化服务为前提和依托，没有规范服务的基础就没有真正的个性化服务。要达到服务个性化的要求，首先要有很好的标准化服务作为前提和基础。但是，如果酒店管理者仅停留和满足于规范服务，不向个性化服务发展，酒店服务质量是难以上台阶的。个性化服务是一种具有灵活性和创造性的服务行为和对客艺术，它的灵活性在于不照抄照搬酒店服务的条条框框，因人而异、因时而变、因情而予，使客人能获得超过传统服务规范内容、满足个性需求的服务。标准化服务是服务的常态，而个性化服务则是服务的特例，是服务的终极目标。

服务的个性化源于标准化，又高于标准化。服务的个性化是服务的后标准化的必要准备，服务的后标准化巩固了个性化服务中所取得的成果，并为新的个性化服务创造条件。标准化与个性化是相对的，今天的标准化可能是昨天的个性化，而今天的个性化也许会成为明天的标准化。这一演进机制是通过标准化——个性化——后标准化的发展轨迹来实现的。

（二）刚性管理与柔性管理的统一

刚性管理靠权威、命令、制度和规范来维持企业组织秩序。柔性管理以引导、发展个人能力为方法，将组织目标内化为员工的个人需求，其特征是肯定重于否定、激励重于控制，最大限度地发挥员工自身价值，充分发挥员工的积极性和创造性，培养员工的创造力，向宾客提供智能型、个性化、灵活性和感情化的服务。柔性化管理突出的是群体内部和谐的人、制度中平等的人，鼓励的是行为上自律的人、工作中主动的人，它促进了酒店中的劳资双方（组织与员工）把彼此的关系从"契约关系"演变为"盟约关系"。

随着包括管理方式在内的一系列的变革，为了塑造企业员工的创造力以提供智能型、个性化、灵活性和感情化服务，适应时代发展的需要，酒店服务管理出现了由传统的刚性管理方式向柔性管理方式转变的趋势。这种转化趋势表现在酒店组织结构的柔性化、人力资源管理的柔性化等方面。

组织结构的柔性化使酒店的组织结构向职能化，分工向一体化、综合化方向发展，使酒店部门之间的沟通更方便，协调更加有效，从而有利于组织工作的开展。

酒店人力资源的柔性主要体现在酒店人力资源的有效使用范围、人力资源移作他用所需要的时间和人力资源移作他用所耗费的成本三个方面。例如，经过跨部门培训的服务员一般能在较短的时间内转换到其他部门从事服务工作，而且不必再接受新部门的上岗培训。这种人力资源具有较广的使用范围，移作他用所需的时间短、耗费的成本也低，是典型的高柔性人力资源。酒店可以通过选择高柔性特质的人力资源或增强单体人力资源的柔性（如加强员工培训）来提高酒店人力资源整体的柔性。酒店应该根据自己的发展需要储备相当数量的柔性人力资源，以应付市场或内部人力资源的突变。

（三）现实性与虚拟性的统一

酒店服务兼具现实性与虚拟性，宾客的亲身体验与多样化的虚拟服务相结合才能创造出多姿多彩的服务项目与服务内容。

1. 酒店服务管理的现实性

体验和感受服务是酒店服务产品的核心部分，也是酒店经营现实性的体现。宾客只有进入酒店，通过登记入住、用餐、参与娱乐等环节，才能切实感受酒店服务的优劣，评价酒店服务质量的高低。因此，酒店服务管理的现实性主要体现在构建良好的消费环境和服务环境，提供满足消费者现实需要的有形产品和无形产品，创造能够让员工发挥各种积极因素的工作环境和能够让宾客体验、感受服务经历的环境与氛围。

2. 酒店服务管理的虚拟性

酒店服务管理的虚拟性包括以下几点。

（1）服务组织虚拟化。

① 战略联盟。战略联盟是由两个或两个以上的具有相互资源优势的酒店，为了提高竞争优势、实现共同的战略目标，通过各种协议、契约结成的利益风险共享、经营权与所有权分开的松散型联合体。酒店的战略联盟使酒店具有更强的竞争优势。

② 资源外包。酒店常见的资源外包包括餐饮外包、客房清洁外包、娱乐场所外包、洗衣业务外包、人力资源部外包。例如，酒店的人力资源部外包是由社会人力资源管理公司承担酒店员工招聘、员工绩效评价等工作，这不仅能为酒店提供合适的员工，而且更有利于激励人才，为酒店创造更大的利润空间。

（2）服务营销虚拟化。

服务营销虚拟化包括以下几点。

① 独立的销售公司。一些大型酒店集团公司总部对下属销售网络充分放权，使其拥有独立的"产权"，成为具有独立法人资格的销售公司。这种销售公司不仅可利用关系在社会上募股，为集团公司聚集资金，还能使原有销售网络迅速延伸。例如，REZSOLUTIONS是从事酒店销售和预订的专业集团，该集团为世界各地的 150 万个酒店客房提供预订和销售服务。

② 融合营销。融合营销是"合作营销"中最长期紧密的一种形式，它指两个或两个以上的拥有共同品牌特性和目标客户的品牌，共享营销资源，互相推荐客户，可以事半功倍

地提高品牌知名度和利润。例如，珠海步步高酒店根据客源状况，确定建立分销网络的方案，在广州的各客运枢纽寻找了 5 家合作伙伴，提高了酒店的入住率。又如，中国民航系统 17 家酒店代表在北京宣布成立中国民航协会航空宾馆委员会，从而迈出了客源共享、联手开拓市场的步伐。

③ 数字化整合营销。数字化整合营销是指从顾客价值出发，以顾客占有率为中心，运用现代信息技术和管理信息系统，通过与客户的互动对话，与客户逐一建立持久、长远的双赢关系，为客户提供定制的产品和服务，从而实现企业利润和满足顾客需求目标的一系列营销活动的过程。

（3）服务管理虚拟化。

服务管理虚拟化主要体现在酒店的智能化管理上。尽管普遍认为酒店是劳动密集型服务企业，但酒店也是应用科学技术最踊跃的企业，计算机已不仅仅运用于前台的经营业务，而逐渐向后勤保障系统和楼宇自动化系统发展。随着各种酒店管理软件的开发与使用，一些酒店已实现前、后台计算机自动化控制，酒店内部网络与互联网连接。网络化管理和智能化管理已成为酒店服务管理的发展趋势。

第三节　酒店服务管理组织与管理内容

酒店服务管理组织是酒店为满足服务管理的计划、组织、指挥、控制和协调而建立的内部管理体系，服务管理组织结构的科学性、合理性对酒店的服务管理将产生直接的影响。酒店服务管理组织结构的设计必须充分考虑酒店服务的特征、服务项目和服务人员的构成等因素，才能达到酒店服务管理的目的。

一、酒店服务管理组织的构成形式

酒店服务管理组织主要由服务运作组织和服务质量控制组织构成。

（一）酒店服务运作组织

酒店服务运作组织由酒店一线服务运作部门所构成，主要包括以下几个组织。

1. 前厅服务运作组织

前厅服务运作组织的表现形式一般为前厅部，主要提供总台接待、礼宾、电话、问讯、商务中心、投诉处理等相关服务。

2. 客房服务运作组织

客房服务运作组织的表现形式一般为房务部或客房部，主要提供房务中心、楼层、洗衣与布草、公共区域卫生等方面服务，为客人提供舒适的客房，清洁卫生、安全有序的公共区域，以及访客接待、物品借用、宾客洗衣、擦鞋等服务。

3. 餐饮服务运作组织

餐饮服务运作组织的表现形式一般为餐饮部，主要提供中西餐、宴会、酒吧、咖啡厅等餐饮和酒水服务。

4. 会议服务运作组织

会议服务运作组织的表现形式一般为会务部（有的酒店由餐饮部和客房部负责），主要提供会议组织、会务接待、会场布置等服务。

5. 康乐服务运作组织

康乐服务运作组织的表现形式一般为康乐部或娱乐中心，主要提供健身中心、KTV、游泳池、桑拿、网球、台球、棋牌室、美容美发等康体、休闲娱乐的服务项目，是酒店服务的延伸部分，也是现代生活方式在酒店的体现。

6. 商场服务运作组织

商场服务运作组织的表现形式一般为商品部，主要提供各种商品服务，以满足住店客人的购物需求。

7. 其他服务运作组织

其他服务运作组织包括车队、保安、车场、医疗等其他相关的服务提供与服务运作。

（二）酒店服务质量控制组织

酒店服务质量控制组织是实施质量监控的机构，在酒店的服务管理中起着举足轻重的作用。由于各个酒店在服务质量控制的层面和实施要求不同，因此酒店服务质量控制组织一般有以下几种表现形式。

（1）酒店设立专门的质量管理部门，并以质管部（服务质量管理部）或质检部（服务质量检查部）的形式表现。这类部门通常配备少量的专职人员，多数人员由酒店各部门（包括业务部门与职能部门）的人员组成。

（2）在人事培训部内设立相应的质量控制机构，并以质量管理小组的形式存在，人员主要由酒店各部门（包括业务部门与职能部门）的人员组成。这种组织形式有利于将质量控制与培训工作紧密地结合起来，从技术和业务的角度来提高和完善酒店的服务质量。

（3）在总经理办公室内设立相应的质量控制机构，并以质量管理小组的形式存在，人员主要由酒店各部门（包括业务部门与职能部门）的人员组成。这种组织形式一般赋予质量控制工作较大的行政权威，有利于提升服务质量控制工作在酒店的地位和分量。

（4）以非常设的质量管理委员会的组织形式实施质量控制职能，这是一种虚拟的组织，是酒店根据质量管理的需要而临时组织的质量监督和控制队伍。

酒店采用何种质量控制组织形式，没有绝对固定的模式，应根据酒店自身的具体情况而定。

（三）酒店服务管理组织的革新

为适应市场的变化和满足宾客的个性化需求，酒店服务管理组织的需要不断革新。酒店服务管理组织的革新与发展主要有以下几个方面。

1. 服务管理组织的扁平化

传统的酒店服务管理组织结构层次过多，管理链偏长，存在着信息传递渠道长、效率低下，部门之间相互割裂和难以协调的弊端。酒店的服务管理组织结构的扁平化缩短了服务管理链，并使管理人员的工作重心由对员工进行监督和管理转变为对员工进行业务培训和指导上，因而在信息沟通、消除官僚主义、快速决策和服务反应上具有较大的优势，有利于服务效率的提高。

2. 服务管理组织的柔性化

柔性是随时适应需求变化的能力，柔性化组织具有适应性、反应性、灵敏性和系统性等特性。酒店服务管理组织柔性化能适时根据可预期的需求变化的意外结果迅速调整服务供应，并对需求市场的意外变化做出快捷反应，从而大幅度提升酒店服务的市场竞争力。

柔性化管理是一种智能化服务管理方式，对管理人员和员工的素质要求较高。员工不仅要熟练掌握本岗位的职责和操作规程，还要熟悉其他相关岗位的操作技能和规程，以适应情况变化和组织变革的需要；管理人员也要掌握柔性管理技术，随时适应酒店柔性组织的可变性。因此，服务管理组织的柔性化能使酒店服务队伍成为一个精干、灵活、机动的团队。

3. 服务管理组织基层化

酒店服务管理组织的基层是主管和领班层。主管和领班既是管理人员又是服务人员，其管理工作直接面对员工、细致复杂，并承担着信息的上传下达和命令的执行与反馈的责任，是服务管理的关键层面。酒店服务管理组织基层化在于发挥基层管理层面在服务管理中的作用，改革传统基层管理组织的散、小、杂状况，提高基层管理组织在服务管理中的地位并发挥其作用，使基层管理组织在完善服务考核标准、分解任务与合理安排人员、协助成本核算与成本控制、自我学习与培训员工、内部服务营销、与其他相关部门相互合作等服务管理方面发挥作用。

4. 设立"项目小组"

创新已经成为酒店服务的生命线。设立"项目小组"有利于把握市场，并对宾客的需求做出快速、准确的反应。针对市场需求的趋势和竞争中出现的热点、焦点问题，提出解决问题的措施和方法是设立"项目小组"的目的。设立各种各样的"专项服务小组"已成为酒店服务管理组织发展的趋势，在酒店服务管理中已越来越常见。

二、酒店服务管理的内容

酒店服务管理分为服务战略管理和服务职能管理两个层次。

（一）酒店服务战略管理

酒店服务战略管理是指在研究酒店服务经营和管理规律的基础上，为有效地组织和利用酒店内部的各种资源，使之适应外部环境，决策管理人员做出的指导酒店在未来一个时期内经营活动的总体谋划。服务战略管理的目的是实现酒店经济环境、自身资源状况与经营战略目标三者之间的动态平衡和统一，保证酒店的利润最大化并形成持久的竞争优势。

酒店服务战略管理包括以下内容。

1. 服务引导战略

服务引导是指服务者一方将宾客的需求转换成一种适合于自己应对的形式或状态，主动促成宾客利用和消费服务者一方已经准备好的服务项目及内容。服务引导与期望管理的区别在于前者是通过分析，主动创造一种宾客需求状态，使之心理需求发生良性转变的行为，宾客在主观上是愿意的；后者虽也是主动地调整宾客期望，但在实际操作中较难做到，也不一定能得到宾客的响应。服务引导的根本在于它不是强制，而是促成引导对象的自发选择。因此，服务引导战略的实施必须做到以下三个方面。

（1）服务引导要与宾客需求相适应。引导成立的基本条件是宾客有这种行动的愿望（只是这种愿望有时尚未通过恰当的途径表达出来），否则引导将是无效的。

（2）要创造良好的引导环境与氛围。因为服务引导战略的指导思想是引导而不是强制，所以就要创造出一种环境氛围，使宾客较容易地按照服务提供者的愿望采取自然而然的行动。环境氛围包括尊重宾客的自主性、参与性和愉悦感的情感氛围，也包括诸如声音、光线和色彩的搭配等物理氛围和能够缩短人与人之间距离的心理氛围等。

（3）要充分发挥服务提供者的个性和主观能动性。对宾客进行怎样的引导，各人有各人的方式，不可强求一致，要因人、因时、因地制宜。

服务引导战略将"引导"概念引入服务管理，使得人的主观能动性的发挥成为可能和必需。在这种观念的指导下，服务就有可能是积极的、主动的，而不是被动的，不是等宾客提出要求后再来应对。

2. 快速反应战略

快速反应（Quick Response，QR）战略源自市场营销理论，是指在少量多品种的买方市场环境中，应宾客的需求而以最快的速度生产宾客所需商品或服务的一种管理战略。快速反应战略的内涵着重突出时间这一酒店无形资源的作用，通过时间资源的利用，为酒店赢得持续竞争能力；其外延包括供应链条上相关企业的迅速反应管理、最优服务、合理价位等要素。

作为酒店的一种竞争战略，快速反应管理（QRM）的主要内容由快速反应（QR）和有效的消费者反应（Efficient Consumer Response，ECR）组成，酒店实施 QR 和 ECR 则意味着消费者能在最快的时间内在最适当的地点用最合理的价格买到最需要的酒店产品和服务。

（1）最快的时间理念。这里的时间一般指酒店服务的上市时间和消费者由于认同而决定购买的时间。因而，酒店必须从服务产品的开发、设计、上市到销售的整个过程进行有效的时间管理，保证用最快的时间完成这个过程的任何阶段的工作，并通过缩短服务经营循环时间来提高酒店的竞争能力。最快的时间理念是在酒店服务管理中导入时基竞争（Time-based Competition，TBC）的思想，把时间看做决定经营绩效的重要因素，把运用"时间"作为建立竞争优势的核心价值。

（2）最恰当的地点理念。最恰当的地点是指最方便于消费者购买服务产品的地点。最恰当的地点理念要求酒店转变"位置相对固定、只能让消费者异地消费""酒店产权不可转移性、空间不可移动"等传统观念。通过充分而周密的市场调查和科学的市场细分与定位，采用分方式、分档次的分区服务和分时段、拆零销售等方式而达到"产权可转移性、空间可移动"服务理念。例如，分时度假和交换系统的建立，酒店、别墅可由宾客在异地之间相互交换；酒店厨师、服务员可应宾客的要求上门提供宴会或零点服务等。

（3）最合理的价格理念。最合理的价格是指对供方具有市场竞争力、需方又觉得合理而愿意购买的、供需双方都能接受的价格。价格是影响宾客购买决策和行为的较为敏感的因素，特别是对日益成熟和理智的宾客来说更是如此，他们可以在决定购买产品之前根据大量的供给信息，对产品价格进行反复比较：同等价格比质量，同等质量比价格。因此，迅速反应管理的最合理的价格理念要求酒店制定合理的、供需双方都能接受的价格。同时，迅速反应管理战略中的其他要素又为酒店制定较有竞争力的价格提供了保障。例如，缩短供应时间就能降低人员成本，缩短酒店设施设备闲置时间，酒店服务价值的充分利用和重复利用也能大大降低酒店成本，为酒店取得竞争优势。

（4）最需要的服务理念。最需要的服务是指酒店能够提供满足各种消费群体目前需要和潜在需要的各种服务。马斯洛的需求层次理论告诉我们：最需要产生最大满足感。为了能提供消费者最需要的服务，酒店管理者应深入分析影响市场需求的各种因素，细分客源市场，了解和掌握各细分市场在本酒店的消费目的和消费方式，以及本酒店所提供的服务能给消费者带来多大程度的满足感，从而制定出能为各消费市场提供最需要服务所应具备的各种条件和保障制度。

3. 人本管理战略

（1）CS 与 ES 战略。CS（Customer Satisfaction）战略是指以宾客满意为中心的管理观念与策略，其思考角度是以酒店的外部宾客为中心，倡导"宾客第一"，重视宾客利益而相对忽略内部员工及其利益。ES（Employee Satisfaction）战略是指以雇员满意为中心的管理观念与策略，其思考角度是以酒店的内部员工为中心，倡导"员工第一"，信奉"只有满意的员工，才有满意的宾客"的管理理念，强化员工在企业经营中的沟通协调作用。相对于CS，ES 更强调以员工为中心的管理理念，力图通过满意的员工管理来达到宾客的满意。

（2）CL、EL 和 HL 战略。CL（Customer Loyalty）战略是指以顾客忠诚为中心的管理观念与策略，其主导思想是通过关怀宾客、让宾客满意而获得宾客对企业的忠诚，因为忠诚的宾客才是酒店的常客和酒店产品的最好宣传员。EL（Employee Loyalty）是指以雇员忠诚为中心的管理观念与策略，其主导思想是通过关心员工、爱护员工而获得员工对企业的忠诚，使员工视企业为家，把自己的奋斗目标和前途命运与企业紧密联系起来。HL（Hotel Loyalty）战略是指以酒店企业对员工（宾客）的忠诚的管理观念与策略，其主导思想是酒店为获得忠诚员工（宾客）而采取的各种服务于员工（宾客）和忠诚于员工（宾客）的措施、策略和各种服务承诺。

（3）HL 战略的实施。CS、ES、CL 和 EL 战略的实施都与 HL 战略有关。因为作为供方和管理的主体，只有酒店的忠诚才能带来宾客的忠诚和员工的忠诚，才能有满意的员工和满意的宾客。因此，研究酒店对员工和对宾客忠诚的实现途径，对酒店实施人本管理战略具有重要的实践意义。研究表明，以下几点有利于 HL 战略的实施。

① 无缝沟通。沟通属于服务营销要素之一的有形证据中的一个重要内容。不了解宾客的酒店很难做好服务营销。同样，员工作为酒店的内部"宾客"，也是服务营销的对象，不了解员工的酒店就无法调动员工的积极性。缺乏表达自己思想机会的员工会有被遗弃的感觉并由此产生孤独感，以至于很难和酒店建立一种亲密关系。因此，酒店管理者注意与员工进行面对面的交流与沟通，让员工有充分表达自己思想的机会尤其必要。同时，与员工交流过后要对员工的意见进行及时的反馈，并做出适当处理。当那些直接和宾客接触的员工知道他们的意见和宾客一样受到酒店的重视时，员工对酒店的满意度和忠诚度才能得到

较大的提高。

②系统培训。酒店的员工忠诚的表现就是保证员工具有长期工作的机会。从根本上讲，酒店要通过各种系统的培训，鼓励和创造学习条件来提高员工被雇佣的能力。首先要鼓励员工树立终身学习的观念，把终身学习作为酒店福利的一部分提供给员工，帮助员工在工作期间能不断学习、不断提高、不断成长；其次要全员发动，通过内部优秀员工的经验介绍和现身说法来激发员工的进取心和上进心，达到相互学习、相互借鉴、共同发展的目的。

③充分授权。授权是授权双方相互信任的一种体现和反映。授权给员工既是对员工的信任，也是给员工的责任和压力。因受日常规范的约束而产生压抑感的员工容易出现按部就班、机械麻木的工作状况，这在竞争日益激烈和市场需求柔性化趋势日益凸显的今天，是极不利于酒店的生存与发展的。授权，为允许和鼓励员工成为酒店的伙伴创造了一种良好的氛围，给员工相应的自由发挥的空间，调动员工内在的潜力和创造力。授权员工，让员工知道酒店对其的信任，能增加员工对酒店的满意度和忠诚度。当然，酒店管理者要做出这样的决策并非易事，因为它还要求酒店能宽容员工在行使权力时所犯的错误，能继续给予员工再尝试的权力和自由。曾获得美国企业最高质量奖的丽思卡尔顿酒店有这样一条规定，任何员工无论采取什么办法，只要能就地解决宾客对酒店的不满，可动用的现金额度为 2 000 美元，无须请示。这项规定需要酒店领导者有一定的魄力，需要酒店与员工之间相互信任，更需要酒店对员工的忠诚。

（二）酒店服务职能管理

酒店服务职能管理包括以下内容：在分析市场需求的基础上，把握酒店服务的变化趋势，对酒店的服务产品进行科学的设计与重组；通过持续不断的评估、监督与修正，抓好酒店的服务质量管理；科学合理地设计酒店的服务组织，确保各项服务措施到位、细致、周全；针对服务过程中的误差进行缺陷补救管理，争取服务中的"二次成功"；把握服务过程中员工与宾客面对面的真实瞬间和关键时刻，实施有效的关键时刻管理。

1. 服务设计与重组

服务设计与重组包括服务项目、服务部门的调整与重组，时间与动作研究，服务流程再造等内容。

（1）目标市场定位。明确酒店的目标市场、准确地进行目标市场定位是酒店服务设计与重组的依据和基础。只有充分了解目标市场的宾客需求，掌握目标市场宾客的需求偏好、特征和需求信息，才能科学、有效地进行服务设计与重组。

（2）服务组织、服务项目重组与调整。根据市场和宾客消费需求的变化，增减或修改酒店原有的服务组织或服务项目，以满足市场的消费需求。例如，细分酒店的康乐部、增减某些娱乐项目；整合酒店的各种餐饮服务项目、延长某些餐饮服务时间、扩大某些餐饮项目的规模等。

（3）时间与动作研究。时间与动作研究是服务流程再造的重要部分，是提高服务效率的关键。例如，客房做床环节的改革，变传统的西式铺床为中式铺床，既简化了动作、节省了服务时间，又方便了宾客使用。又如，通过服务动作与时间研究，推行入住接待限时 3 分钟、结账 5 分钟、别墅区退房 9 分钟的前厅服务"359"标准；餐饮上第一道菜 15 分钟、客房送餐 15 分钟、别墅区送餐 20 分钟的餐饮服务"15/15/20"标准等"量化管理"，都是基于服务动作与服务时间研究而提出的。

（4）服务流程再造。服务流程再造是为了达到服务效率、沟通顺畅和获得"三高"（高动力、高效率、高满意度）员工，从技术和人性的角度综合考虑和设计科学、高效的服务操作流程，具体包括对每一岗位的工作内容、工作范围、工作量、难易复杂度、时间耗用等方面进行重新测算和评估，从而形成一套合理的服务流程和科学的工作结构。服务流程再造的理论依据是工业工程学（工作流程的经济性与舒适性）、人类工程学（符合人体构造）、心理学等；实践依据主要有岗位职责与要求、员工的服务技能水平和服务质量要求。

2. 服务质量管理

服务质量指产品满足宾客需求的综合能力，体现了宾客的满意程度、期望与现实的吻合程度。服务质量的管理是酒店服务职能管理的重要内容。酒店服务质量管理的具体内容见第六章。

3. 服务缺陷补救管理

服务缺陷补救管理也称服务补救管理。由于酒店服务所具有的特殊性，酒店的服务很难做到完美无瑕、一次成功。酒店如能在服务缺陷发生时客观面对，承认错误，真诚道歉，并及时采取补救措施，则能令宾客体会到酒店对他的重视，获得服务管理中的"二次成功"。因此，重视服务缺陷补救管理，对已发生或正在发生的服务缺陷进行控制和弥补，显得非常重要。

4. 真实瞬间管理

真实瞬间管理是指员工与宾客之间的每个"相互作用或服务接触"的关键环节的管理，因此又被称为"关键时刻"管理。真实瞬间管理包括员工意识与能力培养、配备良好的服务有形设施和设计科学、合理的服务流程等内容。已有研究发现，在服务过程中，将员工的表层劳动更多地转化为深层劳动，激发员工深层情感劳动，以提升服务的品质。

第四节　酒店服务营销管理

一、酒店服务营销的概念与特点

（一）酒店服务营销的概念

酒店服务营销是指酒店经营者为获得宾客满意，在宾客满意的基础上实现酒店经营目标而开展的一系列有计划、有组织的活动，其关键是针对酒店产品及宾客需求而进行的宾客满意管理与需求管理。

酒店服务营销的实质是创造宾客情感上的满足，实现酒店产品的情感分享，其结果是宾客对酒店产品从情感上而不是理智上做出的反应。当酒店经营者把倾注了情感和价值的产品推销给宾客时，让宾客感到酒店的产品和服务与他们的需要休戚相关，并能让他们难忘和感动，他们也就会满意酒店的产品并信任酒店产品。

（二）酒店服务营销的特点

服务的特性决定了酒店服务营销具有以下特点。

1. 互动性

服务的特征之一是客人主动参与服务生产过程。每一个关键时刻都涉及客人和服务提供者之间的交互作用。宾客对服务过程的加入使服务效果不仅取决于服务者的素质、专业知识以及服务者是否被赋予了足够的自主权，还与宾客的个人行为特点密切相关。因此，把握宾客需求、促进客我的良好互动成为酒店营销管理的主要目标。

2. 扩大性

酒店服务外延的扩大性，使酒店服务营销的范围、时间、人员参与等方面也具备了扩大性的特征。酒店服务是一种综合产品，是使宾客享用在酒店下榻期间得到的一组综合产品，包括物质产品部分（客人实际消耗的物质产品，如食品、饮料）；宾客感官享受到的部分（通过视、听、触、嗅觉对设备家具、环境气氛、服务技术、服务质量的体验）；宾客心里感受到的部分（客人对产品在心理上的感觉，从而引起的舒适程度和满意程度）。客人对上述三部分的感受决定了对酒店产品质量的综合评价。此外，酒店服务营销扩大性的特点还涵盖了内部营销、外部营销、社会营销等方面的管理内容，包括了宾客消费前、消费中及消费后的全过程管理等方面内容。

3. 时效性

由于服务是易逝性产品，如不使用其当日的使用价值将会永远失去。服务设备、劳动力等实体形态的存在，只能代表服务供应能力而非服务本身。宾客对服务的需求表现出周期性，其高峰期和低谷期的差别往往很大，因此，服务能力的充分利用，使变化的市场需求同相对固定的供应相匹配成为服务营销管理的重要内容。此外，在面对面的服务中，时间因素（如速度、敏捷）对提高宾客对服务的评价也起着重要作用。

4. 新奇性

吸引宾客眼球是服务营销一个重要的任务。个性化、新奇性的营销往往能给酒店服务带来眼球的注意力和源源不断的客人。例如，布兰森领导的维珍航空本着"一切为了上头版头条"的理念，很重视公关和推广，创造了无数能够吸引全球眼光的营销事件，如开着坦克在皇家马路上游行，在争议和风险中签约性手枪乐团，驾着热气球横渡大西洋，海湾战争期间派遣维珍集团的飞机紧急飞往伊拉克接送英国人质等，都获得了很好的宣传效果，使原来号称最小的航空公司生意兴隆。这就是服务营销具有新奇性特点的魔力。

二、酒店服务营销理念

服务营销是一种关系营销、参与营销，也是一种全员营销、文化营销，酒店服务营销强调人性化和文化性，凸显宾客与员工之间的互动，因此应树立关系营销、全员营销的理念。

（一）关系营销理念

关系营销又称为关系管理、人际管理的市场营销。酒店的关系营销是酒店与宾客、分销商、经销商、供应商等建立、保持并加强关系，通过互利交换及共同履行诺言，使各方实现各自的营销目的、营销行为的总称，是"双方之间创造更亲密的工作关系与相互依赖关系的艺术"。

（二）全员营销理念

酒店服务营销的核心就是"站在宾客的立场上提供服务产品"。酒店管理者和每位员工都必须认识到酒店的每个岗位都能成为吸引客人的因素，都担负着营销的职责。酒店营销是全方位、全天候和全员性的，只要有宾客存在，就有营销的存在。全方位指酒店各个部门、各班组都应该具备营销意识。全天候指一年365天、一天24小时，时时刻刻有营销。全员营销即全体员工参加营销，其内涵是"每位员工在各自的工作岗位上各司其职，通过优质服务吸引客人，留住客人，使宾客达到满意最大化"。同时，也指全体员工发挥主观能动性，结合自己的工作岗位，抓紧合适的机会做好内部和外部营销，达到宾客消费的最大化。

（三）超值服务理念

超值服务指员工用诚心、耐心和细心为宾客提供超越其心理期待的、超越常规的全方位服务。它主要包括以下形式：超越规范——如针对宾客的口味要求提供的个性化菜肴；超越心理期待——在宾客要求服务之前提供其所需的服务；超越产品的价值——指除原定服务外同时提供相应的附加服务；超越经济界限——指某项服务超越了等价交换的经济范畴，即常言所说的"物超所值"的服务，虽然就该服务本身可能成本大于价格，但是获得了宾客的认可，可能带来的再次消费及其他正面影响将是不可估量的。超值服务意味着将更多的价值让渡给宾客，往往能够带来较高的宾客满意程度。

三、酒店服务营销管理的内容

酒店服务营销管理与传统制造业的营销管理存在较大的差别。传统的营销理论主要基于4P营销理论（The Marketing Theory of 4Ps）。4P理论产生于20世纪60年代的美国，随着营销组合理论的提出而出现的。1967年，菲利普·科特勒在其畅销书《营销管理：分析、计划、执行与控制》第一版进一步确认了以4Ps为核心的营销组合方法，即：产品（Product）、价格（Price）、渠道（Place）、宣传（Promotion），由于这四个词的英文字头都是P，再加上策略（Strategy），所以简称为"4Ps"。与有形产品的营销一样，在确定了合适的目标市场后，服务营销工作的重点同样是采用正确的营销组合策略，满足目标市场顾客的需求，占领目标市场。但是，服务及服务市场具有若干特殊性，从而决定了服务营销组合策略的特殊性。在制定服务营销组合策略的过程中，学者们又根据外部营销环境的变化在传统的4P基础上又增加了3P，它们分别是人员（People）、有形展示（Physical Evidence）和过程（Process）。以此为基础，融合克里斯托弗·洛夫洛克（2011年）的服务营销7要素，总结提升为酒店服务营销的7P理论组合：即服务产品（Product）、价格与顾客其他支出（Price）、渠道与时间（Place）、宣传和顾客教育（Promotion）、人员（People）、过程（Process）和有形展示（Physical Evidence）。这7个要素综合发挥作用。

（一）服务产品（Product）

服务产品是酒店营销管理的核心。如果产品设计得不好，即使其他几个要素都做得很好，依然无法为顾客创造价值。服务产品包含一个核心产品和附加服务要素，核心产品用来满足顾客的主要需求，而附加要素则能带来附加价值。

1. 服务实体化策略

利用服务过程中可传达服务特色及内涵的各种有形展示手段来辅助服务产品推广的方法，在服务营销管理中称为服务实体化策略。服务实体化策略包括良好服务环境和氛围的创造、产品包装和服务沟通等内容。服务环境和氛围创造是酒店在确保满足宾客基本需求的基础上，通过创造良好的服务环境和气氛，使宾客获得兴奋和意外惊喜，从而提高宾客对服务的满意度。产品包装是通过改善和提升服务产品的包装质量来增加服务的附加值，如酒店建筑设计的独特造型、酒店统一的服务形象标识等。服务沟通是通过改进服务的社交要素，提高员工的社交技能，使员工在服务过程中保持良好的心态，通过员工发自内心的微笑、真诚主动的服务使宾客感受酒店产品的价值，获得与其期望值相等的满意度。

2. 服务产品的延伸策略

宾客同服务者的互动是服务营销的本质特征之一，而且这种互动不是一时的，而应该是长期的。研究表明，老主顾比初次买主可为企业多带来 20%～80%的利润，老主顾每增加 5%，企业的利润则相应增加 25%～85%。对于强烈依赖宾客消费的酒店业，稳定而忠诚的宾客对服务价格变动的承受力强，对服务失误持宽容态度，他们是企业比较固定的消费群体。酒店服务产品的延伸策略就是为了培育酒店固定的消费群体，对酒店传统服务产品的内涵加以延伸，通过产品售后的追踪联系，为宾客提供周到的售后服务和需求服务，使宾客关系得到强化。例如，通过建立酒店宾客档案以开展有针对性的个性化服务、建立宾客联系和跟踪制度、推行 VIP 卡与俱乐部等宾客组织。这些策略能使分散的宾客与酒店始终保持紧密的联系，形成一个忠诚、稳固的消费群体。

（二）价格与顾客其他支出（Price）

需要从酒店和顾客双重视角看待价格。从酒店的角度来看，定价策略决定了其收益，这些收益被用来补偿服务成本并创造利润，近年来收益管理被酒店管理者所重视。从顾客的角度来看，为了获得期望中的服务，他们必须支付费用。在评价具体的服务是否有所值时，顾客会用金钱付出和时间与精力的付出来综合衡量。所以，酒店在设定价格时，除了考虑金钱成本外，还要关注顾客的非金钱成本。

在日益激励的竞争环境中，价格不仅成为顾客与酒店关系紧张的关键点，也是竞争对手之间市场竞争的重要手段。定价是一份十分复杂的营销策略，不仅要考虑各种影响价格的因素，还有考虑价格本身的动态性：定价高于平均价格可以传达出一种身份显赫的形象，低于平均价格也可能意味着物有所值，但是过低的定价也可能会被认为质量没有保证。由此看来，定价是一项复杂的工作，是酒店服务营销管理的重要内容。

1. 影响定价的主要因素

影响酒店服务定价的因素包括内部因素和外部因素，具体而言包括定价目标、成本、需求、竞争者及其他营销组合因素等。其中，定价目标受到酒店的整体目标和具体的营销目标的影响，需要充分考虑经营的成本、顾客的需求状况和竞争环境的情况；从酒店的整体目标角度来看，包括维持生存、当期利润最大化、市场占有率最大化和服务产品质量最大化等类型。定价时，对酒店服务产品的成本构成有准确的了解，一般总成本包括固定成本和变动成本，变动成本会随服务产品的产量而变化，因此需要对服务产品在不同销售量下进行合理定价。酒店服务产品的市场需求会呈现不同的变化趋势，如旅游度假饭店的市场需求可能会呈现季节性变化；顾客对酒店服务产品的价格弹性、收入弹性等都会影响到市场需求。

2. 定价步骤与方法

通常来说，采用六个步骤进行定价，即选择定价目标，确定需求，估算成本，分析竞争对手的产品、成本与价格，选择合适的定价方法，确定最终价格。常用的定价方法有成本导向、需求导向和竞争导向，在具体的酒店服务管理营销中，会根据影响定的价的因素选择其中的一种方法。在此基础上，酒店再灵活制定定价策略，如折扣折让策略、地区定价策略、心理定价策略、差别定价策略、新产品定价策略以及组合产品定价策略等形式，形成最终的定价。

确定价格之后，也不是一成不变的，要根据供需情况、竞争对手情况等灵活做出提价与降价对策，实行价格的动态管理，实现酒店收益的最大化。

（三）渠道与时间（Place）

随着工作节奏的日益加快，时间要素在服务营销中也经常发挥着重要作用。顾客变得越来越忙碌，他们对服务的期望是在其需要时提供，而不仅仅是跟着服务提供者的节奏。酒店中许多服务是直接面对顾客实时传递的，因此服务时效性和地点的便利性成为决定服务传递效率的重要因素。酒店业基本都实现了全年无休的 7×24 小时服务。顾客越来越关注从服务需求提出到获得最终服务之间的时间，酒店服务管理中要努力缩短顾客的等待时间，并减少等待的负担感，这就需要关注服务产品以最恰当和最便捷的途径从生产者传递给顾客的过程中所涉及到销售渠道的问题。具体来看，酒店服务营销渠道管理包括建立网络营销渠道、发展数字化整合营销、普及全球化营销和拓展传统营销渠道等内容。

1. 建立与完善网络营销渠道

随着信息技术在酒店业的广泛应用，网络营销以其难以想象的发展速度成为酒店最有效、最经济、最便捷的营销手段。酒店网络销售的优势主要在于能够有效展示酒店形象和服务，建立与客户良好的互动关系，高效率管理销售过程，显著降低销售成本，提高经济效益和管理水平。

酒店网上营销窗口可以分别设计为外部连接和内部连接两大系统，外部连接是指酒店营销主页与其他酒店网页、旅游网站、酒店所在地区其他网站、搜索引擎网站的连接。网上酒店营销信息体系外部连接直接影响上网者接触并访问该酒店站点机会的多少，须精心解决好酒店营销主页与其他酒店网页、旅游网站、酒店所在地区网站、搜索引擎网站的关系。内部连接是指主页上酒店营销信息内容的布局与打开形式。酒店营销信息的内部连接，关系到营销信息内容布局的合理性，即符合人们观看习惯，以及访问者获取相关信息的方便性。上网者总是希望通过最简单的途径获取最有价值的信息。因此应尽量做到网上营销信息的内容结构突出酒店经营特色。酒店可根据各自不同情况安排内容的先后顺序及组成，以利于宾客迅速有效地获取酒店服务的信息。

2. 数字化整合营销

数字化整合营销是指从宾客价值出发，以宾客占有率为中心，运用现代信息技术和管理信息系统，通过与客户的互动对话，与客户逐一建立持久、长远的双赢关系，为客户提供定制化的产品和服务，从而实现企业利润和满足宾客需求目标的一系列营销活动的过程。其实质是宾客战略，所有活动都是围绕着宾客来展开的，它可以概括为"一四二"模式：一个中心即客户占有率，四个手段即营销技术数字化、客户关系互动化、产品服务定制化和沟通响应适时化，二个目标即实现企业利润和满足宾客需求。

3. 全球化营销

全球化营销的基础是 CRS 和 Internet。CRS 是酒店业应用现代信息技术进行营销的一种形式。它是指酒店通过电脑或其他网络形式直接向消费者进行的销售。CRS 包括两种系统。一种是中央预订系统（Central Reservation System），主要是指集团酒店所采用的内部预订系统。它是一种封闭的、归属特定企业集团，由集团成员共享的预订网络。酒店集团通过其 CRS 对客源构成、流量及流向进行控制，并通过各种价位组合及调整实行收益管理，以实现集团利益的最大化，同时 CRS 还具有集团内酒店信息共享、客户资源共享的联网销售优势。另一种是计算机预订系统（Computerized Reservation System），是指用于整个旅游活动包括机票、酒店预订等在内的预订网络。它的范围比中央预订系统更为广泛，是一种开放的、面向多个供应商及客户的专业预订系统。计算机预订系统从其起源上又可分为专门的中介系统和依托航空公司的系统，其中依托航空公司的计算机预订系统已发展成为同时向酒店、度假村、汽车租赁、铁路、邮船等其他旅游相关行业提供预订和营销综合服务的销售系统，该系统被称为 GDS（Glbal Distribution System）。

（四）宣传和顾客教育（Promotion）

成功的营销方案离不开有效的传播，宣传包括三个方面的作用：为顾客提供必要的信息和建议，说服目标顾客接受酒店品牌或者服务产品的特点，鼓励顾客在特定的时候采取购买行动、到店消费。

酒店服务具有生产和消费同时性的特点，顾客可能会参与到服务产品共同生产（Co-production）的过程中。酒店的自助餐是典型的顾客与服务人工共同生产的形式。甚至，有服务领域的研究者认为，顾客就是员工的一部分。如此看来，顾客是酒店服务的共同生产者，而且这一生产过程还能够影响到其他人顾客的服务体验，因此酒店服务管理中，需要积极塑造和引导顾客消费行为。因此，在酒店服务营销的过程中，有很多服务传播的本质上也是在教育顾客如何有效地完成服务流程的过程。

（五）人员（People）

服务营销效果取决于客我双方人员的素质、能力与配合程度。因此，服务营销管理的人员管理包括宾客忠诚管理与内部员工管理两个方面。

1. 宾客忠诚管理

酒店宾客忠诚管理涉及酒店宾客消费决策期、交易初始期、交易稳定期、潜伏转向期、交易转向期发展以及交易转向后的整个生命周期全过程。

（1）消费决策期管理——承诺忠诚服务。消费决策期的承诺忠诚管理始于宾客消费欲望产生时，伴随着宾客做出消费决策的全过程。这一阶段对酒店宾客忠诚的管理侧重于宾客产生消费欲望、搜索消费信息和选择消费对象时酒店承诺对其的忠诚服务，以期唤起宾客对酒店的注意力并产生消费欲望。潜在宾客是推动酒店发展的新生力量，启发与唤醒他们消费的忠诚是确保酒店持续发展的重要手段之一。

（2）交易初始期管理——提高宾客满意度。宾客满意来自于宾客实际从酒店获得的价值超过购买时所具有的期望值。宾客价值是宾客实际从酒店获得的产品、服务、人员和形象价值的总和与其付出的全部金钱、时间、精力和体力成本的总和之间的差。当宾客实际获得的价值（感知价值）超过其感知成本时，宾客就会高度满意。酒店提高宾客满意度可从提升宾客感知价值和减少宾客成本出发，具体对策有：提升服务质量，按宾客需求定价，为宾客购买提供方便，如提供网上交易、便利交通等；打造酒店品牌，减少宾客感知风险成本等。交易初始期的酒店宾客忠诚管理要从宾客价值出发，以追求宾客忠诚为目标，为宾客提供实实在在的优质服务，为宾客的回头消费打下基础。

（3）交易稳定期管理——培养宾客忠诚。宾客的二次光顾是酒店培养宾客稳定消费的关键时期，也是培养宾客忠诚的绝佳时期。这一时期的宾客忠诚管理侧重于对宾客的个性爱好和消费需求的满足，这可以通过所建立的客史档案信息来实现。

（4）潜伏转向期管理——挽救宾客忠诚。潜伏转向期的忠诚宾客往往表现出消费不稳定的特征，如消费次数减少、消费中有意找茬、消费后拒绝提出正面意见等。这一时期酒店的任何微小失误均可能引发宾客的转向消费行为。潜伏转向期的宾客忠诚管理决定了酒店能否挽留住忠诚宾客。对于不同原因引起的转向消费宾客，酒店应采取相对应的挽救措施，如对于有客观原因的忠诚宾客（商务客人等），酒店的挽救不能停留在对其态度和服务质量的改善上，而应从原因入手解决问题。对于因酒店的不完善服务引起的消费转向，酒店应设立宾客忠诚挽救系统，及时识别问题之所在，并采取相应措施力图挽救（如口头道歉、物质赔偿等）。研究表明，如果宾客的投诉得到十分迅速得当的处理，95%的宾客会再次选择购买该酒店产品。

（5）交易转向期管理——完善忠诚预警系统。交易转向期的宾客以最后一次光顾酒店为标志。交易转向期管理是做好和完善酒店忠诚预警系统。酒店忠诚预警系统是酒店快速反应忠诚宾客交易行为的"信息岗"，它应具备快速传达信息和做出决策的功能。通过酒店忠诚预警系统，酒店管理人员能迅速知晓宾客的转向信息并为之做好最后的服务工作，如安排欢送仪式、致欢送词，表达感激之意等。酒店的忠诚预警系统要求其对每个忠诚宾客及外部信息具有跟踪记录与处理功能，一旦发现有异样情况马上能做出反应，有助于酒店将再次流失忠诚宾客的概率降到最低。

（6）交易转向后管理——建立忠诚追踪系统。忠诚追踪系统的建立是酒店忠诚管理系统不可或缺的部分，它相当于是酒店宾客忠诚管理的反馈系统，对完善酒店宾客忠诚管理起到很大作用。一般来说，该系统的内容至少应包括以下几部分：忠诚宾客交易转向后的酒店消费行为分析，分析其转向原因是不可抗力还是酒店的服务出差错或是其他原因；忠诚宾客交易转向后的酒店消费目的地分析，分析是否为自己的竞争对手，并研究其所使用的招客之术；提出改造建议，呈交改进报告，促进酒店有针对性地改善服务，提高竞争力，吸引宾客"回心转意"，甚至是抢占竞争对手的忠诚宾客群，扩大自己的宾客忠诚度等。

2. 内部员工管理

（1）培育酒店文化。酒店文化是指一个酒店内共同的价值观念、精神追求，它表现为酒店的规章制度、员工对酒店的认同、员工与酒店组织的共同信念和共同愿景等。酒店文化的建设对员工的管理和忠诚度的培养起着重要作用。酒店文化的培育包括以下三个方面。

① 建立共同愿景。确立酒店长远目标，建立酒店与员工的共同愿景，愿景要内化为信念、制度和口号等，要将员工的愿望与酒店的目标联系起来，将酒店的发展与员工的切身利益挂钩，使员工认同酒店、忠诚酒店是培育忠诚员工的关键所在。

② 发挥榜样作用，培育优秀员工。榜样作用来自管理者的以身作则、优秀员工的正面激励、资深老员工的潜移默化等。作为酒店文化的建设者和传播者，管理者要用行动和榜样影响员工行为；树立优秀员工榜样，以来自员工中间的榜样力量来激励员工更有可比性、真实性和公平性；资深老员工的潜移默化和榜样作用有利于培育更多的优秀员工。

③ 建立良好的文化沟通渠道。酒店应采用形式多样的信息宣传渠道，使酒店文化内化为员工理念和行为。酒店可以通过办报刊、开展形式多样的娱乐文化活动来提高员工的文化生活质量；可以通过节假日慰问员工家属，组织联欢、组织户外旅游、参加团队信任度测试活动等集体活动来培养员工的团队精神，完善酒店文化；可以通过举办"经理为员工服务日""经理员工交流会"等活动交流情感，进行文化沟通。

（2）培养"三高"员工。"三高"员工即高动力、高效率、高满意度的员工。"三高"员工能为宾客提供优质的服务。培养"三高"员工常用的方法有以下三种。

① 充分授权。尊重员工、信任员工、器重员工是授权的前提。采用扁平化组织结构，只有权力中心下移，大胆授权，才能充分调动员工的积极性，发挥其创造精神。充分授权能使员工在工作中更好地为自己定位，以酒店为家，主动积极、有创造性地完成任务。

② 鼓励并重视员工的建议。民主与开放式的领导是培养员工奉献精神的关键。作为管理者，要树立以人为本的理念，关心员工的发展，倾注情感于员工，注重与员工的沟通。管理者应做到：采用走动式管理的方法，走到员工中间，了解员工的思想、生活，并及时从员工反馈中发现问题，改善管理与服务质量；采用"开门办公"的政策，鼓励员工提出建设性意见；开设总经理热线，及时听取员工的心声；注重与员工的交流，重视员工的建议甚至奖励优秀者等。这些活动本身就是对员工的激励手段，能激发员工对酒店的责任感，培养其组织忠诚度。

③ 建立合理的利润分配体系。建立合理的利润分配体系能真正发挥激励作用。在利润分配中应注意以下几个方面：一是工资、奖金的发放应遵循公平原理，员工会拿自己所得与同类型的人相比较，如果发现有不公平因素，就会影响其积极性甚至跳槽。二是采用多种形式的激励手段，如优秀员工奖、最佳服务奖、客人满意奖、最佳团队奖、突出贡献奖、创新奖、服务质量奖、委屈奖等。大型的酒店集团应鼓励员工入股，使员工持股而成为酒店的主人，将自己的工作与酒店发展紧紧联系在一起，提高员工对公司的忠诚度，培养他的奉献精神。三是信息透明化管理，使员工了解酒店的经营运作情况、财务收支情况等。

（3）塑造知识型员工。酒店应重视知识型员工的塑造与培养。应创造培训条件和员工自我培养的环境，使员工逐渐转变为知识型员工，让员工能用自己的热情、知识、情感、创意为宾客提供个性化服务，用智慧为宾客提供集知识、技能、文化品位和情感内涵为一体的知识型服务，用自己的高素质及人格魅力来影响宾客，满足宾客的个性偏好，从而提高自身的工作质量。

（六）过程（Process）

创造和传递产品对过程进行有效的设计和应用。顾客通常会主动介入与生产者的合作中，如果酒店的服务缺乏必要的设计、不能采用合理的服务流程，会导致员工和顾客产生不满情绪。因此，酒店服务流程不能是一成不变的，当服务面对面传递时，不同的员工之间、同一员工与不同顾客之间甚至是不同时间段都可能会产生不同的服务质量，合理设计和授权员工灵活调整服务流程就显得非常重要。员工与顾客的互动产生相互影响，进而会影响酒店服务的供给状况与顾客的体验水平。

因此，酒店需要采用合适的服务营销与管理手段，如服务流程再造、服务质量管理、合理授权、员工培训以及借助信息化与科技手段等，应对服务过程中可能遇到的各种问题。

（七）有形展示（Physical Evidence）

诸如酒店的建筑物、内部装饰、工艺品、器具、设施设备、员工服装、各种 LOGO 和 VI 设计的印制品等有形展示，配以色彩、灯光、气味（香薰）、背景音乐等，这些为酒店的形象和服务质量提供了有形展示。酒店服务管理中需要充分重视和管理好这些有形展示，因为它们对顾客的感知也有深远影响。

四、营销策略管理

酒店营销对象的多样复杂性、酒店服务产品的综合性决定了服务营销管理的难度。根据酒店服务营销的特点，灵活运用各种营销策略，发挥营销的整体效应是服务营销策略管理的关键。

1. 互动式营销策略

互动式营销策略是通过服务过程中员工与宾客的良好服务互动过程与互动关系，达到对客营销目的的营销策略。服务互动是指酒店的员工与宾客之间发生的各种形式、各种性质和各种程度的交互作用与影响的过程。宾客的消费经历是由酒店员工与宾客的每一次接触，即每一个瞬间的服务互动所组成。服务互动的重要性决定了互动式营销策略在酒店服务营销管理中的重要性。

酒店实施互动式营销策略的关键要素是互动过程中酒店员工的素质、互动式营销的环境条件和互动式营销的机制。

（1）互动式营销的人员素质。服务互动是员工与宾客相互影响和交互作用的过程。在服务互动中，员工与宾客不是独立地出现而是共同参与在互动的活动中，因此，员工和宾客都是服务互动过程的主体。对酒店而言，员工在服务互动的过程中是以满足宾客的需求为目标的，在服务互动过程中占主导地位。因此，酒店员工素质在服务互动中显得非常重要。

互动式营销的员工素质要求包括以下几个方面。

① 敬业乐业精神。员工只有本着对酒店工作的热爱，才能在服务过程中真诚主动，通过发自内心的微笑，传达给宾客真心的关爱，从而创造良好的互动营销环境。

② 丰富的知识与熟练的技能。员工的服务知识和服务技能是对客服务过程的基础和保障。丰富的知识与熟练的技能能为宾客带来较高的服务附加值和满意度。

③ 敏锐的观察力和反应能力。具有敏锐的观察力和反应能力的员工在服务互动过程中

懂得从一般中发现特殊，善于注意细微之处，能依据宾客外部特征或"提示"信息为宾客提供所需的服务。敏锐的观察力和反应能力能使员工不拘泥于服务的标准程序，灵活地处理服务中遇到的各种意外问题，为宾客提供"量体裁衣"式的个性化服务。此外，敏锐的观察力和反应能力能促使员工努力挖掘宾客埋藏在心灵深处的需求，"读懂"宾客，掌握宾客需求心理，为宾客提供他最需要的服务。

④ 幽默感及宽容的心态。幽默感和宽容的心态能较好地调节员工与宾客的关系，促进双方友好沟通和建立良好的营销环境。

（2）互动式营销的环境条件。互动式营销的环境条件即服务互动存在和发生的背景条件，既包括酒店服务设施、服务流程、环境氛围、员工的态度、服务技巧等状况，也包括宾客的个性、需求及消费行为特征等宾客背景条件；同时，还涉及以往酒店的服务互动状况及服务互动模式。酒店管理者应创造有利于良好互动的环境因素，例如，保持设施设备的良好运作，科学设计服务流程，以提高员工的舒适度与满意度；通过对宾客行为规律的总结与控制，防止宾客产生不良行为等。

（3）互动式营销的机制。互动式营销的机制主要是指评价酒店服务互动效果的机制，包括员工与宾客双方对服务互动的认识、体验、满意程度以及问题解决的程度，也包括酒店管理者和宾客对参与服务互动过程中员工的工作表现的评价。其中最重要的是宾客对参与服务互动的酒店员工的评价，对服务质量的满意度以及对酒店解决宾客投诉结果的满意程度。及时收集与分析宾客在服务互动中的感受，找出存在的缺陷，解决出现的问题，总结成功经验，并用于指导员工新的服务互动过程是评价酒店服务互动效果的目的与任务。

2. 内部营销策略

酒店的销售人员、服务人员同消费者的相互作用直接影响到酒店服务产品的销售。宾客对酒店服务产品的最终评价取决于酒店所许诺的服务和给予的实际的服务之间的差距，只有前后两者协调一致或后者超过前者的水平时，宾客才会满意。酒店的外部营销是许诺服务的营销，酒店的内部营销是给予实际服务的营销。因此，重视酒店的内部营销，加强酒店内外部营销整合，才能获得酒店服务营销管理的较好效果。

酒店内部营销策略是通过提供能够满足员工需要的工作来吸引、激励并留住合格、优良的员工，并通过这些员工获得营销效果的一种管理策略和方法。内部营销策略把员工当成是酒店面对的内部市场，认为可以通过积极、相互协调的类似市场营销的活动调动起内部市场的员工的积极性，使其成为具有服务意识和宾客导向的服务人员。例如，万豪酒店集团的管理者认为如果员工热爱他们的工作，并以在酒店工作为骄傲，他们就会很好地为宾客服务，满意的宾客会经常光顾酒店，而且接待心情愉快的宾客也会使员工满意，由此产生更好的服务和更多的回头客。

酒店实施内部营销策略的步骤与方法如下。

（1）内部营销调研。通过内部营销调研了解员工对工作的态度、对工作的需求程度和满意度。内部营销调研可以采用管理人员与员工交谈、征求意见或员工座谈讨论等方式来进行。

（2）培训。培训的目的是使员工对酒店有全面认识并确定自己在其中的位置，明确自己与其他员工、与宾客的关系。培训也包括对员工的服务、营销、沟通技巧等方面的培训。

（3）授权。授权可以激发员工的主动性和创造性。丽思卡尔顿酒店授权员工可以动用相应数量的金钱去满足宾客的特殊需要，当出现服务质量问题时，鼓励员工突破常规，对宾客采取安抚策略。

（4）内部大众沟通。酒店通过会议培训、内刊、宣传栏等形式向员工提供业界的最新动态，使员工有充分的思想准备和自信来与宾客接触和沟通。

（5）人力资源管理。它包括工作说明书、招聘程序、职业生涯规划等人力管理环节和薪金、奖金、分红制度等激励管理制度。

3. 关系营销策略

关系营销策略是指酒店从识别潜在宾客开始到与宾客建立关系，通过自觉维持和促进已经建立的关系稳固宾客，通过关系的维护产生更多的相互依存关系，以获得更多的消费群体。

大多数宾客愿意与酒店建立友好关系，并愿意对酒店工作发表看法。酒店一旦识别和选择了关系营销的对象，就应该主动与他们联系。酒店定期与选定宾客接触，了解他们对酒店服务产品的意见和建议，这样会使宾客认为自己是酒店关系网中的一员，有亲近感，在他们需要到酒店消费时会下意识地首选该酒店。酒店在实施关系营销策略时应注意以下两个方面。

（1）建立客史档案，加强信息化管理。客史档案能使酒店准确地了解宾客的消费喜好，为宾客提供有针对性的个性化服务。许多宾客都希望酒店能记住自己的姓名，希望服务人员熟悉他们、关心他们、主动与他们联系，为他们提供高质量的服务。因此，酒店通过建立客史档案和加强信息化管理来与宾客建立友好的、亲密的关系网络，通过满足宾客的期望来获得长期的、忠诚的宾客。

（2）利用高科技和人性化手段，提高客我关系层次。酒店运用关系营销策略与宾客形成的稳定利益合作关系有三种：财务层次（基本层次）关系、社交层次（提高层次）关系和结构层次（最高层次）关系。财务层次关系的管理强调通过价格优惠，刺激宾客购买更多的产品和服务，如奖励宾客折扣、免费住宿、信用优惠、增加服务内涵等。受成本和低技术壁垒的影响，这一层次的营销策略往往只能获取短期的"忠诚"回报。社交层次关系的管理不忽视价格的重要性，但更重视酒店与宾客间的社交联系，强调个性化服务，如建立宾客俱乐部，吸收购买一定数量产品或支付会费的宾客成为会员。这一层次的管理纽带是特殊的社交联系，易于提高宾客对酒店的信任度和满意度，使竞争对手进入壁垒相对较高。结构层次关系的管理出发点是酒店基于宾客对高转换成本和高认知风险的下意识回避，通过高科技和人性化手段精心设计服务体系，为宾客提供更精细的定制化服务，使其获得更多的附加消费利益，从而形成宾客与酒店之间愉快的、稳定的交易关系。

案例分析与习题

一、案例分析

案例 5-1　半卷卫生纸

一位日本客商刚住进了浙江宁波的一家酒店，该酒店的前台服务员便接到他从房间打来的电话，要求派人去其房间。服务员小陈被派前往。小陈来到客人门前，轻轻地敲门。

只听客人大喊一声："进来!"小陈轻轻推开房门。不料,一卷卫生纸突然朝她脸上飞来,不偏不倚打个正着,小陈顿时被打蒙了。定睛一看,这位日本客商怒容满面,像只好斗的公鸡。原来他刚跨进卫生间,发现卫生纸只有半卷,顿觉受了怠慢,便大发脾气。小陈捡起卫生纸,心想这是清洁员粗心造成的,忙向客人道歉:"对不起,先生,这是我们工作的失误。"小陈回到工作间,想着自己所受的委屈,泪水不禁夺眶而出,但她很快冷静下来,一手拿着一卷完整的卫生纸,另一手端着一盆鲜花,带着笑容重新走进这位日本客商的房间,将鲜花与卫生纸分别安放妥当。面对突如其来的打击,小陈考虑再三,认定客人发火事出有因,错在酒店,清洁员不该疏忽,将用过的半卷卫生纸留给新入住的客人使用。后来,这位日本客商也自知有错,遂向酒店总经理正式表示道歉,对服务员良好的服务态度给予了高度的评价,并拿出美金若干,诚恳地请总经理为服务员发委屈奖,同时,决定在酒店住下,成了一个长住户。

思考:该酒店服务员小陈的服务行为体现了什么服务理念?

分析:小陈的服务行为体现了酒店行业"顾客永远是对的"的服务理念。顾客不一定永远是对的,但让顾客带着不满意离去,就是酒店的错。事实上,顾客有对也有错,但在服务人员心中要认定,顾客永远是对的。凡是涉及顾客不放心的、不满意的问题,重要的不是顾客说的话"是不是符合事实",而在于酒店怎样做能让顾客放心、满意。凡属于应该让顾客自己做决定的事情,顾客怎么说都是"对的";在分不清顾客是不是"对的"时,要先假定顾客是对的。

案例 5-2　一个有缺口的苹果

一位来自中国台湾的商人萧先生经朋友的推荐慕名前往某酒店入住,但是当他来到酒店、住进客房后,他并没有什么特别的感觉,和在所有的大酒店见到的一样,都是大同小异的摆设、相差无几的物品。

连日的奔波令精力充沛的萧先生也感到有些疲惫,他一下子就躺在了床上。但是,刚躺下不久,他又觉得肚子有点饿。这时,他看到茶几上放着的一篮酒店赠送的水果,就随手拿起一个苹果来吃。刚咬了几口,房间的电话就响了,原来是朋友邀他去喝茶。于是,他也顾不上再吃苹果了,便将苹果放在床头柜上,拿起外衣匆匆离开了房间。

酒足饭饱之后,他又回到了客房。当他再次躺倒在床上,伸手想要拿电视遥控器时,他却惊奇地发现,那只他吃剩的苹果已用保鲜膜仔仔细细地包好,并放在一个小餐碟上。他再环顾房间,只见被他拉开的窗帘已被对称地拉到两边,办公桌上被他翻乱的报纸被重新折叠放好,被他拉开的办公椅也被摆回了原位……一切都是那么不经意,而一切又是那么和谐、自然,令他深感温馨。

思考:这个案例体现了该酒店服务员什么样的服务精神?

分析:虽然各个酒店的硬件大同小异,但服务却可以有与众不同的特色,特色来自对规范服务的提炼。本例中客房服务员在提供规范服务的同时,能从细处着眼、着手,注重提供一些细腻、自然的服务,从而在见惯酒店日常服务的商旅客人面前展现了酒店自己独特的服务特色——细微服务。要做好细微的服务,必须做到:追求特色服务的同时不可忽视日常的规范服务;提供细微服务时需要从细处着眼、着手,力求自然,恰到好处。

二、习题

1. 如何理解酒店服务的内涵？
2. 酒店服务具有哪些市场特征？
3. 酒店服务管理具有哪些特征？
4. 酒店服务管理包括哪些内容？
5. 阐述酒店服务营销的特点和服务营销理念。
6. 酒店服务营销管理包括哪些内容？

第六章　酒店质量管理

引言

　　酒店是一个服务性行业，酒店为客人提供的产品主要是服务。因此，现代酒店质量管理的实质就是服务质量的管理。"服务质量是酒店的生命线"，酒店管理人员应把服务质量的管理作为酒店管理的重要内容。本章主要介绍酒店质量的内涵与外延、全面质量管理、服务质量管理的运作与保证体系、服务质量评价等内容。

学习目标

　　通过本章的学习，要求学生：①掌握酒店服务质量的概念、内容、特点、构成要素；②掌握服务质量管理方法，并能在服务质量管理中熟练应用 ABC 分析法、因果关系法和 PDCA 循环法；③熟悉全面质量管理的含义、内容；④了解酒店交互服务质量管理、服务质量评价体系的内涵和内容；⑤了解和认识服务质量承诺与服务保证、顾客满意与顾客价值的本质与内涵。

第一节　酒店质量概述

一、酒店质量的构成内容

　　从图 6-1 中可以看出，酒店质量是通过硬件设备质量和软件服务质量来体现的。其中，酒店的设施质量，是指酒店的建筑物和内部设施的规格和技术水平，包括酒店服务项目的多少、设备的完好程度、舒适程度等。酒店的实物产品质量，是指酒店提供的餐饮和购物品的质量，包括实物产品的花色品种多寡、质量好坏等。酒店的服务用品质量，是指酒店为提供住宿、餐饮而必备的服务用品，包括布草、餐具等的质量。酒店的环境质量，是指酒店所处的自然环境和人际环境的水准。自然环境包括酒店内外部自然风景、绿化布局；人际环境指酒店的服务员、管理层与客人之间的相互关系。酒店的服务质量，是指酒店员工对客人提供服务时所表现的行为方式，是酒店服务质量的本质体现，包括服务人员的气质、服务方式、服务技巧、服务效率、礼节仪表、语言风度、职业道德、团队精神等。

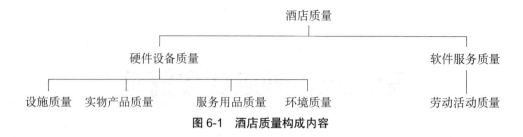

图 6-1　酒店质量构成内容

二、酒店服务质量的概念

酒店服务质量是指酒店提供的各项服务适合和满足宾客需要的自然属性，通常表现为满足客人的物质需求和精神需求两个方面。在质量管理中，通常把这种"自然属性"统称为质量特性。不同的服务具有不同的质量特征，不同的质量特征分别满足宾客不同的需求。同一种服务，由于质量特征的水平不同，因而其适应性，即满足宾客需要的程度也不尽相同。因此，酒店服务的这些自然属性能否满足宾客物质和精神上的需要，以及满足的程度如何就是衡量酒店服务质量优劣的主要标志。

从消费者角度看，酒店服务质量是消费者对酒店服务的满意或惊喜程度。

三、酒店服务质量的内涵

酒店服务质量可分为功能质量和技术质量两大类，前者指提供给顾客"什么"；后者指"如何"向顾客提供服务。因此，酒店服务质量具有以下内涵。

（1）酒店服务质量的评判具有很强的主观性。在一定的环境和道德前提下，消费者会根据自身的需求和期望，说服务质量是"什么"，而"不是什么"。

（2）酒店服务质量具有绝对性。无论是有形设施还是无形劳务都必须保证质量，酒店的每个运作环节都是服务质量的重要组成部分。

（3）酒店服务质量具有变动性。当顾客的需求改变或提高以后，酒店的服务质量也应随之而改变或提高。

（4）酒店必须提供高质量的服务，通过制定严谨的策略和制度，加强人员管理，来满足或超值满足现有及潜在的内部和外部顾客的要求与愿望。

（5）服务质量的提高，可以提供比竞争者更多的价值，获得更多的市场份额，并可为每个员工提供良好的发展和工作环境。

四、酒店服务质量的特点

现代酒店的服务质量，同其他一般商品的质量相比，存在很大差别，其主要特点有以下三个。

（一）服务质量评价标准多元化

酒店产品的销售过程是有形物质消耗（酒水、饮食、商场商品）和无形劳动（各种服务）相结合的过程。一个具有高服务质量的现代酒店不仅要有现代化的客房、餐厅以及各种服务设施，而且还要有懂业务、善经营的各级管理人员和服务技术好、水平高的服务员，以及灵活方便的经营服务项目。因此，酒店服务质量评价标准就包括了有形设施标准和无形产品标准。酒店的服务是无形的，不能用量化标准来衡量。因此，酒店服务质量的衡量标准一般通过以下两个方面来反映。

（1）以满足宾客需求的一套服务规程作衡量标准。这一套服务规程是酒店服务所应达到的规格、程序和标准，它使酒店服务工作规范化、系统化、标准化。它的内容包括整套语言、动作和技能、操作要求，它可使本来零散琐碎的服务工作规范化。具体内容有以下三点：第一，保证设施良好的运转规程；第二，保证顾客舒适的规程，即制定各种操作规程和岗位责任制；第三，保证质量服务规程，如服务态度标准化、规范化。

（2）酒店"回头客"比率。这是一个从实际出发的直接衡量酒店服务质量的重要标志。

（二）酒店服务质量是多方面、多层次劳动服务综合的结果

酒店服务是由各个不同内容（不同部门）的一次次具体的服务所构成。因此，评价酒店服务质量，不仅要看某一个部门、某一环节的服务质量，而且要看服务全过程中各部门、各环节的服务质量。酒店服务的一次次具体的服务只有一次使用性，它的生产和消费同时进行。对某一环节、某一个部门的生产和消费的具体服务来讲，不合格的服务是不能返修的，是无法补救的。但对于酒店整体服务质量来讲，却是可以补救的。如果某服务不合格、不能使宾客满足，可以在另一次、另一项服务中给予补救，以挽回影响。因此，在酒店服务质量管理中，既要十分注意顾客对每一次服务的反映，又要注意对不合格服务的补救工作，以保证酒店整体的服务质量。

（三）酒店服务质量是服务水平与技术水平相统一的结果

酒店服务质量往往表现在劳动者与消费者的直接接触之中，因而，其服务质量一方面取决于劳动者的服务技术水平，另一方面取决于劳动者的服务精神和服务态度，而且后者比前者更为重要。因此，提高酒店服务质量，不仅要不断提高服务员的技术水平，还要注意提高服务员的素质和对服务质量的认识，培养他们全心全意为宾客服务的精神，树立"宾客第一"的思想。

五、酒店服务质量的构成要素

国外营销研究人员的研究表明，酒店服务质量可以由以下五个基本要素构成。

1. 可靠性

可靠性是指可靠地、准确地履行服务承诺的能力。可靠性要求酒店在提供服务的过程中不折不扣，严格按照服务规程操作，使自己服务差错的可能性尽量小，确保客人的消费权益不受损害。可靠性是客人消费酒店产品看重的一大属性。

2. 反应性

反应性是指帮助酒店客人并迅速提供酒店各种服务的愿望及反应快慢程度。研究表明，在服务过程中，等候服务的时间长短是关系到客人的感知服务质量优劣的重要因素，让客人等待或不及时解决问题都会给质量感知带来消极的影响。因此，酒店提供各项服务时应尽可能减少客人等候的时间。服务效率始终是客人关心的问题，尤其是在"时间就是财富

和生命"的现代，服务效率的低下可能会让酒店失去已有的客人。例如，希尔顿酒店联号用"快"字作为自己的服务特色，通过"快"的高效率服务来迎合现代社会消费者，尤其是商务客人的需要。

3. 保证性

保证性是指酒店员工所具有的知识、礼节以及表达出自信与可信的能力，包括完成服务的能力、对宾客的礼貌和尊敬、与宾客有效的沟通等。酒店员工亲切友好的问候和微笑将缩短宾客与新环境之间的距离，员工高超、熟练的操作技能和非同一般的应变能力则可使宾客倍感放心和安全。为此，员工应尽可能拓宽知识领域，掌握服务过程中需运用的记忆、表达、分析、理解、公关等方面的能力和技巧，而娴熟正确的外语运用能力则能增强国外宾客对酒店服务质量的信任与安全感。

4. 移情性

移情性是指设身处地地为酒店客人着想并对他们给予充分的关注，这是酒店对于宾客的关心、体贴与尊重程度。服务人员的友好态度、对宾客无微不至的关怀，能够最大限度地满足宾客情感上的需要，反之则会让宾客感到不快与失望。从酒店是宾客的家外之家开始，酒店经营者一直倡导服务的情感色彩。

5. 有形性

有形性是指有形的设施、设备、人员和沟通材料的外在形式。这是酒店员工对宾客更细致的照顾和关心的有形表现，如床头的晚安卡、天气预报等。由于酒店产品的无形性特征，经营者常常在服务设施与酒店建筑等"硬件"上下功夫，力求给宾客以美感与关爱。

六、酒店服务质量的衡量

酒店服务质量的五个基本要素必然成为酒店服务质量的衡量标准，如表 6-1 所示。

表 6-1　酒店服务质量的衡量标准及示例

衡量标准	示　例
可靠性：为顾客提供可靠、安全的服务	简单精确，保存准确记录，按指定时间提供服务
反应性：员工愿意或乐意提供服务的程度	提供即时服务，快速回复客人的要求
保证性：员工的知识与表达信赖和信心的能力	使顾客产生安全感和信任感
移情性：对顾客的关照和个性化的关注	了解顾客的具体需求，为顾客着想
有形性：服务的有形保证	有形设备，员工外表，提供服务工具的形式

第二节　酒店质量管理方法

一、质量分析方法

质量分析是酒店质量控制与管理的基础工作。通过质量分析，找出酒店所存在的主要质量问题和引起这些质量问题的原因，使管理人员有针对性地对影响最大的质量问题采取有效的方法进行控制和管理。质量分析的方法很多，这里主要介绍两种在酒店质量分析中比较适用的方法——ABC 分析法和因果分析图法。

（一）ABC 分析法

ABC 分析法，也称 ABC 管理法或重点法，是意大利经济学家巴雷特分析社会人员和社会财富的占有关系时采用的方法。美国质量管理学家朱兰把这一方法运用于质量管理并取得了较好的效果。运用 ABC 分析法，可以找出酒店存在的主要质量问题。

ABC 分析法以"关键的是少数，次要的是多数"这一原理为基本思想，通过对影响酒店质量诸方面因素的分析，以质量问题的个数和质量问题发生的频率为两个相关的标志，进行定量分析。先计算出每个质量问题在质量问题总体中所占的比重，然后按照一定的标准把质量问题分成 A、B、C 三类，以便找出对酒店质量影响较大的 1～2 个关键性的质量问题，并把它们纳入酒店当前的质量控制与管理中，从而实现有效的质量管理。采用 ABC 分析法使质量管理既保证解决重点质量问题，又兼顾到一般质量问题。

1. ABC 分析法分析酒店质量问题的四个步骤

（1）确定关于酒店质量问题信息的收集方式，具体方式有质量调查表、客人投诉、批评意见单和各部门的检查记录等。

（2）将收集到有关质量问题的信息进行分类，类别不宜太多。对酒店服务质量的分类一般有服务态度、服务技巧、语言水平、酒店设备等，然后统计出每类质量问题出现的次数，并计算出每类质量问题在质量问题总体中所占的百分比。在分类时，对一些出现次数较少的质量问题可以归为一类。

（3）作巴雷特曲线图。巴雷特曲线图是有两条纵坐标轴的直角坐标图。横坐标轴上标出分类后的质量问题，其排列的方法从左到右按出现次数的多少为顺序，如图 6-2 中的 Q_1、Q_2、Q_3、Q_4。左边的纵坐标轴为质量问题出现的次数，右边的纵坐标轴为质量问题出现的频率（%）。然后，以每类质量问题出现的次数为纵坐标作图。最后按累计频率作巴雷特曲线进行分类。一般的划分标准为：

A 类是关键的问题，累计频率百分数范围在 0～70%。

B 类是一般性的问题，累计频率百分数范围在 70%～90%。

C 类是次要的问题，累计频率百分数范围在 90%～100%。

上述分类标准不是绝对的。ABC 类划分的范围可以根据实际情况进行一定幅度的调整。如图 6-2 中 A 类问题的累计百分数范围为 0～65%。

（4）进行分析，找出主要质量问题。根据巴雷特曲线图的划分可知，在酒店质量问题中各类问题的性质。

① A 类问题是酒店存在的主要质量问题。这类质量问题在酒店质量问题总体中占 60%～80%。由图 6-2 可知，A 类问题的个数虽然很少，仅有 Q_1 个问题，但这一类质量问题却在酒店质量问题总体中占了 65%，说明 Q_1 是关键的少数问题。如果这类质量问题得以解决，则酒店的服务质量将有大幅度的提高。因此，酒店管理人员对 A 类质量问题必须给予充分的重视，立即着手解决，并把这类质量问题作为当前质量控制与管理的对象。

② B 类质量问题属于一般的质量问题。这类质量问题占酒店质量问题总数的 15%～25%。这类质量问题尽管没有列入当前质量控制与管理对象，但管理人员也应给予足够的

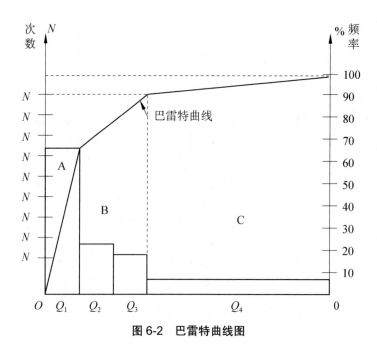

图 6-2　巴雷特曲线图

重视，以防止其产生上升的趋势。

③ C 类质量问题是次要的质量问题。虽然这类质量问题所包括问题的个数很多，但这类问题只占酒店质量问题总数的 5%～15%。这类质量问题往往带有较大的偶然性，因此，管理人员不必为此花费太多精力。

2. 用 ABC 分析法进行质量分析时应注意的问题

（1）在划分 A 类问题时，它包括的具体问题项目不宜太多，最好是一至二项，至多只能是三项，否则将失去突出重点的意义。

（2）划分问题的类别也不宜太多，对不重要的问题可设立一个其他栏，如图 6-2 中的 Q_4，即为其他栏，把不重要的质量问题都归入这一栏内。

（二）因果分析图法

用 ABC 分析法找出了酒店的主要质量问题，可是这些主要的质量问题是怎样产生的呢？对产生这些质量问题的原因有必要做进一步的分析。因果分析图法是分析质量问题产生的原因的简单而有效的方法。

1. 因果分析图的概念

因果分析图法是利用因果分析图对产生质量问题的原因进行分析的图解法。因为因果分析图形同鱼刺，因此又被称为鱼刺图。

在酒店经营过程中，影响酒店服务质量的因素是错综复杂的，并且是多方面的。因果分析图对影响质量（结果）的各种因素（原因）之间的关系进行整理分析，并且把原因与结果之间的关系用带箭线（鱼刺）表示出来，如图 6-3 所示。

2. 因果分析图法分析产生质量问题原因的步骤

（1）确定要分析的质量问题，即通过 ABC 分析法找出 A 类质量问题。

（2）发动酒店全体管理人员和员工共同分析，寻找 A 类质量问题产生的原因。各种原

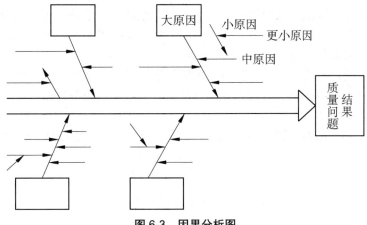

图 6-3　因果分析图

因找出以后，还需要做进一步的分析，即查明这些原因是如何形成的。在分析时，必须请有关方面的专业人员共同分析，听取不同的意见。对原因的分析应深入细分，直到对引起质量问题的各种原因能够找到相应的解决措施为止。例如，菜肴质量差这一质量问题，其产生的原因是多方面的，可能是厨师的烹调水平差，也可能是原料或者烹调设备的原因等；而造成烹调设备问题的原因可能是设备太陈旧，也可能是使用不当等。分析到最后的这些原因，必须是可采取具体的防治措施而能解决的，如设备陈旧可以更新，使用不当可以通过培训解决等。

（3）将找出的原因进行整理后，按结果与原因之间的关系画在图上，对分析寻找出的原因应进一步确定主要原因。确定主要原因可以采用加权评分法或者以原因为主分析对象采用 ABC 分析法。

对影响酒店服务质量的大致原因可以从人、方法、设备、原料、环境等角度加以考虑。

二、质量管理方法

提高酒店的服务质量和工作质量需要一套完善的质量管理方法。在现代酒店的质量管理中，通常采用以下几种方法对酒店的质量进行控制和管理。

（一）PDCA 循环法

PDCA 循环法是一种质量控制的循环方法。在酒店质量管理与控制中，对酒店的质量管理活动按照计划（Plan）、实施（Do）、检查（Check）和处理（Act）四个阶段来开展，即按照这四个阶段组成的循环来进行。

1. PDCA 循环的过程

PDCA 循环是科学的质量管理工作程序，可以分为四个阶段。

第一阶段是计划阶段。这一阶段的工作是制定质量管理目标、质量管理计划，其中目标和计划必须有明确的目的性和必要性，在目标和计划中要明确规定达到质量标准的时间和要求，以及由谁来完成、用什么方法来完成等内容。

第二阶段是实施阶段。这个阶段的工作是严格按照已制定的目标和计划，认真地将它们付诸实施。

第三阶段是检查阶段。这个阶段的工作是对实施后产生的效果进行检查，并和实施前进行对比，以确定所做的工作是否有效果，还要将实施结果与计划阶段的目标和计划进行对比，以发现在实施阶段还存在哪些问题。

第四阶段是处理阶段。在这一阶段中，要把成功的经验形成标准，并确定以后的工作按这个标准来做。对不成功的教训也要进行总结，以避免重犯类似的错误；对于尚未解决的问题，留给下一个循环来解决。

运用 PDCA 循环来解决酒店质量问题，可分成八个步骤进行，如图 6-4 所示。

图 6-4　PDCA 循环的八个步骤

（1）计划阶段。

步骤 1：对酒店服务质量或工作质量的现状进行分析，找出存在的质量问题。运用 ABC 分析法分析存在的质量问题，从中找出对酒店质量影响最大的主要问题。

步骤 2：运用因果分析法分析产生质量问题的原因。

步骤 3：从分析出的原因中找出关键的原因。

步骤 4：提出要解决的质量问题，制订解决质量问题要达到的目标和计划；提出解决质量问题的具体措施、方法以及责任者。

（2）实施阶段。

步骤 5：按已定的目标、计划和措施执行。

（3）检查阶段。

步骤 6：在步骤 5 执行以后，再运用 ABC 分析法对酒店的质量情况进行分析，并将分析结果与步骤 1 所发现的质量问题进行对比，以检查在步骤 4 中提出的提高和改进质量的各种措施和方法的实施效果。同时，要检查在完成步骤 5 的过程中是否还存在其他问题。

（4）处理阶段。

步骤 7：对已解决的质量问题提出巩固措施，并使之标准化，以防止同一问题在下次循环中再次出现，即制定或修改服务操作标准或工作标准、制定或修改检查和考核标准以及各种相关的规定与规范。对已完成的步骤 5 中未取得成效的质量问题，也要总结经验教训，提出防止这类问题再发生的建议。

步骤 8：提出步骤 1 所发现但尚未解决的其他质量问题，并将这些问题转入下一个循环中去求得解决，从而与下一个循环的步骤 1 衔接起来。

2. PDCA 循环的关键问题

（1）PDCA 循环法必须按顺序进行，四个阶段的八个步骤既不能缺少，也不能颠倒。

四个阶段的八个步骤就像个车轮一样，一边循环，一边前进（见图 6-5）。这个车轮必须依靠酒店组织的力量和全体员工的努力来推动，才能顺利地滚动前进。

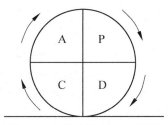

图 6-5 车轮式的 PDCA 循环

（2）PDCA 循环法必须在酒店各个部门、各个层次同时进行。酒店是个大的 PDCA 环，各个部门又有各自的 PDCA 环，各班组直至个人都应有 PDCA 环（见图 6-6）。只有这些大环套小环，并且每个环都按顺序转动前进、互相促进，才能产生作用。例如，客房部根据酒店质量计划（即酒店的 PDCA 循环的 P 阶段）制订客房部的质量计划。这样外层的 PDCA 循环是内层 PDCA 循环的依据，内层的 PDCA 循环又是外层 PDCA 循环的具体化。通过酒店、部门、班组 PDCA 循环的一环扣一环把整个酒店的质量管理有机地结合起来，各部门、各层次彼此相互推动，相互促进。

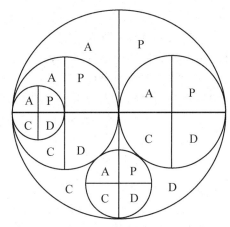

图 6-6 PDCA 循环在各部门同时进行

（3）PDCA 循环不是简单的原地循环。PDCA 循环每循环一次都要有新的、更高的目标，犹如爬楼梯一样（见图 6-7）。每循环一次必须达到既向前推进了一步，又向上升高了一层。这意味着每经过一次循环后，酒店的质量水平就有了新的提高。

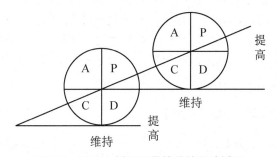

图 6-7 PDCA 循环不是简单的原地循环

全面质量管理作为一种先进的管理思想，已经贯彻到酒店服务质量管理的各个层面。在服务质量管理的具体运作中，还应注意其他一些管理方式和管理工具。

（二）专项质量管理

专项质量管理又称为项目管理。1993年，国际标准化组织提出了"项目质量管理"的建议，意在强化质量体系要素中的某一环节的管理控制，以便在局部提高服务和产品的质量。由于项目管理相对实用，更加简练，容易实施，因而得到了酒店的青睐，被广泛运用。酒店经常开展的"微笑服务月""礼貌服务周""环境卫生日"，以及星级复查的准备活动、旅游主管部门倡导的优质服务评比、专门工种技能培训等，均属于专项质量管理的范畴。

1. 专项质量管理的特点

（1）授权某一个人负全责。

（2）由某一个组织完成。

（3）在一个明确的时间内结束。

（4）有相对简练、实用的评价审核标准。

（5）有一个清楚的目标。

（6）项目完成后应有完整的质量文件材料。

2. 专项质量管理的步骤

（1）确定项目概念，即项目的质量目标、管理者的期望。

（2）进行项目的可行性分析，即评估实施该项目的条件、优势和困难。

（3）设计并确定项目实施的步骤、评价审核标准等。

（4）执行、运行。与该项目相关的组织、人员按规定的步骤完成各自的任务。

（5）总结记录，包括执行情况分析、项目最终结果、实施效果的评价和经验教训的总结。

3. 建立质量管理点

建立质量管理点可以视为专项质量管理的一种。质量管理点是指某阶段或某时期里，需要特别强化控制的关键问题、部门、岗位或人。那些问题、部门、岗位或人对于整个酒店或酒店某部门的服务质量常常是至关重要的，它们可能是宾客投诉较集中的，可能是酒店或部门最难以推动的，也可能是酒店自身最薄弱的环节。以全面的质量管理闻名全国的上海大厦，连续四次荣获上海市优胜单位称号，他们的质量控制小组异常活跃，布草质量控制小组还曾被评为全国先进，该大厦各个质量控制小组的攻坚目标就是质量管理点。

又如，常熟华联宾馆是一家三星级酒店，为了提高服务质量，推出"请宾客为酒店出谋划策提建议"专项活动，在大堂、客房、营业场所放置建议表，以一定数量的现金奖励鼓励宾客提建议。一年来，数百人提出了近千条建议，这些建议大到市场开拓、产品更新，小到员工服饰、用品摆放，而真正以获得奖励为目的而提建议的客人极少，多数客人谢绝奖励金额，申明提建议是出于对酒店的关爱。

（三）零缺点管理（Zero-Defects）

零缺点管理是美国人克罗斯比于20世纪60年代提出的一种管理观念，当时的马丁·马瑞塔公司为提高所制造导弹的质量可靠性，提出"无缺点计划"，20世纪70年代日本将其应用到电子、机械、银行等行业。在酒店中采用这种管理方法，可以促使酒店服务管理达到最佳态度，其主要做法包括以下几个方面。

（1）建立服务质量检查制度。许多酒店建立了自查、互查、专查、抽查和暗查等五级检查制度，督促员工执行质量标准，预防质量问题的出现。

（2）DIRFT（Do it Right the First Time），即每个人第一次就把事情做对。酒店服务具有不可弥补性的特点，所以，每位员工都应把每项服务做到符合质量标准，这是改善酒店服务质量的基础。

（3）开展零缺点工作日竞赛。一般来说，造成酒店服务质量问题的因素有两类，即缺乏知识和认真的服务态度。知识的缺乏可通过培训等充实；但态度的漫不经心只有通过个人觉悟才有可能改进。因此，酒店可开展零缺点工作日竞赛，使员工养成 DIRFT 的工作习惯。

（四）其他质量管理方法

在酒店质量管理中经常使用的质量管理方法还有"末日"管理、团队协作（Team Work）、水平对比法和服务质量手册方法以及统计方法。常用的数理统计方法有分层法、排列图法、因果分析法、统计分析表法、直方图法和控制图法。

第三节　全面质量管理

一、全面质量管理的含义

现代酒店的全面质量管理，是从酒店系统的角度出发，把酒店作为一个整体，从酒店服务的全方位、全过程、全人员、全方法、全效益入手，以提供最优服务为目的，以质量为管理对象，以一整套质量管理体系、技术和方法而进行的系统的管理活动。

二、全面质量管理的内容

（一）酒店全方位质量管理

酒店全方位质量管理，是指酒店内部的各个部门以及外部有关的行业，为宾客提供的各个方面服务的质量管理。酒店全方位质量管理包括酒店前台各接待部门、后台业务部门、各职能部门以及酒店外部与酒店有关的物资供应部门（如食品、酒水、能源、旅行社等）的服务质量管理，具体内容包括以下八个方面。

（1）通过利用和开发酒店现有的设备，向宾客提供高质量的食、宿、行、娱、购，以及健身、商务洽谈、会议等各方面的服务。

（2）通过市场的调研与探索，开发具有地方特色、本酒店特色，符合市场需求的产品，以满足住店顾客与当地消费者的需要，提高经济效益。

（3）通过业务部门与公关部门的广告宣传以及设施改进和服务质量的提高，塑造酒店的声誉和口碑，招徕更多的客源，增强酒店的竞争力。

（4）通过与旅行社的业务联系，扩大业务关系，保证有较高的团队入住率以及提高酒店涉外的声誉。

（5）通过与有关商品部门、工艺部门协作，提供高质量的旅游生活必需品和旅游纪念品，扩大酒店商场的服务项目，增加效益。

（6）通过与其他有关行业的联系，为宾客提供多种类的服务项目。

（7）通过专业教育和岗位培训，提高各级管理人员和服务人员的专业水平和服务水平。

（8）通过人力、物力、财力的决策计划，组织、协调与监督等管理工作，创造高质量、高效率的酒店管理水平。

（二）酒店全过程服务质量管理

酒店全过程服务质量管理，是指对酒店的各项服务从预备阶段到服务过程（阶段）、服务结束（后阶段）所采取的，具有相关性和连续性的管理。

（1）酒店服务预备阶段的质量管理，主要是指酒店在直接接待宾客前各种准备服务工作的质量管理。它包括客房的预订，餐厅酒水、菜肴原料的采购、储藏，商场商品的采购供应等方面的质量管理工作。既要多招徕顾客，又要创造条件接待好顾客，这就是酒店服务准备阶段质量管理的关键所在。

（2）酒店服务阶段的质量管理，主要是指在直接接待宾客过程中的各项工作的质量管理。它包括总台的入住登记、房间分配、行李提送、房间清洁、洗衣服务，餐厅的迎宾、上菜斟酒，以及美容、购物等服务质量的管理。

（3）酒店服务后阶段的质量管理，主要是指通过顾客意见卡、留言簿、投诉信、座谈会以及其他各种方式所征集到的客人住店后的意见和反映，掌握客房服务、餐厅服务、康乐服务、购物服务等各项酒店服务的反映信息，分析研究提高酒店服务质量的方法与手段，以便在未来的服务质量计划中提高标准。

（三）酒店服务全人员质量管理

酒店服务全人员质量管理，主要是指各级管理人员、决策人员、操作人员、服务人员等各层次人员的人才素质管理和质量管理，它贯穿于酒店各层次人员执行酒店质量计划、完成质量目标的过程之中。因此，要把全酒店及各个部门各自的质量计划、目标落实到每个员工、每个岗位，使酒店上下各层次人员对质量计划、目标有统一的认识并认真执行。而酒店各部门的质量计划和质量目标，则是通过各部门的服务质量标准来衡量的，部门不同、岗位不同，所要求的服务质量标准也就不同。

（四）酒店服务全方法质量管理

酒店服务的全方法质量管理，主要是指采用多样性和全面性的管理方法，以达到服务高质量的目的。

酒店服务质量管理的方法包括行政方法、经济方法、法律方法、科学方法（计算机、电子秤等）、思想教育方法以及定性定量的分析方法、数理统计方法等。酒店服务的全方法质量管理是多种多样管理方法的有机结合，是在有机统一的前提下，根据服务质量问题产生的原因有选择性、有针对性的管理。

（五）酒店服务全效益质量管理

酒店服务全效益质量管理，主要是指酒店服务既要讲究经济效益，又要讲究社会效益，并尽可能地把两者结合起来，以提高服务质量。这种管理的目的在于创造更大的经济效益，使酒店在市场竞争中永远立于不败之地。酒店服务在创造经济效益的同时，也要创造社会效益。尽管有时可能获利较少，但好的社会效益却可以为酒店带来声誉、创造口碑。例如，酒店协助街道工会举办"青年婚事新办茶话会"，帮助教育部门筹办"留学生圣诞晚会"等，获利较少，但却有好的社会效益。

酒店的全面质量管理是科学的现代质量管理，它运用科学的质量管理思想和方法，把质量管理的重点放在"以防为主"上，将质量管理由传统的事后检查服务质量的结果，转变为控制服务质量问题产生的因素，通过对质量的检查和管理，找出改进服务的方法和途径，从而提高服务质量。

三、酒店全面质量管理的基础工作

酒店全面质量管理内容的实现依赖于全面质量管理的基础工作。现代酒店就是通过一系列基础工作的操作与实施而达到酒店的全面质量管理。酒店全面质量管理基础工作的内容主要包括以下几个方面。

1. 标准化

标准化是指酒店在向客人提供各种具体服务时所必须达到的一定准绳和尺度。在酒店接待服务过程中，客人总是希望能得到尽可能多的和好的服务，而酒店考虑到成本和效益，又不可能无条件地满足客人的一切要求；同时，服务人员的劳动也需要有一个客观的依据和标准，这就需要实行标准化管理。标准化的建立既为客人提供了一个衡量酒店所提供的服务是否符合价值规律的客观依据，又为服务人员的劳动和酒店服务质量检查提供了一个尺度。实行标准化要求酒店的设备配置、产品质量、服务水平和酒店的等级规格必须相一致。

（1）制定酒店质量标准的客观依据主要有三个方面。

第一，设施、设备的质量标准必须和酒店的等级规格相适应。等级规格越高，设施越完善，服务项目越多，设备越豪华、舒适。这种质量标准要有不同的层次，层次越多，差别越明显，质价才能接近、吻合。如果酒店的经营条件和等级规格发生了变化，设施、设备和质量也应随之变化，如酒店改造后质量标准的变化。

第二，产品质量标准必须和价值量相吻合，体现质价相符的要求。它包括物资用品的消耗价值和人的服务价值两部分。由于它关系到宾客的利益和酒店的经济效益，因此必须定得准确、合理。标准过高，酒店要亏本；标准过低，客人不满意，影响酒店声誉，两者都违反等价交换的原则。

第三，服务操作质量标准必须以"宾客至上，服务第一"为基本出发点。服务是以活劳动支出为主，体现在服务态度、服务技巧、礼节礼貌、清洁卫生等各个方面，其质量高低主要取决于客人的心理反应。

（2）制定酒店的服务质量标准是一项非常复杂的工作。

由于产品种类多，各种服务操作的具体方式不同，标准也不一样。一般来说，酒店服务质量标准的内容大致包括八大类。

第一类，设施、设备质量标准。根据酒店等级规格规定设施和设备的数量、质量，包括前台服务设施和后勤保障设施等。在经营过程中，重点考核设施和设备的舒适程度、完好程度、损坏程度。

第二类，产品质量标准。以饮食产品为主，根据饮食产品的花色品种和成本消耗，规定生产工艺流程、烹饪技术要求，保证色、香、味、形俱佳，满足客人需求。

第三类，服务标准。根据住店客人的活动规律，规定从客人进店到离店过程中提供各项服务的具体要求、程序、操作规程。

第四类，安全卫生标准。安全卫生是服务质量高低的重要体现。安全包括客人的人身安全、财产安全、隐私安全和住店过程中的安全感，酒店要通过制定操作规程、劳动纪律等来保证客人的安全。卫生包括客房卫生、食品卫生、餐厅卫生、环境卫生等各个方面，要根据各部门、各环节的具体情况制定卫生标准，标准内容要具体、准确，便于检查。

第五类，服务操作标准。酒店服务质量的高低都是由服务人员的具体劳动创造的。因此，酒店要根据各部门、各环节、各岗位的具体劳动特点规定服务人员的操作规程，这些操作规程的制定为服务人员的劳动提出了具体的要求，也为提高服务质量提供了基本条件。同时，也为检查服务质量和服务人员的具体劳动提供了客观依据。

第六类，礼节仪容标准。礼节仪容贯穿在服务过程的始终。因此，要对酒店职工实际运用的礼节礼貌、着装、仪表、仪容等做出规定，创造良好的服务气氛，给客人以舒适、大方、朴素、美观的感受。

第七类，语言动作标准。要规定服务人员必须掌握的礼貌用语、语音语调、面部表情和坐立行走的姿势、动作、风度等，这也是服务质量标准的重要内容。

第八类，工作效率标准。提高服务工作效率是客人的基本需要。因此，提高服务质量要有时间观念，要规定各种服务劳动的完成时间，提高工作效率。

2. 程序化

程序化是指接待服务工作的先后次序，它以标准化为基础，通过服务程序使酒店的各项服务工作有条不紊地进行。

酒店的全面质量管理是一种系统管理，作为一个系统，它由许多因素组成。这些因素之间的纵向联系和横向关系，都有其内在的规律性，先做哪个工序后做哪个工序更符合消费者的心理，合乎事物规律，这就有个优选排列。程序化就是以标准化为基础，把这个优选排列找出来并使之固定化，成为接待服务工作的程序，从而为提高服务质量提供客观准则。

制定酒店的接待服务程序，必须做到以下几点。

（1）要研究服务工作的客观进程，即在制定质量标准的同时，分析各项动作的先后次序，使之形成一个整体。

（2）要考虑酒店的人力、物力、财力诸因素，尽量扬长避短，发挥酒店特长。

（3）要分析客人的风俗习惯和生活需求，根据接待对象和服务项目不同来制定不同的程序。例如，西餐服务的上菜程序和中餐不同，零点餐厅和宴会厅的服务程序不同等。

（4）程序化是标准化而不是公式化，因此，要有相对灵活性。因为酒店服务是以手工操作为主，面对面服务，随时可能出现意想不到的问题。因此，在实行程序化管理的过程中，要提倡与实际结合，根据需要予以变通而有一定的灵活性。

（5）各项服务工作程序的制定与执行，要有一个过程。要以客人感到舒适、方便为优选原则，而不能仅从服务人员自己的轻松、方便出发。因此，制定程序要经过试行、逐步修改、逐步完善的过程，要做到科学合理，才能有利于提高服务质量。

（6）制定服务程序必须结合各项服务工作的具体特点，在标准化的基础上，采取因时、因地、因服务项目制宜的原则。

3. 制度化

制度化是指酒店要用规章制度的形式把酒店内部服务质量的一系列标准和程序固定下来，使之成为质量管理的重要组成部分。

制度化作为全面质量管理的基础工作，是确保标准化和程序化得到贯彻执行、达到服务质量目标的制度保证。例如，酒店在旅游旺季时，当设施利用率超过了一定限度时，服务工作量势必大量增加，如果没有制度保证，服务人员就可能偷工减料、马虎从事、降低质量标准。相反，在标准化与程序化的基础上，有了严格的制度，就必须按制度和标准办事，切实提高服务质量。因此，制度化使酒店的服务质量管理有了规矩和依据，使职工有一个相对稳定的权威性约束，这就为服务质量管理提供了保证，有利于贯彻预防为主的方针。

酒店服务质量管理的制度主要分为两大类：一是直接为客人服务的各项规章制度，如进入客房制度、饮食产品检验制度等。这些制度全面而具体地规定了各项服务工作必须遵循的准则，要求全体服务人员共同执行。这些制度应责任明确，分工清楚，便于贯彻执行和考核检查。二是间接为客人服务的各项规章制度，如店容店规、奖罚制度、交接班制度、工作记录制度、质量统计分析制度等。这类规章制度是用以维护劳动纪律、保证直接为客人服务的制度的贯彻执行而制定的，要求全体员工共同遵守。

4. 原始记录

全面服务质量管理要求用数据说话。酒店的服务质量管理效果如何，有哪些经验，有哪些问题，客人的意见、要求如何，各种服务质量存在问题的比重如何等，都要靠原始记录来反映。因此，原始记录同样是酒店全面质量管理的基础工作的重要组成部分。

酒店质量管理的原始记录要根据各部门、各环节接待服务工作的需要来制定其记录表格，以便随时收集、了解服务质量管理的情况，发现管理中存在的主要问题和倾向。酒店服务质量原始记录的内容一般包括四个方面。

（1）服务人员的工作记录。这种记录是和服务人员的全部工作相联系的，重点是劳动数量、质量，其中有关服务质量的记录包括客人意见、设备损坏、特别事故、表扬意见等。

（2）服务质量检查记录。这种记录是和管理人员的工作记录结合在一起的。如客房、餐厅、商场等各部门管理人员的卫生检查、设备检查、安全检查等，在检查的同时，管理人员所记录的服务质量管理中的成绩、问题的意见，就构成服务质量检查记录的重要内容，如客房卫生的优秀率、合格率、返工率、设备事故次数等。

（3）投诉处理记录。投诉主要反映客人对服务质量的意见和要求。管理人员在处理客人投诉过程中，将存在的问题及其发生的地点、时间、情节等记录下来，就构成服务质量管理的原始记录的重要内容。

（4）客人调查记录。这种记录是根据服务质量管理的需要，通过市场调查和住店客人调查，收集客人对服务质量管理的各种意见和评价，以便掌握事物发展趋势，并采取相应措施。

5. 统计工作

统计工作是原始记录的必然结果。只有记录，没有统计，各种原始记录的数据就无法集中，也无法进行具体分析，全面质量管理用数据说话的要求就无法兑现。因此，统计工作也是服务质量管理的基础工作的重要组成部分。

统计工作的具体内容主要包括两个方面：一是服务质量管理中的优点和成绩，如客人的表扬信件、表扬内容所涉及的质量工作等；二是服务质量管理中存在的问题，如设备问题、服务态度问题、礼节礼貌问题等。在实际工作中，统计必须分组，根据不同类型或部门进行统计，通过样组分析，才能发现服务质量管理工作中的成绩或问题具体出在哪个环节，从而有针对性地采取措施，提高服务质量。在现代酒店全面质量管理中，原始记录与统计工作均可通过计算机进行处理。

第四节　酒店交互服务质量管理

酒店服务的生产和消费具有同时性，顾客消费时要参与服务的生产，并与酒店发生多层次、多方面的交互作用。交互服务过程的好坏直接影响顾客对服务的评价，决定着服务质量的高低。

一、酒店交互服务质量管理的内涵

（一）交互服务过程

过程性是服务最为核心和基本的特性。服务是一种过程，服务的生产与消费的同时性，决定了服务的完成需要顾客的共同参与。顾客在酒店所进行的消费，其核心价值是在消费过程中创造的，顾客直接参与服务的生产过程，顾客是消费者也是生产合作者。顾客要与酒店发生多层次、多方面的交互作用。萧斯克（Shostack，1985 年）使用了"服务交互"（Service Interaction）概念，用来指更广泛的"顾客与服务酒店的直接交互"，既包括顾客与服务人员的交互，也包括顾客与设备和其他有形物的交互。

服务交互过程对于顾客、服务人员和酒店都具有极其重要的意义。对于一线服务人员而言，与顾客的交互是他们工作的重要组成部分。对于顾客来说，交互过程是他们消费服务和满足服务需求的时刻，服务交互质量影响他们未来的购买决策。对于酒店来说，服务交互过程无疑具有重要的战略意义，"与顾客简短的交互过程是决定顾客对服务总体评价最重要的因素"，是酒店吸引顾客、展示服务能力和获得竞争优势的时机。

（二）交互服务质量

顾客在酒店里得到的服务由两个部分组成：一是作为过程的服务；二是作为过程结果或产出的服务。产出的服务指的是服务的最终结果，是顾客购买服务的基本目的。例如，入住酒店的"产出"是住宿、饮食。顾客在获得这一产出的过程中，其感知的不仅是产品，而且也包括服务过程。格罗斯将服务质量划分为两个方面：一是与服务产出有关的技术质量（Technical Quality）；二是与服务过程有关的功能质量（Functional Quality）。前者说明是什么（What），后者反映如何（How）。服务质量是由产出质量和交互质量综合作用的结果。酒店所提供的产品存在着较大的同质性，而且很容易被模仿，为了在竞争中取胜，酒店必须以提高服务过程质量来获得差异性。因此，管理好交互服务质量，对于酒店提高市场竞争力具有十分重要的作用。

（三）酒店交互服务质量管理

酒店交互服务质量管理是指酒店为提高交互服务质量而采取的加强交互过程的控制、服务人员的培训，并创造顾客参与环境等管理活动。

二、酒店交互服务质量管理的基本内容

顾客对于酒店服务质量评价的高低取决于顾客对服务产出和服务交互过程的综合评价。交互服务是由顾客、酒店和服务人员共同参与完成的，这就增加了交互服务质量的不稳定性，以及交互服务质量的管理难度，需要酒店做好以下几方面的工作。

（一）服务供求管理

良好的服务质量首先需要有一个良好的服务环境。服务与工业产品或农产品存在着更为明显的服务供求关系矛盾，这主要是由于服务"不存在库存"的特性。这种特性来自酒店服务的"运送的不可能性"和"生产时间的模式是由需求时间的模式所决定"的性质。酒店存在着明显的淡旺季，时常出现需求过剩或供给过剩的现象。在服务需求高峰期间，顾客蜂拥而至，酒店时常出现超额预订、员工超负荷劳动、设备超负荷运转的情况，这在很大程度上影响了酒店的服务质量。而在淡季，酒店则易出现设施设备、人员闲置的状况，这使酒店面临较大的损失。

酒店应对供求进行合理调节，加强管理，从而为员工创造良好的服务环境。酒店应分析市场需求，了解和掌握市场信息，如预测市场规模以及可能出现哪些问题，做好旺季的应对工作，合理调配酒店资源，特别是人力资源。在需求旺盛时，可采用适当增加临时工作为酒店的人力资源储备，避免员工因超负荷劳动而降低服务质量的情况发生。而在需求不足时，则可通过价格策略、促销策略等手段来刺激顾客消费，避免酒店设施设备的闲置，从而增加酒店收入。

（二）员工授权管理

从本质上讲，交互服务过程是由顾客与一线服务人员共同完成的，管理部门不能干预、敦促、控制和检查每一次现场"表演"，而只能居于"幕后"指导。服务人员在提供服务时处于核心位置。他们同顾客一起，通过交互作用，扮演了服务的"明星"角色。为了提高一线员工"现场服务"的技能，管理人员就应该对其进行培训，让他们意识到优质服务的重要性，使他们在无论有无监督的情况下都会尽心尽力地去为顾客服务。一线服务人员在交互服务质量上是起决定作用的。

如何才能使员工在无人监督的情况下能够提供优质的服务，保证顾客满意呢？这就要求酒店进行适当的授权，赋予员工快速解决问题的权力。授权有利于增强员工的成就感和自豪感，提高满意度，只有满意的员工，才能创造满意的顾客；授权能够发挥员工的积极

性和主动性，以更大的热情投入顾客的服务中；授权能够使顾客的需求得到更快速、及时的满足。由于交互服务的过程十分短暂，因此要想在短暂的瞬间满足顾客需要，员工就必须有一定的权力，在"现场式"服务界面中没有时间进行协商。为了向员工们授权以使他们拥有工作权限，喜欢他们的工作并提供成功的服务，管理者需要从"对其实施权力"的思想向"授权给"他们的管理理念转变。

授权不仅意味着权力的重新分配，成功的授权需要提供给员工必要的信息，使员工具备更好地为顾客服务的知识和能力，即处理好"鱼"和"渔"的关系，否则授权就等于一句空话；同时授权还应与奖励结合起来，出色的员工应获得更高的薪酬。当然，授权绝不是完全放手，管理人员还应当采取适当的控制措施，避免员工放任自流、缺少约束。

（三）现场督导管理

交互服务是在"现场"完成的，因此现场督导和监控十分重要。服务的过程完全暴露在顾客面前，成为顾客评价酒店服务质量高低的重要组成部分，交互过程的任何差错都可能给顾客留下不好的印象。同时，顾客直接参与服务合作，他们也认识到酒店服务项目的多样性以及服务过程的复杂性，要求其投入较多的时间，因此酒店需要加强现场督导和监控，从而使交互过程顺利进行。一些酒店尽管对员工进行了授权，但这种权力是十分有限的，同时这也与员工的能力关系密切，当员工得到较好的指导与培训时，他们处理顾客关系的能力就相对较强。

（四）服务补救管理

酒店必须尽量地提高服务质量，为顾客提供无差错服务。然而，即使是最优秀的服务人员，在服务工作中也难免会发生差错。酒店服务质量问题存在的必然性主要是由以下因素决定的。

首先，酒店服务生产与消费同时进行，增加了酒店服务质量的控制难度。因为一线员工直接与顾客打交道，可能会产生许多无法控制的因素。例如，新上岗的员工，由于缺乏服务技能，又没有老员工或者管理者在现场指导，面对客人的责问，他也许不能应变自如，从而引起客人的不满，导致服务质量下降。

其次，员工素质的差异造成服务质量的不稳定。酒店员工的服务态度、服务技能存在明显的差异性，不同员工的服务质量水平是不一致的。员工的素质可分为服务技能型、服务意识型、服务意识与服务技能结合型等。员工的素质不同，导致服务质量水平也存在较大的差别。

最后，部门岗位协调性的好坏也影响服务质量。顾客在酒店所获得的服务是一个综合的概念，它由不同岗位共同配合完成。据资料显示，顾客投诉的大部分原因是由于部门之间的协调能力差，因此，部门之间若缺乏沟通和协作精神，将大大影响酒店的服务质量水平。因此，服务质量水平因部门岗位的协调性而呈现出不同的特点。

以上因素决定了酒店服务质量问题存在的必然性，要求酒店采取一系列补救性措施，纠正差错，平息顾客的不满。

根据社会心理学家的研究，在日常的服务过程中，当顾客的经历完全符合他们的期望时，顾客通常会处于无意识状态。当差错服务发生时，顾客则从无意识状态中清醒过来，开始注意服务工作状况，仔细观察酒店如何纠正差错。酒店及时采取补救性服务措施，可向顾客表明酒店高度重视服务质量和顾客的满意程度。

当出现顾客对酒店服务不满或是向酒店投诉时，一线员工和管理人员应高度重视，采取补救服务措施，平息顾客的不满。

（1）分析服务差错产生的原因。酒店服务差错产生的原因有许多种，如设施设备造成的原因、员工服务态度和服务技能造成的原因、部门之间的协调造成的原因等，管理人员可通过分析顾客意见书、顾客投诉记录等来了解，同时应加强同员工之间的沟通（因为员工直接与顾客接触，他们最知道顾客在哪些方面感到不满意），进而采取有针对性的补救性服务。

（2）有效地解决服务质量问题。在分析服务差错产生的原因之后，最重要的是如何采取有效的补救性服务来解决这些服务质量问题。

① 加强员工的培训。采取服务补救措施时，员工面对的是不满意甚至是愤怒的顾客，因此，应加强对员工的培训，提高员工现场处理和解决问题的能力。

加强员工服务态度和服务技能的培训。教导员工认真聆听顾客的意见，站在顾客的角度为他们考虑，真诚地承认服务过程中出现的差错，以获得顾客的谅解，此外，向顾客分析差错产生的原因，估计进行服务补救所需要的时间，提出合理的解决方案。

及时、有效的服务补救措施能够大大减轻服务补救的工作量，而快速、有效的应对措施要求员工提高应变能力，因此管理人员应加强员工应变能力方面的培训，鼓励员工采用富有创造性的服务补救方案来解决问题。

② 赋予员工一定的决策权。服务是由员工在一线为顾客提供的，因此当出现差错时，最先面对的是服务人员本身。因此，作为管理人员应适当向员工授权，使员工掌握一定的权力，如赋予员工一定的赔偿额权力、决策权力，从而提高服务补救的效率。

（3）总结经验，进一步提高服务质量。补救性服务不仅可增强酒店与顾客之间的合作关系，而且可为酒店提高服务质量提供极为重要的信息。管理人员应充分利用这些信息，总结经验，进一步加强服务质量管理工作。

① 找出服务差错产生的根本原因。服务差错通常表明服务体系中存在严重的缺陷。每次服务差错发生之后，管理人员都应尽力找出差错产生的根本原因，解决服务体系中存在的问题，而不能就事论事地纠正具体的差错。

② 改进服务过程检查工作。酒店应系统地记录、分析各种服务差错，以便管理人员发现服务过程质量检查工作中的不足之处，从而采取必要的措施，改进服务质量检查工作。对经常出现差错的服务工作，管理人员更应加强服务质量检查工作。服务过程质量检查和差错原因分析是两项密切联系的工作。改进服务过程质量检查工作，有助于管理人员发现经常性差错产生的根本原因；分析差错产生的根本原因，可使管理人员发现从前忽视了的服务薄弱环节。

③ 制定服务差错记录制度。酒店应采用高新科技成果，使用电子计算机直接存储信息体系，记录顾客投诉的各种服务质量问题。服务人员可直接检查有关信息，如投诉者从前经历过的服务质量问题，就能更好地做好补救性服务工作。管理人员则可以根据服务质量问题的类别和发生的频率，研究具体的改进措施，提高服务的可靠性。

（五）人际交往管理

交互服务是由服务人员和顾客共同参与完成的，这就决定了一线员工与顾客之间的交往十分频繁。因此，正确处理好一线人员与顾客之间的关系具有十分重要的作用。服务人员不仅要具有较强的服务意识，还应该有丰富的服务技能，能够处理好与顾客接触过程中所出现的各种问题。特别是在出现顾客不满的情况时，应懂得随机应变，正确把握住顾客的心态，从而采取有针对性的措施来解决。与员工交往的顾客具有不同的类型，他们当中有冲动型、理智型、温和型和易怒型等，作为员工应研究顾客心态，用不同的方法来对待不同的顾客，但最重要的是要"以诚相待"，坚持"宾客至上"的原则，以自己的行为来使顾客认同酒店的文化和价值观，并对顾客进行正确的引导。

第五节　酒店服务质量评价体系

一、酒店服务质量评价的内容与范围

酒店服务质量评价的内容与范围主要包括酒店服务质量的内容、酒店服务的过程、酒店服务的结构、酒店服务的结果和酒店服务质量的影响五个方面。

1. 酒店服务质量的内容

酒店服务质量的内容是酒店服务质量评价的核心内容。服务质量的硬件组成部分因酒店实际情况和客人需求有所差异，但也有现实客观的衡量标准。而服务质量的软件组成部分则因依赖于服务提供者的个体差异和接受方的主观体验，很难有客观量化的衡量标准。因此，酒店服务质量的内容关键在于考察酒店服务是否遵循了标准程序，如服务员在整理床铺时是否按照一套公认的方法进行。对于酒店各项服务而言，其服务质量标准是早已制定好的，并希望每一位服务人员都能遵守这些既定规则。服务质量标准作为酒店质量管理体系中的前提，为酒店服务质量评价提供了依据，并将通过评价来确保其执行。

2. 酒店服务的过程

酒店服务过程的评价主要考察酒店服务中的各环节顺序是否科学、合理，是否保持服务活动的逻辑顺序和对服务资源的协调利用。以服务员打扫房间为例，服务员是应该先打扫走客房、住客房还是维修房？酒店服务工作的各项作业流程如何？通过对酒店服务过程、作业流程的规定与评价，可以发现并改正服务工作中的协调性与行动顺序上的问题，并不断改善服务质量。

3. 酒店服务的结构

酒店服务的结构主要评价酒店为客人提供服务的酒店组织构成以及酒店服务本身的结构。对酒店服务而言，主要是指有形设施和组织设计上是否充足。有形设施只是酒店服务结构的一部分，人员资格和组织设计也是重要的质量因素。以餐饮部各班组为服务的活动单位为例，卫生、清洁、高档的餐具可以提高餐饮服务的质量，更重要的是，在各班组中开展评比与竞争，将激励机制引入其中，使每一位服务人员都产生工作的压力，才有利于保证与提高餐饮的服务质量。

4. 酒店服务的结果

酒店服务的结果是酒店服务质量评价的重要内容之一。酒店服务的结果不仅是客人评价酒店服务质量的重要方面，也是酒店进行服务质量管理的主要内容。酒店服务质量评价所考察的酒店服务结果包括"酒店服务会导致哪些状况的改变""顾客满意吗"等涉及酒店服务最终结果的问题。例如，餐桌上那些要求顾客评价服务质量的卡片，是反映质量结果的有效指标之一。顾客抱怨水平的上升一定说明服务质量的不可接受。通过对服务结果的某些指标（如投诉率）的分析可以评判酒店服务质量的好坏。

5. 酒店服务质量的影响

酒店服务质量的影响是酒店服务结果的后续，是酒店服务结果的延伸，也是酒店服务质量评价的重要范围。酒店服务质量评价从两个方面考察酒店服务质量的影响。一方面是酒店服务对客人的影响，这是酒店服务最直接、最重要的影响。例如，通过客人的回头率可衡量酒店服务质量的优劣。另一方面是对酒店服务易获性及其对酒店社区公众的影响。一家提供优质服务的酒店必然会在本社区中形成良好的公众形象，也会积极参与社区活动，能得到社区的认可与好评，并通过社区的宣传与口碑，吸引更多的顾客。

二、酒店服务质量评价的准则

（一）可操作性

服务质量评价的可操作性与服务质量标准的可操作性密不可分。酒店不仅应该定性地规定酒店各工种岗位的人员素质要求和岗位职责，还应将质量管理中的各标准加以定量化和程序化。例如，规定电话铃响三声必须接听，客房用餐服务必须在接到客人订餐要求后15 分钟内送达等。服务标准的直观化和可操作性使服务质量评价有了依据，并可按照标准进行可操作的服务质量评价。

（二）系统性

酒店服务质量评价应是一个完整的系统，既要有作为服务对象的顾客评价，也要有提供服务的服务者进行的自我评价，还要有既不是服务对象也不是服务提供者，即不存在"利益"驱动的第三方评价。只有完整、系统的评价体系，才能保证评价结果的正确。

（三）市场导向性

酒店服务质量评价应该随着酒店服务的变化而变化。各酒店在建立服务标准时，应坚持方便客人的宗旨，在实际做法上强调从客人的需要出发，改进不合理的标准和程序。教育员工树立客人第一的市场导向观念，以标准服务客人，由此，服务质量的评价工作也应坚持顾客第一的市场导向，不断调整评价依据，并以顾客满意为最终的评价结果。

（四）国际性

作为酒店质量管理的重要组成部分，应逐步完善酒店服务质量评价工作的体系，注重与国际先进水平接轨。例如，南京金陵酒店鉴于国际酒店业日趋注重宾客反馈意见的趋势，便不断强化这方面的工作，将征求意见的范围从主要服务领域扩大到酒店各个营业点和服务环节，并完善了问卷的设计；他们还改进了统计宾客满意率的做法，变计算相对数为统计绝对满意的意见数量，以此作为提高满意程度的自我激励因素。

三、酒店服务质量的评价主体

酒店服务质量的评价主体包括顾客方、酒店方和第三方三个方面。

（一）顾客方

1. 顾客作为评价主体的依据

（1）顾客是酒店服务的接受者。顾客是酒店服务的对象，满足顾客的需求是酒店的"天职"，酒店内部的一切，包括各种设施设备、装潢摆设、典雅氛围以及训练有素的员工，都是为了宾客而设置的。因此，由服务的接受者来评价服务提供者的工作与质量是最直接、最有效的。

（2）顾客是酒店服务的购买者。作为酒店服务的购买者，顾客在酒店进行各种消费的同时，让酒店获得了经济效益。从这一角度看，顾客是酒店服务产品的最关键评判者。顾客对酒店服务质量的评价反映出顾客对酒店的满意度与忠诚度。服务质量好的评价促使顾客不但能多次光临酒店，还能带亲戚、朋友一同光临。

（3）顾客是酒店管理决策层的"成员"之一。顾客对酒店服务质量的评价是酒店管理者做决策时的重要依据。酒店的经营管理是紧紧围绕如何满足宾客需求而进行的，对宾客服务质量评价的分析与解剖是管理者发现问题，找到宾客期望的服务与宾客感知到的服务之间的差距，促使管理者加强对"真实瞬间"的管理，也是弥补宾客与酒店在接触过程中的不足之处的依据。因此，顾客对酒店服务质量的评价在酒店管理中起着十分重要的作用，是酒店管理决策的重要依据之一。

（4）顾客是酒店发展的推动力。顾客对酒店服务质量的评价是建立酒店良好口碑的关键。当酒店的服务达到或超过客人的期望时，酒店就会获得顾客的优良评价，同时就会形成良好的口碑，有利于在公众面前树立良好的酒店形象，并建立酒店独特的品牌，提高酒店的竞争力，从而推动酒店的发展。

2. 顾客评价的影响因素

酒店服务质量最终是由顾客的满意程度来体现，而酒店与顾客之间的互动关系直接决定了顾客的满意度。影响顾客满意度的因素归纳起来有以下三项：顾客预期的服务质量、顾客经历的服务质量和顾客的感知价值。

（1）顾客预期的服务质量。它是指顾客以以往酒店消费的经验，加上酒店各种渠道的宣传（服务品牌、广告、口碑）以及顾客自身的心理偏好所形成的对未来酒店服务的预期。具体而言，顾客预期的服务质量受以下四方面的影响。

① 酒店的市场营销。酒店可利用各种市场渠道进行产品宣传，但片面、夸大其词的宣传会使顾客形成较高的期望，若实际体验的服务质量不能与其相符，则顾客感知的服务质量就会很低。因此，酒店要严格控制市场沟通的准确性，使其与提供的服务质量相吻合。

② 酒店的品牌形象。酒店在长期的经营过程中，会逐渐树立起自己的形象，这对顾客评价服务质量有重要的影响，良好的酒店形象会使顾客较容易接受酒店的各种宣传，对酒店在服务过程中的失误也更为宽容。反之，市场形象差的酒店，顾客对其的要求也会较为苛刻。另一方面，市场形象好的酒店，顾客会对其服务产生较高的期望，若他们不能保持高质量的服务，形象就会逐渐受损。

③ 其他顾客的口碑宣传。顾客在线点评和体验分享逐渐成为了酒店网络口碑的重要组成部分，正面点评与负面点评对酒店的预定量会产生截然不同的影响。另外，一些有过类似经历的顾客向亲朋好友或其他人进行正面或反面的宣传，这是酒店难以控制的因素。需要注意的是，有的顾客由于受到特别的优待或对服务非常满意，他们往往会夸大宣传，这在无形当中会增加其他人对服务较高的期望，从而影响顾客感知的服务质量。

④ 顾客自身的状况。顾客形成服务期望与自身的状况有很大的关系。首先是顾客过去的经历会影响服务期望。例如，高级商务客人由于经常出入高档次的场合，他们对服务质量的期望会较高。其次是顾客的心理偏好。这是一个比较复杂的问题，与顾客的成长环境和遗传因素有关，在期望形成的过程中会自觉地起作用。最后是顾客的需求，不同的需求会有不同的期望，需求强度越大，期望值也会越高。

（2）顾客经历的服务质量。顾客经历的服务质量是由其实际经历的消费过程决定的，评价自身所经历的服务质量往往较主观。一般而言，顾客经历的服务质量受到酒店服务标准化及个性化程度的影响。

① 服务的标准化程度。酒店提供标准化、程序化、规范化服务的可靠程度，是提供优质服务的基础。研究表明，提供标准化服务可以消除顾客的不满，但不能带来顾客的满意。因此，仅提供优质的标准化服务并不能使顾客真正满意。

② 服务的个性化程度。它指酒店针对顾客不同的选择、不同的需求、不同的偏好，提供有针对性的个性化服务的程度。例如，丽思卡尔顿酒店安装了一个可记录客户爱好和需求并自动把信息传递到世界各地的知识系统，可以针对客人的不同偏好，提供有特色的个性化服务。

（3）顾客的感知价值。顾客的感知价值是指顾客所感受到的价值相对于自己所付出的货币价格的服务质量。价格的概念使不同价位、不同酒店的服务质量之间具有了可比性。在一定条件下，顾客感知的价值越高，其满意度也就越高。酒店有必要深入研究自身的价值链以及顾客的价值链，用服务创新来提高顾客的满意度。

除了上面介绍的三个影响因素外，影响顾客对服务质量衡量的因素还有：①吸引力因素。如果某项服务的吸引力很大，魅力十足，宾客就会感到满意；虽然有时该项服务的质量不一定很好，但宾客也能接受，而且不会表示不满。②理所当然因素。宾客主观上认为该项服务必须存在，如果提供的现实服务确实存在，也就是与宾客期望相符，宾客就会迅速认可，并进一步强化了原来的"必须存在"的主观认识；如果不存在或提供的服务不完整，宾客可能会立即表示不满或感到不满，从而对服务的评价大打折扣。③无关系因素。无论该部分服务情形如何，都不会创造满意或引起不满。在宾客看来，这些因素是可有可无的。④逆反因素。酒店服务人员的服务热情过高、态度太好，反而会引起宾客的不满和戒心；反之，则有更好的效果。无干扰服务的理论依据即在于此。⑤求全因素。酒店服务人员的服务过程完整、无瑕则满意，服务不完整、有缺陷则不满。

3. 顾客评价的形式

（1）顾客意见调查表。顾客意见调查表是被酒店广泛采用的一种顾客评价的方式。其具体做法是将设计好的有关酒店服务质量具体问题的意见征求表放置于客房内或其他易于被客人取到的营业场所，由客人自行填写并投入酒店设置的意见收集箱内或交至大堂副理处。此种调查方式的好处在于：评价完全由顾客自愿进行；评价范围广泛，几乎所有的客人皆可容易地参与评价。这种评价方式因在没有酒店工作人员在场干预的情况下进行，因此评价的客观性比较强。

当前，国际上许多酒店开始利用因特网和其他一些在线服务进行顾客意见的调查，并取得了较好的效果。酒店将需要顾客评价的内容发布在网上，顾客只要轻点鼠标并按确定就可以立即将评价结果传输给酒店。这种方式不仅保证了顾客评价信息的快速与及时性，也大大降低了酒店为取得顾客评价而耗费的成本。

（2）电话访问。电话访问可以单独使用，也可以结合销售电话同时使用。电话访问可以根据设计好的问题而进行，也可以没有固定问题，因此自由度与随意性比较大，如酒店总经理或公关部经理打给老顾客的拜访电话。

（3）现场访问。现场访问又称为突击访问，其做法是抓住与顾客会面的短暂机会尽可能多地获取顾客对本酒店服务的看法与评价。一名成熟的酒店管理者应善于抓住并创造机会展开对顾客的现场访问调查。事实上，酒店可以利用的机会很多，例如，对特殊 VIP 顾客在迎来送往中的现场访问；对消费大户的现场访问；对偶然遇到的老朋友、熟客的现场访问等。

（4）小组座谈。小组座谈是指酒店邀请一定数量的有代表性的顾客，采用一种聚会的形式就有关酒店服务质量方面的问题进行意见征询、探讨与座谈。酒店利用小组座谈的方式开展顾客评价活动时，一般宜结合其他公关活动同时进行，如酒店贵宾俱乐部会员的定期聚会、节日聚餐等形式，不宜搞得过于严肃。参与聚会的店方人员应尽可能与被邀请的顾客相互熟悉，同时也不能忘记向被邀请的顾客赠送礼物或纪念品。

（5）常客拜访。《哈佛商业评论》的调查显示，对于酒店来说，20%的常客可以产生 150%的利润；商家向潜在客户推销产品的成功率大约是 15%，而向常客推销产品的成功率则达50%。可见，常客的购买频率高、购买数量大，因而其顾客价值和对酒店的利润贡献率也最大。因此，酒店管理者也应把常客作为主要目标顾客和服务重点，通过对常客进行专程拜访以显示出酒店对常客的重视与关心，而对酒店富有忠诚感的常客也往往能对酒店服务提出有益的宝贵意见。

（6）在线点评。随着互联网在线旅游的迅猛发展，线上旅游市场的全面崛起，革新了传统酒店的经营模式，越来越多的顾客通过网络预订酒店。大数据时代，游客的海量点评作为半结构化和非结构化的信息数据越来越受到重视，网络点评是网络口碑的一种形式，在线点评是既往消费者对酒店产品和服务所做的正面或者负面的评论。在线点评对酒店的预订和应收会产生显著的影响，负面的评价会对预订量的减少会产生明显的作用，甚至有学者提出，评分每提升 10%，酒店的预订量会提升 5%[①]。酒店的质量管理中，也愈加重视将顾客消费体验后的在线点评情况作为质量管理的重要参考。任何酒店都无法不重视酒店的点评，在刻苦修炼好内功，服务好每一位客人之外，如何回复点评，就变得非常重要，是酒店追加营销产品、改善服务质量的重要途径。酒店运营者们更要利用这种渠道提高自己的声誉和消费者忠诚度。

4. 顾客评价的模型表述

顾客评价可以用描述性的语言，也可以通过对顾客满意度的测量来反映。当前，已为国内外营销学界所普遍认可的测量方法为由美国营销专家帕拉休拉曼、来特汉毛尔和白瑞

① Ye Q. The influence of user- generated content on traveler behavior: An empirical investigation on the effects of e-word-of mouth to hotel online bookings[J]. Computers in Human Behavior, 2011, 27（2）: 634-639.

提出的 SERVQUAL 模型以及克罗宁和泰勒在此基础上提出的 SERVPERF 模型。

（1）SERVQUAL 模型。美国著名的营销家帕拉休拉曼、来特汉毛尔和白瑞在顾客评估服务质量问题上提出了"差异理论"（Gap Theory），他们认为顾客的感知服务质量（Perceived Service Quality）的高低决定了顾客对服务质量的评估，而顾客的感知服务质量取决于服务过程中顾客的感觉（Perception）与顾客对服务的期望（Exception）之间的差异程度，进而指出感知服务质量是"顾客做出的，与服务是否优质有关的、全面的判断和看法"。用模型表示如下

$$SQ=\sum(P_i-E_i) \tag{6-1}$$

其中：SQ 为 SERVQUAL 模型中顾客感知的总的服务质量；P_i 为顾客体验的第 i 个问题的得分；E_i 为顾客期望的第 i 个问题的得分。

式（6-1）表示的是一个顾客感知的总的服务质量，将所得的分数除以问题的总数就得到一个顾客的 SERVQUAL 分数。把调查样本中所有顾客的 SERVQUAL 分数相加再除以顾客的总数就得到平均 SERVQUAL 分数。

在式（6-1）中隐含着一个假定的条件，即酒店提供的服务属性在顾客心目中的重要程度是相同的，不存在哪个属性更重要。但是实际状况却不是这样，酒店提供的不同服务属性在顾客心目中的重要性是不一样的，因此，SERVQUAL 模型中需要顾客填写服务属性的权重，这样得出的结果更符合实际。在式（6-1）基础上可进一步得到加权计算公式为

$$SQ=\sum W_i\sum(P_i-E_i) \tag{6-2}$$

其中：W_i 为每个服务属性的权重。

SERVQUAL 模型是较为科学、实用的质量评估方法，对服务质量的评估进行了系统的处理，得到了很多人的认可。但不可否认的是，该模型还有许多要发展和完善的地方。例如，该模型从理论到实际观察都没表现出预期与结果的差别的基础是什么；关于对顾客期望有不同理解；以差异分数描述服务质量的可行性等。[①]

（2）SERVPERF 模型。克罗宁和泰勒认为 SERVQUAL 模型在概念化和操作化方面对评估服务质量是有缺陷的，表现在该模型在评估感知服务质量时顾客期望是指顾客应该期望什么，而在评估顾客满意度时是指顾客一直期望的是什么，两者之间存在矛盾。因此，两位学者提出了以服务表现（Performance）为核心的 SERVPERF 模型，即在评估服务质量时不考虑顾客期望的因子，而用服务表现（Performance）来评估服务质量，即顾客只需就服务的体验和服务属性的重要性打分，而不必给服务期望打分。用模型表述为

$$服务质量＝服务表现 \tag{6-3}$$
$$服务质量＝服务表现×权重 \tag{6-4}$$

克罗宁和泰勒对银行、洗衣、快餐行业进行调查后认为，SERVPERF 模型比 SERVQUAL 模型更适合评估服务质量，而且不计权重的 SERVPERF 模型比计权重的 SERVPERF 模型评估效果更好。

5. 顾客方评价的特点

（1）顾客评价呈多元性。由于顾客消费需求的多样化，其素质也相差悬殊，因此，顾客对酒店服务质量的评价必然呈多元性。个别带有偏见，甚至有意挑剔的顾客的评价也会有失公平。因此，对任何酒店服务质量的评价应是综合的。获得美国最高质量奖的丽思卡

---

① 张文建，王晖. 旅游服务管理[M]. 广州：广东旅游出版社，2001.

尔顿酒店联号的宾客满意率是97%，其总经理坦言，100%是不可能的，因为需要、满意、评价本身就有合理与不合理之别。

（2）顾客评价的被动性。顾客一般不主动评价，只有在特别满意或特别不满意的情况下，才会主动地表扬、批评或投诉，而在大多数情况下，并无明显的表示。对此，酒店除应采取必需的措施诱导与刺激宾客积极参与评价外，还可从投诉率、回头率等角度进行综合分析与评估。例如，北京一家获得五星钻石奖的高档酒店，投诉量与年接待总量的比例是1∶10 000；香港半岛酒店的年回头客率为40%。这些经验数据也可作为顾客对酒店服务质量的评价依据之一。

（3）顾客评价的模糊性。顾客对酒店所提供的服务的评价通常以主观评定为主，也就是说，大多数客人缺乏检验服务质量的有效工具与手段，难以评测服务效率、产品构成，没人会带秒表、秤、化验工具到餐厅就餐。同时，一般客人也不了解酒店服务的规范、程序和评价的尺度。因此，顾客的评价具有模糊性。

（4）顾客评价的兴奋点差异性。顾客有不同的文化背景、心理特质、个人经历，因此，影响他们满意度的服务要素也不尽相同，即使具有相同满意度的顾客也会关注不同的服务要素。兴奋关注点的差异性使得不同的顾客关注不同的服务要素，也就是说，顾客会对各类服务要素给予不同的权重。

（二）酒店方

1. 酒店作为评价主体的依据

（1）酒店是服务的提供者。由于酒店服务具有生产与消费同时性，因此，酒店服务与其他产品相比有其特殊性。酒店服务的这种特殊性要求酒店应注重服务的事前、事中与事后评价，以保证酒店服务不产生不合格的产品。酒店对自身所提供的服务进行事前考评与事中控制能有效地提高服务水平，而酒店服务的事后评价则能吸取经验与教训，以防止不合格服务的再次出现。

（2）酒店是服务产品的相关受益者。酒店通过出售酒店产品（即酒店服务）来获取经济效益；酒店员工通过自己的工作付出获得应有的工资报酬，从而实现自身价值。因此，酒店通过对自身服务产品的考评，明确所提供产品的品质优劣、市场适应性以及产品的盈利水平，从而做出调整服务产品、开发新的服务产品等一系列管理决策，以获取更大的效益。

（3）服务质量评价是酒店质量管理的环节之一。酒店对自身提供的服务水平进行评价是酒店质量管理中的重要环节。服务质量是酒店内各个部门和全体员工共同努力的结果，是酒店整体工作和管理水平的综合体现，是酒店管理工作的重点和中心。酒店在制定和实施服务质量方针之后，对服务质量进行评价是考核服务质量方针的落实与最终贯彻情况。通过酒店组织的自我评价，可以在了解服务水平的实际提供情况的基础上，不断修正与完善各项服务质量标准，避免出现顾客不满意或不合顾客需要的情况。

2. 酒店方评价的组织形式

为了做好酒店的服务质量评价工作，需要建立相应的评价机构，在具体实施酒店自我服务质量评价的过程中，不同酒店采取了不同的形式：有些酒店成立了专职的部门——服务质量检查部，简称质检部；有些酒店在培训部或总经理办公室内设立相应的检查评价机构；有些酒店采取非常设的服务质量管理委员会来执行服务质量的评价工作。

上述各种组织形式各具优缺点。设专职质检部门的优势在于有机构和人员上的保障，但不足之处在于机构设置繁杂，有限的人员很难对酒店各个部门都十分了解，故评价的水准会打折扣；将评价机构设置于培训部之内有利于服务质量评价与培训工作密切结合起来，从技术和业务的角度来完善酒店的服务质量，但这样的形式缺乏权威性与其他部门的参与；将评价机构设置于总经理办公室之内将赋予质量评价工作更大的行政权威，加重质量评价工作的分量，但这种形式缺乏专业性及其他部门的参与；非常设的服务质量管理委员，兼顾了评价的权威性与专业化，实现了各个部门的参与，但由于没有专职的部门和专业人员，委员会成员对于自己部门以外的业务不尽熟悉，往往造成自己人评自己部门的现象，因此，对现存的问题不够敏感，深层次问题不易查出，且容易出现各部门护短的情况。

酒店在进行自我服务质量评价的过程中，到底采用哪种组织形式，应根据自身的具体情况来决定，如考虑整个酒店的管理方式是集权式还是分权式；酒店服务质量考察所面临的主要问题是缺乏权威、缺乏技术还是部门重视程度不够等。总之，最适合解决自身问题的组织形式就是最好的形式。

3. 酒店方评价的形式

在实践中，酒店自我评价服务质量的形式大体上可以归纳为以下几种。

（1）酒店统一评价。这种评价形式由酒店服务质量管理的最高机构组织定期或不定期实施。由于它是酒店服务质量评价的最高形式，因此具有较高的权威性，容易引起各部门的重视。在这种形式的评价中，要注意对不同部门的重点考核，因为即使是在一家服务质量管理水平较高的酒店，部门与部门之间的服务质量也是会有较大差异的；要注意评价的均衡性，酒店服务质量的最终表现是通过酒店一线部门来实现的，但这并不意味着二线部门的工作对服务质量没有影响，恰恰相反，二线部门有时会起着决定性的作用，如采购部门对所需的食物原料准备不足等；要重视服务质量评价的严肃性，对于不达标、有问题的当事人和责任人必须依照酒店有关管理条例进行处理等。此外，对影响酒店服务质量的员工素质及出勤状况的考评也往往由酒店统一开展。

（2）部门自评。部门自评是按照酒店服务质量的统一标准，各个部门、各个班组对自己的服务工作进行考核与评价。酒店自我评价应该是多层次的，大致可分成三个层次：第一层是酒店一级的，第二层是部门一级的，第三层是班组、岗位一级的。酒店一级的考评不可能每日进行，但又必须保证服务质量的稳定性，因此，部门和班组的自评就显得尤为重要。

需要强调指出的是，尽管是部门自评，但一定要按照酒店统一的服务质量标准进行，而不能自立标准、各行其是，否则，酒店的服务质量系统就会出现混乱。

此外，酒店的服务质量管理机构也要加强对部门考评结果的监督，随时抽查部门服务质量考评的记录，并随时与考评记录中的当事人进行核对，以防止可能出现的"糊弄"行为。若存在部门考评结果与酒店考评结果存在较大差异的情况，应引起足够的重视，并找出原因。

（3）酒店外请专家进行考评。酒店内部的各层次考评固然十分重要，但检查人员长久地处于一个固定的环境之中，难免会因"身在此山中"而"不识庐山真面目"。因此，外请专家进行考评，不仅能使质量评价表现出较高的专业性，同时这些专家还会带来其他酒店在服务质量管理方面的经验，有利于酒店质量管理的改进。此外，这些"局外人"在协助酒店进行自我服务质量评价时，会帮助酒店发现一些被内部考评人员容易忽视的问题。

（4）随时随地的"暗评"。随时随地的"暗评"是由酒店中高层管理者来实施的，即将服务质量考评工作融入酒店管理人员每一次的基层考察中。酒店管理者的每一次走动都应作为对酒店服务质量的一次考评，对这一过程中发现的每一个问题都应及时纠正。这就如同酒店的培训绝不仅仅是在教室内完成的一样，而应纳入管理人员对员工的每一个实际操作行为的纠正与训导之中。

无论是请专家考评还是管理者进行暗评之后，他们都应该完成各自的考评报告，以反映考评的结果，并将考评报告作为酒店质量管理的成果及员工奖惩、晋升的依据之一。

（5）专项质评。专项质评是指酒店针对特定的服务内容、服务规范进行检查与评估。酒店通常对自己的优势服务项目定期或在特定的时间内开展专项质评，并以服务承诺或服务保证的方式向顾客显示质评后的服务效果。例如，2016年10月—11月，为做好2017年金砖国家领导人第九次会晤的筹备工作，本次会晤的主要接待旅游饭店开展了一系列专项质评和改造提升工作。对经营情况、硬件设施、客房数量及配置、餐饮设施、安保条件、员工素质、周边环境、交通条件等方面进行初步评估，形成改造方案。对从业人员加强服务规范、接待礼仪等方面的培训，保障酒店服务周到细致，为入住人员提供"安全、舒适、便利"的居住环境，提高酒店服务质量。

4. 酒店方评价的特点

（1）评价的全方位性。酒店服务质量的高低取决于各部门每一位员工的工作结果，对服务质量的评价不仅要对满足被服务者的需求质量进行评价，还要对全酒店的各种工作的质量进行评价。酒店质量管理是全方位的，因为优质服务的提供不仅仅是酒店前一线人员努力的结果，同时也需要二线人员所提供的保障，而酒店评价的多层次、全方位性正好可以做到这一点。

（2）评价的全过程性。在多数情况下，服务质量的控制通常由控制提供服务的过程来达到。因此，过程的评价与测量对达到和维持所要求的服务质量是不可缺少的。而从酒店或部门角度可以做到对酒店服务工作的全部过程的考评，包括服务前、服务中和服务后的三个阶段。这样的考评，不仅是面对客人所进行的服务，还包括了这之前所做的准备工作和之后的善后工作，更有利于服务质量考评后的总结与完善工作。

（3）评价的片面性。酒店自我评价由于考评人员长期处于一个固定的环境之中，难免会出现"不识庐山真面目"的情况。同时，还会因为走过场、搞形式、碍于情分面子等原因，使内部考评人员"忽视"本酒店服务质量中的一些重要问题。

（4）评价的"完美"性。酒店自我评价中不论是哪一层次的考评，一般都是事先通知的，即考评人员了解到的是被考评者在较为充分的准备之后的服务质量状况。因此，酒店方的自我评价可能会因经过过多的"装饰"而缺乏真实性。同时，也存在各部门、各班组之间的相互包庇现象，所以酒店自我评价反映出的是酒店服务质量临近最高水平的一个基本状态。

（三）第三方

第三方是指除消费者和酒店组织以外的团体和组织。目前，我国酒店服务质量评价的第三方主要有国家及各省、市、县的旅游行政部门和行业协会组织。

1. 第三方作为评价主体的依据

（1）独立于利益相关者。第三方既不代表接受服务的顾客利益，也不代表服务提供者的酒店利益，是独立于酒店服务供应方和需求方的评价主体。由于没有利益关系，第三方的评价在客观性方面将胜于其他两方主体的评价。也正因为第三方能够客观地对酒店服务做出评价，其评价的结果较能让大众信服。例如2009年去哪儿网的专职酒店试睡员就是第三方立场的一类评价主体，2011年去哪儿网开始取消专职试睡员，开始采用兼职试睡员的方式进行评价，此时的兼职试睡员已经不是完全独立的第三方，而是消费者兼具第三方。

（2）实行行业管理。我国对酒店的行业管理主要是通过相关的行业标准来评价和控制。已实施的涉及酒店的国家标准：《旅游饭店星级的划分与评定》（GB/T 14308—2010）、《绿色旅游饭店》（LB/T007—2006）、《文化主题旅游饭店基本要求与评价》（LB/T 064—2017）、《旅游民宿基本要求与评价》（LB/T 065—2017）、《精品旅游饭店》（LB/T 066—2017）等。这些标准由国家旅游局制定，并由第三方——国家及各省、市、县的旅游行政部门来执行。通过开展推行星级评定制度、绿色饭店、精品旅游饭店等制度，通过对全国酒店服务质量的考核及评价，和对相关酒店业态的标准进行规范，不仅规范了全国酒店行业的市场秩序，提高了酒店服务质量水平，而且实行了行业的科学管理，带动了整体旅游业的发展。

（3）推行标准化。第三方评价的重要作用还在于推行标准化。标准化是指为在一定的范围内获得最佳秩序，对实际的或潜在的问题制定共同的和重复使用的规则的活动。要对整个酒店行业制定、实施统一的活动规则，这一任务无论是对酒店的消费者而言，还是对单个酒店、集团而言，都是无法做到，必须由第三方来完成。

2. 第三方评价的形式

第三方对酒店服务质量的评价形式主要有以下几种。

（1）资格认定。在我国，酒店的资格有定点与否和涉外与否两种资格。例如，旅游定点酒店、旅游定点餐馆、涉外酒店、涉外餐馆等。这些资格由第三方——国家及各省、市、县的旅游行政部门来认定。酒店的涉外定点资格是改革开放的产物，是针对旅游酒店资质、管理与服务水平不一致情况的应变之策，当全行业的管理与服务水准达到或接近国际标准时，涉外定点终将被等级认定所取代。

（2）等级认定。目前，我国酒店业主要采用星级评定方式进行等级认定，目前采用的评定标准是《旅游饭店星级的划分与评定》（GB/T 14308—2010）。用星的数量和颜色表示旅游饭店的星级。旅游饭店星级分为五个级别：一星级、二星级、三星级、四星级和五星级（含白金五星级）。最低为一星级，最高为五星级。星级越高，表示饭店的等级越高。星级标志由长城与五角星图案构成，用一颗五角星表示一星级，两颗五角星表示二星级，三颗五角星表示三星级，四颗五角星表示四星级，五颗五角星代表五星级，五颗白金五角星表示白金五星级。一星级、二星级和三星级饭店是有限服务饭店，四星级和五星级（含白金五星级）饭店是完全服务饭店。酒店行业是跟国外接轨比较早、比较好的行业之一，一方面是因为好的酒店是由外方直接管理，带来了同步的标准经验；另一方面是因为标准的出台很大程度地促进了酒店的规范发展，如今好多行业采用了评定"星级"的做法，就是吸取了星级饭店的经验。

（3）类别认定。2017 年发布的《文化主题旅游饭店基本要求与评价》（LB/T 064—2017）、《旅游民宿基本要求与评价》（LB/T 065—2017）、《精品旅游饭店》（LB/T 066—2017）等标准，对不同住宿业态进行了类别划分，并在类别内部再作等级区分，如在《旅游民宿基本要求与评价》中，将旅游民宿分为两个等级，金宿级、银宿级。在《文化主题旅游饭店基本要求与评价》中将文化主题旅游饭店分为金鼎级和银鼎级两个等级，其中金鼎级为高等级，银鼎级为普通等级。而在《精品旅游饭店》行业标准中，对饭店提出了更高的要求。比如，客房数量应不低于 15 间（套）。80%及以上的客房使用面积应不小于 30 平方米。3 层以上（含 3 层）的建筑物应有数量充足、速度合理的高质量客用电梯等。

（4）质量认证。质量认证是指由可以充分信任的第三方证实某一鉴定的产品或服务的质量符合特定标准或其他技术规范的活动。目前酒店业有 ISO9000 系列和 ISO14000 系列两大质量认证体系。我国已加入国际标准化组织，并已取得认证资格。

（5）行业组织、报刊、社团组织和网站的评比。这是由第三方的代表，如行业组织、社团组织、民意调查所、市场研究公司、报纸杂志等，通过各种不同的形式与方法对酒店服务质量进行评价。例如，我国的酒店百优五十佳评比，是在原来排行榜（评比星级酒店的经营实际，即"评强"）的基础上，结合服务质量和宾客意见，从 1994 年起开始进行评比的。国外最知名的是美国《公共机构投资人》杂志，每年以打分方式评出 100 家全球最佳酒店。其他还有如美国质量协会、餐旅协会评比的"五星钻石奖"、日本旅业公会评比的"最佳休闲度假场所"等。TripAdvisor 每年评选的酒店"卓越奖""旅行者之选"酒店等。携程旅行网评选的"最佳服务典范""最受欢迎酒店"等。

3. 第三方评价的特点

（1）客观性与权威性。第三方既没有酒店所要考虑的成本及要求回报的经济利益，也没有酒店顾客希望得到的与自己的付出相对等的享受利益。因此，第三方评价比较不会受偏好和利益等因素的影响，评价结果较具客观性。此外，酒店的资格和等级认定与评定工作是由国家、各省市旅游行政管理部门履行的职能，其评定后的结果将在国际旅游市场上分别代表整个中国旅游酒店服务质量的形象，所以他们的评价具有权威性。

（2）局限性。一般而言，第三方评价只局限于产品或服务的主要功能、基本特征和通用要素，而未能（也无法）规定出顾客对服务质量的全面、特定、隐含的和日益提高、不断变化的需求。同时，因为必须考虑到整个酒店行业的现有水平，评价标准不可能定得太高，所以评价标准往往是普遍适合，却不带有特殊性而表现出局限性。

（3）重结果性。以星评为例，"星级评定标准"只是一个对结果进行评价的标准，酒店可以按照该标准对硬件进行改造，使之达到标准要求。但是，如何对软件服务进行控制则显得力不从心。显然，星评标准反映的是质量要求方面预定的差异，并不表示比较意义上的质量优良程度，它更强调酒店功能、用途与费用的相互关系。因此，高星级酒店可能具有不令人满意的服务质量；反之，低等级的酒店也可能提供令人满意的服务。

（4）滞后性。第三方评价所遵循的标准是统一的尺度和规范，但标准不是万能的，也需要不断丰富与补充。然而标准的更新往往是滞后的，因为制定出的标准有一个贯彻执行期和相对稳定期，通常是 3～5 年修订一次，标准的更新周期与飞速发展的市场需求之间客观上存在着不协调，从而导致出现酒店所提供的服务与市场需求的部分脱节现象。

四、酒店服务质量评价体系的构建

（一）酒店服务质量评价体系的构成要素

当前，各评价主体对酒店服务质量的评价处于各自独立的状态，虽然评星时考虑了宾客满意度，但只是把其作为一部分内容。而酒店组织的自我评价更没有得到各方的足够重视。全面、系统的酒店服务质量评价体系（见图6-8）应包括如下要素。

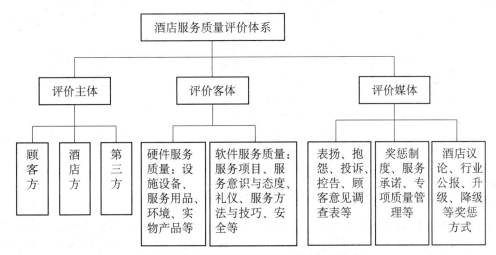

图6-8　酒店服务质量评价体系的要素构成

1. 评价主体

评价主体，即由谁来进行评价。评价主体应当包括顾客、酒店组织及第三方。评价主体要对顾客满意这方面实施持续的评价，并积极寻求顾客评价中正面和反面的意见，以及它们在未来经营中可能造成的影响。组织通过自我评价经常自以为向顾客提供了良好服务，但顾客可能并不认可，这表明了规范、过程和测量中的不足。所以评价主体应当将顾客的评价与组织自身评价进行比较，从而评定两种质量评价的相容性，以及为改进服务质量而采取相应措施的必要性。而进行阶段性的第三方评价可以让更多潜在的消费者对酒店服务质量产生正确的预期并给予信任。

2. 评价客体

评价客体，即评价什么内容。评价客体应当包括酒店服务质量的各个方面：由设施设备、服务用品、环境、实物产品等构成的硬件服务质量；由服务项目、服务过程中的服务意识与态度、礼仪礼貌、服务方法与技巧、安全与卫生等构成的软件服务质量。对顾客满意的评价应集中在服务规范和服务提供过程等满足顾客需要的范围内。而第三方评价则应侧重于对硬件服务质量的考察。

3. 评价媒体

评价媒体，即评价的表现形式、各评价主体反映评价结果的渠道。顾客通过表扬、抱怨、投诉甚至控告等来表现其激烈的评价，而通过顾客意见调查表得出的结果可以反映顾客不同的满意程度。酒店组织以奖惩制度、服务承诺、专项质量管理等来反映其评价结果。第三方评价则以酒店议论、行业公报以及升级、降级等奖惩方式对评价结果进行公开。

（二）酒店服务质量评价主体的逻辑关系

酒店服务质量的评价主体之间存在着现实的逻辑关系：顾客评价是服务质量评价的最终目的；酒店评价是提高酒店服务质量，进行顾客评价的参考和第三方评价的依据；以第三方为主体的评价则是整个酒店服务质量评价体系的基础（见图6-9）。

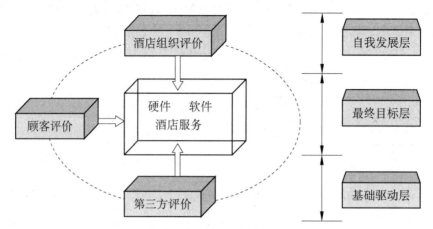

图6-9　酒店服务质量评价主体的逻辑关系

（1）顾客评价是酒店服务质量评价的最终目的，酒店的任何经营活动和管理手段都是为了满足顾客需求从而获取经营目标而建立和开展的。酒店服务质量评价体系也不例外，因为酒店的生存和发展有赖于顾客的厚爱和忠诚。顾客评价是酒店服务质量评价体系的焦点。以顾客为中心，以顾客满意为酒店追求的最终目的，这既是酒店业不可动摇、不容辩驳的主题，也是酒店业对国际标准和准则的遵循，而第三方评价所提供的基础也都是为顾客的最终满意而服务的。

（2）第三方评价是整个酒店服务质量评价体系的基础，属于基础驱动层。一方面，第三方评价可以规定酒店产品或服务的主要功能、基本特征和通用要素，起到最低门槛作用，作为酒店的进入标准，并为顾客评价提供客观依据。另一方面，第三方评价可以综合酒店行业现有的标准和顾客评价的特性，制定比较客观且易让顾客和酒店双方都能接受的标准，从而规范酒店服务，促进整个酒店业的标准化进程。

（3）酒店组织评价属于自我发展层，是第三方评价的依据和参考。酒店通过对服务过程、服务人员素质的控制等方面达到对自我服务质量的评价，从而向顾客提供稳定、高质量的服务。此外，酒店组织应在第三方评价的标准上，制定适合自身发展的服务标准、服务程序和服务规范并加以规范的考核。

（4）酒店服务质量评价体系的核心是酒店服务，酒店服务是酒店服务质量评价各方的客体。而由顾客评价、酒店组织评价与第三方评价构成的大包围圈即是酒店服务质量评价体系的主要框架。

（三）酒店服务质量评价体系的评价指标

酒店服务或服务提供的特性可以是定量的（可测量的）或者是定性的（可比较的），这取决于评价人员如何评价以及是由酒店组织、第三方进行评价，还是由顾客进行评价。许多由顾客做主观评价的定性特性，也是酒店组织做定量测量的选择对象。酒店的服务标准必须依据可以观察到的和需经顾客评价的特性加以明确规定，而提供服务的过程也必须依据顾客不能经常观察到的但又直接影响服务业绩的特性加以规定。

酒店服务质量评价中的服务质量特性包括：设施、能力、人员的数目和材料的数量；等待时间、提供时间和过程时间；卫生、安全性、可靠性和保安性；应答能力、方便程度、礼貌、舒适、环境美化、胜任程度、可信性、准确性、完整性、技艺水平、信用和有效的沟通联络等。因此，酒店服务质量的评价指标应包括以下内容。

（1）顾客满意指标。如顾客满意率、平均顾客满意度、顾客投诉率、投诉回复率、二次购买率等。

（2）服务硬件质量指标。如房间数量、设施设备档次与数量、设备完好率、设备维修率等。

（3）服务软件质量指标。如服务限时、服务人员高素质率、服务人员外语水平等。

（4）酒店经济指标。虽然各项经济指标与酒店服务质量评价并没有直接的关系，但可以从侧面反映出该酒店的服务质量水平。因为只有服务质量优良的酒店才会吸引顾客，在竞争中取得优势，从而赢得较好的经济效益，而服务质量差的酒店必然会失去顾客而没有经济效益。当前的星级评定中并没有对酒店的经济指标做出规定，但这是必然趋势，只有加入对酒店经济状况的考核，评价才够完整。酒店经济指标可包括利润总额、销售利润率、利润增长率、资产利润率等。

（四）酒店服务质量评价体系的定量评价模型

综上所述，若设酒店服务质量为 Q，顾客评价结果为 C，酒店评价结果为 H，第三方评价结果为 G，那么酒店服务质量评价体系的模型可以用下式表示（其中，a、b、c 为系数，且 $a+b+c=1$）

$$Q=a\times C+b\times H+c\times G$$
$$C=\Sigma \text{各评价因子} \times \text{因子的权重（} \Sigma \text{因子权重为1）}$$
$$H=\Sigma \text{各评价因子} \times \text{因子的权重（} \Sigma \text{因子权重为1）}$$
$$G=\Sigma \text{各评价因子} \times \text{因子的权重（} \Sigma \text{因子权重为1）}$$

上式中各方评价的结果是由各因子的具体得分与其相应的权重相乘而得的。以顾客评价为例，为使说明简单化，假使顾客仅仅对酒店的设施设备打 80 分，对员工态度打 90 分，其中设施设备的权重为 0.4，员工态度的权重为 0.6，那么顾客评价的具体结果可表示为 $C=80\times0.4+90\times0.6=86$。

各方评价因子及其权重可以根据实际情况由各方自行确定，从而得出各自评价的具体结果。酒店服务质量评价体系模型中三方评价结果前的系数确定，可以用德尔菲法，即专家意见法来确定。

第六节　服务质量承诺与质量保证

酒店为了吸引和招徕更多的客人，往往在对外宣传促销时，会从服务效率、服务态度、产品质量等方面向顾客做出各种服务质量承诺和保证，如提供各种服务的时间限额、各种

"超值的享受"等。一些酒店还推出了服务质量保证金制度，承诺当服务出现缺陷或顾客进行投诉时，酒店会根据实际情况向顾客提供物质或金钱补偿。服务质量承诺和保证，一方面有利于酒店进行对外宣传、促销，提升其市场形象，吸引更多的客人；另一方面它有利于提高员工的服务质量水平，因为在服务质量承诺和服务质量保证的情况下，酒店管理人员和服务人员为了实现其承诺，获得顾客满意，就必须以承诺和保证的标准来严格要求自己，以免引起顾客的不满，甚至是投诉，从而造成酒店声誉和物质的损失。

一、服务质量承诺

服务质量承诺是指酒店向顾客做出的关于其能够提供某种质量服务的口头或者书面的说明。服务质量承诺必须是建立在酒店自身拥有的设施设备、人员以及保证其承诺实现的各种有形与无形物质资源基础上，也即酒店必须拥有实现其承诺的各种资源保障。因为服务质量承诺从某种意义上说，是顾客形成对酒店服务质量期望的重要组成因素，当顾客在酒店所获得的实际服务质量感受与期望值相符时，客人不一定会有反应，但是当酒店提供的服务与其承诺不一致时，则顾客会有较大的反应，此时客人会有上当受骗的感觉，假如酒店无法提供及时、有效的补救服务，则该客人将会转向竞争对手进行消费，并将其不愉快的经历告诉亲朋好友，甚至投诉到相关主管部门，导致酒店声誉和效益受损。因此，酒店的服务质量承诺应该是根据酒店的现有资源和能力提出的，必须是"名副其实"的承诺，否则不仅无法起到吸引顾客的目的，还将给酒店带来经济和名誉损失。

酒店服务质量承诺通常包括以下几个方面。

（1）客房质量与信誉承诺。它包括客房卫生信誉承诺、顾客入住登记与退房时间承诺、行李寄存时间承诺、急件转递时间承诺、楼层服务员服务承诺等方面。例如，有些酒店承诺客人入住10分钟后，如发现客房卫生状况不达标，楼层服务员将立即给予清理；如客人提出需换房，马上给予调换同类型房间，并致歉；散客入住登记时间为2分钟；散客退房时间为2分钟等。若未能履行承诺，酒店必须向顾客致歉并支付一定的赔偿。

（2）餐饮质量与信誉承诺。它包括餐饮卫生信誉承诺、上菜时间承诺、服务态度与服务效率承诺等。

（3）其他服务承诺。它包括商务服务承诺、娱乐服务质量与信誉承诺、商场服务质量与信誉承诺等。

二、服务质量保证

服务质量承诺大多为口头上的承诺，而服务质量保证则更侧重于书面形式的规定。许多工业企业对产品质量实行"三包"，而向顾客保证服务质量的酒店却极为少见。因为不少酒店的管理人员认为，服务质量不仅受可控因素的影响，而且受不可控因素的影响，酒店无法始终保证提供优质的服务。事实上，酒店完全无法控制的因素是极少的，服务态度、服务意识、服务技能、服务方法、服务设备等绝大多数影响服务质量的因素，都是酒店管理人员和服务人员能够控制的。因此，关注顾客的满意程度，重视服务质量管理工作，向顾客提供服务质量保证，是酒店提高市场竞争力的关键。

质量保证是指酒店采用有计划和系统的措施，保证并提高能够满足顾客需求的产品和服务。酒店要具备一定的质量管理能力和质量保证能力才能做出质量保证。因此，酒店服务的质量保证体系是建立在质量评价体系之上的。

酒店服务质量保证通常包括以下两个方面。

1. 硬件设施质量保证

硬件设施质量保证除常规的设施设备外，还包括网络系统、VOD点播系统、通信系统、传译系统等硬件设施的质量。

2. 服务质量保证

（1）服务态度保证。酒店保证以最优质的服务态度服务于客人，以吸引他们不断入住酒店。例如，维也纳万豪酒店服务态度保证的内容是"友好和礼貌的殷勤接待"；北京新世界万怡酒店向客人保证"至诚服务、美好感受"；成都四川宾馆向客人保证"用我们的微笑，赢得您的微笑"。

（2）服务标准保证。酒店通过制定高于其他同类酒店的服务标准，让入住酒店的客人感受到高标准的服务质量，从而获得更高程度的满意。例如，维也纳万豪酒店服务标准保证的内容是"提供万豪标准的服务"；恩平金山温泉度假村保证"给您百分之百的享受"；江阴国际大酒店保证"相约国际，共享人生"；北京贵宾楼酒店保证"走进贵宾楼，人人是贵宾"。

（3）服务到位保证。客人对酒店的服务质量感知往往发生在与服务人员接触的瞬间，因此，酒店保证向客人提供准确、到位的服务，减少服务过程中的差错，让客人获得"物超所值"的产品和服务。例如，一些酒店保证向客人提供"One-Stop-Service"，即一次到位的服务，客人不论找到酒店哪一位服务员，这位服务员就为客人提供他所需的服务；一些酒店保证向客人提供"DIRFT"（Do it Right the First Time），即每位服务员都应该把每项服务做到符合质量标准等。又如，维也纳万豪酒店是奥地利第一家推出宾客服务质量保证卡的酒店，每一位入住该酒店的酒店都可以在总服务台上获得一张宾客服务质量保证卡。保证卡的内容如下：服务态度的保证；服务标准的保证；产品标准的保证。酒店除了提供服务外，还提供客房、饮食和娱乐设施等产品。对产品标准的保证内容是"提供最高等级的产品"。

（4）质量保证的适用区域。由于一家酒店有不少区域是租借给别人经营的，如维也纳万豪酒店大堂四周的一部分房间租给了旅行社和商店经营。显然，酒店不能对出租区域的产品和服务的质量做出保证。这一点要在质量保证卡上婉转地写明："这一质量保证适用于所在万豪酒店管理的区域内。"

（5）对质量不满意部分的纠正与赔款保证。这是在质量保证卡中使宾客信服和对酒店有约束力的内容。维也纳万豪酒店质量保证卡上写道："如果我们的服务不符合万豪酒店标准的话，我们保证立即纠正，或退还给你不满意部分的钱款。"

（6）质量热线的电话。为了保证不符合质量保证标准的服务与产品能够及时被处理，质量保证卡上一定要提供质量热线电话，维也纳万豪酒店就这样做了。

三、服务质量保证体系

（一）服务质量保证体系的结构

酒店服务质量保证体系由服务质量环、质量文件和内部审核三部分内容组成。

（1）服务质量环。它由影响产品和服务质量的相关活动构成，从识别需求开始，到评定服务结果为止，形成一个相互作用的环状模型。作为一个相对完整的环节，服务质量环的起点与终点均是宾主的接触面（点）。

（2）质量文件。它是酒店质量工作的基础，也是酒店标准化工作的一部分，主要包括质量手册、质量计划、运作程序、质量记录等。在日常业务活动中，各部门、班组的质量记录通常是薄弱环节，因为它由兼职人员承担，容易出现记录不完整、保存周期短、汇报沟通不够等缺陷。美国著名质管专家戴明认为，再完美的质量文件，如无基层检测评价、反馈修正并严格实施的话，质量文件仍是一纸空文，无法实现质量保证作用。

（3）内部审核。它用来评审质量体系的服务过程文件的有效性和具体实施情况，属于供方评定的一部分，是质量保证的基础。

（二）质量保证体系的运作要素

为了方便理解和使用，中国国家技术监督局颁布的 ISO9004—2《服务指南》将影响或涉及服务质量的因素分成 4 大部分、20 个运作程序，形成服务质量保证的运作操作体系，并将其具体化。这一体系的具体内容如图 6-10 所示。

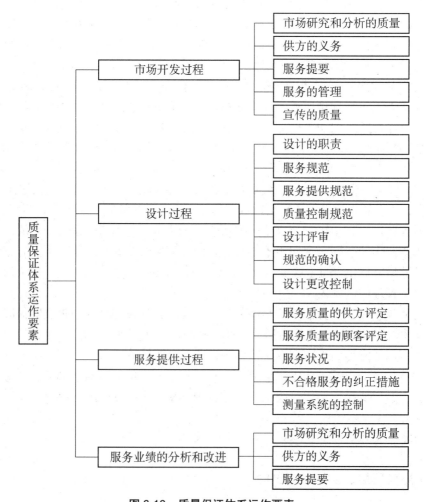

图 6-10　质量保证体系运作要素

四、服务质量认证

服务质量认证是服务质量保证的基础和保障。酒店服务质量认证是旅游行政主管部门根据酒店服务质量的标准，对符合要求的酒店进行资格认证，并颁发相应的质量认证书的活动。目前，我国酒店的服务质量认证主要采用国际通用的质量认证标准与体系。

质量认证也可简称为认证，是第三方依据程序对产品、过程或服务符合规定的要求给予书面保证（合格证书）。

质量认证的对象是产品和质量体系（过程或服务），前者称产品认证，后者称体系认证。酒店的服务质量认证属于后者。质量认证的基础是"规定的要求"，"规定的要求"是指国家标准或行业标准。无论实行哪一种认证或对哪一类产品进行认证，都必须要有适用的标准。

质量认证是由第三方进行的活动。因此，第三方的认证活动必须公开、公正、公平，才能有效。这就要求第三方必须有绝对的权力和威信，必须独立于第一方和第二方之外，必须与第一方和第二方没有经济上的利害关系，才能获得双方的充分信任。目前，我国质量认证的第三方——"认证机构"都是由国家认可的组织来担任。在酒店行业中，通常将酒店称为"第一方"，将顾客称为"第二方"，第三方是独立、公正的机构，与第一、二方在行政上无隶属关系，在经济上无利害关系。

质量认证活动是依据程序而开展的。因此，质量认证是一种科学、规范、正规的活动。取得质量认证资格的证明方式是认证机构向酒店颁发认证证书和认证标志。

我国目前一共有三种管理体系的认证：贯彻 ISO9000 国际标准的质量管理体系认证（QMS）、贯彻 ISO14000 国际标准的环境管理体系认证（EMS）和贯彻 OHSAS18000 国际标准的职业健康安全管理体系认证（OHSMS）。酒店服务质量认证主要涉及 QMS 和 EMS 两种认证体系，使用的标准主要有以下这些。

ISO9001：1994《质量体系：设计、开发、生产、安装和服务的质量保证模式》；

ISO9002：1994《质量体系：生产、安装和服务的质量保证模式》；

ISO9003：1994《质量体系：最终检验和试验的质量保证模式》；

ISO9004—1：1994《质量管理和质量体系要素：第一部分　指南》；

ISO9004—2：1991《质量管理和质量体系要素：第二部分　服务指南》；

ISO14001：1996《环境管理体系：规范及使用指南》；

ISO14004：1996《环境管理体系：原则、体系和支持技术指南》；

ISO14010：1996《环境审核体系：通用原则》；

ISO14011：1996《环境审核体系审核程序：环境管理体系审核》。

酒店进行服务质量体系认证时，应注意以下几个方面的问题。

（1）在认证时，必须把 ISO9001/2 与 ISO9004—2 相结合。作为质量体系认证的依据，ISO9001/2 主要是根据硬件产品质量形成全过程的特点提出的控制要求，而与酒店服务业提供的服务—这种特殊产品的质量形成过程有较大区别。而 ISO9004—2 则是按照服务业的特点提出的服务指南，它突出了服务行业的一般规律，具有较好的适用性。因此，对酒店服务行业运用 ISO9001/2 标准进行质量体系认证时，必须与 ISO9004—2 的有关内容相结合，才能使酒店服务行业更好地理解和掌握 ISO9001/2 标准所提出的各项要求。

（2）由于酒店行业的自身特点，在对照 ISO9001/2 标准条款时，有些内容宜粗不宜细。

（3）采用对照表的形式，是描述酒店服务质量体系的好办法。

作为申请认证的服务行业，如何既能体现服务行业的特点，又能覆盖 ISO9001/2 提出的基本要求呢？解决这一难点的最好办法之一就是运用对照表。因为对酒店服务行业来讲，同一阶段的质量活动就包括多项对应标准的条款，特别是在服务现场这一重要环节，通常有多个要素相联系。所以使用对照表既可以较好地解决覆盖 ISO9001/2 要素的难题，同时也可以避免出现对酒店服务产品进行所谓"最终检验"的这种不符合服务产品特殊性质的现象。

第七节　顾客满意与顾客价值

一、顾客满意

（一）CS 的概念

CS（Customer Satisfaction）即顾客满意，是现代酒店的一种整体经营手段，CS 战略也被称做顾客满意战略。CS 于 1986 年由一位美国消费心理学家提出，它指酒店为了使顾客能完全满意自己的产品或服务，综合而客观地测定顾客的满意程度，并根据调查分析结果，整体改善酒店产品、服务及酒店文化的一种经营战略。它要建立的是以"顾客至上"的理念服务，使顾客感到百分之百满意，从而效益倍增的一种新的系统。

CS 战略中的"顾客"一词涉及内容十分广泛，一是指酒店的内部顾客，即酒店的内部成员，包括酒店的员工和股东；二是指酒店的外部顾客，即凡是购买和可能购买本酒店的产品或服务的个人或团体。因此，实施 CS 战略的酒店所面临的顾客关系，不仅有酒店与员工的关系，同时还包括酒店与消费者和用户的关系。因此，CS 战略是一种以广义的顾客为中心的全方位顾客满意经营战略。

CS 战略的核心思想是酒店的全部经营活动都要从满足顾客的需要出发，以提供使顾客满意的产品或服务为酒店的责任和义务，以满足顾客需要，使顾客满意为酒店的经营目标。

顾客满意通常包括三个方面的满意：一是买到喜欢而满意的商品；二是接受到良好而满意的服务；三是消费者心理上得到满足，如个性、情趣、地位、生活方式等。

（二）CS 的基本含义

1."顾客第一"的观念

美国学者的调查表明，每有一名通过口头或书面直接向公司提出投诉的顾客，就有约 26 名保持沉默的感到不满意的顾客。这 26 名顾客每个人都有可能给另外 10 名亲朋好友造成消极影响，而这 10 名亲朋好友中，约有 33%的人有可能再把这种不满信息传递给另外 20 人。也就是说，只要一名顾客对酒店不满意，就会导致 326（26×10+10×33%×20）人的不满意，可见影响之深远，后果之严重。因此，顾客满意就是经营者真正做到从思想上到行动上把顾客当作"上帝"，在生产经营活动的每一个环节，都必须眼里有顾客、心中有顾客，全心全意地为顾客服务，最大限度地让顾客满意。

2. "顾客总是对的"的意识

CS 战略要求员工必须遵守三条原则：一是应该站在顾客的角度考虑问题，使顾客满意并成为可靠的回头客；二是不应把对产品或服务有意见的顾客看成是故意挑剔的客人，应设法消除他们的不满，获得他们的好感；三是应该牢记，同顾客发生任何争吵或争论，酒店绝对不会是胜利者，因为你会失去顾客，也就意味着失去利润。

3. "员工也是上帝"的思想

一个酒店，只有善待你的员工，这样他们才会善待你的顾客。满意的员工能够创造顾客的满意。因此，酒店要想使自己的员工让顾客百分之百的满意，成为顾客拥护者和顾客问题的解决者，首先必须从满足员工的需要开始——满足他们求知的需要、发挥才能的需要、享有权利的需要和实现自我价值的需要，关心和爱护员工，从而调动员工的积极性，激发员工的奉献精神，树立员工的自尊心，使他们真正成为推进酒店 CS 战略、创造顾客满意的主力军。简言之，酒店必须用你希望员工对待顾客的态度和方法对待你的员工。

（三）酒店 CS 的构成

1. 横向层面上的构成

在横向层面上，酒店 CS 包括五个方面。

（1）酒店的理念满意，即酒店经营理念带给内外顾客的满足状态，它包括酒店经营宗旨满意、经营哲学满意和经营价值观满意等。

（2）行为满意，即酒店全部的运行状况带给内外顾客的满意状态，包括行为机制满意、行为规则满意和行为模式满意等。

（3）视听满意，即酒店具有可听性的外形象给内外顾客的满意状态，包括酒店标志（名称和图案）满意、标准字满意、标准色满意以及三个基本要素的应用系统满意等。

（4）产品满意，即产品带给内外顾客的满足状态，包括产品质量满意、产品功能满意、产品设计满意、产品包装满意、产品品位满意和产品价格满意等。

（5）服务满意，即酒店服务带给内外顾客的满足状态，包括绩效满意、保证体系满意、服务的完整性和方便性满意、激发情绪和环境满意等。

2. 纵向层面的构成

在纵向层次上，酒店 CS 包括以下三个逐次递进的满意层次。

（1）物质满意层次，即顾客对酒店产品的核心层，如产品的功能、质量、设计和品种等所产生的满意。

（2）精神满意层，即顾客对酒店产品的形式层和外延层，如产品的外观、色彩、装潢、品位和服务等所产生的满意。

（3）社会满意层，即顾客在对酒店产品的服务的消费过程中所体验的社会利益维护程序，主要指顾客整体（全体公众）的社会满意程序。

（四）建立顾客满意级度

顾客满意级度是顾客在消费了酒店的产品和服务后所产生的心理满足状态等级体系，英文表达形式是 Customer Satisfaction Measurement，简称 CSM。

顾客满意级度可用顾客满意轴来表示，如图 6-11 所示。

图 6-11　顾客满意轴

顾客满意轴把顾客的满意水平分为七个等级：很不满意、不满意、不太满意、过得去、较满意、满意、很满意。七个满意等级的分值分别为-60、-40、-20、0、20、40、60，其分数总和为零。

建立顾客满意级度的目的是更好地测定顾客对酒店的满意度，或顾客对酒店的产品或服务的满意度。在实际操作中，可以设定可能影响顾客满意的各个项目，让顾客根据自己的感受和评价，按照顾客满意轴的标准给每个项目打分，然后用下面的公式进行计算：

$$CSM = (\sum X) / N$$

其中：CSM 代表顾客满意分值；$\sum X$ 代表调查项目的顾客评分之和；N 表示调查项目的数量。

CSM 得分高表明顾客满意，得分低则表明顾客不满意。

（五）顾客满意经营

顾客满意经营是指通过酒店推行 CS 战略来提高顾客满意度的经营方式。顾客满意经营的本质要求酒店必须做到以下几点。

1. 真心实意以顾客为第一

当前，许多酒店虽然强调"以顾客为中心"的理念，但实际做的仍然是"酒店中心论"，他们仍然以自己酒店的利益为第一，仅将服务顾客视为酒店的获得盈利手段之一。因此，酒店在推行顾客满意经营的过程中，必要时甚至可以牺牲酒店经营上的微小利益以期获得长远的、更大的回报。

2. 定期、定量、综合地测定顾客满意度

许多酒店也进行过顾客的满意度调查，但其调查表内容过于简单，并不能掌握顾客实际的满意程度，也显示不出酒店以顾客为第一的诚意。甚至还有不少调查出现诱导式的问题，以便容易获得结果，或是为了向上级显示自己的业绩，这就失去了调研的客观性和真正意义。

现在的顾客关心的主题不断发生变化，酒店如果不站在顾客的立场来观察和了解顾客最关心的事，并建立起顾客满意度的结构，就可能失去顾客。因此，酒店只有定期且持续地实施顾客满意度的测定，并与以前的结果比较，才能明确地掌握进步与退步之处。

3. 经营者和管理者是顾客满意经营的主导者

酒店的经营者和管理者不仅应关注顾客满意度的测定过程，更要重视顾客满意度测定的结果，并带头进行认真的检讨，然后迅速采取行动，对酒店的产品或服务进行改进。这要求经营者和管理者能重视这些测定的结果，并根据酒店的具体情况，制定相应的决策，从整体上进行管理与创新，从而获得顾客的认可。

二、顾客价值

调查表明，有的酒店顾客满意度很高，但市场占有率却年年下滑，原因是顾客虽然对酒店的产品和服务表现满意，但当竞争者推出更令顾客心动的产品和服务时，原有的顾客必然转向竞争对手而给酒店造成顾客的流失，同时因为顾客的标准也将随着他们的需求不断变化，所以酒店不可能要求顾客"零变节"，只能创造顾客价值来吸引更多新的顾客惠顾及留住老顾客。可见，酒店只强调顾客满意是不够的，创造顾客价值才是最根本的途径。酒店只有通过引导需求，打破原有的局限于成本、质量、价格的管理方法，才能赢得竞争，为顾客带来更多价值。

（一）顾客价值的含义

（1）市场认知质量（Market-perceived Quality）：就是"顾客对于酒店产品或服务与其他竞争者的产品或服务相比之后的认知"。

（2）顾客价值：就是市场认知质量（Q）与酒店产品或服务的价格（P）的比值，即$V=Q/P$。

（二）提升顾客价值

（1）首先举行顾客价值调查研究，了解本酒店在顾客心目中的排名行情，做法包括与焦点群座谈、问卷调查等，然后针对不如竞争对手的项目提出改善方案。

（2）标杆学习。学习顶尖酒店赖以领先的各种观念、态度、运作方法、制度和技术。

（3）训练员工确认顾客价值的重要性与相关方法。

（4）建立注重服务质量的酒店文化，奖励服务绩效优良的员工，激发员工服务热情。

（5）改善提供服务的设备与作业流程，修改或废止过时的规定和作业程序，达到顾客满意。

三、客人投诉与处理

（一）客人投诉的类型

根据客人投诉所表现的形式，可以把客人的投诉分为三种类型。

1. 理智型客人投诉

理智型客人在酒店内下榻，如果受到某种冷遇服务或受到某种较为粗鲁的言行和某种不礼貌的服务，会产生不满情绪，但这种客人不会明显流露，更不会因此而发怒。这类客人多数受过良好的高等教育，既通情达理又会在发生问题时冷静和理智地对待问题，因而对于此类客人的投诉问题比较容易处理。酒店对此类客人表示理解，并立即采取必要的措施解决他们提出的问题，他们便会发出感谢之语。

2. 失望型客人投诉

失望型客人投诉的主要问题是客人在酒店事先预订的服务项目，如电话预订客房、预订餐位、送餐、叫醒等服务因酒店服务人员的粗心而被忘却、失约。在这种情况下，会引起客人的失望、不满甚至发火。处理此类投诉问题，首先要道歉，再采取必要的补救措施，使他们消火、息怒。

3. 发怒型客人投诉

发怒型客人在酒店受到不热情、不周到服务时，或受到服务员的粗鲁言行接待、冷遇时，会怒气冲冲，并以较高的声音、不停的手势以及快速移动的脚步与服务人员讲道理、评事由，并要求酒店承认过失。对于发怒型客人的投诉问题，首先要使他们息怒、消气，然后再认真听取他们的批评意见，并采取相应的解决措施。

（二）客人投诉因素及处理

减少客人投诉并非是酒店经营追求的指标，但它却是酒店应该预防的重要方面。进行相关的客人投诉原因分析是预防客人投诉的前提。

1. 客人投诉的因素分析

客人投诉受多种因素的影响。有时候，酒店服务人员、接待人员或是管理人员会发现，客人的突然生气、发火、抱怨甚至书面投诉真是莫名其妙。这类情况发生起因是客人进入酒店以前就碰到过一些倒霉的事情，如途中飞机晚点，到达终点机场发现自己行李失踪等，使得客人容易在步入酒店时暴发争吵、不满意、有意挑剔。然而，客人真正动怒、生气或是公开抱怨的投诉，主要是因为他在进入酒店办理迁入登记，或是进入餐厅用餐、在酒店内的商场购物时没有受到应有的关注，甚至长时间无人服务的冷遇使客人感到沮丧。在这种境遇下，客人就容易发火、动怒。影响客人情绪以至于最后发展成投诉的原因（或称投诉因素）通常有下列十点。

（1）客人感到自己被忽视，没有被服务人员或接待人员承认自己的存在。因此，他会提高讲话声音，甚至发怒，从而引起服务人员及接待人员对自己的重视。如果此时服务人员不能控制感情，就会自然地导致宾客的投诉。

（2）客人有时在酒店内其他部门受到粗鲁的言行对待或者是被拒绝提供服务和相助，就会在一个新的部门发泄他内心的不满，从而进行报复。

（3）有时客人遇到问题或碰到服务项目以外的困难，酒店服务人员没有或不愿意协助处理也会引起客人的不满。目前，有些酒店开展关注小事服务项目，一方面是为了避免上述宾客的不满和投诉，另一方面是为了换来客人的感激之情，从而增加回头客源。

（4）客人有时自我感觉到不仅没有受到应有的热情服务，而且觉得服务人员很讨厌自己的存在。在这种情况下很容易激起客人的不满和投诉。

（5）客人受到冷遇或歧视。客人提出服务要求时，没有被理睬或服务人员根本没有目视客人，而在和另外的客人讲话。这种情况也会引起客人的投诉。

（6）客人对酒店有偏见或有一种较坏的印象，当然可能是客人的自我感觉，但是多数情况下是由于别人对酒店有一种不好印象而传出的言论，从而导致之后来到的客人对酒店所产生的主观的坏印象。

（7）客人在酒店内受到服务人员的拒绝，即服务人员不愿向客人提供服务，从而造成客人的不满、生气、发怒。

（8）客人受到低劣服务。这是最容易引起宾客投诉的原因所在。

（9）服务中明显出现服务差错，即服务员不是按照服务规范向客人提供服务。例如，餐厅服务员在服务酒水时，没有按照服务规程操作或将酒水溅出，客人认为他付出的服务消费没有换回应有的服务质量和应得的享受价值。在这种情况下，客人容易产生不满而投诉。

（10）当酒店出现服务差错或低劣服务或不安全事宜时，酒店没有人对此错误负责。这种情况最容易引起客人的发火、投诉。

2. 客人投诉的处理

处理、解决客人的投诉，在世界酒店业，特别是一些大型国际酒店联号中所采用的方法基本是一致的。

（1）承认宾客投诉的事实。为了很好地了解宾客所提出的问题，必须认真地听取客人的投诉，以便使客人感到酒店十分重视他的问题。在客人投诉时，酒店宾客关系部主任或大堂副理应全神贯注地倾听他的意见，与此同时，要目视客人，不时地点头示意，让客人明白"酒店管理者或宾客部主任在认真听取我的意见"，听取客人意见的酒店代表要不时地说："我理解，我明白，一定认真处理这件事情。"

为了使客人能逐渐消气息怒，酒店宾客关系部主任或大堂副理要用自己的语言重复客人的投诉和抱怨内容，如果是认真的投诉客人，酒店在听取客人意见时，要做一些听取意见记录，以示对客人的尊重和及时反映问题的重视程度。

（2）表示同情和歉意。客人在谈问题时若十分认真，酒店的宾客关系部主任或大堂副理或值班经理就要不时地表示对客人的同情，如"我们非常遗憾，非常抱歉地听到此事，我们理解您现在的心情……"等。

（3）同意客人的要求并决定采取措施。当你是大堂值班经理或是酒店的宾客关系代表时，你要完全理解和明白客人为什么抱怨和投诉，同时在你决定纠正错误之时，一定要让客人知道并同意你要采取的处理决定及其具体措施的内容。如果客人不知道或不同意你的处理决定，就不要盲目采取行动。

（4）感谢客人的批评指教。一位明智的酒店总经理会感谢那些对酒店服务水平或服务设施水准提出批评意见的客人，因为这些批评指导意见或抱怨，甚至投诉，会协助酒店提高管理水平和服务质量。假若酒店不知道客人为什么不满，那就无从改进和提高管理水平。

（5）快速采取行动，补偿客人的损失。当客人完全同意你作为酒店大堂值班经理所要采取的改进措施时，你就要即刻行动，一定不要拖延时间。耽误时间只能进一步引起客人的不满。此时高效率地处理问题就是对客人的最大尊重，也是客人此时的最大需求。

（6）要落实、监督、检查补偿客人投诉的具体措施。处理宾客投诉并获得良好效果，其中最重要的一环便是落实、监督、检查已经采取的纠正措施。首先，要确保改进措施的进展情况；其次，要使服务水准及服务设施均处在最佳状态；最后，要用电话询问客人的满意程度。对待投诉客人的最高恭维，莫过于对他的实际关心。许多对酒店富有感激之情的客人，是那些曾产生投诉并得到满意处理的客人。

投诉客人的最终满意程度，主要取决于酒店对他公开抱怨以后的特殊关怀和关心程度。另外，酒店所有管理人员和服务人员也必须确信，客人（包括那些投诉客人）都是有感情的，是通情达理的。酒店的良好口碑及其社会名气是来自酒店本身的诚实、准确、细腻的感情服务。

案例分析与习题

一、案例分析

案例 6-1　这是谁的责任

春节刚过，南方某宾馆的迎宾楼失去了往日的喧哗，寂静的大厅里半天也看不到一位来宾的身影。客房管理员 A 紧锁眉头，思考着节后的工作安排。突然她喜上眉梢，拿起电话和管理员 B 通话："目前客源较少，何不趁此机会安排员工休息。"管理员 B 说："刚休了 7 天，再连着休，会不会休假太集中，而以后的二十几天没休息日，员工会不会太辛苦？"管理员 A 说："没关系，反正现在客源少，闲着也是闲着。"两人商定后，就着手安排各楼层员工轮休。

不到中旬，轮休的员工陆续到岗，紧接着客源渐好，会议一个接着一个，整个迎宾楼又恢复了昔日的热闹，员工们为南来北往的宾客提供着优质的服务。紧张的工作状态一直持续了十几天，管理员 A 正为自己的"英明决策"感到沾沾自喜时，下午 4 点服务员小陈突然胃痛；晚上交接班时，小李的母亲心绞痛住院；小黄的腿在倒开水时不慎烫伤。面对接二连三突然出现的问题，管理员 A 似乎有点乱了方寸。怎么办？姜到底是老的辣，管理员 A 以这个月的休息日已全部休息完毕为由，要求家中有事、生病的员工，要休息就请假，而请一天的病事假，所扣的工资、奖金是一笔不小的数目。面对这样的决定，小黄请了病假，小陈、小李只好克服各自的困难，仍然坚持上班。

第二天中午，管理员 B 接到客人的口头投诉，被投诉的是三楼的小李及四楼的小陈，原因均是：面无笑容，对客人不热情。管理员 B 在与管理员 A 交接班时，转达了客人对小李、小陈的投诉，管理员 A 听后，陷入了沉思……

思考：在这起投诉事件中，主要的质量管理责任应该谁负责？从质量管理角度而言，应如何优化管理者的管理行为？

分析：被投诉的虽然是小陈和小李，但问题的根源却出在管理上。客房管理员 A 从方便自身管理的角度出发，没有科学、合理地安排员工休假，而是让员工集中休假，当业务繁忙时又以假期休完为由要求员工连续上班，使得员工在身心不佳的状态下上班，影响了服务质量，造成顾客投诉。员工能不能向客人提供优质服务，在很大程度上取决于他们的工作环境和个人的身体、精神、情绪等方面的状态。酒店应在经营管理中以人为本，关心重视员工，只有首先让员工满意，才会有满意的客人。因此，管理人员在淡季时可以安排岗位培训、业务培训、参观学习等，以提升员工的服务技能和意识。

案例 6-2　请给我正确答案

GB 酒店的总台问讯服务从未引起管理人员的重视，无论是总经理、前厅经理还是总台服务人员，都认为问讯服务只不过是一种不直接产生效益而又简单的工作。一天，陈女士来到总台询问三天后有无回程航班，服务员莫小姐微笑着接待了她，弄清客人的来意后，莫小姐从柜台的抽屉里翻出一本看上去已有些年头的"航班信息小览"，认真地查找起来，由于对这本小览很生疏，莫小姐有点摸不着头脑，陈女士站在柜台外耐心地等待着。随着时间的推移，莫小姐意识到自己无法胜任这次服务，便请同班的柳小姐帮忙，说着便离开了，跑到柜台的另一端跟收银员闲聊起来。为了提供针对性服务，柳小姐又请陈女士再重复一遍所要查询的内容，陈女士愕然。5 分钟后，柳小姐终于找到了陈女士所要的航班，陈女士掏出纸笔准备记录，柳小姐忽然慎重地告诉陈女士说："这本信息小览年代已久，所查航班不一定准确，仅供参考。"陈女士听后愤然说："请您给我一个准确的答复。"事后，前厅经理受理了陈女士的投诉，并决定在总台工作例会上宣布几条问讯服务质量标准，明确要求服务人员能以口头形式回答客人提出的任何问题，并以此作为考核员工的标准之一。员工对此茫然不知所措，而问讯服务质量却依然未见提高。

　　思考：优质问讯服务的标准是什么？此案例中酒店的服务环节存在哪些问题？要想提高问讯服务质量，应采取哪些措施？

　　分析：

　　（1）前厅经理制定的问讯服务质量标准是不切合实际的，要求员工口头回答客人提出的所有问题，超出了员工的能力范围。如果所定标准是不能实现的，它便失去了严肃性和约束行为的作用。我们不妨将问讯信息分为两大类来处理。

　　① 一般信息。什么是一般信息呢？"119""114""饭店总机号码"是一般信息，主要航线航班的情况也是一般信息，简言之，常用而又简单易记的信息均可列入一般信息的范畴。不同酒店，对于什么是一般信息的定义和解释取决于前厅经理本人对问讯服务的认识和自身水平的高低。

　　② 比较复杂或不常见的信息。它是指不常用、难记、用口头形式回答难以确保准确性的信息。心理研究告诉我们，用书面文字或图片资料答复一些疑难问题，客人更能获得一种满足感和安全感。

　　酒店可以用不同的方法分别处理这两个方面的信息。例如，要求总台服务员能以口头形式迅速而又准确地回答客人提出的一般问题（这是对一般信息的处理）；同时要求总台服务人员能够熟练地借助文字资料，准确无误地回答客人所提出的比较复杂或不常见的问题（这是对比较复杂或不常见信息的处理）。显然，对这样的服务标准，员工既可操作，又易衡量，并能实现酒店的既定目标。

　　（2）本案例中酒店的服务环节存在的问题有以下几个方面。

　　① 资料陈旧。

　　② 服务意识差。

　　③ 接待时对资料的内容生疏，不了解一般信息。

　　④ 对客服务中，相互推诿、应付，不负责任。

　　⑤ 让客人等候时间过长，且未致歉。

　　⑥ 没有及时向客人提供纸、笔，缺乏服务的主动性。

　　（3）提高前台问讯的服务质量，应采取以下措施。

　　① 明确优质服务的含义，要求员工能熟练、迅速、准确地处理好一般信息和比较复杂或不常见的信息问题。

　　② 树立宾客至上的服务意识，礼貌待客，对客人提出的任何问题能马上回复的应立即回复，如暂时不能回复，则礼貌告知客人请其稍等，并在查询后告诉宾客。

③ 分类收集、整理、存档问讯信息，并建立索引。对无法回答的问题应主动为客人多方查询，并将所获信息整理入档。问讯资料要不断补充、更新和调整。

④ 加强培训，对新增信息要不定期抽查、测试，督促服务人员用活这些资料，从而提高问讯服务质量。

二、习题

1. 如何理解服务、质量和服务质量三者的区别？
2. 如何理解顾客满意与顾客价值之间的区别与联系？
3. 如何向顾客提供超值服务？
4. 讨论：在中国酒店内实行全面质量管理存在的问题及解决方法。
5. 讨论：服务质量管理的几种方法及各自的利弊。

第七章　酒店安全管理

引言

　　安全管理作为酒店管理的一个重要组成部分，已得到酒店业者的充分认识与重视。酒店属于开放式的服务性企业，是一个提供综合性服务活动的公共场所，因此存在着许多不安全的因素，各种安全问题也较为突出。本章阐述了酒店安全与安全管理的概念、酒店安全管理的内容与特点，并对现代酒店的安全网络与安全组织，酒店安全管理的计划、制度与措施，酒店紧急情况的应对与管理进行了研究与分析。

学习目标

　　通过本章的学习，要求学生：①掌握现代酒店安全、安全管理的概念和酒店安全管理的内容与特点；②了解酒店安全的类型、酒店安全网络、安全组织与安全职责；③熟悉酒店犯罪与盗窃的防范计划、控制与管理，防火安全计划与消防管理措施；④掌握紧急情况的应对、管理和其他常见安全事故的防范、管理措施。

第一节　酒店安全管理概述

一、酒店安全概念

　　"安全"在《现代汉语词典》中的意思是：没有危险。美国社会心理学家马斯洛在其著名的需求层次论中把"安全需求"列为基本需求，即人类有"治安、稳定、秩序和受保护"的需求。因此，安全是人类生存、发展的基础，无论何时何地，安全都是人类首先考虑的问题。

　　1. 酒店安全的定义

　　酒店安全是指在酒店所涉及的范围内的所有人、财、物的安全及所产生的没有危险、不受任何威胁的生理的、心理的安全环境。

　　2. 酒店安全的内涵

　　酒店安全包含以下四个层面的内容：①酒店以及来店客人、酒店职工的人身和财物，在酒店所控制的范围内不受侵害，酒店内部的生活秩序、工作秩序、公共场所等内部秩序保持良好状态。客人，特别是国外客人住店，首先关心自己的人身和财产是否安全，其次才关心生活是否舒适、和谐与宽松。②酒店本身的财产安全与名誉安全。③酒店安全不仅指酒店及其人员的人身和财产不受侵害，而且指不存在其他因素导致这种侵害的产生，即心理安全。酒店安全状态是一种既没有危险，也没有可能发生危险的一种状态，使客人在心理上获得安全感。虽然客人的人身和财产并未受到伤害和损失，但客人若在住店时感到有不安全因素的威胁，存在一种恐慌心理，如设施、设备安装不合理或不牢固，电器设备有漏电现象，住客楼层有闲杂人员，地面光滑易摔倒，娱乐场所有人起哄等，都会造成客人的心理不安。从保障客人的合法权益来说，只要客人入住酒店，酒店员工就有责任保障客人的心理安全，为客人保守秘密和隐私。④酒店安全还包括名誉安全、饮食安全和其他一些需要保护的安全问题。

二、酒店安全的类型

现代酒店中的安全问题主要表现为五种类型：①以偷盗为主的犯罪行为；②火灾；③名誉损失；④逃账等财产安全问题；⑤其他安全问题。名誉损失主要针对酒店客人而言。逃账等财产安全问题主要针对酒店及酒店接待设施而言。犯罪和火灾则可能对酒店中的客人和酒店接待设施都造成很大影响。其他安全问题指酒店提供接待设施、饮食服务、娱乐服务时可能造成相应的饮食安全、娱乐安全等问题。

1. 犯罪

旅游酒店安全中的犯罪以偷盗为主。可以说盗窃案件是发生在旅游酒店中最普遍、最常见犯罪行为之一。酒店是一个存放有大量财产、物资、资金的公共场所，因此极易成为盗窃分子进行犯罪活动的目标。酒店客人的物品新奇、小巧、价值高，客人钱财在客房内随意存放，酒店的许多物品具有家庭使用或出售的价值等，都成为诱惑不法分子犯罪的动机。盗窃案件对酒店造成的后果也较为严重，不但造成客人和酒店的财产损失，而且使酒店的名誉受损，直接影响到酒店的经营。

2. 火灾

火灾是因失火而造成的现代酒店人员伤亡和财产损失的灾害。由于酒店接待设施尤其是酒店建筑费用高、内部设施完善、装饰豪华、流动资金和各类高档消耗品储存较多，且多地处繁华地段，一旦发生火灾，其直接经济损失较高、社会危害大。酒店发生火灾的主要原因在于：①酒店可燃物多；②酒店的建筑结构易发生烟囱效应；③疏散困难，易造成重大伤亡。国内外宾馆、饭店火灾的起火原因主要有：①顾客在床上吸烟（特别在酒后）或乱丢烟头；②厨房用火不慎和油锅过热起火；③在维修管道设备时，违章动火引起火灾；④电器线路接触不良，电器使用不当等。酒店最有可能发生火灾的区域为客房、厨房、餐厅以及各种机房。饭店火灾往往造成严重的后续反应，如基础设施破坏、财产损失等，甚至造成整个饭店的破产。例如，2013年4月14日6时左右，湖北省襄阳市樊城区前进东路一景城市花园酒店发生火灾，导致14人死亡、47人受伤。2017年2月25日8时许，江西省南昌市红谷滩白金汇海航酒店发生火灾，着火楼层为二楼，正在装修，共有十多名工人在里面施工，火灾发生后，有人员被困，现场浓烟滚滚。火灾事故造成10人死亡、13人受伤入院治疗。酒店火灾不仅危及客人、酒店员工的生命，也使酒店遭受重大的经济损失，名誉也严重受损。部分酒店火灾甚至还会给国家带来不可估量的损失。

3. 名誉损失

酒店安全中的名誉损失涉及住店客人的名誉安全、隐私安全与心理安全三个方面。

（1）名誉安全。名誉安全是指客人住店期间因酒店的行为或他人的行为而受到名誉或人格的损害。例如，由于酒店有卖淫、嫖娼现象的存在，有赌博、打架斗殴等不良行为的存在，导致形象不良而使入住该店的客人被误认为同流合污者，而使客人认为"到此酒店很羞耻、很不光彩"，客人名誉受损、人格受伤害。

（2）隐私安全。隐私安全是指客人的一些个人生活习惯、爱好、嗜好甚至一些不良行为和生理缺陷的安全保障问题。客人住店期间，在消费或被服务过程中有时会无意间流露出难以启齿的个人生活中的一些嗜好、不良习惯与行为，甚至一些生理缺陷。这些隐私如果外泄，会影响到客人的人格甚至影响其工作。近年来，随着酒店信息化的普及，顾客的住宿信息安全也被日益重视。因此，酒店和员工有责任为客人保守秘密和隐私，使客人能够放心、无拘束地消费与生活。2017 年，由公安部起草的《旅馆业治安管理条例（征求意见稿）》中规定，旅馆及其工作人员传播、出售、提供、泄露、删改旅客住宿信息和旅馆视频监控资料，构成犯罪的，依法追究刑事责任。

（3）心理安全。心理安全是指客人在入住现代酒店后对环境、设施和服务的信任感。有时虽然客人的人身和财产并未受到伤害和损失，但客人却感到有不安全因素的威胁，存在一种恐慌心理，如设备安装不牢固、电器设备有漏电现象、楼层有闲杂人员等。从保障客人的合法权益来说，只要客人住进了现代酒店，酒店的任何人员在没有特殊情况下，都不得随便进入该客房。酒店的员工有责任为客人保守秘密和隐私。有些客人不愿将自己的情况告诉别人，那么酒店员工就要为他保密，不要轻易将他的房号等告诉外来人员，从而让客人在心理上获得安全感。

4. 逃账

逃账现象在中、西方酒店中常有出现。在酒店经营管理中，常把客人冒用信用卡、盗用支票、假支票、假钞、逃单等现象统称为逃账现象。逃账无疑会给酒店带来经济的损失和人力的耗损。因此，逃账是危及酒店正当利益的财产安全问题。

5. 其他安全问题

酒店中的其他安全问题主要有以下几种。

（1）食物中毒。这是由于饮食卫生引发的较为严重的饮食安全问题，其主要原因是由于饮食提供者提供的食品或饮品过期、变质或不洁净等原因而导致的较为恶性的事故。食物中毒对宾客的伤害较大，严重者将危及宾客的生命安全。例如，2011 年 8 月 12 日，三亚国光豪生度假酒店发生 120 余人食物中毒事件，三亚市食品药品监督管理局给予其罚款67 万元的行政处罚决定，全国旅游星级饭店评定委员会取消三亚国光豪生度假酒店五星级旅游饭店资格。

（2）打架斗殴。打架斗殴多发生在酒店的歌舞厅、卡拉 OK 厅、酒吧等娱乐场所，主要源于酗酒。娱乐场所内的打架斗殴容易殃及其他宾客，不仅对宾客造成身体伤害，也将使酒店蒙受经济损失。

三、酒店安全管理的内涵

酒店安全管理是指酒店为了保障客人、员工的人身和财产安全以及酒店自身的财产安全而进行的计划、组织、协调、控制与管理等系列活动的总称。这些活动既包括安全的宣传与教育，安全管理方针、政策、法规、条例的制定与实施，也包括安全防控、管理措施的制定与安全保障体系的构建与运作。酒店安全管理的目的是防止火灾、犯罪活动和其他不安全事故的发生，保障客人、员工的人身和财产安全以及酒店自身的财产安全，保证酒店的正常营运。

酒店安全管理涉及以下三个层面。

1. 宏观行业安全管理

宏观行业安全管理是指全国性、地区性的宏观行业安全管理。它是由国家或地区制定相应的法规，设置专门的机构和人员，对全国酒店接待设施加以规范、管理，落实酒店接待设施的安全设施状况、安全管理工作，从宏观上把握酒店业的行业安全。例如，通过《中华人民共和国治安管理处罚条例》《旅馆业治安管理办法》《中华人民共和国消防法》对酒店业的治安、消防等予以宏观管理。

2. 微观酒店企业安全管理

微观酒店企业安全管理主要是指酒店企业根据国家的相应政策法规开展的企业内部安全管理。酒店企业内部的安全环节千头万绪，安全管理工作较为琐碎，难度也较大。归纳起来，微观酒店企业安全管理涉及以下几个方面：安全管理规章制度；安全管理机构；安全设施设备；部门安全管理；防火；防盗；其他安全管理。

3. 客人管理

客人管理包括以下两方面的内容。

（1）对客人的管理与引导。一方面，要对客人进行管理，防止客人借助客人身份的掩护变成犯罪分子和旅游安全问题的故意肇事者；另一方面，要正确引导客人，使客人能够遵守相应的安全规章制度，安全操作，不致引发旅游安全问题。例如，据统计，酒店火灾中约有 40%是由客人吸烟不注意引发的。因此，引导客人不要卧床吸烟、对酒店的客人加强管理显得非常重要。

（2）客人的自我安全管理。酒店安全问题的发生，有很大一部分是由于客人自身的原因造成的。例如，客人疏忽大意而在酒店丢失东西或物品被盗，客人吸烟引发的火灾等。因此，客人一方面要提高警惕，充分认识到酒店中潜在的安全隐患；另一方面，应该尽量克制自己的行为，避免使自己成为酒店安全问题的肇事者尤其是故意肇事者。

四、酒店安全管理的内容与特点

（一）酒店安全管理的内容

1. 建立有效的安全组织与安全网络

现代酒店安全管理工作通常是由专门成立的安全部（如酒店的安全部或保安部）负责，鉴于现代酒店安全管理的复杂性，酒店的安全管理工作除由安全部具体负责外，还应根据现代酒店的特征，建立有效的安全组织与安全网络。酒店的安全组织和安全网络由现代酒店的各级管理人员和一线服务人员组成，与酒店的保安部一起共同完成安全管理。管理工作内容包括酒店的消防管理、治安管理以及日常的楼面安全管理。

2. 制定科学的安全管理计划、制度与安全管理措施

科学的安全管理计划、制度和安全管理措施能防患于未然，避免酒店不安全问题的发生或减少发生的频率。酒店安全管理计划、制度与安全管理措施包括：犯罪与防盗控制计划与规律措施，防火安全计划与消防管理措施，常见安全事故的防范计划与管理措施。安全制度包括治安管理制度、消防管理制度等内容。

3. 紧急情况的应对与管理

紧急情况是指发生在现代酒店中的一些突发的、重大的不安全事件或事故。从安全角度看，酒店中容易产生的紧急情况一般有：停电事故，客人违法事件，客人伤、病、亡事故，涉外案件以及楼层防爆等。加强对紧急情况引发因素的控制与管理、做好应对紧急情况发生的准备工作，是现代酒店安全管理的重要工作与任务。

（二）酒店安全管理的特点

与其他管理相比，酒店安全管理具有其特殊性。

1. 国际性

所有涉外酒店的安全管理均具有国际性的特点。随着我国加入 WTO 和全球经济一体化的发展，国际交往将越来越频繁。现代酒店客人来自世界各地，由于各国的法律、道德、准则和行商公约不同，有的甚至差别很大，因此，酒店中安全管理就得特别强调国际性，在安全防范政策与措施中，既要不违背我国的法律规定，又要注意内外有别，按国际惯例办事；既要考虑来自不同地区、国家客人的习惯与承受能力，又要遵循国际通例，以国际性的安全管理政策与条例来满足不同国家和地区消费者的共同需求。

2. 复杂性

现代酒店是一个公共场所，是一个消费场地，每天都有大量的人流、物流和信息流。人流中，有住客、有访客，也可能有寻机作案的犯罪分子，犯罪分子往往又不能从外表上确认；物流中既有客人与酒店、客人与客人、客人与外界的物流过程，也有服务过程所需要的物质（资）流；信息流既包括电波流、文件流、数据流，也包括商务过程的洽谈，会议期间的报告和产品演示的交流。大量的人流、物流与信息流的存在造成了酒店安全管理的复杂性。这种复杂性表现在安全管理上既要防火，又要防盗；既要保护客人的生命、财产安全，又要考虑客人的娱乐安全、饮食安全，还要考虑防暴力、防突变、防"黄赌毒"、防突发事件等。

3. 广泛性

现代酒店安全管理广泛性体现在以下两个方面。

（1）安全管理内容的广泛性。现代酒店安全管理内容涉及供给方的安全管理与客人方的安全管理两大方面。前者包括酒店员工的人身安全、服务用品安全以及设施设备运作安全；后者除包括客人的生命、财产、隐私安全外，还包括客人的食、娱安全等内容。

（2）安全管理涉及范畴的广泛性。首先，酒店安全管理的范围既涉及现代酒店本身，还涉及酒店以外的区域范围；其次，酒店安全管理既涉及现代酒店各个工作岗位和每位员工，又涉及每个住店客人。酒店安全管理的广泛性要求安全管理需要各部门、各岗位的共

同合作，需要依靠全体员工的努力和配合，需要把安全工作与各部门、各岗位的职责、任务结合起来，在现代酒店中形成一个安全管理工作网络体系。

4. 全过程性

酒店接待设施一天 24 小时、一年 365 天，不分白昼黑夜、春夏秋冬，都要坚持不懈地进行安全管理。从酒店接待设施每一服务产品的生产到客人的消费，从客人入住登记到客人离开的整个过程，都存在着安全管理的问题。

5. 突发性

发生在酒店接待设施内的各种事故，往往带有突发性。酒店接待设施的各类安全问题往往是在很短时间内发生的，如火灾、抢劫、凶杀、爆炸等。因此，酒店管理者在平时要有处理各种突发事件的准备，才能在发生突发性事件时临危不乱，并进行控制与处理。

6. 强制性

酒店安全管理必须依据具有规范性和约束力的规章制度来实施安全管理办法与措施，违者则以行政、经济等手段进行处罚。只有健全、有力、高效的管理制度才能保证酒店经营的正常运行，才能保持酒店的经济效益与社会效益。

7. 全员性

酒店安全管理涉及每个部门、每个工作岗位和每个员工。酒店安全管理虽由安全部主要负责，但由于酒店接待设施的特点，必须有各部门的通力合作，依靠全体职工的共同努力。安全部要将安全工作与各部门及岗位的职责、任务结合起来，要在现代酒店内形成一个安全工作的网络体系。只有各级领导和全体员工都增强了安全管理意识，酒店安全才能有保障。

8. 政策性

酒店安全管理的政策性是由酒店安全管理的性质和内容决定的。酒店安全管理既要维护客人的合法权益，又要对一些触犯法规的人员进行适当的处理。在处理安全问题时要根据不同的对象、性质和问题，采用不同的法规和政策。

第二节　酒店安全网络与安全组织

由于现代酒店在旅游活动中的特殊作用与地位，考虑到现代酒店安全类型的特殊性以及安全管理工作的特点，现代酒店的安全管理工作除受所在地区行业管理部门的统一安全管理外，还应结合现代酒店各自的性质与特点，建立自己有效的安全组织与安全网络。

一、安全网络

酒店安全管理网络是旅游安全管理网络系统中的一个子系统，应与旅游的安全管理工作协调一致，并与现代酒店各工作部门、各工作岗位的职责与任务结合起来。由于酒店安全管理工作始终贯穿于生产、服务过程中，并与其他部门相互依赖与关联，因此现代酒店安全网络应包括以下内容。

1. 现代酒店层网络

现代酒店层网络是由酒店高层领导、保安职能部门及酒店其他部门经理组成的，对整个酒店安全管理负责任的工作网络。它的任务是指导安全管理工作的开展，制定酒店安全管理计划与安全管理制度，并督促其有效实施。它的工作机构是酒店的保安部门，它的工作手段是计划和制度实施的检查与考核。它的监控方式是通过设在各部门、各岗位及酒店各特殊部门、公共区域中的安全监控系统进行监控。保安部设在现代酒店电梯口、楼层通道、休息会议厅等场所的安全监控系统是现代酒店安全管理工作的技术支持与保障。

2. 部门管理层网络

部门管理层网络是由酒店房务部、各楼层管理人员、酒店保安部分管各楼层安全管理工作的人员及相关部门（如工程部人员）组成的，对现代酒店各部门安全管理负责任的工作网络。它的任务是指导各部门安全管理工作的开展，制定各部门安全管理计划和安全管理制度并督促其有效实施。它的工作机构是各部门经理领导下的安全管理小组；这个小组由酒店保安部进行业务指导，人员由保安部分管各楼层安全管理工作的人员及相关的管理人员组成。它的工作手段是在各自的工作岗位上结合生产、服务工作流程而开展安全管理工作。它的监控方式是通过部门安全管理计划和安全管理制度的实施。

3. 楼面服务层网络

楼面服务层网络是由酒店各部门所有一线服务人员组成的安全工作网络，这个网络的人员遍及楼层每个部位，在全天候 24 小时的楼面服务过程中实施楼层的安全管理工作。它的工作手段是把安全管理的内容、楼层安全管理计划和安全管理制度结合到自己岗位上的服务操作中，在服务操作中，消除安全隐患，避免不安全事故发生。这个层面安全网络的效果取决于楼层服务员对楼层安全管理重要性的认识程度。因此，楼层管理人员应对楼层员工开展经常性的安全教育，进行安全管理工作程序及相关技术的培训，以达到全员注重安全，杜绝安全隐患的目的。

二、安全组织与安全职责

安全组织是酒店安全管理的组织，也是酒店安全计划、制度与安全管理措施的执行机构，负责酒店的安全与治安工作。酒店安全组织除履行旅游安全管理委员会指定的安全职责外，还得根据现代酒店的安全管理特征，履行酒店特有的安全职责。酒店的安全组织一般有安全管理委员会、安全管理小组、治安协管小组和消防管理委员会。

1. 安全管理委员会及其职责

安全管理委员会是由酒店高层领导、保安职能部门及酒店其他部门经理组成，并对整个现代酒店安全管理工作负总责的组织。它的任务是指导安全管理工作的开展，制定现代酒店安全管理计划、制度与安全管理措施，并督促其有效实施。

2. 安全管理小组及其职责

酒店保安部是负责酒店安全工作的职能部门。保安部一般设有多个专门小组负责现代酒店各专项、各部门的安全管理工作。例如，保安部内负责房务部安全管理工作的保安小组人员、楼层治安协管小组组长、消防管理小组组长及楼层相关管理人员就构成了酒店各楼层安全管理小组。楼层安全管理小组向酒店保安部和房务部经理负责，执行和监管现代酒店的安全管理工作。

酒店安全管理小组的主要职责有以下六个方面。

（1）协助酒店管理者制订、实施楼层的安全计划，并根据实施中所发现的问题或各种变化的因素，向现代酒店管理层提出修改或完善有关安全管理的政策、程序等方面的建议，在得到认可后，负责对酒店安全计划进行修订与实施。

（2）将酒店的安全管理工作与酒店的整体管理工作统一、协调起来，使酒店安全工作与各工作部门及各工作岗位的职责、任务有机地结合，从而使酒店安全管理计划在各楼层得到有效的实施。

（3）对酒店员工开展安全教育，进行安全工作程序及技术的训练，负责使每个员工了解并掌握与各自工作岗位有关的安全工作程序与技术，懂得如何应付可能出现的紧急事故，如火灾、停电等，明白在紧急状况下自己所应起的作用及应采取的措施，并学会使用各种安全设备的方法。

（4）保证酒店内各种安全设备设施始终处于良好的使用状态。通过定期或经常的检查，及时提出修理、更换或添置要求。

（5）组织开展酒店各楼层安全管理工作的各项活动，负责对各部门管理工作进行阶段性分析，并以各种信息反馈形式（如报表、评估报告、专题汇报等）向保安部及现代酒店管理者反馈安全管理工作情况。

（6）指导酒店治安协管小组开展日常治安管理工作。

3. 治安协管小组及其职责

酒店治安协管小组是由酒店各部门员工组成，协助部门安全管理小组实施部门安全计划，做好安全管理工作的组织。由于治安协管小组均非专职的安全保卫人员，而是在其工作岗位上兼任安全协管工作。因此，必须选用综合素质高、积极负责的员工做安全协管员，明确他们协管的区域及任务，为他们提供必要的安全管理知识与技能训练，树立他们在楼层安全协管工作中的权威地位。

酒店治安协管小组的主要职责有以下五个方面。

（1）协助部门安全管理小组执行日常安全管理工作，落实和实施部门治安工作责任制和安全计划，维护楼层治安秩序。

（2）对楼面公共区域、电梯入口进行必要的监控，在日常的工作岗位上监管安全工作，发现有不安全现象，尽快将其控制，一旦出现不安全情况及事故，及时向部门安全管理小组或保安部汇报，保证不安全情况能及时得到控制和解决。

（3）协助部门安全管理小组及保安部人员调查和处理客人及员工报告的各种涉及安全问题的事件，防止犯罪分子及可疑人员进入酒店。

（4）结合岗位工作，做好日常的安全工作记录；对分管区域内的安全设备、设施进行检查与管理，做好这些设备、设施的使用、维修及更换记录。

（5）对客人在客房内的隐私安全、心理安全、生活安全负责，协助客人做好安全防范工作。

4. 消防管理委员会及其职责

消防管理委员会负责管理和领导酒店的消防管理工作。消防管理委员会由现代酒店的房务部、保安部、工程部及相关部门的领导组成，由酒店总经理担任消防委员会的主任。

由于酒店的消防工作涉及每个岗位、每个员工，因此，酒店消防管理小组必须有各部门、各不同工作岗位的员工代表参加，以便消防安全管理能触及楼层各个层次与区域。酒店消防管理委员会主要职责有以下五个方面。

（1）认真贯彻上级和公安消防部门有关消防安全工作的指示和规定，把防火工作纳入酒店的日常管理工作，做到同计划、同布置、同检查、同评比。

（2）实行"预防为主，防消结合"的方针，制订灭火方案和疏散计划，定期研究、布置和检查酒店的消防工作。

（3）充分发动与依靠每个员工，实施岗位防火责任制，保证酒店消防工作计划和政策的实施与落实；定期进行防火安全检查，消除火灾隐患和不安全因素。

（4）组织检查现代酒店消防器材的配备、维修、保养和管理，确保消防设施、设备及器材的完好，使其始终处于良好的使用状态。

（5）组织酒店员工进行消防知识教育培训与消防演习，使每位员工认识到消防工作的重要性，发现不安全因素立即排除并上报，让员工熟悉报警程序、疏散程序，熟悉紧急出口和通道，并能正确地使用灭火器材。

第三节　酒店安全管理的计划、制度与措施

由于酒店各种安全问题存在的可能性和不安全事故发生的无序性，因此，酒店采取的安全管理的计划、制度与措施绝不能是临时的、局部的、应付性的或事后弥补式的。酒店管理者应根据现代酒店的特点，制定出一个科学、有效的安全管理的计划、制度与措施，并使这个计划、制度与措施同酒店的经营管理工作紧密地结合起来。《旅游饭店星级的划分与评定》（GB/T 14308—2010）中也对酒店制定应急预案提出了明确的要求。

酒店安全管理计划应是完整的、能有效应对安全问题的计划。计划应包括明确的规章制度及精心设计的程序、过程和活动，旨在防止犯罪，减少损失和降低酒店中不安全问题的发生频率。

酒店安全管理措施应根据客人普遍所需的安全要求，结合本酒店的实际情况，要有各项服务工作的安全标准。这些标准不应是笼统的、空洞的，而应是具体的、详尽的。在对构成犯罪、事故及引起客人、酒店受损、受害的各种不安全因素进行调查研究的基础上，应在酒店的安全管理计划指导下，结合酒店的安全管理制度，提出解决问题和处理问题的措施与办法。

应该强调的是，酒店安全管理的计划、制度与措施的内容必须符合国家的有关法规，符合酒店所在地的地方性有关法规及社会治安条例，还必须能被酒店的客人所接受。同时，安全管理的计划、制度与措施本身应根据各种情况的变化及客人安全需求的变化不断进行更新及发展。

一、犯罪与盗窃的防范计划、控制与管理

酒店对客人及员工生命、财产安全负有特殊的责任。现代酒店常见的危害客人及员工

生命、财产安全的问题主要为犯罪、盗窃和火灾三种形式。其中，犯罪与盗窃的防范计划、控制与管理是酒店安全管理的重要内容。

酒店犯罪与盗窃的防范计划、控制与管理主要包括以下几个方面的工作。

（一）客人生命、财产的安全控制与管理

1. 酒店入口的控制与管理

酒店是一个公共场所，除衣冠不整者外，任何人都可自由出入。在众多的人流中，难免有图谋不轨的人或犯罪分子混杂其间，因此，酒店入口控制就显得非常重要。酒店入口主要有酒店大门入口、楼层电梯入口和楼层走道。

（1）酒店大门入口控制与管理。

① 酒店不宜有多处入口，应把入口限制在有控制的大门。这种控制是指有安全门卫或闭路电视监视设备控制。在夜间，应只使用一个入口。

② 酒店大门的门卫既是迎宾员，又应是安全员。应对门卫进行安全方面的训练，使他们能用眼光观察、识别可疑分子及可疑的活动。另外，在酒店大门及门厅里应有保安部的专职安保人员巡视。他们与门卫密切配合，对进出的人流、门厅里的各种活动进行监视。如发现可疑人物或活动，及时通过现代化的通信设备与保安部联络，以便采取进一步的监视行动，防止可能发生的犯罪或其他不良行为。

③ 现代星级酒店一般都要求在大门入口处安装闭路电视监视器（摄像头），对入口处进行无障碍监视，由专职人员在安全监控室进行24小时不间断的监视。监视人员与门卫及在入口处巡视的安保人员织成一个无形、有效的监视网，对酒店大门入口进行安全控制，保证大门入口处的安全。

（2）电梯入口控制与管理。

电梯是到达楼层的主要通道。许多酒店设有专供客人使用的专用电梯。为确保酒店的安全，必须对普通电梯及专用电梯入口加以控制。控制的方法一般采用人员控制或闭路电视监控。监控的位置一般在大厅电梯口、楼层电梯口、电梯内。

① 人员控制。通过设置电梯服务岗位来达到人员控制。这个岗位并非固定的，而是根据需要时设时撤，一般在酒店举行会议、展销等大型集会时，由于进出酒店的人流较多，电梯瞬间人流大，采用闭路电视监控较难达到监控效果，因此设置电梯服务岗位，由服务岗位的服务员招呼迎送上下客人并协助客人合理安排电梯上下，尽快疏散人流。这一岗位上的服务员同样应受过安全训练，学会发现、识别可疑人物进入楼层，并能及时与楼层巡视的保安部人员联络，对进入楼层的可疑人物进行监督。

② 闭路电视监控。通过设置在大厅电梯口及各楼层的电梯口及电梯内的摄像头组成的闭路电视监控网来监视。安全监控室的专职人员通过闭路电视监控网对上下电梯的人员进行监视，发现疑点时及时与在各层巡视的安保部人员联络，进行进一步监视或采取行动制止不良或犯罪行为，必要时采取录像存档，以便以后作为佐证和对比材料使用。

（3）楼层走道安全控制与管理。

① 保安部例行走道巡视控制。派遣保安部人员在楼层走道里巡视，应是保安部的一项日常、例行的活动。在巡视中，保安巡视人员应注意在楼层走道上徘徊的外来陌生人及不应该进入楼层的酒店职工，也应注意客房的门是否关上及锁好，如发现某客房的门虚掩，安保人员可去最近处打电话给该客房。客人在房内的话，提醒他注意关好房门，客人不在

房内的话,就直接进入客房检查是否有不正常的现象。即使情况正常,纯属客人疏忽,事后也应由安保部发出通知,提醒客人注意离房时锁门。保安部对楼层走道巡视的路线、经过某一区域的时间应不时做出调整和变更,不能形成规律,以免让不良分子钻空子。但是,单靠安保部人员巡视来保证楼层走道的安全是远远不够的,因为巡视的安保人员人数少,巡视时间间隔长,有很大的局限性。

② 楼层全员岗位控制。楼层安全计划应明确要求凡进入楼层区域工作的工作人员,如客房服务员、客房部主管及现代酒店经理等,都应在其岗位工作中起到安全控制与管理的作用,随时注意可疑的人及不正常的情况,并及时向保安部门报告。

③ 闭路电视监控。通过装置在楼层走道中的闭路电视监视系统对每个楼层走道进行监视及控制。

此外,还应注意楼层走道的照明正常及地毯铺设平整,以保证客人及职工行走的安全。

2. 客房安全控制与管理

客房是客人在酒店最常停留的主要场所及其财物的存放处,所以客房的安全至关重要。客房安全控制与管理包括以下内容。

(1) 客房门锁与钥匙控制与管理。

为防止外来人员的侵扰,客房门上的安全装置是很重要的,其中包括能双锁的门锁装置、安全链及广角的窥视警眼(无遮挡视角不低于160°)。除正门之外,其他能进入客房的入口处都上闩或上锁。这些入口处有阳台门、与邻房相通的门等。

客房门锁是保护客人人身及财产安全的一个关键。安全的门锁以及严格的钥匙控制是客人安全的一个重要保障。现在多数酒店门锁均采用磁卡、IC卡电子门锁,其安全系数相对较高,但其输码与复杂的控制程序对客户门锁安全仍非常重要。酒店管理机构应设计出一个结合本酒店实际情况的切实可行的客房钥匙编码、发放及控制的程序,以保证客房的安全,保证客人人身及财物的安全。一般来说,这个程序包括以下内容。

① 对于电子门锁系统,总服务台是电子门锁卡编码、改码和发放客房门锁卡的地方。当客人完成登记入住手续后,总服务台就发给客人该房间的门锁卡。客人在居住期内由自己保管门锁卡,一般情况下,门锁卡不宜标有房间号码,以免客人丢失门锁卡又不能及时通知酒店时,被不良行为者利用。

② 客人丢失门锁卡时,可以到总服务台补领,补卡时应要求客人出示能表明自己身份的证件,在服务人员核对其身份后方能补发重新编码的门锁卡。对于长住客或服务员能确认的情况下,可以直接补卡,以免引起客人的反感。

③ 工作人员,尤其是客房服务员所掌握的万能钥匙卡不能随意丢放在工作车上或插在正在打扫的客房门锁上及取电槽内。应要求他们将客房钥匙卡随身携带,客房服务员在楼面工作时,如遇自称忘记带钥匙卡的客人要求代为打开房门的情况,绝不能随意为其打开房门。

④ 须防止掌握客房钥匙卡的工作人员图谋不轨。采用普通门锁的楼层,客房通用钥匙通常由客房服务员掌管,每天上班时发给相应的房务员,在他们完成工作后收回。客房部每日都应记录钥匙发放及使用情况,如领用人、发放人、发放及归还时间等,并由领用人签字。客房部还应要求服务员在工作记录表上记录下进入与退出每个房间的具体时间。

(2) 客房内设施设备安全控制与管理。

① 电气设备安全控制与管理。客房内的各种电气设备都应保证安全。客房电气设备安

全控制包括：客用电视机、小酒吧、各种灯具和开关插座的防爆、防漏电安全；计算机接口、调制解调器以及客用计算机设施设备的防病毒安全；火灾报警探头系统、蜂鸣器、自动灭火喷头以及空调水暖设施设备的安全等。

② 卫生间及饮水安全控制与管理。卫生间的地面及浴缸都应有防止客人滑倒的措施。客房内口杯及水杯、冰桶等都应及时、切实消毒。如果卫生间内的自来水未达到直接饮用的标准，应在水龙头上标上"非饮用水"的标记。

③ 家具设施安全包括床、办公桌、办公椅、躺椅、行李台、茶几等家具的使用安全。应定期检查家具的牢固程度，尤其是床与椅子。

④ 其他方面的安全控制与管理。在客房桌上应展示专门有关安全问题的告示或须知，告诉客人如何安全使用客房内的设备与装置，专门用于保安的装置及作用，出现紧急情况时所用的联络电话号码及应采取的行动。告示或须知还应提醒客人注意不要无所顾忌地将房号告诉其他客人和任何陌生人，应注意不良分子假冒酒店职工进入楼层或客房。

楼层员工应遵循有关的程序协助保证客房的安全。客房清扫员在清扫客房时门必须是开着的，并注意不能将客房钥匙随意丢在清洁车上。在清扫工作中，还应检查客房里的各种安全装置，如门锁、门链、警眼等，如有损坏，及时报告安保部。引领客人进房的行李员向客人介绍安全装置的使用，并提醒客人阅读在桌上展示的有关安全的告示或须知。

3. 客人财物保管箱安全控制与管理

按照我国的有关法律规定，酒店必须设置客人财物保管箱，并且建立一套登记、领取和交接制度。

酒店客人财物保管箱有两类，一类设在酒店总台内，由酒店总台统一控制。当客人使用时，由总台服务员和客人各掌一把钥匙，取物时，应两把钥匙一起插入才能开启保险箱。另一类则为客房内个人使用的保险箱，客房内保险箱由客人自设密码，进行开启与关闭。服务人员应将保险箱的使用方法及客人须知用书面形式明确地告知客人，以便客人方便使用。相关人员须定期检查保险箱的密码系统，以保证客人使用安全。

（二）员工的安全控制与管理

对酒店来说，它有法律上的义务及道义上的责任来保障在工作岗位上的员工的安全。因酒店忽视员工安全，未采取各种保护手段及预防措施而引起或产生的员工安全事故，酒店负有不可推卸的责任，甚至将受到法律的追究。另外，从员工的角度来看，员工如同客人一样，有人类共同渴望的安全感，希望得到保护，使自身及财物免遭伤害。因此，员工安全也应是酒店安全计划、控制与管理的组成部分。在员工安全管理中，应根据酒店的运作过程，结合各个工作岗位的工作特点，制定员工安全标准及各种保护手段和预防措施。

1. 劳动保护措施

（1）岗位工作的劳动保护与安全标准。酒店的各个工作岗位要根据岗位工作的特点制定安全操作标准。虽然酒店内的服务工作基本上以手工操作为主，但不同岗位的安全操作标准却不尽相同。例如，现代酒店接待员需要防袭击和防骚扰，客房清洁服务员的腰肢保护和防清洁剂喷溅，餐厅服务员防烫伤、防玻璃器皿割伤等，都需要有相应的安全工作标准和操作标准。随着各种工具、器械、设备应用的增多，酒店应制定安全使用及操作这些工具、器械、设备的各个岗位的安全工作标准和操作标准。

（2）岗位培训中的安全培训。在员工岗位技术培训中应包括安全工作、安全操作的培训与训练。酒店组织员工培训时，应将安全工作及操作列入培训的内容，在使员工学习及熟练掌握各工作岗位所需的技能、技巧的同时，培养 "安全第一" 的观念，养成良好的安全工作及安全操作的习惯，并使员工掌握必要的安全操作的知识及技能。同时，酒店还应强调并提倡员工之间的互相配合，即工种与工种之间、上下程序之间都应考虑到对方的安全，如设备维修人员在维修电器或检查线路时，要告之正在一起工作的房务员，以免造成不便或引起事故。

2. 员工个人财物安全保护

酒店员工的个人财产安全保护包括员工宿舍内员工个人财产的安全保护和员工更衣室个人衣物储藏箱的安全保护两个方面。

（1）员工宿舍内员工个人财产的安全保护。员工宿舍内员工个人财产的安全保护包括防止员工内部偷盗及外来人员偷盗两个方面的内容。酒店应为员工配备带锁的桌子或衣柜，以便员工存放贵重物品。酒店应告诫员工不要在宿舍存放太多的现金；注意不要让金钱外露；银行卡的密码应妥善保管，不能轻易外泄；出入宿舍要记得随手关门等。当抓到员工有偷盗行为时，应将该员工立即开除，严重的要交送当地的公安机关。此外，酒店应提醒员工注意观察宿舍楼内的陌生人，一旦发现可疑人物，应立即报告保安，让其出示身份证明。

（2）员工更衣室个人衣物储藏箱的安全保护。原则上，现代酒店不允许员工带物品进入酒店及工作岗位，为确保员工的衣服及随身的日常小用品的安全，要为上班的员工提供个人衣物储藏箱，应告诫员工不要携带较多的钱财及贵重物品上班。储藏箱一般设在更衣室内，储藏箱要上锁，钥匙由员工个人及酒店人事部共同控制（即酒店人事部存有酒店员工更衣室个人储藏箱的所有钥匙）。更衣室平时由保安部人员巡视，为防止员工将酒店物品存放于个人衣物储藏箱，酒店有权检查员工个人衣物储藏箱，但检查时必须由保安部、人事部派人参加，并要求至少有 2 人在场方能开箱检查，以确保员工财产安全。

3. 员工免遭外来的侵袭控制

为方便客人，酒店一般设有多个结账台，这是犯罪分子可能抢劫的目标，收款员也可能成为受袭击的对象。因此，为保护收款员的安全，在收款处，应装置报警器或闭路电视监视器。收款处应只保留小额现金。当收款员交接现金时，应由保安部人员陪同。酒店还应告诫收款员遭到抢劫时的安全保护程序。

客房服务人员还可能遇到正在房内作案的窃贼而遭到袭击，或遭到行为不轨或蛮不讲理的客人的侵扰。一旦发生这种情况，在场的工作人员应及时上前协助受侵袭的服务员撤离现场，免遭进一步的攻击，并尽快通知保安部人员及楼层管理人员迅速赶到现场，酌情处理。

另外，给上夜班下晚班的员工安排交通工具回家或让其在酒店过夜；及时护送工伤及生病员工就医；防范员工上下班发生交通事故；加强员工食堂管理，控制员工饮食安全，防止食物中毒等，都属于员工安全计划的内容。

（三）酒店财产的安全控制与管理

酒店内拥有大量的设施设备和各种高档物品，这些财产设备和物品为酒店正常运行及客人享受服务提供了良好的物质基础。它们每天由员工或客人接触和使用，对这些财产及物品的任何偷盗及滥用都将影响到酒店及客人的利益。因此，财产安全控制与管理是酒店安全控制与管理中的重要内容。为了保证酒店的财产安全，酒店财产的安全控制与管理包括以下内容。

1. 员工偷盗行为的防范与控制

事实证明，员工在日常的工作及服务过程中直接接触各类设备与有价物品，这些物品具有供个人家庭使用或再次出售的价值，这就很容易诱使酒店员工产生偷盗行为。酒店在防范和控制员工偷盗行为时，应考虑的一个基本问题是员工的素质与道德水准。这就要求在录用员工时严格把好关，员工进店后应对其进行经常性的教育并有严格的奖惩措施。奖惩措施应在员工守则中载明并照章严格实施。对有诚实表现的员工进行各种形式的鼓励及奖励；反之，对有不诚实行为及偷盗行为的员工视情节轻重进行处理，直至开除出店。思想教育和奖惩手段是相辅相成的，只有切实执行，才能有效。

另外，酒店还应通过各种措施，尽量限制及减少员工偷盗的机会及可能。这些措施包括：员工上班都必须穿工作制服，戴号牌，便于安全人员识别；在员工上下班进出口，由安全人员值班，检查及控制职工携带进出的物品；完善员工领用物品的手续，并严格照章办事；严格控制储存物资，定期检查及盘点物资数量；控制及限制存放在收银处的现金额度，交接现金须有保安人员陪同及参加；严格财物制度，实行财务检查，谨防工作人员贪污。

2. 客人偷盗行为的防范与控制

由于酒店物品的高档性、稀有性及无法购买性（有些物品在市场上无法购买到），因而酒店住店客人也容易产生偷盗行为。虽然客人的素质一般较高，但受喜爱物品之诱惑，也不乏偷窃者。由于酒店所配备的客用物品，如浴巾、浴衣、办公用品、日用品等一般都由专门厂家生产，档次、质量、式样都较好；客房内的装饰物和摆设物（如工艺品、字画、古玩等）也比较昂贵和稀有，这些物品具有较高的使用、观赏价值和纪念意义，因此容易成为住店客人盗取的对象和目标。为了防止这些物品被盗而流失，酒店可采取的防范控制措施有：将这些有可能成为客人偷盗目标的物品印上或打上酒店的标志或特殊的标记，这能使客人打消偷盗的念头；有些引起客人兴趣，想留作纪念的物品，可供出售，这可在《旅客须知》中说明；客房服务员日常打扫房间时，对房内的物品加以检查；在客人离开房间后对房间的设备及物品进行检查，如发现有物品被偷盗或设备被损坏，应立即报告。

3. 外来人员偷盗行为的防范与控制

外来人员偷盗行为的防范与控制包括三个方面人员的防范与控制。

（1）不法分子和外来窃贼的防范与控制。要加强入口控制，楼层走道控制及其他公众场所的控制，防止外来不良分子窜入作案。

（2）外来公务人员的防范与控制。酒店由于业务往来需要，总有一些外来公务人员进出酒店，这些人员包括外来公事人员、送货人员、修理人员、业务洽谈人员等。应规定外来人员只能使用职工入口，并须在安全值班人员弄清楚情况后才能放行进入。这些人员在完成任务后，也必须经职工出口处离店。保安人员应注意他们携带出店的物品。楼层内的设备、用具、物品等需带出店外修理的，必须具有酒店经理的签名，并经安全值班人员登记后才能放行。

（3）访客的防范与控制。酒店客人因业务需要经常接待各类访客，而访客中也常混杂着不良分子，他们在进入客人房间后，趁客人不备往往会顺手牵羊，带走客人的贵重物品或客房内的高档装饰物及摆设物；他们也可能未经客人的同意，私自使用客房内的付费服务项目，如打长途电话甚至国际长途等。此外，楼层应尽量避免将有价值的物品（如楼层电话等）放置在公共场所的显眼位置，并应对安放在公共场所的各种设施设备和物品进行登记和有效管理。

二、防火安全计划与消防管理

火灾始终是威胁酒店安全的一个重大灾难。因此，制订科学、合理的防火安全计划和进行有效的消防管理是酒店安全管理的重要内容。

（一）酒店火灾原因分析

1. 客人吸烟

很多酒店发生火灾是由于客人与酒店人员吸烟不注意所致，主要有两种情况：一是卧床吸烟，特别是酒后卧床吸烟，睡着后引燃被褥酿成火灾。例如，2009年3月19日，新疆阿图什市友谊宾馆4002号客房发生火灾，接到报警后阿图什市消防中队迅速出动5辆消防车、20名指战员赶赴火场及时将大火扑灭，由于扑救及时，火灾没有造成人员伤亡和大的财产损失。经调查，火灾系住客卧床吸烟引发。二是吸烟者乱扔烟头。例如，2010年10月26日，温州市温州灯城酒店突发火灾，起火位置位于灯城饭店主楼2楼的207客房，火势迅速向四周蔓延并造成入住该酒店内的100余名房客被困险境，幸好温州消防救援官兵及时扑灭火势，营救了100余名被困的房客。事后调查组查明，此次火灾原因是居住在207客房内张某和任某吸烟将烟蒂随手扔在地板引燃客房周边的可燃物。

2. 电器设备故障

酒店诸多功能集中在同一建筑内，各种电器设备种类繁多，这些设备用电负荷大，再加上有的酒店电器电线安装不符合要求，因而成为引起酒店火灾的主要原因。据调查，在福建省福州、泉州、厦门三个地区的主要酒店中，因电器设备故障而引起的酒店火灾数量占酒店火灾总数的54%左右。其主要原因是线路安装不合规范、线头裸露、电线老化、动物啃咬电线、电器设备安装不合理、电器本身有故障等。例如，2012年5月13日，日本广岛县福山市王子宾馆发生大火，造成包括4名中国人在内的7人死亡、3人重伤，事故是由宾馆一楼东南角办公室的电线短路引发的。

3. 大量易燃材料的使用

酒店除了拥有各种木制家具、棉织品、地毯、窗帘等易燃材料外，还有大量的装饰材料，一旦发生火灾，这些易燃材料会加速火势的蔓延。例如，2005年，广东省汕头市华南宾馆的特大火灾，其中一个很重要的原因就是酒店大量使用可燃材料装修。因此，有条件的酒店装修时最好使用阻燃的地毯、床罩和窗帘等。

4. 火情发现不及时

酒店绝大多数的火灾发生在夜间，因为此时客人已休息，酒店工作人员又少，火灾苗头往往不易被发现，当人们发现火情时，火灾已具一定的规模，给扑救工作造成很大困难。例如，2011年1月13日，长沙市岳麓区一家名为西娜湾的小型宾馆突发火灾。这场火灾前后过程只有一个多小时，过火面积也仅有150平方米，却造成4人受伤，10人在火灾中不幸遇难。事后调查显示，在火灾发生的初期到猛烈阶段的五六分钟时间内，已经有旅客闻到烟味并通知前台，但服务人员没有仔细查看，却自认为可能是有人抽烟，轻易放弃了发现和扑救初起火灾的最佳时机。

5. 消防设施、设备配备不足

很多酒店火灾的发生与蔓延，是由于没有配备足够的消防器材所致。按照相关规定，一类建筑通道每 15 米必须安放手提式灭火器一部，二类建筑每 20 米必须安放手提式灭火器一部。不少酒店都没有达到这个要求。例如，2011 年 5 月 1 日凌晨 3 时 30 分左右，吉林省通化市胜利路如家酒店发生火灾，造成 10 人死亡、41 人受伤的惨剧。事后调查该酒店的火灾自动报警系统、自动喷水灭火系统和应急广播均未起到作用，导致火灾伤亡惨重。

6. 未及时通知消防部门

由于酒店的特殊性，很多酒店的消防工作程序写明，当发生火灾时，首先向酒店消防中心报警，由酒店义务消防队扑灭初起火灾。只有当酒店火势发展到一定程度、酒店义务消防队很难把火扑灭时，才由酒店消防委员会做出决定，通知当地消防队。如果酒店消防委员会判断有误，没有及时通知当地消防部门，失去了灭火的最佳时间，很可能使大火迅速蔓延，等消防部门得知火灾情况，则为时已晚。还有的酒店发生火灾时，电话线路中断，无法及时通知消防部门。

7. 违反消防法规、消防管理不善

近年来，我国颁布了一系列的消防法规，如《中华人民共和国消防法》《中华人民共和国消防条例实施细则》《高层建筑消防管理规则》《高层民用建筑设计防火规范》及各省市出台的消防条例等。很多酒店发生火灾，究其原因，都在不同程度上违反了国家的有关消防法规。

（二）酒店火灾人员伤亡原因分析

1. 发生火灾时未及时通知客人

目前，国内有相当一部分现代酒店没有安装通知客人疏散的广播系统，或者安装不合理，不能唤醒熟睡的客人，致使火灾发生时造成大量人员伤亡。

2. 没有防火救灾的预案

有些酒店平时不重视防火，没有一套发生火灾时的应急预案，因而在发生火灾时，往往不知如何救助客人。

3. 使用大量有毒的装饰材料

大量装饰材料的使用不但容易燃烧，而且燃烧时会产生大量有毒的烟雾。据统计，火灾中因烟雾中毒或窒息而死亡的人数占整个死亡人数的 72% 左右。

4. 火灾发生时人们的异常心理与行为

在发生火灾时，人们受求生避难心理的影响，做出许多错误的行为，造成不必要的伤亡。这些行为有以下四个方面。

（1）向熟悉的出口逃生。绝大多数住店客人对酒店的内部结构不熟悉。当火灾发生时，客人一般习惯于从原出入口逃生，很少寻找其他出入口或疏散通道逃生。

（2）盲目跟着他人逃生。在遇到火灾等危险情况时，人们因对群体行动怀有信任感而

随大流、盲目跟随人流奔跑，结果因倾轧而造成伤亡。

（3）判断错误。人天生对烟火有一种恐惧心理，当发生火灾时，即使处于安全场所，也往往会做出错误的判断。

（4）失去理智。在紧急情况、心理紧张时，人往往会失去控制，做出异常的行为。在很多火灾中，都有不少人做出超乎寻常的行为，如从高楼跳下造成死亡。

（三）防火安全计划与消防管理

1. 消防安全告示

消防安全告示可以从客人一入店时进行。从法律上来说，客人从登记入住时，就是酒店的客人了，酒店对每位客人的安全都负有法律上的责任。因此，从客人一入店就应当告诉客人防火安全知识和火灾逃生的办法。有的酒店在客人登记时发给客人一张酒店卡，在酒店卡上除注明酒店的服务设施和项目外，还注明防火注意事项，印出酒店的简图，并标明发生火警时的紧急出口。

客房是客人休息、暂住的地方，客人在酒店期间待得最长的是在客房，所以应当利用客房告诉客人有关消防的问题。例如，在房门背后应安置酒店的火灾紧急疏散示意图，在图上把本房间的位置及最近的疏散路线用醒目的颜色标在上面，以使客人在紧急情况下安全撤离；在房间的写字台上应放置"安全告示"或放一本安全告示小册子，详细地介绍酒店及楼层的消防情况，以及在发生火灾时该怎么办。国外有的酒店还专门开辟一个闭路电视频道，播放酒店及楼层的服务项目、安全知识、防火及疏散知识。

2. 防火安全计划与制度

防火安全计划是指酒店各岗位防火工作的工作程序、岗位职责、注意事项、规章制度以及防火检查等各项工作的总称。我国《消防条例》规定：消防工作实行"预防为主，防消结合"的方针，把重点放在防火上。

在制订防火安全计划时，要把酒店内每个岗位容易发生火灾的因素找出来，然后逐一制定出防止火灾的措施与制度，并建立起防火安全检查制度。酒店的消防工作涉及每个岗位的每一个员工，只有把消防工作落实到每一岗位，并使每位员工都明确自己对消防工作的职责，安全工作方能有保证。必须使每位员工做到以下几点。

（1）严格遵守酒店规定的消防制度和操作规程。

（2）发现任何消防问题及时向有关部门汇报。

（3）维护各种消防器材，不得随意挪动和损坏。

（4）发现火患及时报警并奋力扑救。

（四）火灾紧急计划与控制、管理

火灾紧急计划与控制、管理是指在酒店一旦发生火灾的情况下，酒店所有人员采取行动的计划与控制、管理方案。火灾计划要根据酒店的布局及人员状况用文字的形式制订出来，并需要经常进行训练。

酒店内一旦发生火灾，正确的做法是要立刻报警。有关人员在接到火灾报警后，应当立即抵达现场，组织扑救，并视火情通知公安消防队。是否通知消防队，应当由酒店主管消防的领导来决定。有些比较小的火情，酒店及楼层员工是能够在短时间内组织人员扑灭的。

如果火情较大，就一定要通知消防部门。酒店应把报警分为二级：一级报警是在现代酒店发生火警时，只是向酒店的消防中心报警，其他场所听不到铃声，这样不会造成整个酒店的紧张气氛；二级报警是在消防中心确认楼层已发生了火灾的情况下，才向全酒店报警。

酒店应按照楼层及酒店的布局和规模设计出一套方案，使每个部门和职工都知道万一发生火灾时该怎么做。

万一酒店发生火灾或发出火灾警报，要求所有员工坚守岗位，保持冷静，切不可惊慌失措，到处乱窜，要按照平时规定的程序做出相应的反应。所有的人员如无紧急情况不可使用电话，以保证电话线路的畅通，便于酒店管理层下达命令。各部门及岗位该采取的行动如下。

（1）酒店消防委员会。酒店消防委员会在平时担负着防火的各项管理工作，一旦酒店发生火灾，消防委员会就肩负着火灾领导小组的职责。

在酒店发生火灾或发出火灾警报时，消防委员会负责人应当立即赶到临时火灾指挥点。临时火灾指挥点要求设在便于指挥、疏散、联络的地点。

领导小组到达指挥点后，要迅速弄清火灾的发生点及火势的大小，并组织人员进行扑救，与此同时，领导小组还应视火情迅速决定是否通知消防队和客人疏散，了解是否有人受伤或未救出火场，并组织抢救。

（2）酒店消防队。根据消防法规，酒店应当建立义务消防队。酒店消防队是一支不脱产的义务消防队，它担负着防火的任务，应经常组织训练，随时准备参加灭火战斗。酒店消防队一般由消防中心人员、保安部人员和各部门的人员组成。

当酒店消防队员听到火灾警报声时，应当立即穿好消防服，携带平时配备的器具（集中存放在酒店某地）赶赴现场。这时应有一名消防中心人员在集合地带领消防队去火场。

（3）保安部。听到火灾警报后，保安部经理应立即携带对讲机等必需物品赶赴现场指挥点。

保安部的内勤应坚守岗位，不要离开电话机。酒店大门的警卫在听到火灾铃声后，应当立即清理酒店周围的场地，为消防车的到来做好准备；阻止一切无关人员的进入，特别要注意防范图谋不轨者趁火打劫。

巡逻人员在火灾发生时要注意安排专人保护酒店的现金和一些其他贵重物品，要护送出纳员和会计把现金转移到安全的地方。各岗位的安全人员在发生火灾时，都必须严守岗位，随时提防不法分子浑水摸鱼。

（4）前厅部人员。前厅部人员要把所有的电梯落下，告诫客人不要乘坐电梯、不要返回房间取东西，并把大厅所有通向外面的出口打开，迅速组织人员疏散，协助维持好大厅的秩序。

（5）工程部。工程部在接到酒店的火灾报告时，工程部负责人应立即赶往火灾现场查看火情，并视火情决定是否全部或部分关闭酒店内的空调通风设备、煤气阀门、各种电器设备、锅炉、制冷机等设备，防止事态进一步发展。负责消防水泵等设备的人员迅速进入工作场地，并使这些设备处于工作状态。楼层内的危险物品应立即运到安全地带，以防连锁反应。其他人员应坚守岗位，不得擅离职守。

（6）医务人员。当酒店发生火灾时，医务人员要迅速准备好急救药品和抢救器材，组织抢救受伤人员。如果酒店没有医务室或医务人员较少，可由办公室、人事部等部门人员担任抢救工作。但这一责任应在平时确定下来，并配备必要的器材。

（7）楼层服务员。当楼层客房服务员听到火警的铃声时，应当立即查看、检查所有的安全门和通道是否畅通，并立即组织疏散客人。

（五）火灾疏散计划与管理

火灾疏散计划与管理是指酒店在发生火灾后，组织人员和财产紧急撤离出火灾现场到达安全地带的行动计划和措施。在制定该计划和措施时，要考虑到楼层布局、酒店周围场地等情况，以保证尽快地把酒店内的人员和重要财产及文件资料撤离到安全的地方。这是一项极其重要的工作，组织不当会造成更大的人员伤亡和财产损失。

通知疏散的命令一般是通过连续不断的警铃声发出或是通过广播下达。

在进行紧急疏散时，客房服务员要注意通知房间的每一位客人。只有确定本楼层的客人已全部疏散出去，服务员才能撤离。

在疏散时，酒店要通知客人走最近的安全通道，千万不能使用电梯。酒店可以把事先准备好的"请勿乘电梯"的牌子放在电梯前，如有的酒店在电梯的上方用醒目字体写着"火灾时请不要使用电梯"。根据国际上大量的酒店火灾死亡事件调查分析，有相当一部分人员是死在电梯内或电梯间的。

当所有人员撤离楼层或酒店后，应当立即到事先指定的安全地带集中，并由相关人员查点人数。如有下落不明的人或还未撤离的人员，应立即通知消防队。

（六）灭火战斗计划与管理

灭火战斗计划与管理的内容包括以下几个方面。

（1）现代酒店总平面图。它要注明楼层布局、给水管网上消火栓的位置、给水管尺寸、电梯间、防烟楼梯间位置等。

（2）现代酒店内部消防设备布置图。例如，自动灭火设备安装地点、室内消火栓布置图、进水管路线、阀门位置等。

（3）根据酒店的具体情况绘制的灭火行动平面图。它有利于解决抢救人员、物资及清理火场通路的问题。灭火战斗计划应同时考虑利用楼梯作为灭火进攻和抢救疏散人员、物资及清理火场的通路；如果楼梯烧毁或被火场残物堵塞，需有其他备用的行动方案。

三、其他常见安全事故的防范计划与管理措施

（一）客人的心理及信息安全控制与管理

酒店员工不应将客人情况向外人泄露，如有不明身份的人来电话询问某位客人的房号，电话员可将电话接至该客人的房间，绝不可将房号告诉对方。服务台人员在处理访客时，也应遵循为住店客人保密的原则，绝对不能主动将客人的情况告诉不明身份的访客。

房务员在打扫房间时，对客人用品不应随意翻看或移动，更不可将内容泄露给他人。

另外，客人经常需要在客房内上网、处理文件等。目前的网络病毒发展迅速，且破坏力极强，不仅会侵害文件，还会破坏硬盘，使计算机无法正常工作。因此，酒店的设备维修人员应及时升级各防毒与杀毒软件，保障酒店内部计算机的正常运作以满足客人工作的需要。

（二）逃账与酒店经济安全控制与管理

酒店还可能遭受客人的"无形盗窃"而蒙受损失。"无形盗窃"是指客人的逃账以及冒用信用卡、支票等欺骗行为使酒店遭受各种经济损失。为防止逃账现象的发生，维护酒店利益和安全，酒店应采取一些有效的预防措施。

（1）在客人登记入住时，检查客人的身份证，并核实身份证的有效性及持证人的身份。如果两人住一房，应要求两位客人都要登记并出示身份证。

（2）验证客人提交的信用卡，即在客人登记入住时，将其信用卡打印出来，在其逗留期间进一步验证。

（3）收银员应熟悉各国货币及各种旅行支票，并借助于货币检验机来辨别伪币及伪支票。

（4）对既无预订，又无行李的客人，要求先付房费。如客人提出使用信用卡付款，须经当场验证后方能同意。

（5）各营业点收银员应将赊款账单迅速转至总服务台，以防止漏账，尤其防止使用上述部门的服务后即结账离店的客人的故意逃账行为。

一旦发生客人逃账事件，总台的工作人员应立即查阅逃账者的相关资料，尽可能找出可用来追查其行踪的信息。酒店应有一份专列逃账者的"黑名单"，以待逃账者再度进入本酒店时，对其进行清算及追究责任，并把名单通报给其他酒店或相关机构。酒店之间如能相互配合、互通逃账者的名单与特征，将有助于追查逃账及预防逃账事件的发生。新加坡酒店协会专门设计了一个成员酒店共同追查逃账者的标准程序：当某一成员酒店发生逃账事件后，立即用电话向附近警局报告，要求配合寻找逃账者的行踪，随后用电传将该逃账者的情况通报其他成员酒店。其他酒店收到电传后，总台经理、值班经理或任何其他被指定的人都要检查一下住客情况表来验证逃账者是否在本酒店中。逃账者被追踪到后，立即通知发生逃账的酒店，以便对逃账者采取措施；即使逃账者不在酒店内，也将通报情况保留在记录中，以便以后继续查找追寻。这种合作追踪及预防逃账者的做法值得我国酒店业借鉴。各省市酒店协会可根据实际情况每月或每季度对会员酒店的逃账黑名单进行汇总并通报所属会员酒店，共同协助追寻及提高警惕。

第四节　紧急情况的应对与管理

现代酒店的安全管理也包括对一些紧急情况做出应对管理，主要包括以下几个方面。

一、防风、防汛应急预案

为了有效地预防台风、水灾等自然灾害的破坏，将台风、水灾对酒店造成的损失降到最低程度，酒店应制订防风、防汛警报应急方案。酒店防风、防汛警报应急预案内容包括以下几个方面。

（一）接 1、2 号风球信号和防汛通知

当接到气象局发布台风预警信号，悬挂 1、2 号风球或当地广播、电视发布有关防汛通知时：

（1）保安部经理必须赶到现场。

（2）通知总经理、驻店经理等同时做好防风、防汛的准备工作。

（3）在室外值班的保安员检查酒店外墙的玻璃窗是否关闭，将外围用电设备和电源关闭，以免造成短路发生火灾。

（4）消防中心人员检查首层、地下层，关闭所有消防门，检查预先准备的沙包。

（二）接 3 号风球信号和汛情通知

当接到气象局发布悬挂 3 号风球或广播、电视预报未来几小时汛情通知时：

（1）保安部所有人员必须赶到酒店各就各位，保安员戴头盔，着战斗服、雨鞋等。

（2）加强巡逻，发现玻璃窗破碎，及时报告工程部，用木板暂封闭窗口，以防造成更大的破坏。

（三）接 4、5 号风球信号和防汛紧急通知

当接到气象局发布悬挂 4、5 号风球或广播电视发出防汛紧急通知时：

（1）所有人员保持对讲机联络畅通。

（2）室外各岗位必须两个人同行不断巡逻，一切行动听指挥，发现问题及时报保安部经理；劝告客人不要在酒店的外围走动。

（3）广场保安指挥车辆不能停在风口、紧急出口处。

（4）通知大堂经理、医务室，做好抢救准备。

（5）安排人员在楼层进行巡逻，防止不法人员进行破坏，防止盗窃及恐慌骚乱，其他人员随时准备协助医务人员抢救受伤者。

（6）如预先准备的沙包不够，紧急状态下，可经总经理批准，采用仓库食用面、米，客房被褥、枕头等救险。

（四）事后检查抢修

（1）待台风、水灾过后，立即派出人员在酒店周围、楼顶、重点部位（煤气房、配电房、锅炉房）进行检查，向经理报告损坏情况，是否还存在危险。

（2）及时与工程部联系抢修补救工作。

二、顾客违法行为处理

（一）国内客人违法的处理

凡国内客人在酒店内犯有斗殴、盗窃、赌博、吸毒等违法行为，均要视情节轻重按照国家有关法律、法规进行处理。

（1）当值班的保安部人员在接到客人违法的报告后，要立即向领班汇报，同时视情况

采取相应的处理措施。领班在接到报告后，应前往现场了解情况，保护和维持现场秩序，记录当事人的姓名、房号、身份等。对一般纠纷，保安部可出面进行调解；对于较严重的事件，要立即通知保安部主任到场；对重大违法案情，保安部主任要立即通知总经理和公安部门。

（2）保安部应安排人员对违法人员进行监控，等候公安人员到达；不要对被监控人员进行关押，要对其说明需等候公安人员前来处理；保安部人员也不要对犯罪嫌疑人进行搜身。对正在实施犯罪行为的人员，可将其制服并严加监视，防止逃脱并立即移送公安机关，或通知公安部门派人前来。事件处理完毕后，把事件全过程及处理情况向上级主管机关保卫部门报告。

（二）境外客人违法的处理

境外客人违法，是指外国人、海外华侨等人，在酒店内违反我国法律的行为。处理境外客人违法事件要慎重，要有理有据，要依法办事。

（1）根据属地优先权的原则，凡是在我国领域内犯罪的人，都适用我国的刑法。我国新《刑法》第六条规定："凡在中华人民共和国领域内犯罪的，除法律有特别规定的以外，都适用本法。"还规定："犯罪的行为或者结果有一项发生在中华人民共和国领域内的，就认为是在中华人民共和国领域内犯罪。"以下的三种情况都认为是在我国领域内犯罪：第一，犯罪的行为和结果都发生在我国领域内，如1989年我公安部门破获了一起伊朗公民在北京十多家酒店先后三十七次用已挂失的旅行支票骗兑十多万元人民币兑换券的诈骗案件；第二，犯罪行为发生在我国领域以外，而结果发生在我国领域以内，如犯罪分子在国外印制假钞，而在我国境内使用；第三，犯罪行为发生在我国领域内，而结果发生在我国领域之外，如犯罪分子从我国往国外邮寄装有爆炸物的邮件，在国外发生了爆炸事件。

（2）酒店员工发现境外客人违法情况后，要立即向保安部报告。保安部在接到境外客人违法的报告后，由保安部主任出面处理。保安部主任应会同大堂经理立即到现场了解情况，在找客人了解情况时要谨慎，要弄清客人身份，了解客人是否具有外交特权或豁免权。如客人是外交人员或具有外交豁免权人员，应立即同外事办公室联系，通过外交途径解决。对享有外交特权或豁免权的客人，应对公安人员说明。

（3）对于境外人员的一般纠纷，保安部可出面进行调解；对较严重的事件，要立即报告总经理，并向公安局外管处报告，同时组织、安排人员保护和维持现场秩序，对违法人员进行监控，要对客人说明，需等候公安局外管人员前来处理。在整个事件处理完毕后，要把事件全过程及处理情况记录留存，并向上级机关和有关部门报告。

三、客人物品报失，被盗、被骗及遗留物品的处理

（一）客人物品报失处理

酒店员工在接到客人的报失报告后，应立即向保安部或本部门领导汇报。保安部接到报告后，主任或当班主管应立即派人会同大堂经理前往了解情况。在了解情况时，应详细记录失主的姓名、房号、国籍、地址，丢失财物的名称、数量，物品的型号、规格、新旧程度、特征等。

要尽量帮助客人回忆来店前后的情况，丢失物品的经过，进店后最后一次使用（或见到）该物品是什么时候，是否会错放在什么地方。在征得客人的同意后，协助客人查找物品（在客人的房内查找物品时，一定要让客人自己动手寻找），如一时找不到客人报失的物品，请客人将事件经过填在《客人物品报失记录》上。

如果客人的物品是在酒店公共区域内遗失的，要及时同前厅、客房和大堂经理联系，询问是否有人捡到，若仍无下落，应派人寻找。如果客人的物品是在酒店范围以外丢失的，应让客人亲自去公安部门报案，酒店可派人随同前往。酒店工作人员如遇客人来电查询房内遗留物品事宜应上报领导，由客房部领班会同大堂经理前去客人指定的地点寻找。如在客人离店前报失的物品还没有找到，应向客人说明查找情况，请客人留下详细通信地址。在客人离店后，查找到其所丢失或失窃的物品，要按客人留下的地址迅速同客人取得联系。如果对方要求把丢失的物品邮寄给客人，应用挂号的方式把物品邮寄回，费用一般由客人支付。由于酒店的责任而使客人物品丢失并找回的，其邮寄等项费用由酒店承担。保安部要详细记录客人的报失经过及处理结果。

（二）客人物品被盗、被骗的处理

客人报失的事件被确认为被盗或被骗时，保安部经理要立刻亲自处理。

（1）详细记录客人物品被盗或被骗的经过，失主的姓名、房号、国籍、地址，丢失财物的名称、数量，物品的型号、规格、新旧程度、特征等。如果客人的物品是在酒店内被盗，并留有现场，则应立即保护现场。保安部经理要把被盗或被骗经过立即向总经理汇报，同时向公安机关报告。受害人是国内客人，向派出所报告；受害人是外国人，应向公安局外管处报告。

（2）保安部要组织调查，并配合公安机关立案侦破。如在客人离店以后追回被盗的物品，则要按客人留下的地址迅速与客人取得联系，用挂号的方式把物品邮寄给客人，将挂号回执留存。如果客人被盗的是护照，则要报告当地旅行社，由旅行社开具报失证明，让失主持证明向当地公安部门报失，再由公安部门出具报失证明，然后由失主本人持报失证明亲自到所在国驻我国使、领馆申办重领护照手续。领到新的护照后，失主本人应再到当地公安局办理签证手续。如丢失中国护照，则由当地旅行社开具证明到当地公安局（厅）或其授权的公安机关领取新护照，并办理签证手续。客人信用卡、旅行支票等有价单据如果被盗，要及时同有关银行取得联系，并通知有关兑换点。

（三）客人遗留物品的处理

任何员工在酒店内发现客人的遗留物品必须设法交还客人，如客人已离店或一时找不到失主，应立即上交本部门领班或主管，由主管交客房中心造册集中管理。对客人遗留的较为贵重的物品，要尽快同客人取得联系，征求客人对所遗留物品的处理意见，并尽快将遗留物品归还给客人，所发生的费用一般由客人承担。

客房中心应对暂时无人认领的客人遗留物品登记造册，详细记录遗留物品的名称、数量、品种、规格、型号以及发现物品的地点、发现人等。贵重物品要存放入保险箱内，或指定专人保管。无人认领的物品在客房中心保管三个月；无人认领的贵重物品保管六个月后上交有关部门。客人遗留的色情书、报、杂志应交保安部处理。

四、重大安全事故的处理

酒店重大安全事故一般是指：造成海外旅游者人身重伤、残废的事故；重大火灾及其他恶性事故；其他经济损失严重的事故。重大安全事故的处理，原则上由本地区政府协调有关部门、事故责任方及其主管部门负责，必要时成立事故处理领导小组。

重大安全事故发生后，保安部经理和总经理应立即赶赴现场，全力组织抢救工作，保护事故现场，同时报告当地公安部门。酒店如不属于事故责任方，应按照事故处理领导小组的部署做好有关工作。在公安部门人员进入事故现场前，如因现场抢救工作需要移动物证时，应做出标记，尽量保护事故现场的客观完整。酒店要立即组织医务人员对受伤人员进行抢救或送附近医院，保护好遇难者的遗体，组织核查伤亡人员的团队名称、国籍、姓名、性别、年龄、护照号码以及在国内外的保险情况。伤亡人员中若有海外客人，责任方和酒店在对伤亡人员核查清楚后，应及时报告当地外办，同时以电话、传真或其他有效方式直接向中国旅游紧急救援协调机构报告。对事故现场的行李和物品，要认真清理和保护，并逐项登记造册。

（1）事故发生后的首次报告内容：①事故发生的时间、地点；②事故发生的初步情况；③事主接待单位及与事故有关的其他原因；④报告人的姓名、单位和联系电话。

（2）事故处理过程中的报告内容：①伤亡情况及伤亡人员姓名、性别、年龄、国籍、旅游团名、护照号码；②事故处理的进展情况；③对事故原因的分析；④有关方面的反映和要求；⑤其他需要请示或报告的事项。

（3）事故处理结束后，酒店需认真总结事故发生和处理的全面情况，并做出书面报告，内容包括：①事故经过及处理情况；②事故原因及责任；③事故教训及今后防范措施；④善后处理过程及事主家属的反映；⑤事故遗留问题及其他。

伤亡人员有国外客人并且是随旅行团来酒店住宿的，在伤亡人员确定无误后，由有关的组团旅行社负责通知有关海外旅行社，并向伤亡者家属发慰问函电。在伤亡事故的处理过程中，责任方及其主管部门要认真做好伤亡家属的接待、遇难者的遗体和遗物的处理以及其他善后工作，并负责联系有关部门为伤残者或伤亡者家属提供以下证明文件：为伤残人员提供由医疗部门出具的《伤残证明书》；为骨灰遣返者提供由法医出具的《死亡鉴定书》和丧葬部门出具的《火化证明书》；为遗体遣返者提供由法医出具的《死亡鉴定书》、医院出具的《尸体防腐证明书》、防疫部门检疫后出具的《棺柩出境许可证》。责任方及其主管部门要妥善处理好对伤亡人员的赔偿问题；酒店要协助责任方按照国家有关规定办理对伤亡人员及其家属的人身和财产损失的赔偿，协助保险公司办理入境旅游保险者的保险赔偿。事故处理结束后，酒店要和责任方及其他有关方面一起，认真总结经验教训，进一步改进和加强安全管理措施，防止类似事故的再次发生。酒店需将事故全过程和处理经过，整理成文字材料，送交有关部门并留存。

五、客人伤、病、亡的处理

（一）客人伤、病的处理

客人伤、病，是指客人在酒店内生病或受伤。由于酒店内的专业医护人员数量少，更多的小型酒店则没有专门的医务人员，所以酒店应选择一些员工进行有关急救方面的专业训练，在遇到客人伤、病的时候能进行急救。没有专设医务室的酒店，应当备有急救箱，配备一些急救时所必需的医药用品和器材。

客房部的服务员，若发现客房门上长时间挂有"请勿打扰"牌，应多加留意，并通过电话进房询问。酒店员工在店内发现客人伤、病要立即通知医务室，并视情况向保安部报告。接到报告后，保安部经理应会同大堂经理前去了解情况。医务人员根据客人的伤、病情况，决定是否送医院详细检查治疗。如酒店无专业医务人员，在进行简单的急救后，应立即送医院或通知救护站，绝不可延误时间。对送医院抢救的客人，酒店要派人员会同客人的亲属、领队等一道前往。外国客人一般需要到当地指定的医院就诊。住院治疗期间，客人如果需用自带的药品治疗，应征得医院的确认和同意。客人如需动手术或伤、病情况较为严重，必须由医生通过翻译让伤、病者的亲属或领队在手术书上签字表示同意。由于酒店的原因致使客人受伤的，酒店要同客人协商赔偿事宜。一切事项处理完后，酒店应写出客人伤、病情况及处理报告，呈报有关部门并存档。

（二）国内客人死亡的处理

国内客人死亡，是指我国国内客人在住店期间发生在酒店内的因病死亡、意外事件死亡、自杀、他杀或其他原因不明的死亡。除前一种属于正常死亡外，其他均为非正常死亡。

（1）任何人员发现国内客人在酒店内死亡，必须立即向保安部报告。保安部人员在接到客人死亡的报告后，立即报告保安部经理，同时前去查看并保护现场，简要查明客人死亡的地点、时间、原因和客人的身份、房号等情况。保安部经理接到报告后，应立即通知总经理、大堂经理和医务人员前去现场。

（2）客人若未死亡，应立即送医院抢救，保安部派人与大堂经理和医务人员同往，同时要求客人的亲属、同事和领队一同前往。对已死亡的客人（客人是否死亡要由医务人员诊断），保安部应立即封锁现场，并立即向公安部门报告，迅速开展调查工作。尽快查清客人的姓名、性别、年龄、地址、所属单位、接待单位、身份和客人的死亡日期、时间、地点、原因，医生诊断情况和目击者等情况，迅速同旅游接待单位或死者的工作单位及亲属取得联系。

（3）如属非正常死亡，要对现场的一切物品加以保护，严禁他人接近现场，不得挪动任何物品。处理交通事故死亡，须有交通监管部门的《责任裁决书》和《事故死亡证明》。对国内客人在酒店内死亡的情况，除向上级领导和公安部门汇报外，任何人不得对外泄露。在一切事项处理完毕之后，要由参加处理的工作人员把抢救、死亡及处理的全过程详细记录并留存。

（三）国外客人死亡的处理

国外客人死亡，是指具有外国国籍或无国籍的客人在酒店内因病死亡、意外事件死亡、自杀、他杀或其他原因不明的死亡。处理外国客人在酒店内死亡的事件要按照我国的《外国人在华死亡后的处理程序》《维也纳领事关系公约》及有关双边领事条约和国际惯例等国际、国内的规定办理。

（1）酒店内任何人员发现国外客人在酒店内死亡，必须立即向保安部报告。保安部人员在接到客人死亡的报告后，初步查明客人死亡的地点、时间、原因和客人的身份、国籍、房号等情况，立即报告保安部经理，并前去查看和保护现场，同时通知总经理、大堂经理和医务人员前去现场。若客人尚未死亡，应立即送医院抢救；酒店派负责人与大堂经理和医务人员同往，同时要求客人的亲属、同事和领队一同前往。对已死亡的国外客人（客人是否死亡要由医务人员诊断），应派保安部人员保护好现场；保安部要封锁现场区域，查清并详细记录死者姓名、性别、年龄、国籍、常住地址、身份，死亡日期、时间、地点、原因，医生初步诊断情况、目击者、先期处理情况等，迅速同外国领队、接待旅行社或接待单位取得联系。

（2）如属非正常死亡，要对现场的一切物品加以保护，严禁任何人员接近现场，不得挪动任何物品；立即向公安部门报告，并协助开展前期调查工作；及时报告中国旅游紧急救援协调机构。根据《维也纳领事关系公约》或有关双边领事条约的规定以及国际惯例，外国人在我国死亡后应尽快通过我国政府有关部门（省、市外办）通知死亡者所属国驻华使、领馆。如果死亡者国籍所属国同我国签订有领事条约，而条约中含有关于缔约国国民死亡规定的，应按条约中的有关规定办理。

（3）外国人在医院经抢救无效死亡，要由参加抢救的医生向死者亲属、领队及死者的生前好友或代表详细报告抢救全过程。对于死者旅行团队无领队和死者家属未随同来华的，国内组团旅行社负责通知有关海外旅行社，并向死者家属发慰问函电。参加抢救的医生要写出《抢救经过报告》并出具《死亡诊断书》，由主任医师签字盖章，并将副件交给死者亲属、旅行团领队、地方接待单位以及酒店。

如属正常死亡，需由县级以上医院出具《死亡证明书》。如死者生前曾住院治疗或经抢救，应其家属要求，医院可提供诊断书或者病历摘要。一般情况下（正常死亡）不做尸体解剖，如果对方坚持要求解剖尸体，应由领队或者死者亲属提出书面申请，由接待单位到公证机关办理公证书后，方可进行。非正常死亡的，由公安机关的法医出具《死亡鉴定书》。对外公布死因要慎重。如死因不明确，或有其他原因，待查清或内部意见统一后再向外公布和提供证明。如属于交通事故死亡，须有交通监管部门的《责任裁决书》和《事故死亡证明》。

对于非正常死亡的外国人，在得到公安机关的认可后，其遗物由其亲属或领队、公安部门、接待部门和酒店代表共同清点，列出清单，由上述人员在清单上签字，一式两份，由中外双方保存。死者遗物由亲属或领队带回国。如死者单身在华，遗物可直接交给来华的亲属，也可交驻华使、领馆铅封托运回国。如死者有重要遗嘱，应将遗嘱复制或拍照后交驻华使、领馆转交，防止转交过程中发生篡改。

（4）外国人若在华死亡，一般应以在当地火化为宜。遗体火化前，应由领队或者死者亲属或代表写出《火化申请书》，交我方保存。在火化前，可由全团或领队、亲属、代表向遗体告别。告别现场应拍照留存。对方如提出举行追悼仪式，可以由接待单位致简单悼词，并送花圈。死者骨灰由领队、死者亲属或其代表在签写书面材料后带回国。

（5）在办理好上述手续后，凭《死亡诊断书》去市公安局外事处办理注销签证手续。死者家属如果要求将遗体运送回国，除办理上述手续外，还要做尸体防腐处理，并发给《装殓证明书》；由地方检疫机关发给死亡地点至出境口岸的检疫证明，即《外国人运带灵柩（骨灰）许可证》，然后由出境口岸检疫机关发给中华人民共和国×××检疫站《尸体/灵柩出境许可证》；由死者所持护照国驻华使、领馆办理遗体灵柩经国家通行护照。

死者亲属需来华处理后事的，要弄清具体人数、航班，并派人去迎接，同时提前准备房间。死者的医疗、抢救、火化、尸体运送等费用，一般由死者家属自理，有肇事方的由肇事方承担。

（6）国外客人在酒店内死亡的情况，除向上级领导和公安部门汇报外，任何人不得对外泄露。一切事项处理完毕之后，由参加处理的工作人员把抢救、死亡及处理的全过程详细记录，分送有关部门并留存。

六、对爆炸物及可疑爆炸物的处理

我国《旅馆业治安管理办法》规定："严禁旅客将易燃、易爆、剧毒、腐蚀性和放射性等危险物品带入旅馆。""对违禁物品和可疑物品，应当及时报告公安机关处理。"按照国家的要求，酒店应对店内的一切爆炸物品严格管理，建立一套防爆安全管理程序和制度。

（一）接到炸弹威胁电话的处理

酒店接到电话时一般有两种可能性：第一，打电话的人确实知道或者认为有人在店内放置爆炸物。报告人想减少人员伤亡和财产损失。第二，打电话的人想制造紧张和恐怖的气氛。

酒店工作人员在接到有关爆炸物威胁的报警电话时应采取下列措施。

（1）想办法把打电话的人拖住，让他把电话的内容重述一遍，把他讲的每个字都记下来。

（2）如打电话的人没有说明爆炸物放置的地点或可能的爆炸时间，应尽可能向他询问这一情况。

（3）仔细辨听电话内的背景声音，如是否有背景音乐、汽车声或者其他噪声。

（4）注意打电话的人的声音（男、女）、情绪（镇定、激动）、口音及口头语等。

（5）如两人在场，接电话的人可示意另一人向总机询问电话来自何处，并立即报告保安部门。

（6）如报告者声称自己是安放爆炸物的人，应尽量说服他放弃这一企图。

（7）如打电话的人不愿意讲下去，接电话的人可假装听不清，并问以下一些问题：爆炸物何时起爆？爆炸物在什么地点？何种类型的爆炸物？你现在在何处？

（二）搜寻

在接到店内有爆炸物的报告后，酒店应立即报告当地公安机关并组织人员进行搜寻。搜寻工作程序应在平时制定好。搜寻重点如下。

1. 各部门搜寻分工

（1）工程部：迅速检查配电房、机房以及店内的其他一些重要的电器设备；检查消防设施及器材。

（2）客房部：迅速检查垃圾处；检查消防通道。

（3）前厅部：搜查大厅各处；检查电梯内；检查行李房。

（4）保安部：搜查酒店外围区域；检查停车场。

2. 搜寻重点

（1）酒店内部：花盆；沙发；立式烟灰缸；报纸杂志架；卫生间——纸篓、便盆、存物柜等。

（2）酒店外部：草丛、花盆；垃圾和废物箱；附近的车辆；角落。

搜寻时以两人为一组。进入待搜寻的区域后，先静静地站在那里，听一听有没有闹钟定时装置的声音，看看有没有异常的情况，再开始搜寻。

（三）发现爆炸物或可疑爆炸物时的注意事项

发现爆炸物或可疑爆炸物时应注意以下几个方面。

（1）不要随意触动，更不能碰到启爆装置。

（2）处理可疑爆炸物外面的包装时，不要直接打开包装。

（3）如怀疑可能是爆炸物时，应立即把该物的地点、发现时间、物体的形状报告公安部门和上级机关。

（4）严格保护好现场，尤其是注意爆炸物旁边的物品；保护好手印、足迹等；防止无关人员进入。

（5）发现物品有导线和绳子时，要理清相互的关系；搬动物品时动作要轻，防止触动装置。

（6）在检查可疑爆炸物时，应由专业人员进行，其他人员要远离现场。

（四）对手提物品的检查

在酒店内部如发现无人认领的手提物品或需要检查可疑的手提物品时应注意以下几个方面。

（1）先查看手提物品的拉链是否有绳头连接。

（2）拉开手提包时，一点一点地慢慢拉，用手轻轻地在包内摸有无异常的东西。

（3）检查可疑的箱子时，先把箱子轻轻地捆起来，然后将箱子移到安全地带，把箱锁打开，在箱盖上压上重物。用一根绳子一头拴在箱盖上，剪开捆箱的绳子，人员疏散到50米以外，然后拉绳。

（4）如果物品是用木板装钉的，从物品的侧面拆除。

（五）防爆管理

酒店任何人员发现爆炸物或可疑爆炸物后，应迅速向酒店保安部报告。在发现爆炸物或可疑爆炸物后，不要轻易触动物体，尽可能保护、控制现场。接到报警时，要问清爆炸物或可疑爆炸物的确切地点、发现时间、形状及大小等情况。保安部接到报警后，应立即通知下列人员到达现场：保安部主任、值班总经理、工程部主任和爆炸物所在部门的部门经理。

保安部经理到达现场、确认为爆炸物或可疑爆炸物后，应立即通知公安机关。保安部主任应组织人员部署以爆炸物或可疑爆炸物为中心的警戒线，控制现场。

总经理应组织临时指挥部，协调各部门工作，统一下达命令，部署有关部门做好善后工作。爆炸物所在部门的经理负责疏散本区域的人员及物资。大堂经理向客人解释发生的有关情况，稳定客人的情绪。医务人员做好抢救伤员的准备，随时准备同市急救中心联系。车队驾驶员做好抢救伤员所需要的车辆准备工作。店内的其他人员坚守工作岗位，不要轻易接近危险物品，等待专业防爆人员前来处理爆炸物或可疑爆炸物。

有条件的酒店可以事先准备好防爆氮气瓶。例如，广州花园酒店在举行一些重大活动时，常将防爆氮气瓶放置在现场，一旦发现爆炸物或可疑爆炸物时，立即将该物品放入冰桶内并注入氮气（-300℃）使炸弹结冰、失去作用，然后将物品搬离现场。

七、突发事件的处理

（一）打架斗殴、流氓滋扰的处理

酒店内易发生打架斗殴、流氓滋扰的场所主要在酒店大门、大厅、舞厅、卡拉OK厅、酒吧、停车场及其他公共娱乐场所。对容易发生打架斗殴、流氓滋扰的区域要重点防范，并配备警卫或加强巡逻。

舞厅、酒吧工作人员，在工作时要注意饮酒过量的客人，如有发现，应礼貌地劝阻。酒店员工一旦发现店内有打架斗殴、流氓滋扰的情况，要立即制止并保护客人，同时报告保安部，并视情况有礼、有节地进行劝阻。

保安人员到达后，应将打架、斗殴双方带离现场，以保证酒店的正常秩序。将打架、斗殴双方带到保安部后，要分别了解情况，以防发生进一步冲突。对于一般轻微事件，保安部可进行调解；如属流氓滋扰，应报告派出所前来处理。

大堂经理负责检查店内的物品是否有损坏并确定损坏程度及赔偿金额，以向肇事者索赔。

（二）突发暴力事件的处理

突发暴力事件，是指发生在酒店内的抢劫、行凶等严重突发事件。酒店平时要做好安全工作，预防突发暴力事件的发生。

酒店内一旦发生突发暴力事件，发现人要立即打电话通知保安部，报告时不要惊慌，要讲清发案的现场情况。保安部接到报警后，要立即调集保安人员携带对讲机赶赴现场（必要时可携带电击器等器具）。保安人员通过对讲机将现场情况报告给保安部主任、总经理及公安机关，同时立即视情况着手处理。如犯罪分子还在现场附近，保安人员应尽力将其制服。保安部要划定警区，维护现场秩序，劝阻围观人员，保护好现场；若有伤员，应立即派人护送去医院抢救；向当事人、报案人、知情人了解案情，做好记录并拍照；对犯罪分子派人看守，防止其逃脱；保管好客人遗留的物品，并逐一登记；公安人员抵达后，应将现场情况向公安机关报告，并协同公安机关做好有关善后工作。

八、重要宾客的警卫

酒店重要宾客一般是指公安机关列入的特级和一、二、三级保安任务的客人，或因某种特殊原因需要酒店给予特别保护和保安的客人。

（1）首先要尽量了解客人方面的基本资料，如国籍、年龄、性别、嗜好、风俗习惯、禁忌、住酒店的房号、期间行程安排、在酒店内要去的场所或区域、所经路线等。

（2）如接待外国重要客人，除了解以上资料外，还要了解客人国内外的敌对势力情况，与客人前后到达的是否有其他敌对国的客人，并报公安机关。

（3）在客人未到达以前，首先配合公安机关对重要客人所要住的房间进行安全检查，对附近的消防设施、消防通道进行检查。

（4）根据受保护客人的保安标准，对房间进行封闭，并留人员看守。

（5）如客人在酒店内安排去其他公共场合，则须在客人预计要经过的路线用快步、中步、慢步的时间计算出来，将途中所有有可能突然出现人的门、通道等事先检查后，安排保安人员在门口或附近。

（6）当重要客人经过或停下来向公众招手时，保安人员一定要背向受保护人，面向公众和其他人员，特别留意人群中的异常情况和面目表情、眼神，并预计如果发生意外事故、险情，将如何紧急处置和用身体掩护等。

（7）对客人饮食应留样待查。

（8）重点保护好重要客人的车辆，不允许非接待和保安任务的一切人员和车辆接近。

（9）如重要客人在酒店的室外活动，事先应对附近的高层建筑物和制高点进行观察，有无缆车、吊船等危险物，对制高点上的人，一定要留意，以防万一，可派保安人员先去检查或暂封闭通往高层建筑物的道路或门。

九、对精神病、出丑闹事人员的防范及处理

（一）外围防范

在酒店外车场、车库，由外围值班人员组成外围防范体系，发现精神病、出丑闹事人员可采用以下措施。

（1）重点控制酒店前门、后门、大厅、车场、车库及其他公共区域，对可疑人员进行查问。

（2）可采用跟踪观察、谈话等方式探明来人是否属精神病，并查清闹事原因。

（3）通过以下方法对可疑人员做出判断：①看——来人神色是否正常，衣着穿戴是否整洁；②闻——来人身上是否有酒气或异常气味；③交谈——来人谈吐是否颠三倒四，头脑是否清醒。如有异常现象，应立即控制，并妥善处理。

（二）内部处理

由各哨位保安、消防管理员及各部门员工组成内部处理体系，加强巡逻检查，发现情况，应采取如下措施。

（1）首先控制来人，以免事态扩大，可采取劝说、诱导等手段。

（2）迅速将来人带入办公室或无客人区域。

（3）查明来人的身份、目的、工作单位和住址。

（4）保安部领导和夜间值班经理将其送交公安机关。

（5）在不惊扰客人的情况下，调动一切可以调动的人力，采取一切可能的手段，将出丑闹事苗头迅速制止，尽最大努力把上述人员控制在一定范围或酒店外围，避免造成恶劣

的公众影响。

十、停电事故的处理

较大型的酒店应当实行两路供电，在一路停电的情况下，另一路自动供电。如果有条件，酒店还应配备发电设备；如果本地区发生特殊情况，停止供电，工程部应启用应急发电机。此外，酒店的主要营业点和公共场所还应配备一定数量的应急照明灯。

一旦酒店发生停电，各营业点和公共场所当班的最高行政领导要立刻负责本工作区域的安全工作。当班的服务员应保持镇静，稳定客人情绪，请客人稍等片刻。

在酒店发生停电的情况下，门卫人员要劝阻无关人员进店；巡逻人员重点保护公共场所的财产；保安部管理人员组织人员对各点进行巡查，防止意外情况的发生；有关人员立即检查是否有人被关在电梯内，如有人被关在电梯内，要安抚客人，并尽快将其救出；舞厅等人员较集中场所的经理，要立即前去稳定客人情绪，防止混乱发生；各部门人员要负责安抚本工作区域客人的情绪；工程部主任应立即组织人员检查停电原因，保护重要的设施、设备，尽快恢复供电。

第五节 酒店相关安全法规条例

常用的酒店相关安全法规条例有以下十几种。

（1）《旅馆业治安管理办法》，1987年9月23日国务院批准，1987年11月10日公安部发布，根据2011年1月8日《国务院关于废止和修改部分行政法规的决定》修订施行。

（2）《重大旅游安全事故报告制度试行办法》，1993年4月15日国家旅游局发布施行。

（3）《重大旅游安全事故处理程序试行办法》，1993年4月15日国家旅游局发布。

（4）《公共娱乐场所消防安全管理规定》，于1999年5月11日公安部部长办公会议通过并发布实行。

（5）《中华人民共和国突发事件应对法》，由中华人民共和国第十届全国人民代表大会常务委员会第二十九次会议于2007年8月30日通过，自2007年11月1日起施行。

（6）《中华人民共和国消防法》，由第十一届全国人民代表大会常务委员会第五次会议于2008年10月28日修改通过，自2009年5月1日起施行。

（7）《中华人民共和国治安管理处罚法》，由中华人民共和国第十一届全国人民代表大会常务委员会第二十九次会议于2012年10月26日通过，自2013年1月1日起施行。

（8）《中华人民共和国旅游法》，由中华人民共和国第十二届全国人民代表大会常务委员会第二次会议于2013年4月25日通过，自2013年10月1日起施行，后由中华人民共和国第十三届全国人民代表大会常务委员会第六次会议于2018年10月26日修订施行。

（9）《中华人民共和国食品安全法》，由第十三届全国人民代表大会常务委员会第七次会议于2018年12月29日修正。

（10）《中华人民共和国反恐怖主义法》，由中华人民共和国第十三届全国人民代表大会常务委员会第二次会议于2018年4月27日修正。

（11）《旅游安全管理办法》，2016 年 9 月 27 日国家旅游局发布，自 2016 年 12 月 1 日起施行。

案例分析与习题

一、案例分析

案例 7-1　多角色的诈骗计

一天中午，北京某饭店服务总台的电话铃响了，服务员小姚马上接听，对方自称是住店的一位美籍华人的朋友，由于弄丢了他的手机号联系不上这位客人，现在有急事找他，要求帮忙查询这位美籍华人的房间号码。小姚迅速查阅了住房登记中的有关资料，向他报了几个姓名，对方确认其中一位叫黄大明的就是他要找的人。小姚就把这位美籍华人所住房间的号码 818 告诉了他。

到了下午，总台的服务员换成了小王。饭店总台又接到一个电话，打电话者自称是 818 房的"美籍华人黄大明"，说他有一位谢姓侄子要来看他，并报上了谢先生的身份证号，而此时他正在谈一笔生意，不能马上回来，请服务员把他房间的钥匙交给其侄子，让他在房间等候。小王答应了客人的要求。

又过了一会儿，一位西装笔挺的男青年来到服务台前要取钥匙，自称小谢，并出示了自己的身份证。小王核对身份无误后，就毫无顾虑地把 818 房钥匙交给了那位男青年。晚上，当那位真正的美籍华人回房时，发现放在房间的几千美元现金和若干首饰不见了，总计价值两万多元人民币。

以上即是由一个犯罪青年分别扮演"美籍华人的朋友"、"美籍华人"和"美籍华人的侄子"而演出的一出诈骗饭店的丑剧。

分析：这是一起典型的诈骗案件。冒名顶替是坏人在酒店犯罪作案的惯用伎俩。相比之下，本案中的这位犯罪青年的诈骗手法实在很不高明。总台服务员只要提高警惕，严格地按规章制度办事，罪犯的骗局完全是可以防范的。

首先，按酒店的规定，为了保障入住客人的安全，其住处对外严格保密，即使是了解其姓名等情况的朋友、熟人，要打听其入住房号，总台服务员也应谢绝。解决的办法可为来访或来电者拨通客人房间的电话，由客人与来访或来电者直接通话；如客人不在，可让来访者留条或留电，由总台负责转送或转达给客人，这样既遵守了酒店的规章制度，保护了客人的安全，又保证了客人与其朋友、熟人的联系。本案例中打电话者连朋友的姓名都叫不出，令人生疑，总台服务员更应谢绝其要求。

其次，"美籍华人"打电话要总台让其"侄子"领了钥匙进房等候，这个要求也是完全不合理的。按酒店规定，任何人只有凭住宿证方能领取钥匙入房。凭一个来路不明的电话"委托"如何能证明来访者的合法性。总台服务员仅根据一个电话便轻易地答应别人的"委托"，明显地违反了服务规程，是很不应该的。总台服务员若能把好这第二关，罪犯的诈骗阴谋仍然来得及制止。

案例 7-2　湖北某饭店重大火灾事故

2013 年 4 月 14 日 6 时左右，湖北省襄阳市樊城区前进东路一城市花园酒店发生火灾，大火从二楼网吧烧起，导致酒店整栋建筑二层以上大部分过火或过烟，8 时 50 分大火被扑灭。此次火灾事故共造成 14 人死亡、47 人受伤。

分析：此次事故暴露出经营单位消防安全主体责任缺失，消防安全意识淡薄，制度不落实，应急处置能力低下等诸多问题，其教训十分深刻。①火情初发时，该网吧工作人员未能及时采取扑救措施，丧失了阻止火情扩大成灾的机会。②网吧工作人员未及时报警并通知酒店值班人员，延误了火灾初期扑救和酒店人员疏散的有利时机。③酒店消防控制室无人值守，不能尽早发现火灾和组织人员疏散。酒店消防喷淋装置在火灾蔓延时不能正常启动，未能起到延缓火势发展的作用。

二、习题

1. 酒店安全管理涵盖哪几个层面的内容？
2. 如何根据酒店安全管理的特点开展酒店的安全管理工作？
3. 现代酒店安全网络由哪几个层面组成？
4. 酒店防范犯罪与盗窃有哪些控制与管理措施？
5. 如何进行酒店防火与消防管理？
6. 简述酒店安全事故的处理。
7. 试联系实际，谈谈如何加强酒店紧急情况的应对和管理。

第八章　酒店投资筹划与筹备管理

引言

　　酒店投资与筹划是酒店系统工程中的第一个工程，这项工程进行的好坏直接影响到酒店开业后的经营与运作。尽管酒店投资与筹划在酒店经营管理中有着极为特殊和重要的地位，并已被众多酒店经营管理者所认识，但到目前为止，尚未有对酒店投资与筹划进行理论性、系统性的分析与阐述。本章开创性地对酒店投资的可行性论证与策划、酒店筹建策划、酒店承运策划等酒店的投资与筹划和酒店筹备期的管理进行了系统的、详尽的描述和解释，为酒店投资者与经营管理者提供理论指导与实践的借鉴。

学习目标

　　通过本章的学习，要求学生：①了解酒店投资策划与可行性论证的主要任务与内容；②熟悉酒店投资可行性论证书、筹建规划方案说明书、承接与开业筹划书的内容；③熟悉酒店筹备期管理的基本原则和内容；④学会撰写各种策划书。

第一节　酒店策划与可行性论证概述

一、酒店策划概述

（一）酒店策划的概念

　　策划（Planning）是指一种运用脑力的理性行为活动，是针对未来发生的事情所做的当前决策。策划是一种创意，是一种智力设计和运作过程，是以资源调查和市场分析为基础，以科学理论和方法为指导的一种智力活动。策划的内容一般包括管理策划、营销策划、形象策划、谋略策划、广告策划、公关策划、创新策划以及谈判策划、庆典策划、展览策划、会议策划等。

　　酒店策划是策划在酒店中的应用，是围绕酒店如何达到预期目的，最大限度而有效地组织和利用酒店的人、财、物、信息、技术、管理等资源，调动酒店内外一切积极因素，有组织、有创意地解决相关问题，达到设想目标的筹划行为和行动方案。

　　酒店策划一般分为整体策划和个体策划。前者包括战略策划、组织策划或多个个体策划的集成等；后者范围较广，如 CI 策划、公关策划、产品策划、营销策划、谈判策划、庆典策划等。酒店策划也可按酒店类型分为全新型酒店策划、改良型酒店策划、危机型酒店策划，或按策划期分为长期策划和中短期策划等。

酒店策划与酒店计划不同，两者的区别在于：前者是一种创造性活动，而后者则是一种工作的时序安排，或者说是实现既定目标的打算；前者主要是解决做什么，后者则主要解决怎么做；前者的重点是掌握原则与方向，后者则是处理程序和细节；前者的自由度更大，要有创意，后者则更明确，更按部就班。两者的共同点是：酒店策划目标的实现必须有其计划安排，称为酒店策划计划；酒店计划体系中也必然包括酒店策划的计划，从某种意义上讲，任何高明的计划必须以相应的策划为前提，任何策划的实施必须由计划来落实。换句话说，策划是计划的"灵魂"，计划是策划的具体化。

（二）酒店策划的过程与方法

1. 酒店策划的主要过程

酒店策划由以下几个过程组成。

（1）选择酒店策划项目。准确地选定酒店策划项目，是酒店策划的开端，也是酒店策划的重要环节。酒店策划项目的准确选定一般有三条途径：一是根据酒店战略发展要求，决定策划项目；二是根据酒店决策层领导或策划顾问委员会提出的策划项目；三是根据酒店基层运作需要而提出的策划项目。要选好策划项目，必须着力培养酒店全员的"问题意识"和"战略眼光"。这一过程的任务是解决酒店要做什么。

（2）酒店策划项目分析。酒店策划项目确定后，要对选定的策划项目进行分析，研究策划项目及其相关内容的内涵与外延，分析该项目被选中的原因，产生的背景，面临的形势以及此项策划的目的与意义等。必要时必须做深入的调查研究，同时为开拓思路还应适当地对环境、相关因素、前景预测进行分析。这一过程的任务是解决酒店为什么要对该项目进行策划。

（3）产生并确立创意。创意是构成酒店策划的灵魂和核心，没有创意的策划不是成功的酒店策划。创意的产生一般须经过创意设想、目标设定、搜寻创意、情报收集、现场访问、信息整理、创意计划、创意完成等过程。为此，除充分调动企划组成员的积极性、广开思路外，还必须建立关系网络，充分运用头脑风暴法、奥斯本法、NM 创意法等创造工程方法。一方面要力求产生好的创意；另一方面还要围绕好的创意主题不断丰富完善，特别是在活动细节上也要有所安排。这一过程的任务是解决该策划项目何时做、何地做、谁来做、如何做的问题。

（4）整理酒店策划案。创意完善后，必须整理出酒店策划案。酒店策划案必须具有高度的说服力。因此，要选准酒店策划的制高点，它可能是酒店策划创意，也可能是策划主题的切入方式、酒店策划的系统性、计划的完善性等。酒店策划案要有一定弹性，要多创意、多方案，以适应现实需求。每个酒店的策划案都应有一个总概括性的评价，并附有相关的材料。

（5）提案，即把酒店策划案提交酒店接受实施。如果酒店策划案不能为酒店决策者所认可、审议通过并采纳，那就意味着酒店策划案的失败。因此，提案方式、提案时机、提案技巧、提案手段的设计，对于提案能否获准都至关重要，即酒店策划提案对于酒店策划而言，其本身也是一个策划，不可掉以轻心。

（6）策划提案实施与监控。策划提案获得通过后，便要进入实施和实效评价阶段。好的策划提案如果在实施中存在协调不好、组织不力等问题，就不一定能取得良好的效果。因此，策划者必须与实施者紧密合作，通过组织、协调、说服、调整等活动，保证提案顺利实施。

2. 酒店策划的基本方法

（1）WAPDS 法。WAPDS 法是采取由调查分析的效果检验的循环方法。其运作步骤是 Watch（调查）—Analyze（系统分析）—Plan（创意）—Do（实施）—See（效果）。

（2）需求 3P 法，也称可能性分析法。该方法的要点是分析三个可能性（Possibility）；即区位的可能性、需求的可能性和资金的可能性，通过对区位、需求、资金三个可能性的分析作为酒店策划的依据和基础。

（3）FF 法，也称作业流程图法。该方法在酒店策划的应用主要是借用工程中的作业流程图（Flow Flag）来表示酒店策划的工作重点和作业程序。

（4）BSP 法，也称酒店系统策划法（Business System Planning）。该方法是一种结构化设计方法，它把酒店策划当作一项系统工程，按多维的思想体系来组织和实施酒店策划。

二、酒店投资可行性研究概述

酒店投资可行性研究是酒店基本建设前期工作的重要组成部分，是对酒店某一建设项目在建设必要性、技术可行性、经济合理性、实施可能性等方面进行综合研究，推荐最佳方案，为酒店建设项目的决策和设计任务书的编制、审批提供科学的依据。

（一）酒店投资可行性研究的主要内容

酒店投资可行性研究的主要内容有：酒店建设项目概况；开发项目用地的现场调查及动迁安置；酒店市场分析和建设规模的确定；酒店规划设计的影响和环境保护；资源供给；环境影响和环境保护；酒店项目开发组织机构、管理费用的研究；酒店开发建设计划；项目经济及社会效益分析；结论及建议。

（二）酒店投资可行性研究的阶段与层次

按可行性研究的内容和深度，酒店投资可行性研究的阶段与层次可分为以下几个阶段。

1. 第一阶段——酒店投资机会研究

该阶段的主要任务是对酒店投资项目或投资方向提出建议，即在一定的地区或区域内，以资源和市场的调查预测为基础，寻找最有利的投资机会。投资机会研究相当粗略，主要依靠笼统的估计而不是依靠详细的分析。该阶段投资估算的精确度为 ±30%，研究费用一般占总投资的 0.2%～0.8%。如果机会研究认为可行，就可以进行下一阶段的工作。

2. 第二阶段——初步可行性研究

初步可行性研究，亦称预可行性研究。在机会研究的基础上，进一步对酒店项目建设的可能性与潜在效益进行论证分析。初步可行性研究阶段投资估算精度可达 ±20%，研究费用占总投资的 0.25%～1.5%。

3. 第三阶段——详细可行性研究

详细可行性研究，即通常所说的可行性研究。详细可行性研究是酒店开发建设项目投资决策的基础，是在分析项目在技术上、财务上、经济上的可行性后做出投资与否决策的关键步骤。这一阶段对建设投资估算的精度在±10%，对于所需的研究费用，小型项目占投资的1.0%～3.0%，大型复杂的项目占0.2%～1.0%。

4. 第四阶段——酒店项目的评估和决策

按照国家有关规定，对于大中型和限额以上的项目及重要的小型项目，必须经有权审批单位委托有资格的咨询评估单位就项目可行性研究报告进行评估论证。未经评估的建设项目，任何单位不准审批，更不准组织建设。

（三）酒店可行性研究步骤

酒店可行性研究按五个步骤进行：①接受委托；②调查研究；③方案选择与优化；④财务评价和效益分析；⑤编制酒店可行性研究报告。

三、酒店策划与可行性论证的类型与内容

酒店策划与可行性论证有四种类型，类型不同，策划与论证的内容也不同。

（一）酒店投资策划

酒店投资策划就是对酒店项目的投资进行可行性分析与论证，并撰写投资可行性论证书。通常业主在进行酒店投资项目决策前，都需要委托专业人士进行投资可行性分析。策划者通过对委托的项目的区位、市场、资金等方面做出分析与论证，提交投资可行性论证书供业主做出投资决策。

（二）酒店筹建策划

酒店筹建策划是对拟建设的酒店项目进行策划，撰写筹建规划方案说明书，供酒店项目的设计单位进行酒店建筑设计时参照。酒店筹建策划是酒店经营管理者从酒店经营管理角度对酒店建筑设计在空间布局、功能项目设置、水电动力系统、环境氛围、装潢装饰等方面的要求说明。建筑设计单位根据筹建规划方案说明书的这些要求说明进行酒店的建筑和装饰设计，以满足酒店经营管理者的经营管理需要。

（三）酒店承运策划

酒店承运策划是酒店经营管理者对拟承接经营管理的酒店的各项事宜进行策划，并通过承接与开业筹划书来体现。酒店承运策划内容包括承运标的选择、承运方式选择、承运介入时段确定等承运前期的策划；承运关系策划、承运责任议案、承运合同制定等酒店承运的责任与合同策划；酒店章程拟定、证件办理计划、保险计划、组织机构议案、定岗定编和人员招聘议案、劳工制度、设备用品配备与采购计划等承运过程的策划；资金管理与运作策划、岗前培训与开业准备议案、运作程序和制度建立议案、开业前营销计划、开业典礼策划等承运后期的策划。

（四）酒店经营管理策划

酒店经营管理策划是酒店经营管理者进行酒店日常运作的经营管理方案书。此部分内容在许多酒店经营管理书中都有阐述，本章不再赘述。

第二节　酒店投资策划

酒店投资策划就是对酒店项目的投资进行可行性分析，并撰写投资可行性论证书。通常业主在进行酒店投资项目决策前，都需要委托专业人士进行投资可行性分析。

酒店投资可行性分析包括以下几个方面的分析与论证。

一、项目概况及用地情况说明

酒店投资可行性分析首先应对业主投资的酒店项目概况及用地情况进行详细的说明。项目概况包括拟投资酒店的类型、规模、等级、地理位置等基本情况。用地情况包括用地的类型、地形地貌和地形图等。

二、区位分析

区位对于酒店的投资决策起着决定性的作用，它是指酒店所处的位置，以及该位置所处的社会、经济、自然的环境或背景。这个位置包括宏观位置、中观位置和微观位置。宏观位置是指酒店所处的城市或地区；中观位置是指酒店在该城市里处在什么区域位置；微观位置则是指酒店的左邻右舍，即酒店所在的社区。区位分析主要包括以下几个方面的内容。

（一）地理位置

地理位置与拟投资的酒店类型关系密切，酒店是处于旅游景区、中心城市、工业区，还是度假地都将影响酒店的投资类型，进而影响酒店的设施及服务项目的设置。例如，当地理位置为度假地时，投资的酒店则多为度假型酒店，那么该类型的酒店所配备的设施和提供的服务主要是以适应度假型的旅游者为主。对于不同类型的度假地，如海边度假地、森林度假地、草原度假地的酒店，其建筑风格、建筑材料及装修风格也都会有较大的区别。

（二）社区环境

酒店的位置和周围环境的好坏对酒店的经营有极大的影响，周围环境对客人是否有吸引力也将影响酒店的营业额。优美舒适的周边环境、高品质的社区氛围不仅能大大降低酒店的投资成本，还能增加酒店的市场吸引力。社区环境主要包括交通状况、社区经济、民俗风情以及酒店周边的环保及绿化情况。

1. 交通状况

任何酒店都受交通的影响，交通方便与否，直接影响客人对酒店的选择。例如，商务酒店必须在市中心，机场酒店必须在机场附近，汽车酒店必须在公路旁等。因此，拟投资的酒店一定要选择在交通发达、便利的地方，交通越发达，酒店的生意越兴旺。

2. 社区经济、文化水平、居民素质与态度

社区经济、文化水平对于酒店的规模、档次、等级具有重要的影响。不同经济和文化水平区域的酒店在设施设备配套、服务项目设置、规模以及档次的选择上都会有所区别。例如，地处北京的四星级酒店，它的软硬件大都优于西部地区的四星级酒店；处于国际化大都市的酒店，其建筑风格大都豪华气派，而处于文化浓厚的历史名城的酒店，其建筑风格则更讲求文化气息。

除了社区经济、文化水平会对酒店的建筑风格、服务项目以及特色产生影响外，社区居民的素质与态度对于酒店的经营以及顾客对该酒店形象的形成至关重要。当居民对于新建酒店有较高的热情时，会大大减少酒店投资建设过程的难度。例如，酒店在旧房拆迁、市场调查时会获得大量民众的支持，从而保证工期的顺利进行，倘若居民对新建酒店不支持甚至怀有敌意，则难免会出现拆迁难、调查难的现象，甚至还会出现破坏建设工程的现象。

3. 民俗与风情

社区的民俗风情对于酒店的筹建与经营有重要意义。利用社区的民俗风情来提高酒店对顾客的吸引力已成为时尚。酒店业主与经营者应将当地的民俗风情经过艺术化的处理与加工融入酒店的外观设计、装修（大堂、客房、餐厅等）、服务项目设置（如民俗歌舞表演、地方特色饮食、特色工艺品等），通过充分展示当地民俗风情来实现"人无我有"的投资策略和经营策略。

4. 环保与绿化

环保与绿化的投资对酒店业主来讲需要不少的资金，由于目前环保方面的管制较小，因此酒店业主有可能会采取不负责的态度，花较少的资金投资于酒店的环保设备与绿化环境。社区的环保与绿化观念对酒店的环保与绿化投资有较大的影响。在环保与绿化观念强的社区里投资酒店，有利于督促酒店的清洁建设、清洁生产和绿色经营，酒店在投资建设时会在污水处理管道、垃圾处理设备、节水节能设施设备等方面做更大的投资，同时对于酒店范围内、店内店外以及所属的公共场所进行绿化和美化。当社区的环保意识较薄弱、社区的绿化水平较差时，酒店的吸引力也会大大降低。

（三）自然条件与气候

自然条件与气候是与酒店所处地理位置密切相关的。自然条件与气候一方面影响酒店类型的确定，同时也影响酒店建筑材料、装饰材料的选择。例如，若处于风景优美的山体度假区，则该酒店在风格、材料的设计上应与周围环境相协调；若处于海边度假区，则应考虑建筑与装饰材料的防腐蚀性；若处于地震多发区则酒店应考虑其抗震度。如果不考虑社区自然条件与气候，就会大大提高酒店的投资成本，并给酒店今后的经营带来不必要的损失。

三、市场分析

市场是有维度的，市场的规模与消费水平也是有限的，市场的供给与需求规模的大小决定了拟投资酒店的营业与利润额。因此，酒店的投资建设必须经过充分的市场分析与论证。市场分析与论证内容包括以下几个方面。

（一）竞争对手分析

酒店的竞争对手主要包括现实存在的酒店及替代性产品、新的市场进入者以及潜在的市场进入者。竞争对手分析是为确定和分析竞争者与互补者的地位及优势所进行的研究。竞争对手的经营思想和理念、目标市场、住客率、日均房价、可利用率和服务的种类、设施的年限和运行状况、人力资源状况、市场份额和公司的从属关系都是竞争对手分析的内容。通过竞争对手分析，可以使酒店投资者寻找到自身的优劣势，并通过彰显优势、规避劣势做好市场定位，并在市场定位的基础上进行酒店产品设计与市场开发。每个企业或组织都拥有一个价值网（Value Net）。价值网由组织的供给者、顾客以及竞争者和互补者组成。竞争观念的改变使竞争者有时候能成为互补者，因此，酒店在投资时要客观地看待竞争对手，要具有长远的发展战略眼光，寻求能够与竞争者合力创造市场的机遇。

（二）市场规模与消费水平分析

市场规模与消费水平对于酒店的规模与档次的确定至关重要。一般来说，市场的规模越大、消费水平越高，则酒店的规模也就相对越大、档次也就越高，但这也不是绝对的。市场规模与消费水平分析的考察指标主要有人流量、市场消费水平以及平均停留天数等。

1. 人流量

人流量的大小在一定程度上决定了市场规模的大小。酒店在投资前应进行人流量的调查，通过对商务流、会议流、观光流、度假流、探亲流、当地客源流等人流量的调查来确定酒店所在区域的市场规模。这些调查资料可通过到酒店、景区以及各主要交通道路进行实地调查，也可向相关统计部门咨询或是聘请专业的调查机构进行调查等渠道获得。

2. 市场消费水平

市场消费水平的高低决定了拟投资酒店的档次，酒店市场的消费水平可以用人均消费水平来反映。当市场消费水平较高时，酒店在装修设计、设施设备配备以及服务项目的设置上则要求较高，投资的酒店应主要开发中高档价位的产品；当市场的消费水平较低时，投资者在酒店档次定位上则应侧重于中低档、经济型产品，否则会出现市场与产品的错位。目前，酒店业出现的盲目追求高星级、超豪华，导致酒店客房入住率低、经营无法维持的现象比比皆是，这与没有进行市场消费水平的调查有不可分割的联系。

3. 平均停留天数

游客的平均停留天数决定了拟投资酒店的规模。平均停留天数越多，意味着消费规模越大，市场需求量越大，拟投资酒店的规模就可以相对大一些；反之，则应小一些。

（三）消费群体（市场）分析

酒店的消费群体根据其规模大小可分为目标消费群体、辅助消费群体和潜在消费群体。消费群体分析主要考察以下四个变量：人口属性（包括年龄、性别、宗教、受教育程度、职业、家庭规模与结构等）、心理图式变量（性格、社会阶层及生活方式等）、购买行为变量（利益追求、购买动机、时机、频率、品牌忠诚度等）以及地理环境变量（区域、气候、地理环境等）。在以市场为导向的竞争年代，消费者的需求、行为特征对于酒店经营的成功具有举足轻重的作用。因此，拟投资的酒店应对消费群体进行分析，并根据自己的经营目标和资源能力，确认自己的目标市场，即目标消费群体、辅助消费群体和潜在消费群体。

1. 目标消费群体

目标消费群体是酒店的主流消费群体，也是维持酒店经营发展的最重要群体。酒店投资者应根据自己的资源、技术、能力和特长，选择自己的主流消费群体，并为这些群体提供他们需要的产品或服务。目前，许多酒店在客房、餐厅、大堂的装修风格，设施设备和服务项目的设置上也都根据目标消费群体的需要来确定。酒店目标消费群体的选择可采取以下策略。

（1）无差异目标策略。以大众化的需求为主，将整个市场的消费群体作为目标消费群体，以规模化、低成本为策略，从价格和便利上出新意、求特色，吸引各阶层的消费者。

（2）差异性目标策略。以特色经营和差异性策略为主，以提供不同品位、不同层次、不同规格的产品来吸引和满足不同类型的消费群体。

（3）集中性目标策略。在市场细分的基础上，只选择其中一个或少量细分市场作为目标市场，并充分满足其特定的需求与服务。

2. 辅助消费群体

辅助消费群体是指酒店必须拓展的消费群体，是酒店目标市场的重要和有益补充。由于酒店消费需求的多变性，酒店难以培养忠诚度较高的消费群体，因此，酒店在注重目标市场培育的同时，还应开拓一些辅助性消费群体，作为酒店将来拓展的市场方向。随着经济的发展和人们消费观念的转变，酒店的消费群体在不同时期和阶段也会不断产生变化。原来的辅助市场可能会变成酒店的目标市场，目标市场也会因形势的变化成为辅助市场。

3. 潜在消费群体

潜在消费群体是指具有潜在消费需求的群体。酒店可以通过了解潜在消费者的需求，开发适销对路的产品或采取有效的市场营销策略引导消费，从而挖掘潜在消费群体，使潜在消费群体变成辅助消费群体甚至成为目标消费群体。

（四）市场定位

酒店市场定位是以消费者的需求和利益为出发点，充分考虑酒店目标市场的竞争形势和酒店自身的优势与特点，确定酒店在目标市场中的地位，亦即酒店为使其产品在目标市场顾客心目中占据独特的地位而做出的营销策略。市场定位是在考察了竞争对手规模及主要产品、市场规模及消费需求特征等要素基础上做出的。处于筹备期的新酒店主要依据酒店所属的地理位置及投入营业后的设施、服务、经营理念与特点等自身富有竞争力的定位要素进行市场定位。新酒店的市场定位有以下几个步骤。

（1）确定酒店的目标市场，进而研究目标市场顾客的需求和愿望及他们的利益偏好。

（2）充分考虑竞争对手的优劣势，发掘自身的竞争优势，突出酒店自身与众不同的特色。

（3）设计酒店的市场形象。

（4）通过各种营销手段和宣传媒体向目标市场有效而准确地传播酒店的市场形象，以使酒店形象深入顾客的心中，从而确立酒店的竞争地位。

四、酒店规模与档次的分析与论证

酒店规模与档次的分析与论证的内容包括以下几个方面。

（一）酒店类型议案

酒店类型议案主要分析论证酒店向市场提供何类产品、产品风格如何等产品理念问题。如同其他任何新产品一样，当市场中存在以下任何一种情况时，投资酒店产品很可能成功。

（1）该产品现在不存在，但对该产品的潜在需求可能非常大。

（2）该产品存在，但是需求很大且竞争不太激烈。

（3）该产品存在，但目前需求不大，不过预计未来对它的需求会越来越大。

（4）该产品存在，但现存产品地处偏远且设施设备的质量较差，管理不当。

酒店可根据以上产品理念来进行酒店投资，亦可遵循以下原则。

1. 主流市场（目标群体）原则

主流市场原则要求酒店应根据所要接待的主流客源市场的特点、喜好及对酒店产品的要求来进行酒店类型的确定，并决定所要提供的设施和服务的类型。例如，酒店以商务客人为目标市场，那么酒店就应在建筑风格、功能项目设置以及设施设备购置等方面体现商务特色，满足商务客人的需要。

2. 竞争对手缺失原则

竞争对手缺失原则是指目前市场上该产品还不存在，只要企业能够提供这种产品，就会产生大量的消费人群。采用竞争对手缺失原则进行酒店类型的确定需要投资者具有较强的观察力、敏感度和创新精神，善于发现日益发生变化的市场需求。采用该原则确定酒店类型能够使酒店在创办初期取得垄断地位。国外出现的"监狱"酒店、"死人"酒店、"出气"酒店等一些极富个性化的酒店经营业绩不断上升就是一个最好的说明。竞争对手缺失原则的实质是要投资者创造新需求，成为市场的引领者。因为创造新需求的成功机会远远大于迎合需求的机会。

3. 潜在市场原则

潜在市场原则是通过发掘市场上未出现的新市场或是某一具有发展潜力的市场来确定酒店的类型。一种情况是指当酒店对竞争者的市场位置、消费者的实际需求和自己的产品属性等进行评估分析后，发现有市场存在缝隙或空白，而且这一缝隙或空白有足够的消费者，则酒店可针对这一缝隙或空白的消费者来确定投资的类型。另一种情况是指虽然该产品存在而且竞争很激烈，但预计未来它的需求会越来越大，酒店可通过开发满足潜在市场群体需要的产品来获得发展。这种酒店类型定位原则需要投资者具有长远和善于发现市场机会的战略眼光，通过开发出适销对路的产品来创造需求、引导需求。

（二）酒店规模议案

酒店规模议案主要分析论证拟投资酒店的规模，即确定酒店的建筑面积、客房数量、餐位数以及其他设施设备的规模。酒店作为一种固定资产投资，应考虑到一定的超前性并具有前瞻性。在规模确定的过程中，除了应考察酒店现有的客源市场外，还应分析当地的经济发展水平、客人需求的变化以及潜在客源市场的规模对酒店规模的影响。酒店规模对于酒店的经营与发展是十分重要的，科学合理的规模能使酒店在今后的经营中充分利用资源，避免因淡季过淡造成的设施设备和人员闲置或因旺季过旺而造成的设施设备及人员的超负荷运转等情况的发生。酒店规模议案的内容主要有以下几个方面。

1. 酒店的建筑规模

酒店的建筑规模主要是考虑酒店的建筑面积、建筑布局、主体楼层高度、外围辅助建筑格局与规模、酒店建筑风格、周围环境公共区域规模以及景观设计和绿化美化等。由于酒店建设的固定投资较大，且一旦确定就较难更改，因此酒店规模的确定必须具有一定的预见性和前瞻性。在建筑风格的选择上，应充分与当地的文化、地域特点、民俗风情相结合，同时为了节省开支应尽量采用当地的建筑原料。

2. 功能项目规模

酒店的功能项目规模主要是指酒店提供的房间类型、数量等客房规模，餐厅类型、厅面与厨房数量等餐厅规模以及娱乐项目与设施规模。

（1）客房规模，包括楼层设置（标准楼层、豪华楼层、行政商务楼层等）、客房类别（标准客房、商务客房、无烟客房、豪华套房、度假套房等）、房间数量等方面的确定。

（2）餐厅规模，包括餐厅的种类（中餐厅、大堂酒廊、咖啡厅、宴会厅、会议室、包厢以及西式餐厅等）、餐厅与厨房的数量和面积以及餐饮设施等方面的确定。

（3）娱乐项目与设施规模，包括 KTV/RTV 包厢、夜总会、健身中心、游泳池、棋牌室、桑拿室、室内网球场、高尔夫球场以及保龄球馆等娱乐项目与设施的确定。酒店娱乐项目与设施规模的确定应根据酒店的类型来确定，不同类型酒店的娱乐项目与设施的规模与档次也不相同。

3. 主要设备规模

酒店主要设备的规模包括供配电系统、给排水系统、供热系统、制冷系统、通风系统、空调系统、通信系统、共用天线电视接收系统、音响系统、计算机管理控制系统、消防报警系统、闭路电视监视系统、垂直运送系统、厨房系统、洗衣系统、清洁清扫系统、办公系统等方面的设备规模。酒店设备投资量大，一般要占全部固定资产投资的 35%～55%。酒店设备前期规划的好坏将决定 90%以上的设备寿命周期费用，决定设备装置的技术水平和系统功能，决定设备的实用性、可靠性和未来维修量。因此，酒店设备配置规划方案应从酒店的整体利益出发，根据酒店的规模、档次来规划。规划方案应包括设备的市场状况和前景，设备与所需能源和原料的关系，设备的环境条件、技术方案、环境保护、对运行操作人员和管理人员的要求，设备投资方案的经济评价、不确定分析，方案的实施计划以及可行性研究报告等。设备选择应遵循适应性、安全可靠性、方便性、节能性、环保性、配套性的原则。

（三）酒店档次议案

拟投资酒店的档次确定主要是根据现实和潜在目标市场的消费水平并结合投资者的经济实力来确定。目前，酒店的档次大多以 2010 年制定的《旅游饭店星级的划分与评定》（GB/T 14308－2010）为划分标准。在投资可行性分析中，酒店档次的确定可采取一次到位原则和阶段性到位原则。

1. 一次到位原则

一次到位原则是指酒店在投资筹建时，业主根据酒店档次的定位，按星级划分与评定标准要求一次性投资到位。一次性到位的投资原则虽然初期投资成本高、风险较大，但能够避免过后的多次投资带来的时间成本以及其他有形与无形成本，从而被许多投资者所采用。

2. 阶段性到位原则

阶段性到位原则是指酒店业主通过分阶段投资而使酒店最后达到所要达到的档次。例如，酒店的一期投资只能达到准四星档次，通过二期、三期的投资建设才能达到四星档次。阶段性投资能够分散酒店初期投资压力，但会带来一些不必要的成本损失，如因二、三期工程施工引起的顾客投诉以及造成的客源流失等问题。

五、投资回报分析

投资回报分析也称为收益分析，是投入与产出的分析，是酒店投资者最为关心的问题。投资回报分析包括投资额估算、投资回收期计划、年营业额预算、效益分析等内容。分析方法有保守分析法与乐观分析法两种。

（一）投资额估算

投资额即投资建设酒店所需支付的成本，主要是初期开发成本（包括建造酒店、购买设施设备以及进行酒店装修等）和酒店的经营成本。初期开发成本还包括向所在社区提供基础设施所需的设备，如公用事业设备、建设停车场和车库、设围墙等方面所需的成本。酒店类型、规模、档次、地理位置不同，投资成本也不同。一般而言，投资者会花费总预测成本中的 10%～20%用于购买土地，50%～53%用于建设，13%～14%用于购买家具，13%～18%用于杂项费用。

（二）投资回收期计划

投资回收期又称还本期，是指某一个新建酒店方案的投资总额以该酒店开业后的利润来补偿的时间。其值越小，酒店投资的经济效益就越大，其计算公式为

$$投资回收期=投资额/（每年的盈利+税金）$$

酒店应根据收益、费用分析来预测酒店的投资回收期，并制订相应的实现计划。投资回收期计划为酒店确定了利润目标和还本期限，对于酒店日后的经营具有较大的参考价值和指导意义。

（三）年营业额预算

营业额预算必须包括客房收入、餐饮收入、康乐收入及其他部门的收益，这些预算只有在对每年的住客率和客房价格进行估计之后才能进行。

（四）效益分析

效益分析又称经济评估，也就是酒店投资可行性分析，是分析投资者从所投资的酒店经营活动中获得的总收入与投入的总成本相比较是否有盈余。目前酒店多数采用内在收益

率（IRR）的方法来分析项目的可行性。收益率是一种根据投资所产生的回收率对资本预算决策进行评估的方法。

第三节　酒店筹建策划

酒店筹建策划是对酒店的筹划、设计与建设进行策划，撰写筹建规划方案说明书或规划设计方案说明书。通常业主在决定酒店投资项目后，需要委托酒店专业人士或酒店经营管理者根据酒店的经营需要，提出筹建规划方案说明或规划设计方案说明，要求建筑设计单位和装修单位按照方案说明进行设计与装修。酒店筹建规划方案说明书的内容包括以下几个方面。

一、空间规划（设计）要求说明

（一）建筑布局要求说明

建筑布局要求说明是根据业主或酒店经营者的意图和拟投资酒店的类型对酒店的建筑布局和建筑风格做出说明和要求。酒店建筑一般有分散式、集中式和混合型三种布局方式。

1. 分散式布局

分散式布局的特点是酒店各功能部门分别建造，单幢独立，多为低层建筑。由于各功能区分别独立、互不干扰，因此酒店环境幽雅宁静，但是这种布局方式客人和服务的动线较长，能源消耗大，管理不便。它主要适用于郊区或景区酒店。

2. 集中式布局

集中式布局又分水平集中式布局、竖向集中式布局和水平与竖向相结合的集中式布局。水平集中式布局是客房、公共区域、后勤和餐饮部分别各自相对集中建设，并且在水平方向互相连接的布局方式，它适用于郊区和风景区酒店。竖向集中式布局是酒店的各功能区集中在一座建筑物中竖向排布的形式，它适用于城市中心、基地较少的酒店。水平与竖向相结合的集中式布局呈凸形，是高层建筑带裙房的布局形式，这种布局形式被国际上众多城市酒店所采用。

3. 混合型布局

混合型布局是分散与集中相结合的布局。在这种布局形式中，常采用客房楼层分散，公共部分集中的方式，如高层主楼带裙楼或别墅式的建筑。

在现代高层酒店中，为了合理组织和充分利用竖向空间条件，要进行竖向功能分区。通常情况下，地下室用于安排车库，库房，员工更衣室、浴室和活动室。地下一层用作公共活动区域，如快餐厅、游泳池等。地下二层用作设备（如机房）和后勤工作用房。低层公共活动部分（包括裙房）常安排各类餐厅及康乐设施等，大堂多设在一层。在低层与客房层之间常有设备层，以安排各种管道系统中的水平管道。客房层多安排在四层以上的竖向高层部分。高层酒店常常在顶层设空中餐厅、旋转餐厅、观光层、豪华套间等。楼房顶部为设备用房，设置电梯机房、给水水箱等设备。

（二）动线规划（设计）要求说明

动线是指酒店内外客人、物品、服务、信息以及车辆等在内的流动路线。动线设计的基本原则是各种动线的运作要持续畅通，各动线不互相交叉碰撞，不同的动线设计要遵循不同的设计原则。

1. 客人流动路线设计要求

客人流动路线是指客人在酒店内活动必须经过的路线。酒店的一切活动都是围绕着客人的活动而进行的，因此客人流动路线的设计首先应反映出酒店的形象，让客人在移动的过程中能够感受到酒店的特色与文化氛围；其次要遵循直接明了的设计原则，动线不能太复杂，主要出入口应设计在客人举目可见、方便客人进出的地方，在出入口、转折处以及客人经常活动的场所应有醒目、具有较强亲和力、准确的标识，以减少客人进入酒店的陌生感。此外，客人流动路线要便于管理，以方便酒店能及时、准确地向顾客提供服务。

2. 物品流动路线设计要求

物品流动路线是指物品从采购、储存、消费到最后垃圾处理的过程中所发生的空间转移。酒店属于综合性的服务场所，物品种类繁多、消耗量大、转移频繁。因此，酒店的物品流动路线设计要便利，减少物品停留的时间，提高工作效率，满足客人及酒店正常运转的需要。同时物品流动路线还应隐蔽，避免将物品（特别是垃圾）直接暴露在客人面前，给客人带来不良的视觉影响。一般物品流动路线大都设在后勤区。有时为了服务工作的需要，一些物品流动路线必须与客人流动路线混合，此时设计就要遵循以客人流动为主、物品流动为辅的原则。

3. 服务流动路线设计要求

服务流动路线是酒店员工向客人提供服务必须经过的路线。服务流动路线联系着客人、服务员（包括管理者）以及服务所需用品三个方面的内容，因此酒店服务流动路线设计要遵循短捷、高效的原则，以减少顾客与服务员、服务员与服务所需用品之间的距离，达到为顾客提供及时服务的目的。此外，服务流动路线还应遵循科学合理、便于管理的原则，以方便服务运作和服务管理。

4. 信息流动路线设计要求

信息流动路线是指酒店内外信息流动的路线。酒店的信息包括经营管理信息、顾客信息以及酒店外部信息，信息能够及时、准确地转移是酒店提高工作效率和服务质量的重要保证。酒店信息流动路线设计应遵循迅速、准确、便捷原则，在信息线路的布线、接口、终端的设计上要方便信息的流动、处理和使用，要方便动线的维护、保养与更新。

5. 车流动线设计要求

车流动线是指酒店内外部车辆的流动路线。酒店外部车辆流动路线主要是进入酒店的客人车辆及其他相关车辆的路线与停车场。外部车辆流动路线设计要方便、省时和便于管理。酒店内部车辆的流动路线主要是酒店内部的服务车辆，如直接流动于前台的行李车、客房工作车和完成后台工作的工具车、布草车等的行驶路线。内部车辆流动路线设计要隐蔽、省时、方便和便于管理。

（三）出入口设置要求说明

酒店的出入口主要有客用出入口、职工出入口、物资出入口和垃圾出入口等。由于各种出入口面对的是不同的群体，具有不同的用途，因此设计时应加以区分并合理设置。

1. 客用出入口

客用出入口是酒店的形象标志之一，是客人进出酒店的必经之地，因此要做好出入口的形象设计和环境设计，让出入口美观、实用和方便。客用出入口又可分为散客出入口和团队出入口，酒店可以根据实际的客源市场情况进行分别设置或混合设置。为了体现尊重客人的酒店精神和方便酒店管理，客用出入口应与其他几种出入口区分开来，单独设立。

2. 员工出入口

员工出入口是酒店员工上下班、工作的主要通道，也是员工为客人提供服务的主要通道。酒店不同功能部门对于通道的设计要求不同，但都应遵循便利性原则，并与客用出入口分开。通道的便利性设计可以方便员工服务操作，提高员工的工作效率。

3. 物资出入口

物资出入口是酒店各种物品的进出口，包括物资购进后进入酒店、物资在仓库（一级库、二级库等）之间的转移、物资由仓库送至各个部门等的出入口。酒店的物资种类繁多、更换周期频繁。因此，酒店物资出入口的设计应讲求独立性和隐蔽性，使其不影响客人的视觉效果。目前，酒店业中许多物资出入口与职工出入口是设在一起的，但为了提高物资输送效率，一些酒店已开始将物资出入口单独设置，如设置专门的布草通道、仓库通道等。

4. 垃圾出入口

酒店每天都会产生大量的垃圾，如食品垃圾、厨房垃圾、客房垃圾等，酒店应根据可回收垃圾与不可回收垃圾两类设置不同的出入口，对于一些严重污染环境甚至是一些危险废弃物应设置专门的存放点和出入口。垃圾出入口的设计应遵循隐蔽性、封闭性原则。

二、功能项目规划（设计）要求说明

随着需求的变化，酒店的功能项目和设施设备也在不断发生改变，它们又都与酒店的建筑及其布局相辅相成。不同的功能要求酒店设计不同的功能区域，同时也就产生相应的功能区域规划要求，如与住客功能相应的住宿设施项目规划，与饮食功能相对应的餐厅和酒吧项目规划，与娱乐功能相对应的娱乐场所项目规划，以及其他如交通功能、购物功能、商业服务功能等相配套的规划项目。这些规划项目必须体现"以人为本"的总原则，在总原则的指导下产生其他相关规划要求，提高酒店职工的工作效率。

（一）功能区域规划（设计）要求说明

功能区域是指酒店为了提供食、宿、行、游、购、娱等功能性服务而为顾客提供客房、餐厅、商场、康乐休闲娱乐空间以及为保证职工顺利地工作而提供的服务空间。酒店的功能区域是根据其所提供的功能来进行规划设计的，其基本要求是要"以人为本"，通过对功能区域进行科学合理的空间分隔、设施设备配置以及工作流程的设计使顾客享受到舒适的活动空间。酒店的功能区域按其对客服务的方式分为一级功能区和二级功能区。一级功能区又称为前台服务区，是指为客人提供直接"面对面"服务的区域，该区域是酒店的形象区，因此在规划过程中除了要考虑满足客人的需求和方便员工服务操作之外，还要按照形象区的要求来进行装修设计，以提高酒店的吸引力；二级功能区又称为后台服务区，是酒店后勤人员工作的主要场所，其规划设计的要求是要方便员工的操作，减轻职工的疲劳度，创造舒适、整洁的工作环境，从而提高员工的工作效率。

不同功能区向顾客提供不同功能的服务，它对于空间、高度、面积、装饰及风格的要求不一。因此，酒店功能区域规划（设计）应遵循独立、不相互干扰原则和科学、合理、便于管理原则。独立、不相互干扰原则要求酒店各功能区域设计时要有隔离设施，功能区与功能区之间不能产生噪声、震动等方面的影响。独立、互不干扰的工作空间能够使员工明确自己的工作职责，避免互相推诿、责任不清等现象的发生。科学、合理、便于管理原则要求酒店各功能区设计既要满足客人消费需要，方便员工操作，同时也要便于管理。

（二）主要项目规划（设计）要求说明

1. 大堂规划（设计）要求说明

大堂是酒店的"门厅"，主要包括入口大门区、总服务台、休息区、咖啡厅、酒吧、商场、美容美发室以及楼梯、电梯、公共卫生间等区域。大堂规划（设计）要求说明主要包括空间、面积、装饰以及风格等几个方面的内容。

（1）大堂空间。大堂空间可分为服务空间、客人流动空间和休息空间。服务空间根据服务功能的需要可大可小；客人流动空间的区域要求面积较大，以便人流畅通无阻；休息空间设在流动空间附近，供客人做短暂的停留。休息空间与流动空间应有明显的区隔，但为了实现动静分明的空间共享效果，隔离带应做到"漏而不通"。大堂空间布局应做到人流路线清晰、服务区分明，达到充分、经济地利用大堂有限空间的效果。

（2）大堂面积。大堂是酒店主要流通场所，是客人非正式的聚集地点，也是酒店最主要的公共区域，其面积的设计要考虑客流量和酒店星级等因素，以便能适应酒店的接待能力。大堂面积应视酒店等级和规模（客房数）而定，国际上一般每间客房对应的大堂面积要大于 $0.9\ m^2$，我国国家旅游局星级评定标准要求每间客房对应的大堂面积要大于 $0.8\ m^2$。

（3）大堂装饰。大堂装饰主要包括大堂装饰用材（如地面、墙面、柱面以及各种装饰材料）、采光、装饰小品等。大堂的地面装饰用材大多采用花岗石而不采用大理石，因为花岗石质地更加坚硬。大堂的装饰应根据酒店风格来定，利用灯光、装饰材料、工艺美术品、绿色植物以及其他硬质装饰材料与软质装饰材料的共同配合来使大堂装饰更具文化气息，体现酒店特色。

（4）大堂风格。不同国家、不同地区、不同星级的酒店应有不同的风格基调，使客人可以从中领略其中的风土人情和情趣。酒店大堂或金碧辉煌、豪华气派，或清新淡雅、朴素自然，或色彩鲜明、文韵独特，不同的风格要求不同的装饰材料、设施设备、色彩与其相配套。在大堂风格基调的把握上，色彩的选择是极其重要的，酒店应有自己的主色调，可以根据自身的经营特点以及客源需求来确定大堂的主色调。大堂风格设计上应突出所要表达的主题，并通过装饰材料、灯光、工艺美术品、绿色植物、色彩等使其更加凸显出来。

2. 餐厅规划（设计）要求说明

餐厅的规划（设计）要求主要在餐厅的面积、类型、档次、风格等方面对空间、设备、灯光、通风、物流与人流通道提出要求和说明。

（1）餐厅位置。为方便非住店客人的消费，餐厅的位置应尽量设在酒店的客人流通区或大堂附近。通常情况下西餐厅及酒吧设在大堂，而中餐厅则设在二至三楼。此外，餐厅与厨房最好设在同一层，如必须分层设置，最好相差楼层数不要太多，并用垂直提升机（电梯）送菜。特色餐厅与各级宴会厅则需根据具体情况而定。

（2）餐厅面积。餐厅面积一般占总建筑面积的 12%～15%。以中餐为主的餐厅人均使用面积按 1.5～1.8 米²/座，以西餐为主的餐厅人均使用面积按 1.8～2.1 米²/座。所需的餐位数可以根据床位数来确定，餐位与床位之比通常按 0.8∶1～1.2∶1 计算。

（3）餐厅类型与档次。餐厅的类型与档次设计应根据酒店的风格、规模、档次以及客源市场的需求而定，并要体现酒店本身及酒店所在地区的特色。商务酒店应有中餐厅、西餐厅、各种类型宴会厅、自助餐厅等，餐厅的档次相对较高、面积较大，并配有高档扒房，提供现场烹饪服务和桌边服务，座位密度低，空间宽敞等；旅游酒店应有风味厅、中餐厅、宴会厅、自助餐厅等，餐厅的档次相对较低。

（4）餐厅风格。餐厅风格可以通过色彩、装饰材料及各种装饰品来体现。不同类型的餐厅所体现的风格应不同。

① 餐厅色调设计要求说明。色彩选择对于餐厅风格的体现起着非常重要的作用。餐厅色调由装饰材料色调、照明系统组成。餐厅色调既要与酒店主色调一致，又要有自己的风格，一旦确定餐厅的基调，其家具、门窗、窗帘、饰物和餐具都应与之相配套。餐厅的色调应与照明系统相结合，从而使照明系统能够为餐厅风格、菜肴特色增色。例如，暖色调的餐厅加上暖色调的照明，可以活跃餐厅气氛，利于客人进食时形成条件反射，增进食欲。在规划设计过程中，灯光应与餐桌相对，应根据餐桌的实际摆放位置来确定吊灯的位置，而不能按常规将吊灯放在餐厅的正中间，从而失去增色的作用。餐厅色调设计应遵循配色的同一性原则（各种颜色的色相或明度基本相同）、连续性原则（按光谱顺序形成连续变化关系）和对比性原则（用色相相反或明暗对比的色彩互相搭配）。一般而言，中餐厅宜用暖色，尤以金黄、红木、朱红、咖啡、酱黄、橙黄色最好；西餐厅宜用乳白色、茶褐色，扒房的色彩尤以金色配深红、咖啡色为多；咖啡厅宜用奶黄色；酒吧宜用古铜色；茶室宜用茶色等。

② 餐厅装饰设计要求说明。餐厅的风格可以通过装饰材料、艺术品、绿色植物以及文化氛围的塑造来体现。不同的餐厅风格所体现的文化氛围也不同。西餐厅讲求高档豪华，中式餐厅讲求喜庆吉祥，风味厅讲求独具特色，自助餐厅讲求简洁明快。餐厅装饰设计时特别要注意餐厅风格与其名字的结合问题。许多酒店餐厅设有各种包厢和厅房，每个包厢或厅房都有名字，有的以花为名，如"牡丹厅""荷花阁"；有的以山水、地名为名，如"泰山厅""长江阁""北京厅"；有的以松、竹、梅为名，如"岁寒三友"等。名字应该是风格的体现，但是许多酒店目前都存在着餐厅风格与名字相脱离的情况，"牡丹厅"中没有牡丹的内涵与风格，"荷花阁"中没有任何体现荷花的菜肴、字画、装饰品，"泰山厅""长江阁"的装饰风格一样，这种装饰设计大大降低了餐厅的文化品位，给餐厅的经营带来许多负面影响。因此，酒店在餐厅设计时就应考虑好餐厅的名字并通过装饰设计来体现其风格。

（5）其他要求说明。

① 餐厅采光与通风。餐厅采光、通风要良好。天然采光时，窗洞口面积不宜小于餐厅地面面积的 1/6；自然通风时，通风开口面积不应小于该厅地面面积的 1/6。

② 餐厅的厕所要求。厕所是餐厅的主要辅助设施，其数量应根据酒店各种餐厅的餐位数而定。厕所位置应隐蔽，其前室入口不应靠近餐厅或与餐厅相对；厕所应采用水冲式、低噪音马桶，并要蹲位与座位均有。

③ 餐厅的装饰。餐厅的装饰宜选择防火、不易积灰、易清洁的材料。餐厅装饰材料与餐厅的类型、风格有关，地面材料一般以花岗岩、瓷砖、木板或地毯为主，墙面材料一般有墙纸、木板、布面和漆面。

3. 厨房规划（设计）要求说明

厨房规划（设计）应遵循装饰安全卫生原则和方便操作、便于管理原则。通过科学设计与装修布置，使各种设施、设备、用具各得其位，减少操作过程中厨师来回走动的距离，从而提高工作效率。

（1）厨房布局。根据工作程序、人员操作流程，厨房布局一般分为货物验收储藏室、食品粗加工区、食品熟加工区、点心制作区、冷菜制作区和其他辅助区等六个工作区域。六个工作区域的布局有如下三种形式。

① 统间式。厨房的六个工作区域都在一个统间，但每个区域或工作台有所分隔并有特定的分工，这种形式适合于小型酒店。

② 分间式。厨房的六个工作区域都有各自的专用房间。这种布局占用面积大，利用率较低，故较少被采用。

③ 混合式（统间式与分间式结合或称大小间结合式）。厨房的食品粗加工区、食品熟加工区采用统间式（大间），货物验收储藏室、点心制作区、冷菜制作区和其他辅助区采用分间式（小间）。这种布局被大多数酒店所采用。

（2）厨房的设施设备要求。厨房是高温、高热、多气味、多油污、多烟雾的地方，所以对厨房的设施设备要求比较严格，既要整洁美观，又要安全、卫生、方便和便于管理。因此，厨房的隔油设施、采光通风设施、防火安全设施等设施设备的设计与配置就要根据厨房的类型、大小来考虑，以满足厨房运作时的降温、散热、去味、防油、排烟的需要。

4. 客房规划（设计）要求说明

（1）客房类型与档次。客房类型与档次应根据酒店的客源市场调查结果、酒店的市场定位、主流客源市场的消费水平、酒店的规模档次来确定。客房的房型种类、规格要多并各具特色，同一类型的客房应有不同的档次、规格与标准。例如，套房应有豪华套房、商务套房、普通套房等。同一档次、标准的客房应有不同的房型。不同房型、档次的客房数量应根据主流客源市场、辅助客源市场以及潜在客源市场的规模来确定客房类型。例如，酒店主体目标市场是高级商务客人，则高级、豪华的商务套房、商务标房数量就应该适当地增加，而对于以中低档经济型青年旅客为主要目标市场的青年旅馆，则其普通标房、三人房等经济型客房数量就要增多。

（2）客房风格。客房风格是客房内有形物件与无形文化组合而体现出的一种氛围。客房风格的形成因素包括客房主题文化、灯光照明、物品陈设、墙上饰物、室内结构与设施、室内装修、整体感觉以及所有其他促使顾客对客房形成印象的物品。客房风格的设计应以市场需求为导向，同时融入地方文化与酒店的企业文化，在设计理念上要打破传统观念，要敢于创新、标新立异，形成自己的客房风格。例如，客房的床头柜能否由方的改成圆的，以免碰伤客人；卫生间的浴缸能不能撤除并改为挡板沐浴；房内灯光照明能否采用一个总控制开关放在床头柜让客人随手可触；等等。

5. 娱乐休闲场所规划（设计）要求说明

酒店的娱乐休闲场所主要包括舞厅、卡拉 OK 厅、美容美发厅、桑拿室、健身娱乐中心（保龄球馆、网球馆、桌球馆、游泳馆）等。娱乐休闲场所的规划设计要请专业人员提出规划（设计）要求，并充分考虑经营管理者的意见和建议。规划设计时要注重设施设备的专业化和环境氛围的舒适化，要重视设施设备使用的安全性和方便性。

三、动力、水电系统规划（设计）要求说明

（一）动力系统规划（设计）要求说明

动力系统是指发生、变控、传递和供应动能的系统，主要有锅炉、制冷机、变/配电设备、发电机组以及水泵、风机等。动力系统是酒店的心脏，一旦发生故障，将直接影响酒店的正常运作。动力系统规划设计时要充分考虑系统的安全性能指标、技术指标、环境影响指标，在规划设置时要有一定的预见性和前瞻性，要充分考虑动力系统的节能、节油、节电、节气性能。同时，在设计配置动力系统时应尽量做到一次性到位，避免动力系统频繁的更新和改造给酒店带来的重复性投资以及对酒店正常运作带来的影响。

（二）水暖系统规划（设计）要求说明

酒店的水暖系统主要包括消防系统、空调系统、给排水系统和供热系统。

1. 消防系统

酒店消防系统的规划设计应包括火灾报警系统、火灾报警控制器和消防控制系统的规划与设计。规划设计时要特别强调火灾探测器（烟感式探测器、温感式探测器、光感式探测器）、消防灭火器材（消防给水系统、化学灭火器材）和防火设施（防火墙、防火门、防火卷帘）以及防、排烟设备的类型、数量和所应安放、设置的位置。

2. 空调系统

酒店的空调系统有中央空调系统（同时将空气进行处理的通风系统，是一个包含供热、制冷和通风的综合工程系统）和局部式空调系统（柜式空调、窗式空调和分体式空调）两种类型。采用哪种空调系统应根据酒店的规模档次来确定。一般大型酒店多采用中央空调系统，小型酒店采用局部式空调系统。空调系统的耗电量大，因此，在规划设计时应考虑空调系统节能环保、安全卫生、噪音小等性能指标。

3. 给排水系统

酒店给水系统分为生活给水系统（主要供生活及洗涤用水）、生产给水系统（供生产用水）以及消防给水系统。酒店一般将上述三个系统合成一个给水系统。酒店排水系统是指排出生活和生产中的污水和排出地面上多余的雨雪水的系统工程，它包括排水工程的整套设施设备和排水管网两个方面。酒店给排水系统的规划设计要注意给水系统设施设备的功能与容量、给排水管网大小与布线的合理、给排水管道的防热散热与防泄漏以及维护保养等方面的问题。

4. 供热系统

酒店的供热系统主要有电热器供热系统（电热炉、电烤箱、烘箱、保暖箱和各种电热取暖器）、煤气供热系统（主要用于厨房食品加工的供热）、锅炉供热系统（主要用于客房用热水、厨房用热水、房间的取暖、洗衣房使用蒸汽等的供热）。在供热系统规划设计时，应充分考虑到供热系统设施设备的功能、容量、安全性能、节能环保等性能指标，并在安置位置、通过路线的设计上要科学合理、便于维护和保养。

（三）供电系统

酒店供电系统可分为弱电系统和强电系统，其中弱电系统主要包括电视系统、音响系统、电话系统、多媒体系统和网络系统等；强电系统则包括输电系统、照明系统和电力系统。酒店供电系统的规划设计要特别重视供电系统的配电设备（高压配电柜、变压器、低压配电屏，全部集中在配电间，所有的动力线、照明线全由配电间接出）、输电设备（输电线路和接线箱，包括矩形线、电缆、电线以及输电线路的中间接线箱）和用电设备（供利用电能作动力的设备，如机电设备、电热设备、电子设备、照明设备）等设施设备设计与配置；要注意供电系统的可靠性以保证供电系统正常运行；要考虑供电系统发生故障时应有的应急措施。

由于酒店供电系统的规划（设计）要求说明专业性强，而且种类繁多，下面仅就照明系统的规划（设计）要求做一些说明。酒店照明系统用电量占酒店全年用电量的 25%～30%，因此酒店照明系统的规划设计要遵循低能耗、高效环保的原则，推广选用节能型光源，科学地进行照明控制；照明设计要合理，不同场所要有不同的照度和色光，如酒吧宜采用相对冷色光，而中餐厅则宜采用暖色灯光为菜肴增色。照明系统设计还应根据酒店的实际情况和需要进行，在用材、走线、布点等方面要科学合理，方便维护、保养与管理。

四、环境氛围规划（设计）要求说明

酒店环境氛围的设计塑造与酒店的所有内容相关，大到酒店的整个建筑，小到客房或餐厅的一个小饰物，它要求规划设计者既要有全局战略眼光，又能做到细致入微。酒店环境氛围的设计塑造主要包括主题文化、色调、装饰用材、灯光照明、绿化以及艺术品等方面的规划设计。

（一）主题文化选择与设计要求说明

主题文化是酒店特色与风格的精髓与灵魂，它通过酒店的建筑外形、装饰风格以及装饰物品得以体现与展示。酒店主题文化的选择和设计与酒店的类型、特色、所在地区或社区的风情民俗、酒店所属企业的企业文化等因素有关。酒店主题文化的选择与设计是一件困难的事情，需要投资者、经营者、酒店专家和规划设计人员共同商定。例如，投资者要在著名风景旅游区崇武古城建一座酒店，经营者与酒店专家认为该酒店的主题文化应体现出滨海地域特色和古城风貌，展现出民俗风情和中国南方石雕艺术，规划设计单位就应该根据这个思想和理念进行设计，通过建筑风格、建筑材料、装饰材料、装饰物品等方面来体现这个主题。如果投资者或经营者没有对酒店的主题文化提出要求，那么规划设计单位可能就会按照常规的方式与标准来进行规划设计。

（二）色调设计要求说明

CIS 的形象设计中十分讲究色彩的搭配，因为搭配合理的色调会给人一种舒适感，杂乱无章的色调容易使人产生疲劳。酒店的色调由主色调和辅助色调（或称补充色调）组成，不同的场所有不同的色调要求，同一场所在主色调与辅助色调的选择上也会有所不同。因此，投资方或经营者应根据自己的需要和认识向规划设计单位提出酒店的主色调要求，以便规划设计单位根据主色调来选择辅助色调。

（三）装饰用材要求说明

装饰用材的选择应根据酒店所处的地域特点、气候条件、酒店类型、所确定的主题文化以及投资者的经济实力来进行综合考虑。规划设计时应突出装饰用材的适用性、经济性、美观性，并尽可能遵循材料本地化原则。

（四）灯光照明规划（设计）要求说明

灯光照明对于酒店主题文化、环境氛围的塑造起着非常重要的作用。酒店不同功能区对灯光照明的要求不同，灯光的明亮程度取决于经营者所要营造的气氛。酒店经营者应根据经营的需要提出各个功能区域的灯光照明要求，如对哪个区域需要多少光线以及何种光线，采用直接照射型灯光还是间接照射型灯光等问题进行详细的说明。

（五）绿化规划（设计）要求说明

酒店的绿化规划设计包括酒店内部环境的绿化规划设计和酒店外部公共区域的绿化规划设计。酒店经营者应根据经营的需要，对酒店的绿化规划设计提出要求与说明。酒店内部环境的绿化规划设计要求包括指明绿化的区域或位置、绿色植物的品种与大小等；酒店外部公共区域的绿化规划设计要求则要指出绿化的区域与面积、绿化的形式（植物、草地、盆景还是花卉）等。

（六）艺术品、指示牌规划（设计）要求说明

艺术品是指用于酒店装饰的各种工艺品和美术品，它大到酒店大堂的巨型浮雕画，小到客房里的笔筒。艺术品作为酒店装饰的主要材料，用于体现酒店所要展示的文化、主题与特色。酒店投资者或经营者应根据酒店的类型、特色和经营的需要，对酒店艺术品的规划设计做出要求和说明，告诉规划设计单位设计时在什么区域使用什么样的风格、大小、形式的艺术品等。规划设计要求说明变被动为主动，将酒店所需要的艺术品事先进行说明，让规划单位有的放矢。指示牌是指那些标明酒店各个区域地理位置的牌子，规划设计时应根据酒店的实际情况设计出不同材料（木质、石质、钢质、玻璃等）、不同形状（方形、圆形、长方形、不规则的形状）、不同大小的指示牌。指示牌除了应正确、清晰外，还应讲究美观大方，其材料、形状、色彩以及大小应根据酒店不同的功能区而定。通过酒店指示牌的设计，让原本并不醒目的指示牌成为酒店的装饰品，成为体现酒店特色与文化的载体。

第四节　酒店承运策划

酒店承运策划是酒店经营管理者对拟承接经营管理的酒店的各项事宜进行策划，并通过承接与开业筹划书来表达。酒店承运策划内容包括酒店承运的前期策划、酒店承运的责任与合同策划、酒店承运的过程策划和酒店承运的后期策划四个方面。

一、酒店承运的前期策划

（一）承运标的选择

酒店承运标的对承接经营者而言，是指要承接经营管理的酒店，对业主而言是指酒店的承接经营者。在酒店的承接经营过程中，既存在着承接经营者对业主、对酒店的选择，也存在着业主对承接经营者的选择。选择是双向的，只有在承接经营管理前做好选择分析工作，选择好适合自己能力、经验、管理水平的酒店和合适的业主，经营者才能在以后的经营管理过程中发挥自己的经营能力和管理水平；同样，只有充分考虑承接者的各方面条件，选择好经营者，业主才有可能在未来的经营中获得尽可能多的利润，取得最大的经济效益和社会效益。

承接经营者对承运标的选择，包括酒店的地理位置、等级、布局、配套设施等。当然，酒店的地理位置比较优越，如商务酒店处于市中心且交通方便，会议中心处于市区并靠近飞机场、火车站或轮渡，旅游酒店坐落于风景名胜区，度假型酒店远离闹市并位于风景宜人、空气新鲜的市郊或海滨等，经营者在经营酒店时就会比较主动，因为地理位置本身就是吸引市场、招揽客人的重要条件之一。而经营者对于酒店等级的选择主要是基于自己条件的考虑，因为星级较低、规模较小的酒店总是比星级高、规模大的酒店更好管理，这主要应依承接经营者自身的能力而定。经营者对于酒店布局、配套设施等的选择也应从经营角度进行考虑。

承接经营者在对酒店进行选择的同时，还应注意对业主本身的选择。首先，业主不能是负债累累的债人。酒店在开业初期就负债累累，将会影响到之后的经营成果，影响到业主和承接经营者双方的利润提成等，甚至也会影响到酒店员工的工资、福利，从而挫伤员工的积极性，不利于经营者以后的经营管理。其次，业主应具有良好的形象和较高的信誉。业主本身形象不佳，必然使酒店蒙上阴影，并损害到酒店的公众形象，这是任何酒店包括酒店经营者都很忌讳的事。业主本身的信誉度也应成为双方合作的一个基础。良好的信誉将会使合作得以顺利进行。再次，业主本身还应该具备较好的沟通协作能力。经营者在经营酒店过程中，需要不断地与业主交换有关经营的信息，向其汇报成果，业主同时也要对经营者进行适当的检查督促，并提供建设性的意见和酒店设备设施等方面的帮助等。因此，业主和经营者双方都应该有良好的沟通协作能力。

业主对于承接经营者的选择主要出于对经营者的经营管理能力、经营管理经验、个人条件、以往工作经历以及个人的信誉和魅力等方面的考虑。业主对于经营者的选择也是比较复杂的，应该综合考虑，其中也包括形象、信誉度、沟通协作能力等。

值得注意的是，承运标的的选择原则是双向性原则。业主在对众多承接经营者进行筛选、选择的同时，也应该向他们提供酒店方面的有关信息，以给承接经营者们一个选择酒店、选择自己的机会。这是多数业主包括众多承接经营者所容易忽视的。

（二）承运方式选择

承运方式选择指酒店业主与承接经营者共同选择的承接经营方式或称为经营管理模式。对于承接经营双方来说，经济关系是最根本的关系。在承接经营中，经济条件既是酒店所有者也是经营者首要关注的问题。不同承运方式产生的经济条件是不相同的。因此，最大利益原则和关系明确原则是承运方式选择时双方必须遵循的原则。目前我国酒店常见的承运方式（经营管理模式）包括以下几种。

1. 委派、任命式经营

这种方式常见于过去的全民所有制酒店中，但随着我国酒店制度的改革，该模式已日渐被淘汰。另一种常见方式是集团委派人员对下属酒店进行管理，其所涉及的经济关系比较简单，多数是限定被委派任命者的薪金，或者根据其经营绩效给予一定的利润提成，余额全部上交国家、集团或酒店。

2. 承包经营

承包经营是用契约形式即承包合同来确定国家（或所有者）、酒店和经营者个人三者责、权、利的关系，并按照所有权和经营权相分离的原则，将酒店转交给承包者经营。承包经营有如下几种形式。

（1）两包一挂，即包技改项目，包上缴国家利税，工资总额与酒店经济效益挂钩。

（2）上缴利润，递增包干。

（3）上缴利润，基数包干，超收分成。

（4）对于陷入经营困境的酒店，可以实行上缴利润定额包干或减亏包干。不过，本章只分析处于筹备期中酒店的承接经营，这种承包方式不在讨论之列。

承包经营方式较好地明确了承接双方责、权、利的关系。为了限制经营者在经营酒店过程中不合理经营，国家（或所有者）可以通过建立正常而有效的监督机制，包括财税检查、经济指标考核、公开招标选聘经营者、风险抵押、对合同的履行情况进行定期与不定期的检查，并保留对重大决策、分配方案的最终控制权等来控制和监督。

3. 租赁经营

租赁经营是指酒店集团、酒店或个人以一定的条件向酒店所有者承租经营酒店，酒店的所有权和经营权分离，所有者和经营者分属于两个不同的、独立的市场主体。经营者承担经营风险，即使经营失败，由于酒店的多数固定资产仍属于酒店所有者，所有者的权益还能得到保护。

租赁经营的主要形式有以下几种。

（1）直接租赁，即承接经营者使用酒店的土地、建筑、设备等，并定期交纳租金。租赁合同中应详细说明设备的更新改造、维修情况及费用支出由谁承担，应该明确酒店固定资产的财产税、保险费等固定费用的出资情况和出资方。同时，还须规定租赁年限以保护经营者，防止业主在其经营成功之际将财产收回，造成经营者的损失。

（2）分享盈利租赁。由于通货膨胀及物价波动影响，不少业主倾向于采取分享经营成果的租赁方法。根据收入或利润分成作为租金，一般是按总收入或经营利润的百分比或者两者的混合百分比计算。为防经营者经营不力并使业主能更关心酒店经营，业主可以根据收入及经营利润情况计算租金，从而使酒店经营更为成功。但业主过多地参与到经营中，则可能影响到经营者的经营自主性。

（3）出售—回租租赁，即酒店所有者因不想承担过多风险或急需现金等缘故，将酒店所有权出让给其他市场主体后再租回经营。酒店所有者所有权出售后仍要经营该酒店，一般须签订出售—回租协议，且承租经营者须定期向买方交纳租金。

4. 委托酒店管理公司（或集团）管理

酒店管理公司（或集团）在预订、销售及管理经验、技术等方面具有较大的优势，因此，部分酒店所有者因缺乏管理经验或不愿经营管理酒店而与酒店管理公司（或集团）签订管理合同，使用酒店管理公司（或集团）的名号，并成为该公司的一员。

在这种管理合同关系中，酒店管理公司（或集团）是酒店所有者的全权委托代理人，代表所有者经营酒店并管理其职工，并不承担任何经营风险。同时，酒店所有者还须向酒店管理公司（或集团）缴纳管理费用。管理费用可以是定期定量缴付，也可以是按总收入的百分比或经营利润的百分比或两者混合百分比提取。这些都应该在管理合同中予以详细说明。

（三）承运介入时段选择

承运介入时段选择是指经营者承接酒店时的介入时间。在承接酒店时，经营者最好能在设计初期就介入酒店的筹建过程中，这样才能了解到酒店在设计和建设过程中存在的问题并及时处理，以减少日后经营管理的后顾之忧。同时，通过及早介入，经营者可以用自己的经营管理思想来影响和要求设计人员，使自己的经营管理思想能在酒店的设计中得到贯彻，并使酒店在建筑物、室内装饰和环境风格上体现该经营思想。

经营者承接酒店的承运介入时段选择应遵循及早原则。尽早介入不仅能够充分贯彻经营者的经营思想，而且能使经营者在酒店的筹建中提出建设性的意见，如酒店的选址、规划等，这些将有益于经营者的经营管理，也将使业主获得尽可能多的经济效益。但是，在实践中通常并非这样。不少酒店业主一般多在酒店设计建成后才寻找经营者并让经营者承接。更有不少经营者是在酒店已经装修完毕，因某些特殊原因才与业主签约的。这样，经营者就会处在比较被动的地位，可以自由发挥的空间就显得很有限，只能在业主提供的、已成定局的酒店中比较被动地经营管理该酒店。

一般来说，经营者承接经营酒店的介入时段最晚也不能晚于酒店装修期间。因为酒店的装修风格不仅应满足酒店宾客的生理需要和心理需求，也要反映出经营者的经营思想，体现出酒店的风格情调，这与酒店经营者制定营销策略、进行市场定位和树立酒店的形象关系极大。经营者只有及早介入，才能根据其经营需要考虑这些问题并解决这些问题。因此，酒店的装修对于经营者来说非常重要。经营者如果不及早地介入酒店的运行中，可能会出现一些影响到酒店日常经营运作的严重的问题。例如，设计人员在设计时可能没有根据酒店经营的特点设计足够的客用电梯、员工电梯和员工配套设施，装饰时可能会出现吧台没有下水道，厨房没有防滑砖，大堂没有插座等看起来微不足道而又严重影响酒店日常运行的问题。

值得一提的是，经营者在介入酒店的运行中，应该注意到酒店的设计是以业主为主导，而装饰则最好以经营者为主导。酒店的设计关系到业主的资金投入、经营后的经济效益以及诸如环境、技术条件等与业主直接相关的因素，因此应以业主为主。而酒店的装饰与酒店的经营管理至关重要，因此业主应尽可能全权委托，以经营者的经营意向为主。

二、酒店承运的责任与合同策划

（一）承运关系策划

经营者承接经营酒店所涉及的面较广，需要处理包括管理关系，经济关系，责、权、利等诸多与业主和股东的关系。为了避免经营过程发生纠纷，影响经营效果，经营者和业主双方在承接过程中就应该坚持关系明确原则，妥善处理这些关系，使之明确化并合同化。

从管理模式的角度看，对于酒店的承接经营一般有任命、委派经营、承包经营、租赁经营或者中外酒店管理公司（或集团）经营等方式。承包经营和租赁经营则是目前国内比较普遍的承接经营管理模式。由于管理模式的不同，经营者与业主的关系存在很大的差异。在两者的经济关系上，任命委派式经营涉及经营者的工资、奖金问题，利润则归业主所有；承包经营则牵涉到经营者与业主间利润的分配方式和提成金额、包干项目，如"两包一挂"等；租赁经营中涉及租金的交付方式及是否采用分享经营成果的租赁方法，如以收入或利润分成作为租金；在管理公司（或集团）经营管理中，除了双方的经济关系外，可能还牵涉到冠名权的问题。不同的经营管理模式影响到酒店承接经营者与业主的经济关系，同时，也影响到双方的责、权、利关系。

酒店在承接经营中，由于承接经营管理方式的不同，在经济关系与责、权、利等方面存在很大差异，并显现出复杂性。酒店业主有权利也有必要对经营者进行适当的监督和检查，甚至还可能享受在酒店中的某些特权，而经营者也有权不受业主的干预自主经营。这些都是承接经营者和业主双方比较敏感的问题。因此，在承接中就应该明确这些关系，以避免经营过程中发生纠纷。

理顺产权和经营权关系是经营者和业主都应该重视的问题。一般而言，产权归业主所有，而经营权则属经营者。酒店在承接经营中，只有把所有权与经营权彻底分离，才能使酒店经营者最大限度地发挥其经营管理才能，并充分发挥酒店的活力，使酒店真正成为产权明晰、自主经营、效益良好的现代化酒店。

（二）承运合同制定

承运合同制定是指在酒店的承接经营过程中，为明确承接双方即酒店所有者和经营者之间的责、权、利三者关系，以合同的形式，用法律的方式明确双方的权利与义务关系。

因承接的方式不同，在酒店的承接过程中主要有承包经营合同、租赁合同、管理合同等几种合同形式。

1. 承包经营合同

承包经营合同是承接双方在合法、平等、自愿、协商的基础上，明确相互间责、权、利关系的法律契约形式，对于所有者及经营者双方都有法律效力。承包经营合同一般包括以下内容。

（1）承包基数，包括上缴利润递增率或超收分成比例，技术（设备）改造目标，承包期限和留利各项基金分配比例等内容。

（2）各项经济技术指标考核办法，以及对承包经营者的奖惩办法。

（3）承包经营者及所有者的权利与义务。

（4）承接双方的违约责任。

（5）合同的变更、中止或解释事宜。

（6）双方约定的其他项目。

2. 租赁合同

租赁合同是明确承租人和出租人双方权利与义务关系的法律契约形式。该合同包括以下内容。

（1）租赁标的。有的经营者只承租土地、建筑物，有的可能承租包括家具、设备设施在内的所有酒店财产。因此，合同中应明确说明。

（2）与承租财产有关的出资情况。例如，承租设备的更新改造、大修理费用及出资方固定资产的折旧费、保险费等费用的出资情况及出资方。

（3）租金及其计算方法。酒店租赁的租金计算方法主要有固定租金定期核算方法和按总收入与利润的百分比计算方法或两者混合百分比计算方法，承租双方采用哪种租金计算方法，应在合同中予以明确。

（4）承租方的收益及各项基金的分配比例。

（5）双方的权利与义务。

（6）担保形式，包括财产担保、担保人和风险保证金等。

（7）双方的违约责任。

（8）租赁期限。

（9）合同的变更、中止或解释事宜。

（10）租赁期满后承租资产的返还等。

3. 管理合同

管理合同是在酒店所有者委托酒店管理公司（或集团）对本酒店进行经营管理时由双方共同达成的协议。合同内容包括双方的权利与义务、冠名权、管理费用及计算方法等。管理合同相对比较复杂。下面我们附上××酒店与××酒店管理公司的管理合同书以供参考。

××酒店与××酒店管理公司管理合同书

甲方（××酒店）与乙方（××酒店管理公司），经过认真协商，就××酒店委托管理事宜达成如下协议：

第一条：××酒店规模

××酒店建筑面积 15 000 m²，主楼 15 层，共有客房 201 套，均按"三星级"标准设计。

第二条：委托经营管理

××酒店委托××酒店管理公司经营管理的内容包括酒店的客房经营、餐饮经营、娱乐设施经营等业务。

第三条：甲方的责任

1. 负责提供酒店营业所必需的一切条件，包括完好的设备、用品用具、材料和必要的流动资金。

2. 负责提供酒店章程、营业执照和有关批准开业的手续和文件。

3. 负责提供酒店筹建、开办和工作人员培训期间的各项费用。

4. 负责酒店对外的一切债权债务和酒店的经营风险。

第四条：乙方的责任

1. 负责提供酒店经营管理的先进方法和技术，以确保酒店软件管理达到国家规定的"三星级"水平。

2. 遵守国家的法律、法规、酒店的章程，开展合法经营，致力于提高酒店的经营设备。

3. 派出总经理 1 人、助理总经理 1 人和部门经理及高级技术人员 5～10 人，负责酒店经营管理。

4. 本着培训××酒店各类专业人员的宗旨，乙方应培训甲方推荐的总经理人选 2～3 人和其他专业人员若干人。

5. 除正常耗损和不可抗拒的事件或不能归咎于乙方责任的意外因素，乙方应保证甲方所提供的酒店固定资产的完好，确保酒店设备的正常运转。

6. 按时向酒店董事会及政府有关部门提供各种报表，包括资金平衡表、利润表、成本表及其附表的月、季、年报。

第五条：管理方（乙方）的权限

1. 酒店所有管理人员以及高级职员的任免（财务部经理由甲方委派）。

2. 酒店内部管理机构的设置。

3. 根据劳动合同，决定职工的聘用、辞退、奖惩等。

4. 为了甲方的利益和经营的需要，经甲方认可，有权出租、变卖、转让闲置或报废的固定资产。

5. 乙方有权根据国家法律、法规和政策的规定，抵制不承担经济责任的外部机构或外人的任何干预，有权拒绝占用、挪用、平调酒店财产等不合理的摊派行为。

第六条：下列事项乙方应报请甲方批准

1. 酒店的主要规章制度，包括财务制度、工资福利制度等。

2. 试营业开业计划及开办费计划。

3. 年度营业计划和财务收支计划。

4. 酒店与其他经济组织的合作、联营、合并等。

5. 酒店任何价值超过人民币 5 000 元的固定资产的添置及任何超过人民币 2 万元或等值外汇（按当时调剂价）的开支。

6. 举借超过 3 万元人民币或等值外汇（按当时调剂价）的债务。

7. 经营酒店章程所规定的业务范围以外的事项。

8. 酒店任何资产的抵押、典质。

9. 酒店任何固定资产的租出、变卖、销毁及本合同第五条第 5 款规定的处理。

10. 酒店名称、店徽、商标等的任何改变。

第七条：委托管理、承包期限及酬金支付

1. 试营业期限自 20××年×月×日起至 20××年×月×日止；正式经营承包期自

20××年×月×日起至20××年×月×日止。

2. 合同期内，甲方从经营总收入中提取 3%的金额作为乙方酬金，从酒店的经营成本中列支，此款自年度报表提供数字后 1 个月内付清。

3. 承包经营期间，以20××年度会计报表中的纯利润总额为基数，递增15%作为乙方承包指标。

4. 乙方承包经营内达不到承包指标，不足部分，双方各负担50%，同理，超出承包指标部分，双方按1∶1分成。

5. 酒店试营业前的筹备开办阶段，甲方应付给乙方管理费人民币 2 万元，作为乙方人员工资、差旅费等费用，并负责乙方派出人员的食宿。

6. 酒店营业过程中，乙方人员的工资、住宿、福利等由甲方承担，从经营成本中列支，总经理工资不超过人民币 3 000 元，部门经理不超过 1 800 元，其余按酒店规定执行。

第八条：违约责任

1. 甲、乙双方如果单方毁约，则毁约方应承担赔偿金 5 万元人民币。

2. 如果一方违约，造成另一方损失，违约方应如数赔偿违约造成的损失，双方皆违约，则双方各自承付违约责任。

第九条：其他

1. 若双方就本合同履行过程中发生纠纷，则双方应互相协商解决，若协商不成，则交由司法部门裁决，裁决期间，本合同仍继续执行。

2. 本合同书若需改动或补充，双方协商一致后应另行订立书面合同，与本合同具有同等效力。

3. 本合同书自双方代表签字之日起生效，合同规定的承包期满，本合同自行终止。

4. 本合同书打印二份，双方各执一份。

甲方：　　　　　　　　　　　　乙方：
（代表签字）　　　　　　　　　（代表签字）

20××年×月×日

三、酒店承运的过程策划

酒店承运的过程策划包括酒店章程拟定、证件办理以及保险与投保。

（一）酒店章程拟定

每个酒店在经营管理活动中，都有其必须遵循的纲领性文件。这一纲领性文件在酒店中表现为酒店的章程。酒店章程是酒店依据有关的法律法规，从酒店整体出发制定的有关酒店经营管理活动和酒店组织结构、组织制度的基本准则，是酒店日常经营管理活动的依据，也是酒店全体成员都必须遵守的行为总则。

根据我国有关法律规定，现代酒店章程应包括以下主要内容。

1. 总则

总则是章程中提纲挈领的部分，一般包括酒店章程的法律依据、酒店名称、地址以及投资者概况等。

酒店章程制定的法律依据必须在章程中予以明确，以显示其法律效力和司法管辖权。

酒店名称又称酒店店号，它是区别于其他酒店，表明酒店性质或特点的标志，是酒店的一种财产权利，具有宣传和商业竞争的作用。因此，它一经许可登记、注册后，就受到法律的保护。酒店名称一般应由三个部分按顺序组成，即店名、行业或经营特点、组织形式。对酒店命名时，除了全国性酒店、国务院或其授权的机关批准的酒店以及国家工商行政管理局规定的酒店外，不能使用"中国"、"中华"及"国际"字样。

酒店章程在说明酒店名称的同时，还应注明酒店所在地址以区别于其他地方酒店，使消费者及社区公众易于辨认，同时也有利于主管部门的监督和管理。

投资者概况则说明酒店投资各方的法定地址、注册情况、法人代表及国籍等基本情况，以落实确定酒店投资者的权利和责任。

2. 酒店经营的宗旨

酒店经营的宗旨，也就是酒店经营管理的目标，一般包括经济效益目标、社会效益目标和环境效益目标等。这在本书的部分章节中已有阐述，不再赘述。

3. 经济性质

酒店的经济性质决定了酒店筹备时的资金来源、性质，决定了酒店组织机构、组织制度等的建立，也影响着酒店的用工制度、员工待遇等，从而极大地制约着酒店的经营管理方式等。因此，必须在酒店章程里明确地注明酒店的经济性质。目前我国酒店按经济性质、产权等可分为全民所有制酒店、集体所有制酒店、中外合资、外商独资、个体酒店等几种。全民所有制、集体所有制酒店属公有制性质，个体及外商独资属私有制性质。值得注意的是，中外合资酒店中的经济性质可分成两部分：一部分（外商资金）属私有制性质，另一部分（国有资金）则属公有制性质。两种不同经济性质的酒店在经营方式等方面都存在较大差异。

4. 投资总额和注册资本及其来源

通常情况下，工商管理部门等都要求酒店在申请登记时要有一定量的注册资金，以保证酒店能够顺利开展各种经营活动及对外承担债务责任。同时，一定量的注册资金也保证、规定了酒店一定的规模。注册资金因酒店的规模及经营方式而有差异。有关注册资金的具体数额，我国《公司法》中做了详细的说明，此处不再赘述。

投资总额不同于注册资金，是投资者的所有投资额，可以有多种形式，包括货币和实物形式。另外，酒店注册资金的增加、转让等一般由投资者提出申请，报原审批机关批准并向原登记机构办理变更登记手续。

目前我国只有有限责任公司和股份有限公司两种形式，其共同的主要特点是股东只以出资额（或所认购股份）为限对公司承担有限责任。因此，酒店的注册资金应该说明其来源，即出资人（单位）姓名（名称）、地址，以此明确股东的责任并据此分配股东利益。

5. 经营范围及经营方式

酒店属于服务性行业，其经营范围通常包括餐饮、客房、康乐、洗衣、车队、商场等服务，甚至包括预订票等其他的配套服务项目和设施。经营方式与经济性质相一致，分为国营、集体、中外合资、外商独资以及私人经营等类型。

6. 董事会

一般合资酒店或外资酒店等都设有董事会。酒店章程应该明确规定投资各方董事的比例和董事长的产生机制等，以及董事会的职权、会议的频度、董事的任期等。与董事会相对应，合资酒店一般设有监事会，对酒店的经营管理活动进行监督、检查、促进，提供建设性意见和建议，并根据需要不定期召开会议和开展考察活动。监事会为常设机构，一般无任期制。因此，酒店章程应明确规定投资各方在监事会中的比例。

7. 组织制度、组织机构及其产生办法、各岗位职责

组织制度是指酒店的基本制度，如总经理负责制、职工民主管理制、经济责任制度、岗位责任制度和工作制度。不同经营方式、经济性质的酒店，其组织机构的产生不尽相同。酒店章程对组织机构的产生应有详细具体的规定，使组织机构保持最高的工作效率以达到酒店的经营目标。

8. 财务管理制度和利润分配方式

财务管理体系包括健全的财务管理制度，实行独立核算、自负盈亏的规定，资产负债表的编制，畅通的利润分配渠道和合理的分配方式等内容。

9. 劳动用工制度

劳动用工制度包括酒店招聘、选用员工的劳动用工制度以及员工应该获得的工资、福利、劳动保险、劳动保护等权利。

10. 工会组织

酒店工会是职工利益的代表，代表职工和酒店签订劳动合同并监督合同的执行，其任务是：依照有关法律、法规，维护职工合法权益，协助酒店合理安排和使用职工福利、奖励基金；组织职工学习政治、科学技术、业务知识；开展文艺、体育活动；教育职工遵守劳动纪律，努力完成酒店的各项经济任务。酒店应按职工实际工资总额的一定比例拨发工会经费，并通过工会来调解职工和酒店之间发生的争议。

11. 期限、终止、清算

一般来说，酒店尤其是中外合资酒店，有一定的经营期限和终止程序。对于有经营期限的，经营期限到期日也是酒店的终止日。因此，酒店章程应明确酒店的经营期限、终止日期和清算方式。酒店终止经营时，应该由酒店法定代表人、债权人代表以及有关主管部门的代表组成清算委员会，并聘请注册会计师和律师对酒店的财产进行清算。清算结束后，其资产净额和剩余财产，应根据投资各方投资比例按比例进行分配。同时，酒店应向审批机关提出报告，并向原登记机构办理注销登记手续，投资者不能将资金汇出或携带出境或自行处理酒店的财产。

12. 章程修改程序

酒店的章程是根据有关法律、法规制定的规范性文件，因此一经制定就不能随便更改。在酒店的营运中，确实需要对章程进行更改的，应该在不违背原法律依据的前提下，由全体酒店所有者和高层管理人员按照一定的程序进行，并报原审批机构批准，以确保章程的严肃性、规范性及约束性。

由于酒店不同，章程的具体内容可能不尽一致。对于中外合资、外商独资酒店以及国际酒店集团（公司）设在中国的分公司等，因政策法规不同，有很大的差异性，应视具体

规定而制定。

（二）证件办理

为了保证顺利、合法经营，酒店在向相关主管机关或者审批机关申请开业登记时，一般需要二十多种经营许可证件。各相关证件的名称、审批主管机构以及审批主要依据如表 8-1 所示。

表 8-1　酒店开业登记所需证件

序号	证件名称	批准主管部门	主要依据	备注
1	五证合一（统一社会信用代码）：营业执照、税务登记证、组织机构代码、社会保险登记证、统计登记证	工商、质监、国税、地税、人力社保、统计		已获得《公共场所卫生许可证》《食品经营许可证》《特种行业许可证》
2	中华人民共和国外商投资酒店批准书	外商投资工作委员会/工商局		
3	外汇账户使用证	外汇管理局		开立外汇账户批准书
4	特种行业许可证	区公安分局宾馆专管科		
5	个人本外币兑换特许业务经营许可证	外汇管理局		
6	烟草专卖零售许可证	烟草专卖局		
7	进口酒类销售许可	商务主管部门		
8	接收卫星传送的境外电视节目许可证	广电总局地方分支机构		
9	接收卫星传送的境内电视节目许可证	广电总局地方分支机构		
10	音乐使用许可证	中国音乐著作权协会		
11	电梯安全使用许可证	劳动厅（局）		
12	排污许可证	环保局	污水处理方案及平面图和工艺流程图，水质排放达到标准	与市政排污管道连接，工程由市政施工
13	消防安全合格鉴定书	消防部门		公众聚集场所投入使用、营业前消防安全检查合格证
14	锅炉使用许可证	质监局		
15	文化经营许可证	文化局		
16	公共场所卫生许可证[①]	卫生和计划生育委员会		

[①]　2016 年 2 月 3 日，国务院印发《关于整合调整餐饮服务场所的公共场所卫生许可证和食品经营许可证的决定》。饭馆、咖啡馆、酒吧、茶座 4 类公共场所的卫生许可证和食品经营许可证"两证合一"，不再需要办理卫生计生部门核发的卫生许可证。

序号	证件名称	批准主管部门	主要依据	备注
17	食品经营许可证	食品药品监督管理局	客房与餐厅厨房设计图，现场审查，噪音和空气污染项目测试	
18	食品生产许可证			
19	从业人员健康许可证	疾病预防控制中心		酒店员工需到规定的医院进行体检
20	特种行业许可证	公安局	消防安全验收合格，配备与酒店规模相适应的保安人员、房务服务人员、安全管理措施和规章制度	由公安部门给予指导协
21	旅馆业治安管理责任书			
22	涉外许可证	旅游局	消防验收通过，办好特种行业许可证	未批准不能接待涉外宾
23	游泳池开放许可证	体育局		
24	无线电台执照	无线电管理委员会		
25	二次供水卫生许可证	防疫站		
26	供气许可证	煤气公司		
27	经营性停车场许可证	市政管理委员会		取得《营业执照》

表 8-1 中的证件办理存在一定的先后顺序，有些证件是办理其他证件的必要条件，办理时，需要根据不同部门的规定做好办理次序安排。当前，我国不同省市地区的酒店登记所需证件仍然存在一定的差异。酒店部分许可证或审批手续可以由施工单位申请办理，但具体事项须在合同中加以明确化。这些许可证或审批手续包括：卫星收视许可、电梯安全使用许可证、排污许可证、消防系统竣工验收审批手续、锅炉使用许可证等。这样既可使施工单位直接受证件审批主管部门的监督管理，保证工程和安装质量，同时又使酒店能投入其他繁忙的开业准备中。

（三）保险与投保

酒店的保险主要有财产保险（如财产一切险）、公众责任保险以及社会保险（如雇主责任保险）。财产保险和公众责任保险是酒店开业伊始为了日常经营的正常进行，并确保酒店财产安全和社区公众及顾客的人身安全而向有关保险公司投保的保险，是酒店经营管理者在酒店筹备开业阶段就必须考虑到的。因此，本章重点对上述两种保险进行讲解。

1. 财产保险

酒店的投资一般较大，为减少意外事故对酒店财产带来的损失，保证酒店的正常经营，酒店原则上都要依有关规定、按一定的程序向相关保险机构投保，进行财产保险。酒店财产保险的具体内容包括以下几个方面。

（1）被保险人名称，即被保险酒店名称。

（2）被保险人地址，即被保险酒店所在地址。

（3）保险财产地址，一般也是酒店所在地址。

（4）营业性质，即被保险酒店属酒店行业。

（5）被保险项目及保险金额。被保险项目一般视酒店的具体需要或者由酒店与保险公司协商而定，而被保险项目的保险金额则视酒店在投资建设及装修等过程中对该项目投入的金额，并请有关单位和人员对该项目进行资产评估和审查而定。被保险项目及保险金额是酒店财产保险中最重要的内容，因此项目的审定和金额的评估应该严肃而认真地进行。酒店中被保险财产的项目一般包括：①酒店的建筑物及其装修。②酒店的附属建筑物，如酒店的附属楼及员工宿舍等。③酒店机器设备，如电梯、锅炉等。④酒店的内部设施。⑤酒店的内部库存设备和物资。⑥清除残骸费用。酒店往往把由意外事故造成的清除活动也作为投保的一个项目。因此，经保险双方同意，若被保险人（酒店）缴付了相应项目的保险费，则保险公司应该承担赔偿因承保风险造成被保险财产的损失而发生的清除、拆除或支撑受损财产的费用，但保险公司对于该项目的赔偿责任一般不超过保险单中列明、双方核准的保险金额。

（6）保险期限。保险期限为一定的时间单位，一般为一年，但需详细说明投保的时间。

（7）保险费率。保险费率一般依国家有关规定或依双方约定。

（8）总保险费。总保险费一般视双方对于被保险项目财产价值的评估而定或依双方具体约定。

（9）付费方式。视双方约定，一般为一次性支付。

（10）扩展条款。扩展条款对财产保险中的特殊部分加以补充说明，阐述了特殊事件中双方的责任或者被保险特殊项目保险金额的申报与确定等，它适用于财产保险单的各个部分。

通常情况下，酒店财产保险扩展条款包括如下部分。

① 罢工、暴动、民众骚乱扩展条款。该条款主要阐明在被保险人地址发生罢工、暴动、民众骚乱或抢劫造成被保险财产损失，以及政府或公共当局的命令、没收、征用或拆毁造成损失及故意纵火造成损失时的责任关系。

② 仓储财产申报条款。由于酒店的库存总处在变化之中而非一成不变，因此，受保险的酒店内部库存金额也是处在变化之中的。因此，酒店应定期地向保险公司申报库存价值，并据此确定发生损失时的赔偿金额以及相关的一些责任关系。

③ 清理残骸费用条款。它是用来确定被保险人因承保风险造成被保险财产损失而发生的清除、拆除或支撑受损财产等费用的赔偿及赔偿限额等。

④ 专业费用条款。在因承保的风险造成被保险财产的损失后，酒店财产重置过程中发生的必要的设计师、检验师及工程咨询人员费用，经双方协商一般由保险公司赔偿。赔偿费用以损失发生当时适用的有关行业管理部门的收费规定为准，具有一定的限额。

⑤ 自动恢复保险金额条款。

⑥ 保单撤销条款。保单是被保险人（酒店）在保险事故发生后凭以向保险公司索赔损失的依据。因此，酒店在投保时应该仔细、慎重地核对保险中的各项内容，并对照保险条款，确保该保险内容符合酒店的投保要求。

保单是一种规范、正式的文件，一经签订就具有相应的法律效力。因此，其申请、签订手续也比较严格。首先，应由被保险人（酒店）先向保险公司提出要求，经保险公司核查后，按其要求与酒店签订"暂保单"，对酒店财产进行保险。暂保期较短，通常为一个月。因此，在暂保单终止前向保险公司递交经签署的投保申请书，详细列明投保申请书的各项内容。保险公司收到酒店的投保申请书后，则在短时间内出具正式保单，同时，酒店的投保申请书也成为正式保单不可分割的一部分。

酒店财产保险的基本条款可参照中保财产保险有限公司的《财产保险基本条款》。

2. 公众责任保险

公众责任保险是酒店为了确保酒店社区公众及顾客的人身安全和财产安全而向有关保险公司投保的保险。

公众责任保险的内容包括在保险期限内，在保险双方指定的酒店营业场所发生与经营业务有关的、任何第三者的意外人身伤害（包括死亡或疾病）和属于任何第三者的财产的意外损失或损坏，保险公司在法律上应负责赔付相应的保险金额。

公众责任保险单向下扩展承保条款包括以下两个方面。

（1）被保险人的供电、供水、供气设备因所承保的灾害或事故而遭受损坏引起的停电、停水、停气，以致造成被保险机器设备等产品和储藏物品的损坏或报废。

（2）在发生所承保的灾害或事故时，为了抢救或者防止灾害蔓延所采取的必要措施而造成保险财产的损失。

酒店公众责任保险的条款可参照中国人民保险公司的《公众责任保险条款》。

（四）组织机构议案

酒店承接过程中的组织机构议案包括机构设置议案、中高层管理人员配备与选择议案等方面内容。

（五）定岗定编和人员招聘议案

酒店承接过程中的定岗定编和人员招聘议案包括定岗定编的原则拟定，人员招聘原则，应聘人选条件制定，招聘途径、招聘程序与招聘考试等方面内容。此部分内容在众多的酒店人力资源管理书中都有阐述，此处不再赘述。

（六）劳工制度制定

劳工制度是在劳动定岗定编的基础上，通过员工工资、福利与劳保等形式合理计划和组织员工劳动的制度。

酒店员工工资的确定与分配应遵循以下原则："各尽所能，按劳分配"原则；"多劳多得，适当拉开差距"原则；"工资与酒店经营绩效相联系"原则；"统筹安排，逐步增加"原则；"多级设置，多块领取"原则。

酒店工资结构是根据劳动的各种形态和工资的各种职能，将工资分解成各相互联系而又相互独立的部分，并充分体现按劳分配原则和工资职能的各种工资形式。目前，我国酒店普遍采用的结构工资制是依据不同的工作职能将工资划分成相应的部分而后组合成标准工资的一种工资制度。结构工资的部分组成主要有：一是基本工资。这是保障员工基本生活需要的劳动报酬部分。二是岗位（职务）工资。按员工所处岗位、担任职务大小、劳动强度和责任的大小进行确定，反映了劳动的差别，体现了按劳分配原则，是结构工资中的主要组成部分。三是店龄工资。按员工店龄长短而确定，是对员工工作经验和劳动贡献积累予以补偿的工资补充形式，随员工店龄的增长而增长。四是效益工资。根据酒店部门的经济效益，结合员工的考勤情况，按级别计算，以拉开部门及员工间的收入差距。五是津贴。根据员工技术、外语、学历等水平高低而确定，是对员工才能的肯定，并体现了体力劳动与脑力劳动、简单劳动与复杂劳动之间的差别。

此外，员工工资可能还包含非正常情况下的特殊工资，诸如法定节假日或加班工资等。

福利是酒店为改善员工生活，解除其后顾之忧而采取的工资以外的各种鼓励措施。员工福利包含的内容很广，有生活补助、劳动保险、休假、医疗福利、文娱活动、社会保险、工会福利等。

（七）设备用品配备与采购议案

设备用品配备与采购议案的内容包括设备用品配备原则与要求议案、设备用品采购计划、设备用品管理等方面内容。

1. 设备用品配备原则

设备用品配备应遵循以下原则：技术先进性原则；生产实用性原则；配套性原则；经济合理性原则。此外，还要考虑配备设备的环保性、安全性和可靠性。

2. 设备用品采购计划

设备用品采购计划包括采购与审批程序、采购合同签订、采购方法确定、验收等内容。酒店设备用品采购一般先由使用部门和采购部提出计划，并报有权批准人审核。酒店物供部按要求并会同使用部门询价、比价并与选定的供应商洽谈，进而签订采购合同，然后进行采购。采购方法通常有：公开市场采购；单个来源采购；密封投标采购；以成本为基础加上一定比例费用的采购；一次停留采购；合作采购。

验收是酒店设备用品采购的最后一关，也是对设备用品质量的最后把关。验收包括对采购设备用品数量、质量以及整个包装的验收。

四、酒店承运的后期策划

酒店承运的后期策划包括资金管理与运作策划、岗前培训与开业准备议案、制度建立和运作程序议案、开业前营销计划、开业典礼策划等内容。

（一）资金管理与运作策划

资金管理与运作策划内容包括：预算编制与审查；启动资金的预算与分配；资金管理制度。此部分内容在本书中有关酒店的财力资源管理部分已有阐述，此处不再赘述。

（二）岗前培训与开业准备议案

1. 岗前培训

岗前培训主要有公共培训和专业培训两类。公共培训内容包括酒店简介及《员工手册》，礼仪礼貌与形体训练，消防安全知识，接待服务知识，酒店设备使用，维护与保养知识等。公共培训对象为酒店所有新入店员工。培训方式采用全脱产方式，由人事培训部负责考勤与培训。专业培训一般由各主要营业部门主持，人事培训部或培训中心协助指导及咨询，培训内容以各部门的岗位专业知识和服务技能为主，通常采用操作示范和模拟训练等培训方法。

2．开业准备

酒店开业准备是投入试营业的前奏，一般包括以下三个步骤。

（1）演练。开业准备由酒店总经理、副总经理牵头，根据分工及任务的不同分别成立演练小组和评估小组。演练小组由各营业部门经理组成，总经理任组长。演练内容如表 8-2 所示。

表 8-2　××酒店演练内容一览表

演 练 部 门	演 练 专 项	演 练 内 容
前厅部	总台接待	入住和离店、问询、留言等
	行李	行李运送、寄存及提取等
	总机	内/线电话服务
	商务中心	传真、复印、打字、票务等
	大堂副理	处理投诉及突发事故
管家部	楼层	客房服务
	PA	清洁、保养及绿化
	洗衣房	干、湿洗及熨烫
餐饮部	中餐厅	散客服务、宴会服务等
	西餐厅	散客服务、宴会服务等
	咖啡厅	酒水服务
	中厨房	中式菜肴烹饪
	西厨房	西式菜肴烹饪
康乐部	歌舞厅	酒水服务、点歌服务等
	健身房	健身服务

（2）评估。评估小组由各职能部门经理组成，酒店副总经理担任组长。评估小组针对演练内容，参照有关服务质量标准和服务程序，制定相应的评估标准。评估小组也可聘请酒店专家咨询、指导。

（3）整改。评估小组根据评估标准，做出客观、全面、真实的评价，对不合格、未达标项目提出相应的整改意见。演练小组针对整改意见，集中力量按期整改，为酒店试营业奠定坚实的基础。

（三）制度建立与运作程序议案

1．基本制度建立

酒店的基本制度包括员工手册、职工民主制度、岗位责任制。

2．运作程序与作业流程

运作程序和作业流程是酒店服务的操作标准，是酒店各项服务操作的最重要的依据。运作程序和作业流程规定了酒店各项服务工作的操作程序（如各种服务接待程序）和衔接过程（如交接班的任务转移等），从而使各项工作得以有序地、连续不间断地运行，避免员工不必要的劳动消耗，并在衔接的同时，减少了员工的疲劳程度和资源的浪费，提高酒店的生产效率。

运作程序和作业流程的制定应以星级酒店服务质量评定标准和国际标准 ISO9004—2为依据和指南，以作业分析和动作经济原理为基础。酒店服务的作业分析是把服务提供过程按顺序分解成各种彼此相对独立的作业和彼此相对独立的动作要素，而后对各项作业和动作要求的耗费工时、效率等进行分析、研究，以保留必要的作业和动作要素，或改进可改进的作业和动作要素，确定每一项作业所需的标准工时和员工劳动定额，并通过改进操作程序和作业规程来缩短工时，降低员工疲劳程度。作业分析分析了动作要素和作业程序，从而为制定运作程序和操作规程提供了劳动定额和操作规范。而动作经济原理则对服务中的动作要素所消耗的资源和能量进行分析，以减少不必要的消耗，降低疲劳程度，提高作业的效率，从而使完成服务动作的付出最经济，达到提高经济效益的目的。中餐宴会摆台程序与标准如表 8-3 所示。

表 8-3　××酒店中餐宴会摆台程序与标准

操 作 内 容	操 作 标 准
铺台布	操作时腹部与桌沿保持 10 cm 左右的距离，不得倚靠桌缘。站在主人位，用双手将台布抖开，台布正面一次铺成，四角垂下部分相对称，中线居中。转盘摆放在台面正中，花瓶摆放在转盘正中
摆放餐具	1. 以骨碟定位，骨碟与桌缘距离为 1 cm，各碟之间距离相等 2. 依次摆放汤碗及汤匙、调味碟，调味碟及汤碗位于骨碟中线两侧，调味碟、汤碗及骨碟之间距离均为 1.5 cm 3. 依次摆放筷架、筷子及牙签，筷套及牙签套中文及店徽朝上。筷架与调味碟之间距离为 1.5 cm，筷架与牙签平行，垂直距离为 1 cm，距桌缘距离均为 0.5 cm。汤碗、汤匙，与调味碟、筷架成一条直线 4. 依次摆放烟灰缸，首先摆在主人餐具和主宾餐具之间中线，其余两个与其成等边三角形。烟灰缸两个缺口朝向筷口，另一个缺口朝向转盘 5. 依次摆放红酒杯、白酒杯及水杯，三杯成一条直线，与汤碗、骨碟及筷架平行。三杯间隔距离适中，为 1.5 cm
折口布	折口布须手形正确，动作流畅，图案美观大方。在专用托盘上折好口布，分放至骨碟上。口布花须突出主人及副主人位，其余折扇形花
摆菜单	依次把菜单摆在主人及副主人位中线，距离适中
拉椅	依次拉椅，各桌椅距离适中对称

3. 各类表章配备

（1）各类印章的配备与管理。酒店的印章有代表酒店的酒店印章、代表部门的部门印章，以及各种专用印章，如财务专用章等。印章的管理与其他企事业单位有很大的共同性，主要在于专人专管、专人负责和严格印章制度等。

（2）各类表格的配备与管理。酒店所需的表格种类繁多，并因酒店管理操作的不同而不同。根据酒店部门的不同，酒店各部门所需的表单主要包括以下类型。

前厅部：

① 团队订房单；

② 散客订房单；

③ 团队排房表；

④ 团队订房、订餐通知单；

⑤ 团队更改、取消通知单；

⑥ 旅游团外国人住宿登记表；

⑦ 国内宾客临时住宿登记表；

⑧ 华侨、港澳台同胞临时住宿登记表；

⑨ 旅游团华侨、港澳台同胞住宿登记表；

⑩ 欢迎卡；

⑪ 客人致意品单；

⑫ 致意卡；

⑬ 留言单；

⑭ 换房通知单；

⑮ 换房及房次变动记录表；

⑯ 房次更改通知单；

⑰ 唤醒通知单；

⑱ 团队抵店行李记录；

⑲ 行李保管单；

⑳ 行李存放记录；

㉑ 散客行李运送记录；

㉒ 团队商店行李记录；

㉓ 邮件传递登记表；

㉔ 前台保险箱使用登记表；

㉕ 物品损坏赔偿价目表；

㉖ 物品索赔单；

㉗ 外币兑换登记表；

㉘ 信用卡及支票汇启；

㉙ 前台收银、收退金登记表；

㉚ 订票单；

㉛ 电话营业日报表；

㉜ 商务中心服务收费表；

㉝ 商务中心营业日报表；

㉞ 总台营业收入日报表；

㉟ 催款通知书；

㊱ 缴款报告表；

㊲ 致歉信；

㊳ 宾客意见书。

客房部（管家部）：

① 楼层情况记录表；

② 房态表；

③ 当班服务员整理房间报告；

④ 中班整理房间报告；

⑤ 领班日常工作表；

⑥ 房间小型酒吧饮料单据；

⑦ 客房饮料耗用表；

⑧ 房客用品补充登记表；

⑨ 客房耗用报表；

⑩ 物品外借表；

⑪ 零星物品领取单据；

⑫ 客房部物品出仓月报表；

⑬ 客房水洗衣物登记表；

⑭ 客房干洗衣物登记表；

⑮ 客房洗涤月报表；

⑯ 客衣洗涤月报表；

⑰ 客衣收送表；

⑱ 楼层布草交接单；

⑲ 楼层布草换洗统计一览表；

⑳ 员工制服换洗登记表；

㉑ 制服收送表；

㉒ 餐厅布草交接表；

㉓ 餐厅布草换洗一览表；

㉔ 康乐布草交接表；

㉕ 康乐布草换洗一览表；

㉖ 工作鞋申请到期更换表；

㉗ 洗衣房每日工作一览表。

餐饮部：

① 宴请申请表；

② 客房送餐预订；

③ 餐饮部宴会预订登记表；

④ 餐饮部宴会接待登记表；

⑤ 当日宴会会议情况表；

⑥ 酒水单；

⑦ 点菜单；

⑧ 餐饮部分部门收银结账单；

⑨ 餐饮部分部门营业收入报表；

⑩ 餐饮部每日营业收入报表；

⑪ 收货单；

⑫ 酒水饮料进、销、存日报表；

⑬ 厨房分部门日材料消耗表；

⑭ 厨房日材料消耗汇总表；

⑮ 餐饮酒吧存货耗量表；

⑯ 餐饮部损耗报告。

康乐部：

① 康乐部分部门营业日报表；

② 康乐部酒水价格单；

③ 康乐部结算单；

④ 点歌单。

财务部：

① 分部门收银单；

② 借款凭证；

③ 转账凭证；

④ 报销凭证；

⑤ 付款凭证；

⑥ 收款凭证；

⑦ 旅游报销单；

⑧ 收款收据；

⑨ 内部账单；

⑩ 收银员营业报表；

⑪ 缴款报告单。

物资供应部：

① 申请采购表；

② 采购订单；

③ 领料单；

④ 材料汇总表；

⑤ 收货单；

⑥ 收货日报表；

⑦ 物件报损单；

⑧ 存货表；

⑨ 材料盘点表；

⑩ 永久存货卡；

⑪ 存货控制表。

工程部：

① 维修单；

② 空调制冷机组运作记录表；

③ 锅炉运作日报表；

④ 锅炉水质处理原始记录表；

⑤ 变配电运行记录表；

⑥ 设备登记卡。

保安部：

① 受理治安案件表；

② 治安记录；

③ 消防安全单；

④ 出闸单。

营销部：

① VIP 发放申请表；

② 订房确认书；

③ 嘉宾订房确认书；

④ 订房协议书；

⑤ 美工制作申请表。

人事部：

① 聘请员工申请表；

② 钟点工使用审批表；

③ 员工制服配给表；

④ 员工培训记录；

⑤ 员工工作考核；

⑥ 员工辞职申请表；

⑦ 辞退通知书；

⑧ 员工离职通知书；

⑨ 人事变动书；

⑩ 员工加班申请表；

⑪ 员工加班补休单；

⑫ 假期申请单；

⑬ 员工休假记录单；

⑭ 触犯员工守则通知书；

⑮ 员工奖励通知书；

⑯ 奖金发放卡。

（四）开业前营销计划

酒店营销计划主要有总体计划和专项计划两类。总体计划体现了酒店的总目标，是酒店为实现总目标所采取的各种战术和各种营销活动，是酒店所有营销活动的综合反映。专项计划是酒店为某项专题营销活动或为解决某一特殊问题而制订的计划。开业前营销计划属于专项营销计划。

1. 开业前营销计划的内容

开业前营销计划的内容如表 8-4 所示。

表 8-4　开业前营销计划的内容

A. 环境及现状分析	D. 营销预算
环境分析	根据目标市场进行预算
地理位置及社区分析	根据组合要素进行预算
市场潜力分析	可用资金和应急资金
市场定位	
主要竞争对手分析	
自身优势、机遇和挑战	

续表

B. 选择营销战略	E. 控制
市场细分和目标市场	每个营销活动的预期结果
营销战略	绩效标准
营销组合	进展报告
营销目标	
C. 营销活动计划和实施方案	F. 评估
针对目标市场所采取的行动	评估指标
行动反馈	绩效标准
营销活动时间表	评估时间表

2. 开业前的传播计划

新开业酒店的传播尤其是广告预算往往比较大，而且第一年的传播预算经常占到收入的 2%～3%，这是一笔不小的费用。因此，酒店在开业前应尽量制订详细的传播计划。在制订传播计划前，以下三种信息是很重要的。

（1）目标市场，包括目标市场顾客居住地的有关情况。

（2）开业预算。

（3）其他因素，如广告目标和广告战略。

根据这些信息，传播计划的制订者就能决定最有效、最有影响力的广告信息的传播方式和传播途径。

3. 开业前的销售计划

开业前制订合理的销售计划能够使酒店合理地分配和使用酒店资源。酒店在开业前最好与在线旅游平台、旅行社、旅游供应商、航空公司等进行广泛的接触和联系，以取得这些组织的预订或关注。另外，还需与一些潜在的顾客以及可能的旅行团队进行接触，因为对新开业的酒店来说，旅行团队能够很好地保证其开房率。此外，开业前的销售计划还应包括以下三个方面。

（1）通知各大城市或主要旅游客源地的商业机构有关酒店开业的信息。

（2）与当地旅游者接触以挖掘本地客源。

（3）与其他城市的某些酒店建立"姐妹"关系，以扩大预订网络和客源渠道。

4. 开业前公关计划

处于建设中或筹备期中的新酒店有六个时机可能获得公众的注意。这六个时机包括：发布建造计划的时候；奠基典礼；工程竣工庆祝会；管理机构和营销部门组成的时候；开业前的新闻发布会或记者招待会（通常在开业前一两周召开）；酒店开业庆典。酒店在开业前利用这六个时机制订公关计划进行良好的公关策划和公关活动，将使酒店获得良好的声誉，并为酒店树立良好的市场形象，为开业后的正式经营奠定有利的基础。

（五）开业典礼策划

1. 开业典礼的形式与规模策划

（1）开业典礼的形式。一般来说，酒店的开业典礼多是邀请有关人士进行剪彩并举行一些相关的活动。为了不因循守旧，达到出奇制胜的轰动效果，一些酒店的公关策划人员往往会改变通常的开业典礼形式，把开业典礼所需花费的资金用于赞助公益事业或者其他更有意义的活动等。虽然这种赞助活动在一般意义上不能当作酒店的开业典礼，但这种赞助活动也是酒店首次向公众露面，也是酒店为了达到宣传自己、树立自我良好形象而采取的活动，因此，也可以看成是酒店开业典礼活动的另一种形式。

（2）开业典礼的规模。酒店开业典礼的规模是与酒店的目标期望值、经费投入预算以及参加人数成正比的。酒店应根据自己的目标期望值、结合开业典礼的规模选择合适的规模。投入较多人力、物力，扩大开业典礼活动的规模可以起到"开门红"的效果；邀请名人参加开业典礼可以在开业典礼时起到"名人效应"的传播效果；策划好的、小规模的开业典礼也可以起到有效的传播效果。此外，还应该认识到，酒店内部员工在整个开业典礼活动中热情、优质的服务比庞大的规模本身更能引起公众、宾客的广泛关注，起到良好的社会影响。

2. 开业典礼现场运作计划

开业典礼现场运作是一个组织、协调、指挥、控制的过程。因此，开业典礼现场运作计划必须明确酒店各部门及其相关人员的任务与职责，并通过科学的组织与协调来达到指挥与控制。要想从理论上详细地说明开业典礼时酒店如何进行现场运作实非易事，下面以××酒店8月18日开业典礼现场运作计划的实例予以说明。

××酒店开业典礼现场运作计划

酒店定于8月18日举行隆重的落成庆典仪式，届时将有五百多位嘉宾参加。为顺利组织此次活动，制订开业典礼现场运作计划如下，请有关部门认真配合。

一、营销部

1. 8月15日前请落实8月18日在《××日报》《××晚报》《××网站》上庆典活动的广告。

2. 负责整个酒店的场地布置以及整场活动的安排（包括主席台的制作、麦克风及音响的摆设）。

3. 负责整场活动的摄影、拍照工作。

4. 8月17日前负责邀请旅行社、酒店嘉宾及新闻界记者，并负责8月18日的接待。

5. 8月18日负责与庆典公司的协调。

6. 负责确定邀请嘉宾名单以及主席嘉宾位置的编排、重要嘉宾宴会上的位置安排。

7. 负责祝贺单位的征集。

二、前厅部、财务部

1. 8月18日9：30，嘉宾陆续抵店，请行李员、司仪注意在大堂门口的接待工作；在签到台安排礼仪小姐（人事部统一安排）为客人佩戴贵宾条、胸花。重要嘉宾佩戴大号的，一般嘉宾佩戴小号的。

2. 8月18日上午在总台负责礼品、酒店宣传资料的发放，发放时间为庆典仪式结束后（嘉宾凭纪念品券领取）。

3. 8月18日8：30起，请安排人员司梯。

三、管家部

1. 请在8月17日前做好大堂的所有餐厅的绿化工作。

2. 请在8月17日前做好酒店外围玻璃的清洁工作。

3. 8月18日全天开放1~3楼客厕，并安排人员服务。

4. 8 月 18 日 7：00—8：00，请协助庆贺花篮的摆设及维护。

5. 请配合 8 月 18 日人事部人员调动。

6. 8 月 18 日营业场所请放置足够垃圾桶并做好卫生工作。

四、餐饮部

1. 请在 8 月 17 日下午于大堂内左侧摆放 5 人位置签字台。

2. 8 月 18 日 9：30—10：00 将有关客人安排到大堂走廊休息。

3. 8 月 18 日 10：58，请于二楼中、西餐厅，风味餐厅准备 50 人酒会，标准为 100 元/人（成本），酒水提供国产葡萄酒、雪碧、可乐、啤酒，另有 50 名重要嘉宾在包厢用宴，标准为 150 元/人（成本），提供五粮液。

4. 8 月 18 日 18：28，请于中餐厅准备 150 人酒会，标准为 50 元/人（成本），主桌要求有桌牌、酒水，请提供五粮液、啤酒。

5. 中午及晚宴场所由中餐厅安排立式麦克风及音响，中午西餐厅、风味厅最好也要有相连音响（即均可听到中餐厅发言）。

五、康乐部

1. 8 月 18 日 9：30—10：00 及 10：30—11：00 将有重要嘉宾 50 人左右前往三楼歌舞厅休息，请提供茶水。

2. 20：00 左右晚宴结束后将有 150 位嘉宾前往歌舞厅娱乐，准备好点歌本并安排助兴节目（1 小时左右），要求有员工参与并列出节目单。

六、工程部

1. 8 月 17 日请协助庆典公司来店布置庆典音响电源。

2. 8 月 17 日请协助餐饮部布置宴会场所音响。

3. 请确保 8 月 18 日水、电、灯光、电梯、空调的正常工作（与供电局及有关部门协调好）。

4. 请于 8 月 17 日前全面检修户外灯、喷水池的情况。

七、保安部

1. 8 月 18 日 9：00—10：00　500 多名嘉宾陆续抵店，11：30—12：00 嘉宾陆续离店；18：00—18：30 近 150 人陆续抵店，21：30—22：00 嘉宾陆续离店，请做好以上时间到位车辆的调度。

2. 庆典期间，请着重维护大堂内外秩序。

3. 会前通知交警部门（事先协调好以便安排车位）。

八、总经理办公室

1. 协助×副总进行协调工作。

2. 协助工程部与供电局联系，保证 8 月 18 日酒店不断电。

3. 安排员工伙食（中餐推迟用餐，晚餐叫外卖）。

4. 调派车辆。

九、人事部

1. 协助×副总协调工作。

2. 组织××名员工做礼仪小姐。

3. 与康乐部组织一台 1 小时节目（8 月 18 日晚三楼歌舞厅表演）。

4. 统一组织安排庆典期间人员的调派。

十、大堂副理

1. 8 月 18 日协助×副总协调工作。

2. 8 月 18 日 9：30—10：00 带领客人参观酒店。

十一、采供部

担任庆典临时采购任务。

整场庆典活动总指挥为×副总经理。电话：×××××××。

如有疑问请联系×××，电话：×××××××，手机：×××××××。

××酒店开业庆典程序

8：38　礼仪小姐、酒店部门经理以上人员准备迎宾

8：58　嘉宾陆续抵店，礼仪小姐等迎接嘉宾（重要嘉宾到三楼歌舞厅休息）

军乐队奏乐

礼仪小姐引导来宾签字、题名、佩戴胸花

大堂副理、宾客关系主任引领嘉宾参观酒店

9：58　庆典开始，主持人介绍领导和来宾

10：08　董事长讲话

股东代表讲话

市领导讲话

省领导讲话

部长讲话

10：38　剪彩、军乐队奏乐、放飞气球和白鸽

仪式结束、邀嘉宾参加酒会

（礼仪小姐引领重要嘉宾到二楼包厢）

10：58　酒会开始，董事长致祝酒词

11：58　酒会结束

第五节　酒店筹备管理

酒店筹备是指酒店从申请立项到酒店举行开业典礼正式开业这一段时期的运作过程。筹备期的运作管理是酒店管理中的一个重要环节，具有先期性，它运营的好坏将直接影响酒店的正式开业，也会影响酒店今后的正式经营管理。如果筹备期的管理不当，那么就会给酒店的经营运作种下祸根。但是在实践中，筹备期管理的重要性又往往容易被人所忽视，以致给酒店的经营管理带来不便。

一、酒店筹备管理的基本原则

酒店的筹备管理涉及工程、人员、物资等多个方面，工作繁琐复杂，需要工作人员科

学地安排，遵循计划性、限期性、系统性等基本原则。

（一）计划性原则

筹备期的工作千头万绪，管理人员既要监控建筑工程的建设进度，又要招聘员工，对他们进行培训、教育，同时还要购置大量的设施设备，这中间所包括的详细工作纷繁复杂，如果没有计划性，就不可能有条不紊地处理筹备期的各项工作。计划性原则要求酒店的管理人员做一份从当前到酒店开业的详细的工作计划，列出在筹备期应该完成的各项任务，此计划越细就越有指导性，执行起来就越有效率。

（二）限期性原则

限期性原则要求酒店的各项工作不仅要按质完成，而且要按期完成。酒店一进入筹备期，就要给各项工作列出一个具体的时间表，规定各项工作完成的最后期限，各项工作都必须按部就班地限时完成，如果中间有些环节没有按时完工，或者有所遗漏，就会影响后面工作的进度，从而影响整个酒店筹备工作的完成。基建工作更是如此，一旦工程延期，就会给酒店造成巨大的损失。相反，如果酒店的基建能够提前完工，就会给酒店带来额外的收益。

（三）系统性原则

在筹备期酒店会遇到许多棘手的问题，如原料不足，工程被拖延，一些家具设备运到酒店却发现无处可放，房间里到处充斥着建筑垃圾。等到房子盖好了，许多设备、家具却因为房门太小而进不去。大型的酒店常常有不同规格和模式的房间，如何迅速地、经济地布置不同房间的家具、装饰品等其他客房装置，也有许多问题存在。这常常导致酒店从筹备期到开业的一段时间比较混乱。系统性原则要求现代酒店在筹备期对工程管理、人事管理、物资管理和社交事务管理等系统工作分派专职管理人员负责，切忌多头负责，中层管理人员负责的工作最好不要造成系统交叉，避免忙中生乱。为避免工作的疏忽与遗漏，可以成立筹备工作协调委员会，负责系统之间的协调，审查监控各系统的工作，避免混乱的发生。

二、酒店筹备管理的基本内容

酒店筹备管理的基本内容包括工程筹备管理、人事筹备管理、物资筹备管理和社交筹备管理等四个基本内容。

（一）工程筹备管理

酒店工程筹备管理的工作非常庞杂，包括酒店立项可行性研究，建筑工程设计，电气设备设计，工程招标，室内设计，提请规划部门、防火部门及其他有关部门批准设计方案，申请建筑许可证，家具装置设计，家具、装置、设备招标、软件系统、电脑等。监控工程建设进度也是非常重要的工程筹备管理工作。

（二）人事筹备管理

酒店人事筹备管理工作主要是指酒店管理人员和普通员工的招聘与培训教育工作。酒店从筹备一直到正式开业，确定需要雇请的管理人员和普通员工是个非常关键的问题。人员的安排与聘用必须要合理，如果人太多，就会人浮于事，增加酒店开支，减少经济效益。如果人手不够，工作完不成，就会影响酒店的正常营运。酒店在筹备期间，应该以成本最低为原则，确定各个部门所需的经理、主管、领班、服务生的数量，同时确定其招聘的时间，充分利用时间资源。这些量化的指标一般是从同规模的成熟酒店中进行对比移植。

（三）物资筹备管理

酒店的物资筹备管理工作主要包括酒店的大型设施设备、房间装饰、客房日用消耗品、布草、餐饮材料、餐具等物资的采购管理工作。采购的物品涉及家具、电器、食品、饮料、日常生活用品、艺术品等多个类别。物品的繁杂性给酒店的成本控制带来困难，大部分酒店都采用设备招标的方式来降低成本。酒店的大部分物品一般都指定厂家生产，以保证质量、节约成本。

（四）社交筹备管理

社交筹备管理工作主要是指酒店在筹备期与社会进行联系交往的工作，包括办理有关手续，进行社交活动，取得社区支持，进行宣传策划制造酒店形象，筹备酒店开业典礼等活动。这些活动的开展对于酒店的正式运营是非常重要的，它可以为酒店的经营活动创造一个良好的外部环境，使酒店经营之初就得到社会和社区的支持。

在社交筹备管理工作中，其中的开业典礼工作是一项综合性工作，需要周密策划、精心准备，主要要求做好下列工作。

（1）建立开业典礼领导班子。

（2）选定典礼举行日期，确定活动项目安排活动程序。开业典礼的基本形式是：剪彩、宴会、文艺演出、新闻发布会、参观酒店等。

（3）准备场地，对场地精心布置。

（4）接待准备，落实客人名单（主要有行业主管部门领导、酒店上级领导、新闻机构客人、行业专家、客户单位代表等），安排外地客人食宿及返程车票等。

（5）后勤工作和采购准备，为典礼预备充足的物资。

（6）准备本酒店的宣传资料，资料印制要美观大方。

（7）做好安全保卫工作，确保典礼顺利举行。

开业典礼举行完以后，还要做以下善后工作。

（1）清理场地，对礼品统一登记造册，统一安排和保管。

（2）继续做好外地客人的接待工作，安排好食宿和回程交通，从而给客人留下深刻的印象。

（3）对来贺单位和客户代表表示感谢，酒店公关部门应该列出参加祝贺单位的名单并留存备案。用各种方式表示感谢，以便与重要客户建立良好的关系。

（4）合理安排财务。开业典礼所需费用较大，应单独立项及时转入企业成本。

三、酒店筹备期的组织管理机构

（一）酒店组织机构设置的原则

酒店筹备期的组织机构设置是根据酒店的拟建规模、将来的业务需要和发展而设置的。每个机构都要体现它的作用和效率，配备相应的管理人员。酒店组织机构是酒店在筹备期的组织指挥系统，组织机构设置的好坏将直接影响酒店筹备期的系统管理，也会影响酒店将来的正式经营管理。酒店筹备期的组织结构设置应遵循控制成本原则、权责分明原则和统一管理原则。

1. 控制成本原则

酒店筹备期的组织机构设置要充分遵循控制成本的基本原则，科学地安排各类员工进入酒店的时间。如果员工进入酒店过早，酒店的工资成本将会大大增加，从而降低酒店的经济效益。如果员工进入酒店太晚，他们接受培训的时间就会减少，酒店正式经营后的工作效率将得不到保障，也会影响酒店的经济效益。

2. 权责分明原则

酒店筹备期的组织机构设置要遵循权责分明原则，每个管理人员和普通员工都有自己的权利与责任，分工明确，各司其职，做到每个人都有事做，每件事都有人去干，这样才会形成流畅的工作路线，有效地避免混乱的发生。

3. 统一管理原则

酒店筹备期的组织机构设置要遵循统一管理原则，整个机构实行统一领导，直线控制，各个系统的内部事务互不干扰。同时整个机构是个统一的有机体，必须在高层的统一领导下协作前进。

（二）酒店筹备期组织管理机构设置的基本内容

在筹备期，酒店的管理人员和普通员工的吸纳是逐步进行的，随着时间的延续，其机构的设置和人员的配备不断地完善。为了保证酒店在筹备期的正常运转和开业后的正常营业，酒店筹备期的组织机构应包括下列内容。

1. 核心层

核心层负责酒店在筹备期的各项管理工作，它是酒店立项之初就应该建立起来的管理机构，应该包括总经理、副总经理、人力资源部、工程部、财务部等人员和机构设置。这些机构对工程、人事、财会等先期工作进行管理。

2. 中间管理层

随着酒店工程的进展，到酒店开业前4～6个月，酒店的市场营销部、前厅经理、客房经理、餐饮经理、康乐经理等机构和人员应该开始运转。这些机构必须配合人事部招聘、培训本部门的员工。到酒店开业前2～3个月，各部门的中层领导应该逐步到位，进行开业前的团队磨合和培训。

3. 基层人员

基层人员泛指普通员工和基层管理人员。酒店所招人员如果是行业从业者，其招聘时间可以略晚，一般应在开业前 6 周。近年来，随着酒店招工难的问题日益严重，很多酒店甚至将基层人员的招聘提前 2 个月以上的时间。如果所招人员是行业新手，其招聘时间应定在开业前的 3 个月甚至更早，这样才有充足的时间对其进行入店教育和工作培训。

······ **案例分析与习题** ······

一、案例分析

案例 8-1　破了相的水晶灯

某五星级酒店正处于筹备开业期间，该酒店装潢豪华、设施一流。酒店最大的亮点是酒店大堂里天花板上如天宇星际一般的灯光装饰和一个圆圆的、超级真实的月亮水晶灯。这些灯饰是酒店的王副总经理亲自从瑞士某珠宝公司高价购买的，货款总价高达 150 万美元。开业当天，来往宾客无不对这个豪华的水晶天花板灯饰称赞不已，尤其是经过媒体报道，更成为当天的头条新闻，使酒店一举成名。然而，两个月后，这些高规格、高价值的水晶灯饰就出了状况，灯饰变得灰蒙蒙的，失去了原来的光泽；部分连接的金属灯杆出现了锈斑，还有一些灯珠破裂甚至脱落。人们看到这破了相的水晶灯，议论纷纷，这就是花费上百万美元买来的高档水晶灯吗？

酒店经过调查发现，原来这盏价值上百万美元的水晶灯根本不是从瑞士购得的，而是通过南方某地的一家公司代理购入的赝品水晶灯。王副总经理在交易过程中贪污受贿，中饱私囊。虽然出事之后，王副总经理受到了法律的严惩，然而酒店不仅因此遭受了数千万元的巨额损失，更为严重的是酒店名誉蒙受重创。

分析：现代酒店的筹备期事务异常繁多，尤其是酒店的采购环节更是重中之重。酒店采购通常涉及采购计划的编制、物资的请购、订货或采购、验收入库、货款结算等。因此，酒店应当针对各个具体环节的活动，建立完整的采购程序、方法和规范，并严格依照程序执行。只有这样，才能防止错弊，保证酒店经营活动的正常进行。

案例 8-2　营销决策的前提条件

M 酒店是西北某工业城市的一家三星级酒店，自开业以来，惨淡经营，年均出租率不到 40%，平均房价不足 400 元，处于破产边缘。M 酒店在投资兴建前，该市已有 5 家三星级酒店，并且还有 7 家将建成，而该市平均外来国际旅游者不足 2 万人，本地旅游资源匮乏，工业发展也不景气，商务客人不多。由于没有足够客源支撑，酒店纷纷降价以吸引本地客源。然而，受消费水平所限，M 酒店推出的 18 元早餐也无人问津。M 酒店的客房主要靠极低价来吸引省内地、市、县会议，但这样又造成一系列破坏性使用行为，致使客房成本居高不下，且维修费用极高。M 酒店也尝试加大促销力度来吸引客源，但几番广告宣传过后，并未带来相应收获。尽管随着旅游业升温，客源出现上升趋势，然而由于多年经营中设施设备老化，破损严重，M 酒店又没有充足资金进行更新改造，因而无力与其他几家酒店抗衡，只能靠低价来勉强支撑。

思考：你认为 M 酒店经营失败的原因是什么？M 酒店应该如何摆脱经营困境？

分析：

1. M 酒店失败的原因主要在于投资者对酒店能否立项建设缺乏科学的可行性研究。作为较大的投资项目，M 酒店的投资者未对市场的形势进行理智的研究，在不具备市场支持的条件下，又后续进入已十分激烈的竞争市场，从而造成严重的供求失衡。此外，酒店在投放市场后，并未仔细研究现有市场的需求，以致酒店失去了以优势产品竞争市场的有利条件。

2. 对于 M 酒店而言，要想在今后市场上立足，并走出困境，仅靠自身发展是十分困难的，其主要障碍在于缺乏相应的资本实力来支持其强大的营销活动。要摆脱经营困境，酒店可以从下列方面着手。

（1）开展资本运营，可以出让部分股份加强酒店资本实力，迎合目前和未来的市场需求，使酒店摆脱目前不利的竞争位置。

（2）酒店在经营上可以考虑加入现有知名品牌集团，进入集团化经营，尽快加强其经营管理，尤其是提高销售网络实力，借集团优势来发展自己。

（3）运用多种营销手段，来做大"客源蛋糕"。对于 M 酒店而言，加强与同行业联合尤其是旅行社及交通企业联合，开展联合促销，促进旅游市场升温，对于改变目前削价哄抢客源的状况是十分必要的。这一目标的实现，也有赖于政府宏观协调及企业同行来共同培育市场。从理论上而言，合作市场的收益要大于恶性竞争（不合作）市场的收益。如果不进行合作，那就只有相互拼杀，这是一种自我毁灭之路。

（4）M 酒店必须吸取经营失败的教训，在制定新的营销战略时，必须首先对现有市场及潜在市场容量和质量进行分析，并掌握市场发展动向。

二、习题

1. 酒店投资可行性论证书包括哪几个方面的内容？如何进行市场的分析与论证？

2. 酒店筹建规划方案说明书有什么作用？如何撰写酒店筹建规划方案说明书？

3. 酒店承运策划包括哪几个方面的内容？开业前营销计划有什么作用？如何撰写开业前营销计划？

4. 现代酒店的筹备管理有哪些基本的工作内容？

参 考 文 献

[1] 郑向敏. 酒店安全控制与管理[M]. 重庆：重庆大学出版社，2009.

[2] 郑向敏. 酒店质量控制与管理[M]. 北京：科学出版社，2008.

[3] 郑向敏. 旅游服务概论[M]. 北京：旅游教育出版社，2007.

[4] 郑向敏. 旅游安全概论[M]. 北京：中国旅游出版社，2007.

[5] 郑向敏. 酒店服务与管理[M]. 北京：机械工业出版社，2004.

[6] 郑向敏等. 现代饭店管理学[M]. 上海：上海三联书店，1999.

[7] 郑向敏. 现代饭店无形资源管理[M]. 广州：暨南大学出版社，1998.

[8] 郑向敏. 旅游安全学[M]. 北京：中国旅游出版社，2003.

[9] 郑向敏. 中国古代旅馆流变[M]. 北京：旅游教育出版社，2000.

[10] 郑向敏. 现代酒店商务楼层管理[M]. 沈阳：辽宁科学技术出版社，2002.

[11] 郑向敏. 旅游营养学[M]. 厦门：厦门大学出版社，1993.

[12] 柴邦衡. ISO9000 质量管理体系[M]. 北京：机械工业出版社，2002.

[13] 王伟. 服务通论[M]. 北京：中国旅游出版社，1993.

[14] 魏小安，沈彦蓉. 中国旅游饭店业的竞争与发展[M]. 广州：广东旅游出版社，2000.

[15] 唐德鹏等. 现代饭店经营管理[M]. 上海：复旦大学出版社，2000.

[16] 余春容. 酒店市场营销[M]. 广州：中山大学出版社，1994.

[17] 余炳炎. 现代饭店管理[M]. 上海：上海人民出版社，1996.

[18] 吴必虎等. 非星级饭店管理[M]. 北京：中信出版社，1997.

[19] 詹姆斯·A. 菲茨西蒙斯. 服务管理[M]. 张金成，译. 北京：机械工业出版社，1998.

[20] 何建民. 现代酒店营销实务[M]. 沈阳：辽宁科学技术出版社，1999.

[21] 梭伦. 星级宾馆酒店经营管理[M]. 北京：中国纺织出版社，2001.

[22] 蒋丁新. 酒店管理概论[M]. 大连：东北财经大学出版社，2000.

[23] 庄玉海. 现代旅游饭店全面质量管理[M]. 深圳：海天出版社，1991.

[24] 谷慧敏. 世界著名饭店集团管理精要[M]. 沈阳：辽宁科学技术出版社，2001.

[25] 铁振国. 饭店营销学[M]. 昆明：云南大学出版社，1997.

[26] S. Medlik. 饭店经营管理[M]. 程华，译. 北京：中国友谊出版公司，1985.

[27] 洪生伟. 服务质量体系[M]. 北京：中国计量出版社，1998.

[28] 杨永华. 服务业质量管理[M]. 深圳：海天出版社，2001.

[29] 朱欣民. 西方企业服务管理方略[M]. 成都：四川大学出版社，1996.

[30] 张文建，王晖. 旅游服务管理[M]. 广州：广东旅游出版社，2001.

[31] 桂世功，马克贤. 质量管理与质量认证[M]. 北京：机械工业出版社，2000.

[32] 李力，章蓓蓓. 旅游与酒店业市场营销[M]. 沈阳：辽宁科学技术出版社，2001.

[33] 韩福荣. 质量管理体系认证：理论、标准与实践[M]. 北京：经济科学出版社，2002.

[34] 林南枝. 旅游市场学[M]. 天津：南开大学出版社，2000.

[35] 赵西萍. 旅游企业人力资源管理[M]. 天津：南开大学出版社，2001.

[36] 李海洋，牛海鹏. 服务营销[M]. 北京：企业管理出版社，1996.

[37] 贾天麟. 美国现代酒店管理实务[M]. 广州：广东旅游出版社，1997.

[38] 何建明. 现代酒店管理经典[M]. 沈阳：辽宁科学技术出版社，1996.

[39] 汪纯孝，蔡浩然. 服务营销与服务质量管理[M]. 广州：中山大学出版社，1996.

[40] 蒋一枫. 现代酒店服务管理概论[M]. 上海：东方出版中心，1999.

[41] 齐善鸿. 现代饭店管理新原理与操作系统[M]. 广州：广东旅游出版社，1999.

[42] 陈维，刘明臣. 高层建筑火灾和防火安全[M]. 北京：群众出版社，1986.

[43] 沈友弟，阮雅芬. 高层建筑消防问题[M]. 北京：群众出版社，1987.

[44] W. A. 罗茨，P. H. 庞纳. 旅游饭店建筑规划与设计[M]. 杭州：浙江摄影出版社，1991.

[45] 詹姆斯，R. 凯萨. 旅游饭店管理概论[M]. 徐华，译. 杭州：浙江摄影出版社，1991.

[46] 余炳炎，袁义. 旅馆安全[M]. 北京：科学技术出版社，1992.

[47] 国家旅游局人事劳动教育司. 饭店安全与消防管理[M]. 北京：旅游教育出版社，1997.

[48] 袁义. 饭店安全管理[M]. 北京：高等教育出版社，2012.

[49] 任保英. 酒店设备运行与管理[M]. 大连：东北财经大学出版社，1999.

[50] 陈天来. 现代饭店设备管理[M]. 天津：天津科学技术出版社，1995.

[51] 肖晓. 主题酒店创意与管理[M]. 成都：西南财经大学出版社，2010.

[52] 李晓岚. 精品酒店[M]. 沈阳：辽宁科学技术出版社，2009.

[53] 全国旅游星级饭店评定委员会办公室. 星级饭店经典服务案例及点评[M]. 北京：中国旅游出版社，2008.

[54] 王大悟等. 酒店管理实践案例精粹[M]. 北京：中国旅游出版社，2009.

[55] 谷慧敏. 饭店集团案例库：中国卷[M]. 北京：旅游教育出版社，2008.

[56] 陈文生. 酒店管理经典案例[M]. 福州：福建人民出版社，2011.

[57] 奚晏平. 世界著名酒店集团比较研究[M]. 北京：中国旅游出版社，2012.

[58] 于德斌. 北京市旅游涉外饭店服务质量现状、趋势及对策[J]. 旅游学刊，1999（04）：37-41.

[59] 朱沆，汪纯孝. 饭店服务质量管理重点分析[J]. 系统工程理论方法应用，1999（01）：60-66.

[60] 刘艳华. 刍议饭店服务质量检查[J]. 旅游学刊，1999（06）：18-20.

[61] 张景泰. 质量管理是饭店管理的核心[J]. 广西市场与价格，1999（06）：18-19.

[62] 陈乾康. 现代饭店服务特点与服务质量管理的基本方法[J]. 西南民族学院学报（哲学社会科学版），1999（06）：102-105.

[63] 陆诤岚. 饭店客房环境质量的问题及对策[J]. 能源工程，2000（01）：49-52.

[64] 谷慧敏. 南京金陵饭店质量管理模式[J]. 北京第二外国语学院学报，1994（01）：60-63.

[65] 张俐俐. 论饭店服务质量的管理和控制[J]. 旅游学刊，1995（06）：24-29.

[66] 王文君. 论中国饭店业质量观念的更新[J]. 旅游学刊，1997（01）：13-15.

[67] 宋平. 饭店人力资源的质量管理[J]. 技术监督实用技术，1997（06）：31.

[68] 朱沆，汪纯本. 饭店服务质量管理工作重点的评估模型研究[J]. 桂林旅游高等专科学校学报，1998（03）：29-37.

[69] 叶红. 谈宾客对酒店服务质量的评价[J]. 宁波职业技术学院学报，2002（01）：36-38.

[70] 洪生伟. 酒店服务质量体系及其运行特点[J]. 世界标准化与质量管理，2002（06）：12-14.

[71] 郑向敏，沈岳阳. 饭店服务标准化与个性化的关系研究——差异关系与辩证关系分析[J]. 旅游学刊，1998（02）：20-24.

[72] 郑向敏，马东升. 我国饭店员工职业压力与健康现状分析[J]. 华侨大学（哲学社会科学版），2008（09）：20-25.

[73] 郑向敏. 中国饭店业质量管理发展三十年[J]. 饭店现代化，2008（10）.

[74] 伍蕾，郑向敏. 近年我国饭店管理研究态势[J]. 北京第二外国语学院学报，2009（01）.

[75] 何银春，郑向敏. 关于酒店员工心理健康的实证研究[J]. 旅游论坛，2009（01）：105-109.

[76] 戴斌. 饭店服务标准化进程研究[J]. 南开管理评论，2000（03）：61-65.

[77] 邹统钎. 旅游产品与旅游服务质量管理的社会心理学透视：一种社会交换论方法[J]. 北京第二外国语学院学报，1995（03）：117-122.

[78] 薄湘平，谢玉华. 中国饭店业质量管理现状与发展浅析[J]. 世界标准化与质量管理，2001（12）：27-30.

[79] 党忠诚，周支立. 饭店服务质量的测量与改进[J]. 旅游学刊，2002（02）：22-25.

[80] 郑向敏. 探索中国精品酒店的发展之道[J]. 饭店现代化，2006（06）：39.

[81] 陈晓静，袁溥. 酒店经营的新出路：精品酒店[J]. 经营管理者，2011（04）.

[82] 纪文哲. 我国经济型酒店的现状及发展策略研究[J]. 经济研究参考，2012（47）.

[83] 徐朋. 主题酒店的文化内涵[J]. 中国建筑装饰装修，2011（02）.

[84] 郑向敏，旅馆盗窃案件的特点及防范对策[J]. 中外饭店，1997（1）：35-40.

[85] 马生彪. 把治安防范工作纳入全面质量管理[J]. 中国旅游饭店，1994（03）.

[86] 魏小安等. 中国旅游服务质量等级管理全书[M]. 北京：经济管理出版社，1995.

[87] 中国旅游年鉴[M]. 北京：中国旅游出版社，1998、1999、2000、2001、2002.

[88] 中国国家旅游局. 旅游饭店星级的划分与评定[S]，2010.

[89] Terry Lam，Hanqin Zhang. Service Quality of Travel Agents：the Case of Travel Agents in Hong Kong[J]. *Tourism Management*，1999（20）：341-349.

[90] John S Akama，Damiannah Mukethe Kieti. Measuring Tourist Satisfaction with Kenya's Wildlife Safari：a Case Study of Tsavo West National Park[J]. *Tourism Management*，2003（24）：73-81.

[91] Bolton R N，Rosen L D. Measuring Service Quality in Restaurants：An Application of the SERVQAUL Instrument[J]. *Hospitality Research Journal*，1994（18）：3-14.

[92] Terry Lam，Hanqin Zhang，Tom Baum. An Investigation of Employees' Job Satisfaction：the Case of Hotels in Hong Kong[J]. *Tourism Management*，2001（22）：157-165.

[93] Hoda Master，Bruce Prideaux. Cultural and Vacation Satisfaction: a Study of Taiwanese Tourists in South East Queensland[J]. *Tourism Management*，2000（21）：445-449.

[94] Hailin Qu，Elsa Wong Yee Ping. A Service Performance Model of Hong Kong Cruise Travelers' Motivation Factors and Satisfaction[J]. *Tourism Management*，1999（20）：237-244.